深圳是改革开放后党和人民一手缔造的崭新城市
是中国特色社会主义在一张白纸上的精彩演绎
深圳广大干部群众披荆斩棘、埋头苦干
用 40 年时间走过了国外一些国际化大都市上百年走完的历程
这是中国人民创造的世界发展史上的一个奇迹

——习近平

顾　问／刘　蕾　李强强

主　编／张　岩

副主编／肖容梅　吴丽娟

执行主编／李　璟

编　撰／王冬阳　余　胜　刘红梅　彭　丹　王　芳
杨民娟　徐文智　李英杰　庄翠云　彭凤阳
张　亮　韩莉莉　钟文汇

深圳图书馆 编著

哲学·政法·历史卷

深圳人著作目录

深圳文献

巴蜀书社

图书在版编目（CIP）数据

深圳人著作目录．哲学·政法·历史卷／深圳图书馆编著．成都：巴蜀书社，2024. 10. --（深圳文献）．

ISBN 978-7-5531-2299-1

Ⅰ. Z862.7

中国国家版本馆 CIP 数据核字第 2024BD0628 号

Shenzhenren Zhuzuo Mulu Zhexue Zhengfa Lishi Juan

深圳人著作目录：哲学·政法·历史卷　　深圳图书馆　编著

责任编辑	童际鹏
责任印制	田东洋　谷雨婷
封面设计	成都编悦文化传播有限公司
出　　版	巴蜀书社
	四川省成都市锦江区三色路 238 号新华之星 A 座 36 楼
	邮编：610023　总编室电话：（028）86361843
网　　址	www.bsbook.com
发　　行	巴蜀书社
	发行科电话：（028）86361856
经　　销	新华书店
照　　排	成都编悦文化传播有限公司
印　　刷	成都壹起印数码印刷有限公司
	电话：（028）60630295
版　　次	2024 年 10 月第 1 版
印　　次	2024 年 10 月第 1 次印刷
成品尺寸	170mm × 240mm
印　　张	31.5
字　　数	300 千字
书　　号	ISBN 978-7-5531-2299-1
定　　价	168.00 元

前言

深圳，作为中国改革开放、对外交流的窗口，自建立以来就承载着探索中国特色社会主义道路的重要使命。中共二十届三中全会通过《中共中央关于进一步全面深化改革、推进中国式现代化的决定》，明确指出要“聚焦建设社会主义文化强国，坚持马克思主义在意识形态领域指导地位的根本制度，健全文化事业、文化产业发展体制机制，推动文化繁荣，丰富人民精神文化生活，提升国家文化软实力和中华文化影响力”。这为深圳在新的历史起点上持续发挥文化引领作用，在文化强国建设中彰显深圳担当，为建设中华民族现代文明贡献深圳力量提供了重要指引。

近年来，为进一步提升深圳的学术影响力和文化软实力，深圳图书馆通过一系列创新举措，如设立“深圳学派”文献专区、启动“深圳记忆”项目以及创建相关专题数据库等，广泛而深入地搜集、整理和开发宝贵的城市发展记忆，为涵养独特的城市学术文化做出了积极贡献。

2018 年，为庆祝改革开放 40 周年，我馆策划并启动了“深圳文献”系列丛书的编撰出版工作，旨在将特色突出、文献类型相近、有较强代表性的地方文献结集出版，充分展示深圳作为中国特色社会主义先行示范区、国家创新型城市的独特魅力与活力，为研究深圳提供文献线索与文献参考。目前已出版《深圳图书馆馆藏选目提要（1978–2018）》《深圳人著作目录（文学卷）》《深圳人著作目录（经济卷）》。

《深圳图书馆馆藏选目提要（1978–2018）》精选 1978–2018 年出版的深圳主题重要文献。该书出版历经 4 个阶段，即文献普查、去重比对、文献精选、专家评审，从 7 万余种相关图书中最终选定 820 余种，以书目、书影方式回顾深圳改革开放的历史和经验，反映改革开放以来城市发展脉络与人文风貌，于 2018 年 11 月正式出版。

“人才是第一资源”，为展现“深圳人”对城市文化繁荣做出的贡献，2020 年深圳图书馆启动“深圳人著作目录”丛书的编撰。2021 年 1 月，专注于深圳文学的《深圳人著作目录（文学卷）》首卷正式面世，该卷致力于在改革开放背景下深圳文学中对突出“新兴人物、崭新世界”的敏锐捕捉与独特展现，从而展示他们在推动深圳城市文化建设方面扮演的重要角色。此卷汇集了来自深圳的 943 位作者的 3427 部文学作品，题材丰富多样，彰显了深圳文学的蓬勃生机与广泛的影响力。

经济发展作为深圳经济特区崛起的核心驱动力，一直备受深圳学者们的深切关注与深入研究。他们对社会经济，特别是深圳的经济发展进行了广泛思考、细致研究和系统总结，积累了大量宝贵的学术成果。在此基础上，《深圳人著作目录（经济卷）》于 2022 年 10 月顺利出版，它专注于展示深圳经济学者的智慧结晶，共收录了 825 位作者精心撰写的 2314 部经济学著作。此卷不仅全面呈现了深圳经济学人的整体风貌与智慧成果，更为深圳经济理论的研究与实践探索提供了一套全面且系统的参考资料。

深圳学人在哲学、政法、历史等学科领域的辛勤耕耘，正是这座城市深厚文化底蕴和蓬勃创新精神的生动体现。他们的著作忠实记录了对哲学思想的深刻挖掘、对政法制度的理性思考、对历史进程的细致梳理。为了更好地传承和弘扬这些宝贵的成果，2023 年初我馆又启动了《深圳人著作目录（哲学·政法·历史卷）》的整理研究、编辑出版工作，为社会各界提供一个全面了解深圳哲学、政法、历史研究现状与成果的窗口。

一、广泛调研，系统梳理文献

2023 年 1 月，我馆开始《深圳人著作目录（哲学·政法·历史卷）》的深入调研和系统梳理工作，对地方文献馆藏中按中国图书馆分类法归类为 B（哲学、宗教）、D（政治、法律）、K（历史、地理）三个类的 5000 余种文献进行了全面摸底，梳理出了可能有相关著作的深圳作者 1038 人。经过进一步核实与整理，我们列出了 820 位作者的 1649 种正式出版物目录；剩余的 218 位作者，在现有地方文献馆藏中没有收藏他们的正式出版物记录。为进一步确保收录文献与作者的全面性，我们组织馆员访问多个官方网站，深入调研了多个重要机构，包括中共深圳市委党史研究室、深圳市公安局、深圳市人民检察院、深圳市司法局等市直机关及事业单位；深圳大学、南方科技大学、香港中文大学（深圳）等高等院校；深圳市社会科学院、综合开发研究院（中国·深圳）、深圳文化广电旅游体育研究中心等研究机构，共梳理出 383 位相关作者的信息，与前期馆藏地方文献梳理的名单进行汇总，最终形成了包含 1421 位可能著有哲学、政法、历史领域相关研究成果的深圳学人名单。这一名单的形成，为我们后续编撰《深圳人著作目录（哲学·政法·历史卷）》提供了坚实的基础，确保了收录内容的全面性和准确性。

二、专家研讨，共同确定体例

在深入调研与广泛收集、整理而形成的作者名单基础上，我们利用深圳“图书馆之城”、国家图书馆、上海图书馆和广东省立中山图书馆的书目系统，以作者姓名为检索词进行了详尽查询；同时查阅相关工具书，以及访问深圳市直机关、高校和科研机构官方网站等方式，共整理出900余位深圳作者在哲学、政法、历史领域的正式出版著作，共计2729种。这些成果汇聚成了《深圳人著作目录（哲学·政法·历史卷）》的初稿。

为了确保文献收集齐全、编排科学合理，我馆于2023年12月13日邀请了哲学、政法、历史以及文献学等领域的专家学者，召开专家策划会，为第三卷具体编撰工作提供指导和建议。会后，根据专家意见进行修订，最终形成《深圳著作人目录（哲学·政法·历史卷）》（征求意见稿）。

三、汇聚多方意见，日臻完善

2024年1月，为了进一步完善《深圳著作人目录（哲学·政法·历史卷）》的全面性与准确性，我馆通过深圳图书馆官网、微信公众号正式发布征求意见稿；同时还与相关单位和专家定向联系，确保信息能够准确传达。此次共收到深圳市人民检察院、深圳市司法局、中共深圳市委党史文献研究室、深圳市档案馆、深圳博物馆、深圳市律师协会等多家单位和相关专家反馈的宝贵意见约200条。2024年4月，我们对征求意见稿进行了增删、调整等工作，最终形成了更加完善、准确的修订稿。

四、邀请专家审读，保障内容严谨专业

2024年4月，我馆邀请相关领域专家学者，对《深圳人著作目录（哲学·政法·历史卷）》所收录的条目进行全面审核、把关。专家们在深入通读全书条目的基础上，

针对部分具体条目再次提出了增补、删改的宝贵意见。基于这些专业的审读意见，我们进行了全面而细致的新一轮内容筛查与合理归并，力求使最终书稿在规范性与专业性上达到更高水准。

《老子》云：“合抱之木，生于毫末；九层之台，起于累土。”为梳理和积淀城市文化学术成果，我馆高度重视“深圳文献”系列丛书的整理、研究、出版工作，馆领导主持统筹、精心策划，并特别组建了由十余名专业馆员参与的编辑团队。在相关领域资深专家的鼎力支持与悉心指导下，历经近两年的不懈努力，终于使《深圳人著作目录（哲学·政法·历史卷）》得以顺利付梓，呈现给广大的读者朋友们。

本卷最终收录作者 933 人，哲学、政法、历史类著作 2704 种。其中，哲学类收录 133 人，360 种著作，不仅关注传统哲学思想的传承与发展，还积极探索当代社会变革下人的精神世界和价值追求；政法类收录 589 人，1455 种著作，紧密结合深圳法治建设的实际，深入研究法律、政治、社会等领域的重大问题，积极探索与社会、经济、文化等方面的互动关系；历史类收录 349 人、889 种著作，深入挖掘和整理深圳及周边的历史文化遗产，记录深圳历史发展的脉络和特点，也探讨了深圳在中国改革开放中的重要地位和作用。

《深圳人著作目录（哲学·政法·历史卷）》的出版，系统地记录了深圳人在哲学、政法、历史领域的深入思考与积极探索，是对深圳相关丰富文化成果的一次全面梳理，彰显了深圳在学术探索上的坚实步伐和取得的成就。希望通过这本书，让更多的人有机会更加深入地了解深圳、认识深圳，领略深圳文化的独特魅力和底蕴。同时，也期待更多的深圳人能够继续深入探索、勇于创新，为深圳的文化建设和学术发展贡献更多的智慧和力量。

感谢各位专家学者在策划、审读等各个阶段提供的专业指导和宝贵建议。感谢巴蜀书社编辑们的辛勤付出，使本书内容更加完善。感谢关注、支持《深圳文献》系列丛书的读者们，你们的支持与帮助弥足珍贵，必将激励我们在现有成果的基础上，不断积累有益经验，继续深耕深圳人著作目录的整理、编撰工作，向大家提供一个了解深圳文化、学术的窗口，将更多深圳人的著作展现给读者。

囿于水平和调研范围的局限，本书定有遗珠之憾，敬请各位方家及广大读者批评指正。

编者

2024 年 10 月

凡例

一、收录范围

（一）内容范围：在中国内地正式出版（统计数据不含中国港、澳、台地区），按照《中国图书馆分类法》（第五版）归为 B（哲学、宗教）、D（政治、法律）、K（历史、地理）类的图书，以图书形式出版的连续出版物不收录。

（二）作者范围：曾长期居住在深圳（即截至 2023 年 12 月连续居住一年以上）的人士；对于有多个城市生活、工作经历的著者，尽量只收录其在深圳生活、工作期间的著作。

（三）时间范围：1978 年 1 月 1 日至 2023 年 12 月 31 日出版的著作。

二、编排顺序

（一）按作者姓名编排，以拼音为序。

（二）同姓名作者以姓名右上标注序号的方式区分。

（三）每位作者的著作，按出版时间顺序编排；题名相同且国际标准书号（或统一书号）相同视为一种，保留出版时间最早的版本；题名相同但国际标准书号（或统一书号）不同，归集到出版时间最早的著作条目下，再按出版时间先后顺序编排。

（四）多种责任方式的作品，只在主要责任方式的姓名条目下体现。

三、著录规范

（一）书目著录以中华人民共和国国家标准《信息与文献资源描述》（GB/T 3792-2021）为依据。每条书目依次著录入选图书的题名、责任者和责任方式、出版发行项（出版地、出版者、出版年）、正文页码、国际标准书号（ISBN）或统一书号、分类（按照《中国图书馆分类法》第五版给出分类号）。

（二）丛书著录方式。凡一套丛书有一个或几个主编的，本书分别收录主编一次，不罗列丛书所包含的单行本；若有一个或几个副主编的，本书不列单独词条收录；丛书内的单部著作按实际著作人收录，不再列主编或副主编姓名。

（三）译著著录方式。译著指完整的翻译著作，零散的译文（如展册词条翻译）不收录。

四、文献来源

本书收录书目，主要来源于深圳“图书馆之城”和国家图书馆、上海图书馆、广东省立中山图书馆的书目系统，以及作者本人及单位提供的信息。

中国图书馆分类法（第五版）
B类（哲学、宗教）类目简表
（一、二级类目）

B 哲学、宗教

B0 哲学理论

B1 世界哲学

B2 中国哲学

B3 亚洲哲学

B4 非洲哲学

B5 欧洲哲学

B6 大洋洲哲学

B7 美洲哲学

B80 思维科学

B81 逻辑学（论理学）

B82 伦理学（道德哲学）

B83 美学

B84 心理学

B9 宗教

中国图书馆分类法（第五版）
D类（政治、法律）类目简表
（一、二级类目）

D 政治、法律

D0 政治学、政治理论

D1 国际共产主义运动

D2 中国共产党

D33/37 各国共产党

D4 工人、农民、青年、妇女运动与组织

D5 世界政治

D6 中国政治

D73/77 各国政治

D8 外交、国际关系

D9 法律

中国图书馆分类法（第五版）
K类（历史、地理）类目简表

（一、二级类目）

K 历史、地理

K0 史学理论

K1 世界史

K2 中国史

K3 亚洲史

K4 非洲史

K5 欧洲史

K6 大洋洲史

K7 美洲史

K81 传记

K85 文物考古

K89 风俗习惯

K9 地理

目录

CONTENTS

深圳人著作目录

哲学·政法·历史卷

深圳图书馆

深圳文献

B 哲学、宗教

A

004 艾卉
004 安娜

B

008 （释）本焕

C

012 蔡德麟
012 陈光福
012 陈昊
012 陈吉庆
012 陈聚仁
012 陈龙海
013 陈永林
013 陈志荣
013 成君忆
013 成泽彦
013 迟新丽
014 崔芳

D

018 戴晓阳
018 邓欣媚
018 丁远峙
019 董世峰

F

022 方映灵
022 冯玲
022 傅鹤鸣

G

026 高予远
026 关万维
026 郭良原
026 郭田友

H

030 韩庭卫
030 韩望喜
031 何道宽
031 何昊
032 胡纪泽
032 胡经之
032 华婕
032 黄发玉
033 黄红宇
033 黄锦奎
033 黄群斌
033 黄卫平

J

036 贾志刚
036 姜安
036 蒋平[1]
036 蒋庆
037 景海峰

K

042 旷昕

L

046 黎业明
047 李大华
048 李立
048 李相芝
048 李晓凤
049 梁宏
049 廖金泽
050 林新典
050 林艳
050 林益民
050 凌志轩
051 刘洪一
051 刘仕祥
051 刘婉华
051 刘永（笔名：永生居士）
051 龙辉
051 卢忠仁
052 鲁江
052 吕延涛

M

056 马千里
056 梅全喜
056 梅毅
056 孟伟

P

060 潘强恩
060 彭立勋
061 彭荣德
061 彭晓哲

Q

064 钱马麟

R

068 阮宏梅
068 阮炜

S

072 邵铁峰
072 宋旭光
072 苏东天

T

076 谭国籍
076 谭兆麟
076 陶发美
076 田启波

W

080 菀云
080 王春永
080 王鉴
081 王立新
082 王熙远
082 王晓帆
082 王晓钧
082 王晓葵
082 王晓田
083 王兴国
083 温铭池
083 问永宁
083 乌兰察夫
084 吴玢锋
084 吴国全
084 吴俊忠
084 吴亚林
084 吴予敏
085 吴忠

X

088 肖一帆
088 谢然
088 徐海波
088 徐明明
088 徐明天
088 许兆元
088 许照楷

Y

092 杨桂香
092 杨国安
092 杨河
092 杨黎光
093 杨麻

093 （释）印顺
094 游建西
095 于常印
095 余文烈

Z

098 曾凡奎
098 张安华
098 张玮
098 张为
098 张骁儒
098 张晓燕
099 张岩
099 张以明
099 章剑和
099 赵东明
099 赵蕊娟
099 郑维东
099 郑文和
100 钟旭东
100 钟雅琴
100 周友德
100 邹晓辛

D 政治、法律

A

106 敖希颖

B

110 白天
110 白有忠
111 白云
111 毕鸣
111 卞苏徽

C

114 蔡枫
114 蔡立
114 蔡铨毅
114 蔡衍振
114 蔡志明
114 曹海雷
115 曹兆兰
115 陈安仁
115 陈广
115 陈国权
115 陈宏在
116 陈洪博
116 陈淮涛
116 陈家喜
117 陈健（笔名荔枝）
117 陈开多
117 陈龙海
117 陈荣光
117 陈少兵
118 陈少雷
118 陈威
118 陈伟元
118 陈文
119 陈新亮
119 陈旭明
119 陈寅
119 陈章联
120 陈志新
120 陈忠宁

121 陈自元
121 成君忆
121 程科伟
121 程立达
121 程学源
122 程子薇
122 迟书君
122 崔茂登

D

126 戴北方
126 戴维
126 邓达奇
126 邓基联
128 邓晓俊
129 翟玉娟
129 翟忠泰
129 丁建春
129 丁励松
130 丁南
130 丁时照
130 丁义平
130 董立坤
131 杜东亚
132 杜恺
132 杜芹
132 段钢
132 段礼乐
132 段啸林
132 段亚兵
133 庹明生

F

136 樊成玮
136 樊纲
136 樊秋莹
136 樊永强
136 范德繁
137 范伟军
137 范晓军
137 方亮
137 方琳
137 方乃纯
138 方映灵
138 房艳
138 冯江
139 冯玲
139 付莹
139 傅鹤鸣
139 傅静坤
140 傅伦博
140 傅小随
141 傅新江

G

144 高梁
144 高兴烈
144 宫正
144 龚建桥
144 苟骅
144 辜晓进
144 谷廷兰
145 谷志军
145 顾东林
145 关志钢
145 管林根
146 管铁流
146 管新平
146 郭杰
146 郭万达
146 郭祥焰
146 郭晓渝
146 郭毅敏
147 郭永航
147 郭用宪

H

150 韩国良
150 韩俊
150 韩靓
150 韩平
150 韩志伟
151 郝晶晶
151 郝丽雅
151 郝雨凡
151 郝珠江
151 何道宽
152 何定煌
152 何煌友
152 何金波
152 何隽
153 何珊珊
153 何志杰
153 何志平
153 贺海涛
154 贺倩明
154 洪远
154 侯玲玲
154 侯伊莎
154 胡冰
155 胡洪侠
155 胡建农
155 胡小跃
155 胡晓琳
155 黄斌
156 黄纯斌
156 黄崇岳
156 黄海波
156 黄锦奎
156 黄景容
156 黄立敏
157 黄玲
158 黄漫娥
158 黄美华
158 黄锐波
158 黄士林
159 黄卫平
161 黄晓东
161 黄新华
162 黄亚英
162 黄扬略
163 黄亦平
163 黄月细
163 黄云
163 黄长营
163 黄振芬
163 黄志秋
164 霍敏

J

168 贾非
168 贾和亭
168 江茂贤
168 江潭瑜
168 江知芸
169 姜安
169 姜铁敬
169 蒋庆
170 蒋小文
170 焦新聪
170 金永权
170 金涌
170 金振朝
171 靖建瑞

K

174 阚清华
174 康普华
174 孔庆平
174 邝兵

L

178 赖伯瑾
178 赖为杰
178 乐正
179 雷卫华
179 黎军
179 黎奇
179 李朝晖
180 李淳
180 李德选
180 李海东
180 李健成
180 李锦灶
180 李珏
180 李兰妮
181 李立
181 李罗力
181 李容根
181 李锐
181 李少梅
181 李统书
181 李薇薇
182 李文龙
182 李小东
182 李小甘
182 李晓凤
183 李勋
183 李燕晨
183 李英才
183 李永清
184 李勇
184 李跃
184 李云鹏
185 李泽沛
185 李振河
185 李忠
185 李忠武
186 李醉吾
186 梁博泉
186 梁红君
186 梁宏
186 梁建东
187 梁俊华
187 梁世林
187 梁英平
187 梁雨钝
187 梁增昌
188 梁展鹏
188 梁仲桓
188 廖成林
189 廖春柳
189 廖大刚
189 廖金泽
189 廖军文
189 廖名宗
189 廖远飞
189 廖月晖
190 廖运桃
190 林昌炽
190 林更斌
190 林晖
190 林良沛
190 林石喜
191 林祥
191 林勋准
191 林一飞
193 林英男
193 林源昌
193 林祖基
193 蔺蔚青
193 凌冲
193 凌翔
193 凌征虎
194 刘澄清
194 刘达华
194 刘东风
194 刘恩
194 刘国林
195 刘继国
195 刘佳胜
195 刘建柱
196 刘俊
196 刘琳
196 刘敏
196 刘明
197 刘平凡
197 刘润华
197 刘胜利
198 刘世雄
198 刘曙光
198 刘伟
198 刘文韶
198 刘晓春
199 刘晓玲

199 刘筱琳
199 刘娅
199 刘燕
200 刘阳
200 刘颖
201 刘志山
201 柳光敏
201 龙非
201 隆仕明
202 卢惠概
202 卢林
202 卢然达
202 路云辉
203 罗思
203 罗旭红
204 罗振辉
204 罗忠政
204 骆金其
204 吕凡
204 吕十立
204 吕延涛
204 吕友臣
205 吕元礼

M

210 马成
210 马鸿翔
210 马华平
210 马敬仁
210 马欣川
210 孟伟
211 孟昭文
211 莫世祥
211 莫小培
211 莫志敏

N

214 南兆旭
214 倪晓峰
214 倪元辂
214 聂伟
214 聂新平
214 聂振光

O

218 欧阳卫国
218 欧阳雄飞
218 欧玉阳
218 欧志惠

P

222 潘强恩
222 彭勃
222 彭海斌
222 彭晋行

Q

226 齐炳雨
226 齐砺杰
226 钱伟
226 乔远
226 乔智
226 秦文俊

227 秦文涛
227 邱戈龙
227 邱浩航
227 邱全东

R

230 任宝根
230 任国明
230 任松岭
230 阮宏梅
230 阮炜

S

234 尚强
234 邵汉青
234 沈杰
234 沈木珠
235 沈晓鸣（笔名：白小刺）
236 盛建明
236 宋城
236 宋海
237 宋继江
237 宋明
237 宋涛
237 宋小庄
237 宋新宁
238 宋旭光
238 宋枝旺
238 苏海波
239 孙彪
240 孙大勇

T

244 谭功荣
244 谭国箱
245 谭仲萱
245 汤丽霞
245 汤庭芬
245 唐冬眉
246 唐火照
246 唐娟
246 唐文方
246 唐毅
246 田启波
247 田彦群
247 涂成洲

W

252 万国营
253 汪传才
253 汪开国
253 汪腾锋
253 汪永成
255 王常营
255 王琛
256 王成义
256 王道隆
256 王刚
256 王建南
256 王京生
256 王凯
256 王理宗
257 王连喜
257 王茂祺
257 王敏
257 王璞
257 王千华
258 王秋华
258 王拓
258 王田良
258 王同信
258 王文渊
258 王熙远
258 王晓晔
261 王鑫
261 王燕军
261 王瑜
261 王跃
261 王正明
262 王志强

262 王质战
262 王作辉
262 魏冰
262 魏赛娟
262 魏秀玲
263 温铭池
263 闻雁锋
263 翁惠娟
263 乌兰察夫
263 邬文辉
263 吴玢锋
263 吴定海
264 吴海燕
264 吴华根
264 吴俊忠
264 吴松营
265 吴学斌
265 吴亚林
265 吴燕妮
265 吴奕新
266 吴意诚
266 吴再
266 吴忠
267 武小平

X

270 夏洪跃
270 夏晋祥
270 夏林华
270 冼吉昌
270 肖宏开
271 肖杰安
271 肖文红
271 肖又贤
271 谢春红
271 谢建文
272 谢锦辉
272 谢圣远
272 谢志岿
272 熊秉元
273 熊瑛
273 熊哲文
274 熊震
274 徐道稳
274 徐海波
274 徐景安
275 徐静
275 徐利斌
275 徐友军
275 徐宇珊
275 许德森
275 许亮东
276 许明达
276 许石林
276 许永军
276 宣柱锡
276 薛波
276 薛庆予

Y

280 闫洪师
280 严韶
280 严书翔
280 严小明
280 杨柏
280 杨朝仁
281 杨成
281 杨春生
281 杨浩勃
281 杨刚勇
281 杨光
281 杨广慧
281 杨河
282 杨宏英
282 杨洪
282 杨建
282 杨剑
282 杨久莹
283 杨立勋
283 杨麻
284 杨耀林
284 杨永钢
284 杨勇
284 杨云彪
285 姚文胜
285 姚秀兰
285 叶海波
285 叶民辉
286 叶萍
286 叶伟成
286 叶卫平
286 叶文冰
286 叶兴平
287 易定宏
287 易松国
287 殷友国
287 尹少文
287 尹玉海
288 应飞虎

288 尤乐
288 于常印
289 于秀峰
289 余晖鸿
289 余文烈
290 余智晟
290 俞可平
291 袁宝成
291 袁长庚
291 袁成第
291 袁粮纲
291 袁钦
292 袁晓江
292 袁媛
292 岳修祥

Z

296 曾常青
296 曾传胜
296 曾共青
296 曾科
296 曾庆祥
296 曾新华
296 曾月英
297 查晓斌
297 张斌
297 张定淮
298 张定坤
298 张洪斌
298 张宏城
298 张建国
298 张涞临
299 张丽
299 张培新
299 张思平
299 张涛
299 张伟雄
299 张文
300 张文婷
300 张西勇
300 张贤伟
300 张翔
300 张骁儒
301 张小也
301 张雪林
302 张岩鸿
302 张叶丰
302 张一莉
302 张悦华
302 张政锦
303 张中林
303 章必功
303 赵斌
303 赵飞
303 赵嘉
304 赵明昕
304 赵文捷
304 赵小鸣
304 赵宇峰
304 郑维东
305 郑秀丽
305 郑永年
305 郑育泉
305 钟澄
306 钟涣涛
306 钟俊瑾
306 钟明霞
307 钟仁和
307 钟晓渝
307 周成新
308 周建文
308 周锦涛
308 周理强
308 周林刚
309 周旻
309 周其若
309 周荣生
309 周少波
309 周卫
310 周文丽
310 周溪舞
310 周笑冰
310 周新铭
311 周娅
311 周应良
311 周永明
311 周裕琼
311 周长瑚
311 朱慈蕴
312 朱迪俭
312 朱兰春
312 朱谢群
313 朱兴有
313 朱衍强
313 朱毅
314 庄保
314 庄心一
314 邹从兵
315 邹平学
315 邹树彬
316 邹涛
316 邹小辛
316 邹旭东
316 祖玉琴
316 左德起

K 历史、地理

B

322 卞仁海

C

326 蔡保中
326 蔡炳仁
326 蔡德麟
326 蔡枫
326 蔡惠尧
326 蔡培茂
327 蔡秀文
327 曹兆兰
327 产耀东
327 陈安仁
327 陈炳华
327 陈炳培
328 陈广源
328 陈海滨
328 陈宏在
328 陈吉庆
328 陈家喜
328 陈建平
329 陈金海
329 陈俊开
329 陈荣光
329 陈少雄
329 陈太允
329 陈威
329 陈武远
329 陈寅
330 陈志荣
330 成君忆
331 程建
331 程立达
331 崔建明

D

334 戴北方
334 邓少玲
335 丁力
335 丁时照
335 董小明
335 董秀
335 杜如彬
336 段钢
336 段亚兵

F

340 樊纲
340 范坤
340 方乃纯
340 冯景
340 付莹
340 傅曾阳

G

344 高兴烈
344 高振怀
344 龚伟
344 苟骅
344 谷更军
344 关万维
344 关志钢
345 管林根
345 管新平
345 郭宝昌
345 郭杰
345 郭良原
345 郭培源
346 郭祥焰
346 郭学雷

H

350 韩荡
350 何道宽
351 何建佳
351 何文
351 何有添
351 洪海（时代纪录创办人）
352 洪远
352 胡爱民
353 胡冰
353 胡恒芳
353 胡洪侠
353 胡小跃
354 黄崇岳
355 黄达龙
355 黄峒胜
355 黄发玉
355 黄国兴
355 黄海华
355 黄慧锋
355 黄乐平
355 黄力强
355 黄立敏
356 黄玲
358 黄漫娥
358 黄蓉
358 黄珽
358 黄伟祥
359 黄小华
359 黄晓东
359 黄扬略
359 黄阳兴
360 黄宇慧
360 黄中和
360 惠西成

J

364 纪小明
364 暨远志
364 贾非
364 贾少强
364 贾志刚
366 江波
367 姜广华
367 姜智红
367 蒋平[2]
367 蒋荣耀

K

370 孔晓冰

L

374 赖建华
374 赖为杰
374 冷和明
375 黎衡
375 黎建
375 黎业明
375 李辰
375 李德成
376 李飞
376 李建国
376 李健
376 李景维
376 李兰妮
376 李蕾蕾
377 李立
377 李龙章
377 李罗力
378 李瑞琦
378 李威

378 李小甘
378 李英
378 李振河
379 李志东
379 梁二平
379 梁克虎
379 梁展鹏
380 梁树兴
380 廖虹雷
380 廖金泽
380 林超金
380 林华新
381 林慧
381 林洁
381 林祥
382 林一飞
383 林英男
383 林雨如
383 林祖基
383 刘朝辉
383 刘高涵
383 刘广阳
383 刘国威
384 刘洪一
384 刘会远
385 刘琨
385 刘丽川
385 刘满衡
385 刘深
386 刘水
386 刘涛
387 刘申宁
387 刘学强
387 刘迅
387 刘彦峰
387 刘振金
387 刘中国
388 柳光敏
388 卢桂环
389 陆泽洪
389 罗尔
389 罗烈杰
389 罗敏军
389 吕元礼

M

394 马明哲
394 马松林
394 麦敏华
394 毛剑峰
394 梅毅（笔名：赫连勃勃大王）
397 苗瀚文
398 莫金鸣
398 莫世祥
398 莫小培
399 莫稚
399 慕德钧

N

402 南兆旭
402 牛鹏涛

P

406 潘海东
406 潘惠茹
406 潘芸
406 彭桂华
406 彭庆元
406 彭全民
407 彭荣德

Q

410 戚鑫
410 齐凤阁
410 钱飞鸣
410 钱国华
410 乔文杰
411 秦锦屏
411 秦清运
411 邱志明
411 曲文

R

414 任宝根
414 任艳春
414 容达贤
414 阮炜

S

418 沙焕玉
418 申晨
418 沈晓鸣（笔名：白小刺）
418 石泰康
418 石新荣
418 舒国雄
419 苏东天
419 孙慧伶
419 孙曙光
419 孙霄
419 孙晓莹
420 孙雅荣

T

424 谭权
424 汤丽霞
424 汤敏
425 唐冬眉
426 唐汉隆
426 唐际根
427 唐毅
427 陶一桃
427 滕叙兖
428 田启波
428 田新舟
428 童尽一
428 涂俏

W

432 汪开国
432 王壁
432 王琛
432 王春永
432 王洪友
433 王继良
433 王京生
433 王立新（笔名：江南提学）
433 王禄贵
433 王璞
433 王若兵
433 王石
434 王穗明
434 王伟雄
434 王熙远
434 王羲烈
435 王小明
435 王晓葵
435 王雪胜
435 王一宪
435 王永苗
435 王振文
436 王忠雄
436 王樽
436 魏开扬
436 魏尚平
436 文本亨
436 乌兰察夫
436 吴翠明
436 吴定海
437 吴和
437 吴俊忠
437 吴松营
437 吴伟胜
438 吴奕新
438 吴予敏
438 吴云东
438 吴曾德

X

442 夏晋祥
442 夏萍
442 肖惠方
442 萧媚燕
442 谢湘南
442 熊君慧
442 徐明天
442 徐宇珊
442 许德龙
443 许佳兴
443 许石林
443 宣柱锡

Y

446 亚牛
446 言飞
446 阎焰（笔名：望野）
448 燕子
448 杨传耕
448 杨河
448 杨黎光
448 杨立勋
450 杨柳
450 杨勤良
450 杨荣昌
450 杨耀林
451 杨益群
451 杨永钢
451 杨争光
451 姚峥华
451 叶澄海
452 叶杨
454 易小力
454 尹道振
455 游建西
455 于常印
455 余海波
455 余希慈
455 郁龙余
456 袁粮钢
456 袁毅

Z

460 曾宏兴
460 曾晶
460 曾生
460 曾祥委
460 詹冰
460 詹文河
460 张春雷
461 张帆
461 张冠生
461 张合运
461 张煌新
461 张进贤
462 张俊彪
462 张黎明
462 张柳珍
462 张万坤
462 张卫东
463 张文
463 张小也
463 张效民
464 张新平
464 张岩
464 张一兵
465 张玉阁
465 章必功
465 赵灿荣
465 赵卉洲
466 郑恺
466 郑通扬
466 郑映通
466 周保民
466 周华
466 周军
466 周其若
467 周英雄
467 周志辉
467 周子友
467 朱赤
467 朱来常
467 朱荣基
468 朱士福
468 朱映晓
468 祝王飞
468 邹富明

B 哲学·宗教

A

艾卉

书名/责任者｜注意的认知神经科学/(美)理查编；艾卉，徐鹏飞译
出版社｜杭州：浙江教育出版社
出版年｜2017
页码｜412
ISBN｜978-7-5536-6805-5
分类｜B842.1

安娜

书名/责任者｜第23届世界模特小姐大赛/安娜主编；深圳市中意安娜文化传播有限公司主编
出版社｜深圳：海天出版社
出版年｜2012
页码｜1册
ISBN｜978-7-5507-0371-1
分类｜B834.3

书名/责任者｜筑梦美丽中国助力改革开放：第26届世界模特小姐大赛/安娜主编
出版社｜深圳：海天出版社
出版年｜2015
页码｜108
ISBN｜978-7-5507-1315-4
分类｜B834.3

A
B
C
D
E
F
G
H
J
K
L
M
N
O
P
Q
R
S
T
W
X
Y
Z

B

B 哲学·宗教

(释)本焕

书名/责任者 | 本焕长老开示集/(释)本焕讲述;(释)印顺主编
出版社 | 北京:宗教文化出版社
出版年 | 2012
页码 | 369
ISBN | 978-7-80254-619-6
分类 | B94-53

德麟 / 陈光福 / 陈昊 / 陈吉庆 / 陈聚仁 / 陈龙海 / 陈永林 / 陈志荣 / 成君忆 / 成泽彦 / 迟新丽 / 崔芳 / 蔡德麟 / 陈

昊 / 陈吉庆 / 陈聚仁 / 陈龙海 / 陈永林 / 陈志荣 / 成君忆 / 成泽彦 / 迟新丽 / 崔芳 / 蔡德麟 / 陈光福 / 陈昊 / 陈吉

仁 / 陈龙海 / 陈永林 / 陈志荣 / 成君忆 / 成泽彦 / 迟新丽 / 崔芳 / 蔡德麟 / 陈光福 / 陈昊 / 陈吉庆 / 陈聚仁 / 陈龙

林 / 陈志荣 / 成君忆 / 成泽彦 / 迟新丽 / 崔芳 / 蔡德麟 / 陈光福 / 陈昊 / 陈吉庆 / 陈聚仁 / 陈龙海 / 陈永林 / 陈志

忆 / 成泽彦 / 迟新丽 / 崔芳 / 蔡德麟 / 陈光福 / 陈昊 / 陈吉庆 / 陈聚仁 / 陈龙海 / 陈永林 / 陈志荣 / 成君忆 / 成泽

丽 / 崔芳 / 蔡德麟 / 陈光福 / 陈昊 / 陈吉庆 / 陈聚仁 / 陈龙海 / 陈永林 / 陈志荣 / 成君忆 / 成泽彦 / 迟新丽 / 崔芳

/ 陈光福 / 陈昊 / 陈吉庆 / 陈聚仁 / 陈龙海 / 陈永林 / 陈志荣 / 成君忆 / 成泽彦 / 迟新丽 / 崔芳 / 蔡德麟 / 陈光

/ 陈吉庆 / 陈聚仁 / 陈龙海 / 陈永林 / 陈志荣 / 成君忆 / 成泽彦 / 迟新丽 / 崔芳 / 蔡德麟 / 陈光福 / 陈昊 / 陈吉庆

/ 陈龙海 / 陈永林 / 陈志荣 / 成君忆 / 成泽彦 / 迟新丽 / 崔芳 / 蔡德麟 / 陈光福 / 陈昊 / 陈吉庆 / 陈聚仁 / 陈龙海

/ 陈志荣 / 成君忆 / 成泽彦 / 迟新丽 / 崔芳 / 蔡德麟 / 陈光福 / 陈昊 / 陈吉庆 / 陈聚仁 / 陈龙海 / 陈永林 / 陈志荣

/ 成泽彦 / 迟新丽 / 崔芳 / 蔡德麟 / 陈光福 / 陈昊 / 陈吉庆 / 陈聚仁 / 陈龙海 / 陈永林 / 陈志荣 / 成君忆 / 成泽彦

/ 崔芳 / 蔡德麟 / 陈光福 / 陈昊 / 陈吉庆 / 陈聚仁 / 陈龙海 / 陈永林 / 陈志荣 / 成君忆 / 成泽彦 / 迟新丽 / 崔芳

/ 陈光福 / 陈昊 / 陈吉庆 / 陈聚仁 / 陈龙海 / 陈永林 / 陈志荣 / 成君忆 / 成泽彦 / 迟新丽 / 崔芳 / 蔡德麟 / 陈光

/ 陈吉庆 / 陈聚仁 / 陈龙海 / 陈永林 / 陈志荣 / 成君忆 / 成泽彦 / 迟新丽 / 崔芳 / 蔡德麟 / 陈光福 / 陈昊 / 陈吉庆

/ 陈龙海 / 陈永林 / 陈志荣 / 成君忆 / 成泽彦 / 迟新丽 / 崔芳 / 蔡德麟 / 陈光福 / 陈昊 / 陈吉庆 / 陈聚仁 / 陈龙

林 / 陈志荣 / 成君忆 / 成泽彦 / 迟新丽 / 崔芳 / 蔡德麟 / 陈光福 / 陈昊 / 陈吉庆 / 陈聚仁 / 陈龙海 / 陈永林 / 陈

君忆 / 成泽彦 / 迟新丽 / 崔芳 / 蔡德麟 / 陈光福 / 陈昊 / 陈吉庆 / 陈聚仁 / 陈龙海 / 陈永林 / 陈志荣 / 成君忆 /

C

A B C D E F G H J K L M N O P Q R S T W X Y Z

蔡德麟

书名/责任者 | 马克思的第一个伟大发现：唯物史观的形成/王卫国，史振东，张文煜，蔡德麟著
出版社 | 合肥：安徽人民出版社
出版年 | 1985
页码 | 395
统一书号 | 3102·607
分类 | B03

书名/责任者 | 马克思主义哲学/蔡德麟主编；张文煜，符群编写
出版社 | 福州：福建科学技术出版社
出版年 | 1988
页码 | 633
ISBN | 7-5335-0084-9
分类 | B0-0

书名/责任者 | 全球化时代的儒家伦理/蔡德麟，景海峰主编
出版社 | 北京：清华大学出版社
出版年 | 2007
页码 | 436
ISBN | 978-7-302-14233-1
分类 | B82-092

陈光福

书名/责任者 | 走出儿童行为的怪圈：儿童行为问题矫治指南/陈光福编著
出版社 | 深圳：海天出版社
出版年 | 2004
页码 | 143
ISBN | 7-80697-063-0
分类 | B844.1

书名/责任者 | 走进儿童的心理世界：儿童心理健康咨询/陈光福编著
出版社 | 深圳：海天出版社
出版年 | 2004
页码 | 143
ISBN | 7-80697-063-0
分类 | B844.1

陈昊

书名/责任者 | 情感与趣味：休谟经验主义美学思想研究/陈昊著
出版社 | 北京：北京大学出版社
出版年 | 2017
页码 | 206
ISBN | 978-7-301-28055-3
分类 | B561.291

陈吉庆

书名/责任者 | 《易经》与教育/陈吉庆著
出版社 | 汕头：汕头大学出版社
出版年 | 2017
页码 | 350
ISBN | 978-7-5658-3189-8
分类 | B221.5

陈聚仁

书名/责任者 | 自度经/潘强恩著；陈聚仁注
出版社 | 杭州：浙江人民出版社
出版年 | 2003
页码 | 234
ISBN | 7-213-02662-3
分类 | B825

陈龙海

书名/责任者 | EQ(情商)故事/陈龙海，韩庭卫编著
出版社 | 深圳：海天出版社
出版年 | 2007
页码 | 166
ISBN | 978-7-80697-980-8
分类 | B848.4

书名/责任者 | 思维创新故事/陈龙海，韩庭卫编著
出版社 | 深圳：海天出版社

出版年 | 2007
页码 | 164
ISBN | 978-7-80697-980-8
分类 | B804.4

书名/责任者 | 心态激励故事/陈龙海，韩庭卫编著
出版社 | 深圳：海天出版社
出版年 | 2007
页码 | 174
ISBN | 978-7-80697-980-8
分类 | B848.4

书名/责任者 | 生命重建/陈龙海编著
出版社 | 北京：新华出版社
出版年 | 2008
页码 | 194
ISBN | 978-7-5011-8409-5
分类 | B821-49

陈永林

书名/责任者 | 品览圣贤智慧/陈永林编著
出版社 | 北京：中国文史出版社
出版年 | 2011
页码 | 316
ISBN | 978-7-5034-3024-4
分类 | B21-49

书名/责任者 | 小故事大道理全集/陈永林选编
出版社 | 武汉：长江文艺出版社
出版年 | 2012
页码 | 443
ISBN | 978-7-5354-4646-6
分类 | B821-49

书名/责任者 | 中国圣贤智慧/陈永林编著
出版社 | 北京：中国书籍出版社
出版年 | 2013
页码 | 318
ISBN | 978-7-5068-2959-5
分类 | B821-49

陈志荣

书名/责任者 | 深圳市职业道德教育读本/张国荣，陈志荣主编
出版社 | 广州：广东人民出版社
出版年 | 1993
页码 | 176
ISBN | 7-218-01199-3
分类 | B822.9

成君忆

书名/责任者 | 峰与谷/(美)约翰逊著；成君忆译
出版社 | 海口：南海出版公司
出版年 | 2009
页码 | 115
ISBN | 978-7-5442-4461-9
分类 | B848.4-49

书名/责任者 | 世界上最珍贵的宝藏/成君忆著
出版社 | 北京：新华出版社
出版年 | 2009
页码 | 222
ISBN | 978-7-5011-8806-2
分类 | B821-49

成泽彦

书名/责任者 | 穿越美丽：深圳市罗湖区女子素质学校演讲录/成泽彦主编
出版社 | 深圳：海天出版社
出版年 | 2007
页码 | 268
ISBN | 978-7-80697-912-9
分类 | B825.5

迟新丽

书名/责任者 | 别将自己活成一座孤岛：抑郁与焦虑中的自救指南/迟新丽，张沛超编

出版社｜广州：花城出版社
出版年｜2021
页码｜310
ISBN｜978-7-5360-9338-6
分类｜B84-49

书名/责任者｜深圳青少年心理发展研究报告：2016-2018/迟新丽著
出版社｜北京：化学工业出版社
出版年｜2022
页码｜112
ISBN｜978-7-122-40883-9
分类｜B844.2

崔芳

书名/责任者｜大学生心理健康/余琳，崔芳，涂玉香，高健主编
出版社｜武汉：武汉大学出版社
出版年｜2004
页码｜268
ISBN｜7-307-04216-9
分类｜B844.2

书名/责任者｜社会行为中的认知神经科学/(英)伊斯顿，(英)埃默里编；崔芳，关青译
出版社｜杭州：浙江教育出版社
出版年｜2017
页码｜341
ISBN｜978-7-5536-6794-2
分类｜B842.1

C

晓阳 / 邓欣媚 / 丁远峙 / 董世峰 / 戴晓阳 / 邓欣媚 / 丁远峙 / 董世峰 / 戴晓阳 / 邓欣媚 / 丁远峙 / 董世峰 / 戴晓阳 /
丁远峙 / 董世峰 / 戴晓阳 / 邓欣媚 / 丁远峙 / 董世峰 / 戴晓阳 / 邓欣媚 / 丁远峙 / 董世峰 / 戴晓阳 / 邓欣媚 / 丁远峙
/ 戴晓阳 / 邓欣媚 / 丁远峙 / 董世峰 / 戴晓阳 / 邓欣媚 / 丁远峙 / 董世峰 / 戴晓阳 / 邓欣媚 / 丁远峙 / 董世峰 / 戴晓
媚 / 丁远峙 / 董世峰 / 戴晓阳 / 邓欣媚 / 丁远峙 / 董世峰 / 戴晓阳 / 邓欣媚 / 丁远峙 / 董世峰 / 戴晓阳 / 邓欣媚 / 丁
世峰 / 戴晓阳 / 邓欣媚 / 丁远峙 / 董世峰 / 戴晓阳 / 邓欣媚 / 丁远峙 / 董世峰 / 戴晓阳 / 邓欣媚 / 丁远峙 / 董世峰 /
邓欣媚 / 丁远峙 / 董世峰 / 戴晓阳 / 邓欣媚 / 丁远峙 / 董世峰 / 戴晓阳 / 邓欣媚 / 丁远峙 / 董世峰 / 戴晓阳 / 邓欣媚
/ 董世峰 / 戴晓阳 / 邓欣媚 / 丁远峙 / 董世峰 / 戴晓阳 / 邓欣媚 / 丁远峙 / 董世峰 / 戴晓阳 / 邓欣媚 / 丁远峙 / 董世
阳 / 邓欣媚 / 丁远峙 / 董世峰 / 戴晓阳 / 邓欣媚 / 丁远峙 / 董世峰 / 戴晓阳 / 邓欣媚 / 丁远峙 / 董世峰 / 戴晓阳 /
远峙 / 董世峰 / 戴晓阳 / 邓欣媚 / 丁远峙 / 董世峰 / 戴晓阳 / 邓欣媚 / 丁远峙 / 董世峰 / 戴晓阳 / 邓欣媚 / 丁远峙 /
晓阳 / 邓欣媚 / 丁远峙 / 董世峰 / 戴晓阳 / 邓欣媚 / 丁远峙 / 董世峰 / 戴晓阳 / 邓欣媚 / 丁远峙 / 董世峰 / 戴晓阳
/ 丁远峙 / 董世峰 / 戴晓阳 / 邓欣媚 / 丁远峙 / 董世峰 / 戴晓阳 / 邓欣媚 / 丁远峙 / 董世峰 / 戴晓阳 / 邓欣媚 / 丁远
峰 / 戴晓阳 / 邓欣媚 / 丁远峙 / 董世峰 / 戴晓阳 / 邓欣媚 / 丁远峙 / 董世峰 / 戴晓阳 / 邓欣媚 / 丁远峙 / 董世峰 /
欣媚 / 丁远峙 / 董世峰 / 戴晓阳 / 邓欣媚 / 丁远峙 / 董世峰 / 戴晓阳 / 邓欣媚 / 丁远峙 / 董世峰 / 戴晓阳 / 邓欣媚 /
世峰 / 戴晓阳 / 邓欣媚 / 丁远峙 / 董世峰 / 戴晓阳 / 邓欣媚 / 丁远峙 / 董世峰 / 戴晓阳 / 邓欣媚 / 丁远峙 / 董世峰
/ 邓欣媚 / 丁远峙 / 董世峰 / 戴晓阳 / 邓欣媚 / 丁远峙 / 董世峰 / 戴晓阳 / 邓欣媚 / 丁远峙 / 董世峰 / 戴晓阳 / 邓欣
峙 / 董世峰 / 戴晓阳 / 邓欣媚 / 丁远峙 / 董世峰 / 戴晓阳 / 邓欣媚 / 丁远峙 / 董世峰 / 戴晓阳 / 邓欣媚 / 丁远峙 /
晓阳 / 邓欣媚 / 丁远峙 / 董世峰 / 戴晓阳 / 邓欣媚 / 丁远峙 / 董世峰 / 戴晓阳 / 邓欣媚 / 丁远峙 / 董世峰 / 戴晓阳 /

D

A
B
C
D
E
F
G
H
J
K
L
M
N
O
P
Q
R
S
T
W
X
Y
Z

戴晓阳

书名/责任者｜实用心理测验/解亚宁，戴晓阳主编
出版社｜北京：中国医药科技出版社
出版年｜2006
页码｜334
ISBN｜7-5067-3430-3
分类｜B841.7

书名/责任者｜常用心理评估量表手册/戴晓阳主编
①
出版社｜北京：人民军医出版社
出版年｜2010
页码｜349
ISBN｜978-7-5091-3964-6
分类｜B841.7-62
②
出版社｜北京：人民军医出版社
出版年｜2015
页码｜383
ISBN｜978-7-5091-8603-9
分类｜B841.7-62

邓欣媚

书名/责任者｜儿童发展：第11版/(美)桑特洛克著；桑标，王荣，邓欣媚译
出版社｜上海：上海人民出版社
出版年｜2009
页码｜504
ISBN｜978-7-208-08913-6
分类｜B844.1

书名/责任者｜情绪调节手册/(美)格罗斯主编；桑标，马伟娜，邓欣媚译
出版社｜上海：上海人民出版社
出版年｜2011
页码｜575
ISBN｜978-7-208-09881-7
分类｜B842.6-62

丁远峙

书名/责任者｜方与圆/丁远峙著
①
出版社｜广州：广州出版社
出版年｜1996
页码｜315
ISBN｜7-80592-411-2
分类｜B848.4
②
出版社｜深圳：海天出版社
出版年｜2006
页码｜273
ISBN｜7-80697-652-3
分类｜B825

书名/责任者｜成与败/丁远峙著
出版社｜北京：华文出版社
出版年｜2002
页码｜312
ISBN｜7-5075-1227-4
分类｜B848.4

书名/责任者｜进与退/丁远峙著
出版社｜延吉：延边人民出版社
出版年｜2002
页码｜314
ISBN｜7-80648-721-2
分类｜B848.4

书名/责任者｜我真的很不错/丁远峙著
出版社｜深圳：海天出版社
出版年｜2004
页码｜179
ISBN｜7-80697-249-8
分类｜B848

书名/责任者｜心灵软件：开始/丁远峙著
出版社｜深圳：海天出版社
出版年｜2004
页码｜178
ISBN｜7-80697-248-X
分类｜B848.4

书名/责任者 | 方与圆.2：成功者的个人修炼/丁远峙著
出版社 | 深圳：海天出版社
出版年 | 2005
页码 | 307
ISBN | 978-7-80697-248-9
分类 | B848.4-49

书名/责任者 | 方与圆.3：观念是一切/丁远峙著
出版社 | 深圳：海天出版社
出版年 | 2007
页码 | 175
ISBN | 978-7-80697-888-7
分类 | B825-49

书名/责任者 | 方与圆全集：丁远峙经典著作集/丁远峙著
①
出版社 | 深圳：海天出版社
出版年 | 2007
页码 | 615
ISBN | 978-7-80747-075-5
分类 | B825
②
出版社 | 深圳：海天出版社
出版年 | 2018
页码 | 591
ISBN | 978-7-5507-2420-4
分类 | B825-49

董世峰

书名/责任者 | 价值：哈特曼对道德基础的构建/董世峰著
出版社 | 北京：光明日报出版社
出版年 | 2006
页码 | 244
ISBN | 7-80206-298-5
分类 | B018

映灵 / 冯玲 / 傅鹤鸣 / 方映灵 / 冯玲 / 傅鹤鸣 / 方映灵 / 冯玲 / 傅鹤鸣 / 方映灵 / 冯玲 / 傅鹤鸣 / 方映灵 / 冯玲 /
映灵 / 冯玲 / 傅鹤鸣 / 方映灵 / 冯玲 / 傅鹤鸣 / 方映灵 / 冯玲 / 傅鹤鸣 / 方映灵 / 冯玲 / 傅鹤鸣 / 方映灵 / 冯玲 /
映灵 / 冯玲 / 傅鹤鸣 / 方映灵 / 冯玲 / 傅鹤鸣 / 方映灵 / 冯玲 / 傅鹤鸣 / 方映灵 / 冯玲 / 傅鹤鸣 / 方映灵 / 冯玲 /
映灵 / 冯玲 / 傅鹤鸣 / 方映灵 / 冯玲 / 傅鹤鸣 / 方映灵 / 冯玲 / 傅鹤鸣 / 方映灵 / 冯玲 / 傅鹤鸣 / 方映灵 / 冯玲 /
映灵 / 冯玲 / 傅鹤鸣 / 方映灵 / 冯玲 / 傅鹤鸣 / 方映灵 / 冯玲 / 傅鹤鸣 / 方映灵 / 冯玲 / 傅鹤鸣 / 方映灵 / 冯玲 /
映灵 / 冯玲 / 傅鹤鸣 / 方映灵 / 冯玲 / 傅鹤鸣 / 方映灵 / 冯玲 / 傅鹤鸣 / 方映灵 / 冯玲 / 傅鹤鸣 / 方映灵 / 冯玲 /
映灵 / 冯玲 / 傅鹤鸣 / 方映灵 / 冯玲 / 傅鹤鸣 / 方映灵 / 冯玲 / 傅鹤鸣 / 方映灵 / 冯玲 / 傅鹤鸣 / 方映灵 / 冯玲 /
映灵 / 冯玲 / 傅鹤鸣 / 方映灵 / 冯玲 / 傅鹤鸣 / 方映灵 / 冯玲 / 傅鹤鸣 / 方映灵 / 冯玲 / 傅鹤鸣 / 方映灵 / 冯玲 /
映灵 / 冯玲 / 傅鹤鸣 / 方映灵 / 冯玲 / 傅鹤鸣 / 方映灵 / 冯玲 / 傅鹤鸣 / 方映灵 / 冯玲 / 傅鹤鸣 / 方映灵 / 冯玲 /
映灵 / 冯玲 / 傅鹤鸣 / 方映灵 / 冯玲 / 傅鹤鸣 / 方映灵 / 冯玲 / 傅鹤鸣 / 方映灵 / 冯玲 / 傅鹤鸣 / 方映灵 / 冯玲 /
映灵 / 冯玲 / 傅鹤鸣 / 方映灵 / 冯玲 / 傅鹤鸣 / 方映灵 / 冯玲 / 傅鹤鸣 / 方映灵 / 冯玲 / 傅鹤鸣 / 方映灵 / 冯玲 /
映灵 / 冯玲 / 傅鹤鸣 / 方映灵 / 冯玲 / 傅鹤鸣 / 方映灵 / 冯玲 / 傅鹤鸣 / 方映灵 / 冯玲 / 傅鹤鸣 / 方映灵 / 冯玲 /
映灵 / 冯玲 / 傅鹤鸣 / 方映灵 / 冯玲 / 傅鹤鸣 / 方映灵 / 冯玲 / 傅鹤鸣 / 方映灵 / 冯玲 / 傅鹤鸣 / 方映灵 / 冯玲 /
映灵 / 冯玲 / 傅鹤鸣 / 方映灵 / 冯玲 / 傅鹤鸣 / 方映灵 / 冯玲 / 傅鹤鸣 / 方映灵 / 冯玲 / 傅鹤鸣 / 方映灵 / 冯玲 /
映灵 / 冯玲 / 傅鹤鸣 / 方映灵 / 冯玲 / 傅鹤鸣 / 方映灵 / 冯玲 / 傅鹤鸣 / 方映灵 / 冯玲 / 傅鹤鸣 / 方映灵 / 冯玲 /
映灵 / 冯玲 / 傅鹤鸣 / 方映灵 / 冯玲 / 傅鹤鸣 / 方映灵 / 冯玲 / 傅鹤鸣 / 方映灵 / 冯玲 / 傅鹤鸣 / 方映灵 / 冯玲 /
映灵 / 冯玲 / 傅鹤鸣 / 方映灵 / 冯玲 / 傅鹤鸣 / 方映灵 / 冯玲 / 傅鹤鸣 / 方映灵 / 冯玲 / 傅鹤鸣 / 方映灵 / 冯玲 /

F

方映灵

书名/责任者｜现代与传统：中国思想文化论集/方映灵著
出版社｜广州：广东人民出版社
出版年｜2021
页码｜234
ISBN｜978-7-218-15356-8
分类｜B2-53

冯玲

书名/责任者｜哈佛成功模式：教你如何经营事业/(美)沃尔德浦，(美)巴特勒著；冯玲译
出版社｜北京：机械工业出版社
出版年｜2002
页码｜377
ISBN｜7-111-09878-1
分类｜B848.4

傅鹤鸣

书名/责任者｜现代中国道德文化适宜性研究/傅鹤鸣著
出版社｜北京：中国社会科学出版社
出版年｜2020
页码｜243
ISBN｜978-7-5203-7137-7
分类｜B825

予远 / 关万维 / 郭良原 / 郭田友 / 高予远 / 关万维 / 郭良原 / 郭田友 / 高予远 / 关万维 / 郭良原 / 郭田友 / 高予远
郭良原 / 郭田友 / 高予远 / 关万维 / 郭良原 / 郭田友 / 高予远 / 关万维 / 郭良原 / 郭田友 / 高予远 / 关万维 / 郭良
/ 高予远 / 关万维 / 郭良原 / 郭田友 / 高予远 / 关万维 / 郭良原 / 郭田友 / 高予远 / 关万维 / 郭良原 / 郭田友 / 高
维 / 郭良原 / 郭田友 / 高予远 / 关万维 / 郭良原 / 郭田友 / 高予远 / 关万维 / 郭良原 / 郭田友 / 高予远 / 关万维 /
田友 / 高予远 / 关万维 / 郭良原 / 郭田友 / 高予远 / 关万维 / 郭良原 / 郭田友 / 高予远 / 关万维 / 郭良原 / 郭田友
关万维 / 郭良原 / 郭田友 / 高予远 / 关万维 / 郭良原 / 郭田友 / 高予远 / 关万维 / 郭良原 / 郭田友 / 高予远 / 关万
/ 郭田友 / 高予远 / 关万维 / 郭良原 / 郭田友 / 高予远 / 关万维 / 郭良原 / 郭田友 / 高予远 / 关万维 / 郭良原 / 郭
远 / 关万维 / 郭良原 / 郭田友 / 高予远 / 关万维 / 郭良原 / 郭田友 / 高予远 / 关万维 / 郭良原 / 郭田友 / 高予远 /
良原 / 郭田友 / 高予远 / 关万维 / 郭良原 / 郭田友 / 高予远 / 关万维 / 郭良原 / 郭田友 / 高予远 / 关万维 / 郭良原 /
高予远 / 关万维 / 郭良原 / 郭田友 / 高予远 / 关万维 / 郭良原 / 郭田友 / 高予远 / 关万维 / 郭良原 / 郭田友 / 高予
/ 郭良原 / 郭田友 / 高予远 / 关万维 / 郭良原 / 郭田友 / 高予远 / 关万维 / 郭良原 / 郭田友 / 高予远 / 关万维 / 郭
友 / 高予远 / 关万维 / 郭良原 / 郭田友 / 高予远 / 关万维 / 郭良原 / 郭田友 / 高予远 / 关万维 / 郭良原 / 郭田友 /
万维 / 郭良原 / 郭田友 / 高予远 / 关万维 / 郭良原 / 郭田友 / 高予远 / 关万维 / 郭良原 / 郭田友 / 高予远 / 关万维
郭田友 / 高予远 / 关万维 / 郭良原 / 郭田友 / 高予远 / 关万维 / 郭良原 / 郭田友 / 高予远 / 关万维 / 郭良原 / 郭田
/ 关万维 / 郭良原 / 郭田友 / 高予远 / 关万维 / 郭良原 / 郭田友 / 高予远 / 关万维 / 郭良原 / 郭田友 / 高予远 / 关
原 / 郭田友 / 高予远 / 关万维 / 郭良原 / 郭田友 / 高予远 / 关万维 / 郭良原 / 郭田友 / 高予远 / 关万维 / 郭良原 /
予远 / 关万维 / 郭良原 / 郭田友 / 高予远 / 关万维 / 郭良原 / 郭田友 / 高予远 / 关万维 / 郭良原 / 郭田友 / 高予远

G

A
B
C
D
E
F
G
H
J
K
L
M
N
O
P
Q
R
S
T
W
X
Y
Z

高予远

书名/责任者｜王阳明哲学研究/高予远著
出版社｜广州：广东科技出版社
出版年｜2003
页码｜258
ISBN｜7-5359-3238-X
分类｜B248.25

关万维

书名/责任者｜先秦儒法关系研究：殷周思想的对立性继承及流变/关万维著
出版社｜上海：上海人民出版社
出版年｜2015
页码｜392
ISBN｜978-7-208-13268-9
分类｜B222.05

郭良原

书名/责任者｜克里希那穆提哲言录/(印)克利希那穆尔提著；郭良原编
出版社｜深圳：海天出版社
出版年｜2013
页码｜239
ISBN｜978-7-5507-0494-7
分类｜B351.5

书名/责任者｜德兰修女嘉言录/郭良原编
出版社｜深圳：海天出版社
出版年｜2015
页码｜179
ISBN｜978-7-5507-1249-2
分类｜B979.935.1

郭田友

书名/责任者｜“乐”观人生：积极心理学讲稿/王晓钧，郭田友，张玮著
出版社｜北京：高等教育出版社
出版年｜2016
页码｜355
ISBN｜978-7-04-045456-7
分类｜B84

庭卫 / 韩望喜 / 何道宽 / 何昊 / 胡纪泽 / 胡经之 / 华婕 / 黄发玉 / 黄红宇 / 黄锦奎 / 黄群斌 / 黄卫平 / 韩庭卫 / 韩
宽 / 何昊 / 胡纪泽 / 胡经之 / 华婕 / 黄发玉 / 黄红宇 / 黄锦奎 / 黄群斌 / 黄卫平 / 韩庭卫 / 韩望喜 / 何道宽 / 何昊
胡经之 / 华婕 / 黄发玉 / 黄红宇 / 黄锦奎 / 黄群斌 / 黄卫平 / 韩庭卫 / 韩望喜 / 何道宽 / 何昊 / 胡纪泽 / 胡经之 /
玉 / 黄红宇 / 黄锦奎 / 黄群斌 / 黄卫平 / 韩庭卫 / 韩望喜 / 何道宽 / 何昊 / 胡纪泽 / 胡经之 / 华婕 / 黄发玉 / 黄红
/ 黄群斌 / 黄卫平 / 韩庭卫 / 韩望喜 / 何道宽 / 何昊 / 胡纪泽 / 胡经之 / 华婕 / 黄发玉 / 黄红宇 / 黄锦奎 / 黄群斌 /
庭卫 / 韩望喜 / 何道宽 / 何昊 / 胡纪泽 / 胡经之 / 华婕 / 黄发玉 / 黄红宇 / 黄锦奎 / 黄群斌 / 黄卫平 / 韩庭卫 / 韩
宽 / 何昊 / 胡纪泽 / 胡经之 / 华婕 / 黄发玉 / 黄红宇 / 黄锦奎 / 黄群斌 / 黄卫平 / 韩庭卫 / 韩望喜 / 何道宽 / 何昊
胡经之 / 华婕 / 黄发玉 / 黄红宇 / 黄锦奎 / 黄群斌 / 黄卫平 / 韩庭卫 / 韩望喜 / 何道宽 / 何昊 / 胡纪泽 / 胡经之 /
玉 / 黄红宇 / 黄锦奎 / 黄群斌 / 黄卫平 / 韩庭卫 / 韩望喜 / 何道宽 / 何昊 / 胡纪泽 / 胡经之 / 华婕 / 黄发玉 / 黄红
/ 黄群斌 / 黄卫平 / 韩庭卫 / 韩望喜 / 何道宽 / 何昊 / 胡纪泽 / 胡经之 / 华婕 / 黄发玉 / 黄红宇 / 黄锦奎 / 黄群斌
韩庭卫 / 韩望喜 / 何道宽 / 何昊 / 胡纪泽 / 胡经之 / 华婕 / 黄发玉 / 黄红宇 / 黄锦奎 / 黄群斌 / 黄卫平 / 韩庭卫 /
道宽 / 何昊 / 胡纪泽 / 胡经之 / 华婕 / 黄发玉 / 黄红宇 / 黄锦奎 / 黄群斌 / 黄卫平 / 韩庭卫 / 韩望喜 / 何道宽 / 何
/ 胡经之 / 华婕 / 黄发玉 / 黄红宇 / 黄锦奎 / 黄群斌 / 黄卫平 / 韩庭卫 / 韩望喜 / 何道宽 / 何昊 / 胡纪泽 / 胡经之
发玉 / 黄红宇 / 黄锦奎 / 黄群斌 / 黄卫平 / 韩庭卫 / 韩望喜 / 何道宽 / 何昊 / 胡纪泽 / 胡经之 / 华婕 / 黄发玉 / 黄
奎 / 黄群斌 / 黄卫平 / 韩庭卫 / 韩望喜 / 何道宽 / 何昊 / 胡纪泽 / 胡经之 / 华婕 / 黄发玉 / 黄红宇 / 黄锦奎 / 黄群
/ 韩庭卫 / 韩望喜 / 何道宽 / 何昊 / 胡纪泽 / 胡经之 / 华婕 / 黄发玉 / 黄红宇 / 黄锦奎 / 黄群斌 / 黄卫平 / 韩庭卫
何道宽 / 何昊 / 胡纪泽 / 胡经之 / 华婕 / 黄发玉 / 黄红宇 / 黄锦奎 / 黄群斌 / 黄卫平 / 韩庭卫 / 韩望喜 / 何道宽 /

H

韩庭卫

书名/责任者 | EQ(情商)故事/陈龙海，韩庭卫编著
出版社 | 深圳：海天出版社
出版年 | 2007
页码 | 166
ISBN | 978-7-80697-980-8
分类 | B848.4

书名/责任者 | 思维创新故事/陈龙海，韩庭卫编著
出版社 | 深圳：海天出版社
出版年 | 2007
页码 | 164
ISBN | 978-7-80697-980-8
分类 | B804.4

书名/责任者 | 心态激励故事/陈龙海，韩庭卫编著
出版社 | 深圳：海天出版社
出版年 | 2007
页码 | 174
ISBN | 978-7-80697-980-8
分类 | B848.4

韩望喜

书名/责任者 | 善与美的人性/韩望喜著
①
出版社 | 深圳：海天出版社
出版年 | 1999
页码 | 309
ISBN | 7-80615-986-X
分类 | B825
②
出版社 | 北京：人民出版社
出版年 | 2001
页码 | 249
ISBN | 978-7-01-003349-8
分类 | B82-054.9

书名/责任者 | 人文颂：大型儒家文化交响乐/韩望喜著
出版社 | 北京：人民出版社
出版年 | 2010
页码 | 159
ISBN | 978-7-01-009164-8
分类 | B222-49

书名/责任者 | 大学·中庸：听书典藏版/韩望喜主讲
出版社 | 北京：中华书局
出版年 | 2014
页码 | 61
ISBN | 978-7-88775-035-8
分类 | B222.1

书名/责任者 | 韩非子：听书典藏版/韩望喜主讲
出版社 | 北京：中华书局
出版年 | 2014
页码 | 136
ISBN | 978-7-88775-035-8
分类 | B226.5

书名/责任者 | 论语：听书典藏版/韩望喜主讲
出版社 | 北京：中华书局
出版年 | 2014
页码 | 116
ISBN | 978-7-88775-035-8
分类 | B222.2

书名/责任者 | 孟子：听书典藏版/韩望喜主讲
出版社 | 北京：中华书局
出版年 | 2014
页码 | 191
ISBN | 978-7-88775-035-8
分类 | B222.52

书名/责任者 | 墨子：听书典藏版/韩望喜主讲
出版社 | 北京：中华书局
出版年 | 2014
页码 | 134
ISBN | 978-7-88775-035-8
分类 | B224.2

书名/责任者 | 坛经：听书典藏版/韩望

喜主讲
出版社｜北京：中华书局
出版年｜2014
页码｜118
ISBN｜978-7-88775-035-8
分类｜B946.5

书名/责任者｜荀子：听书典藏版/韩望喜主讲
出版社｜北京：中华书局
出版年｜2014
页码｜96
ISBN｜978-7-88775-035-8
分类｜B222.64

书名/责任者｜颜氏家训：听书典藏版/韩望喜主讲
出版社｜北京：中华书局
出版年｜2014
页码｜129
ISBN｜978-7-88775-035-8
分类｜B823.1

书名/责任者｜庄子：听书典藏版/韩望喜主讲
出版社｜北京：中华书局
出版年｜2014
页码｜135
ISBN｜978-7-88775-035-8
分类｜B223.54

书名/责任者｜不动心/韩望喜著
出版社｜北京：华夏出版社
出版年｜2010
页码｜301
ISBN｜978-7-5080-5535-0
分类｜B821-49

何道宽

书名/责任者｜思维的训练/(英)德波诺著；许力生，何道宽译
出版社｜北京：三联书店
出版年｜1987
页码｜348
统一书号｜2002·311
分类｜B842.5

书名/责任者｜模仿律/(法)塔尔德著；(美)帕森斯英译；何道宽译
①
出版社｜北京：中国人民大学出版社
出版年｜2008
页码｜306
ISBN｜978-7-300-08802-0
分类｜B842.9
②
出版社｜北京：中信出版社
出版年｜2020
页码｜515
ISBN｜978-7-5217-1070-0
分类｜B842.9

书名/责任者｜伊拉斯谟传：伊拉斯谟与宗教改革/(荷)赫伊津哈著；何道宽译
出版社｜桂林：广西师范大学出版社
出版年｜2008
页码｜282
ISBN｜978-7-5633-7629-2
分类｜B503.914

书名/责任者｜个性动力论：中英文双语版/(美)库尔特·卢因著；何道宽译
出版社｜北京：中国传媒大学出版社
出版年｜2016
页码｜608
ISBN｜978-7-5657-1758-1
分类｜B848

书名/责任者｜柏拉图导论/(英)埃里克·哈弗洛克著；何道宽译
出版社｜北京：中国大百科全书出版社
出版年｜2023
页码｜222
ISBN｜978-7-5202-1315-8
分类｜B502.232

何昊

书名/责任者｜人格心理学：基础与发现/

（美）米瑟兰迪诺著；黄子岚，何昊译
出版社 | 上海：上海社会科学院出版社
出版年 | 2015
页码 | 537
ISBN | 978-7-5520-0739-8
分类 | B848

胡纪泽

书名/责任者 | 从新娘到母亲：孕产妇实用心理咨询100题/胡纪泽著
出版社 | 太原：山西人民出版社
出版年 | 1992
页码 | 273
ISBN | 7-203-02165-3
分类 | B844.5

书名/责任者 | 黄昏的魅力：老年实用心理咨询100题/胡纪泽著
出版社 | 太原：山西人民出版社
出版年 | 1992
页码 | 294
ISBN | 7-203-02163-7
分类 | B844.4

书名/责任者 | 倾斜的太阳：男性心理咨询100题/胡纪泽著
出版社 | 太原：山西人民出版社
出版年 | 1992
页码 | 310
ISBN | 7-203-02106-8
分类 | B844.6

书名/责任者 | 拷问心理学/胡纪泽著
出版社 | 北京：中国城市出版社
出版年 | 2009
页码 | 251
ISBN | 978-7-5074-2143-9
分类 | B84

胡经之

书名/责任者 | 中国现代美学丛编：1919-1949/胡经之编
出版社 | 北京：北京大学出版社
出版年 | 1987
页码 | 550
统一书号 | 10209·147
分类 | B83

书名/责任者 | 中国古典美学丛编（上、中、下）/胡经之主编
出版社 | 北京：中华书局
出版年 | 1988
页码 | 831
ISBN | 7-101-00050-9
分类 | B83

书名/责任者 | 中国古典美学丛编/胡经之编著
出版社 | 南京：凤凰出版社
出版年 | 2009
页码 | 757
ISBN | 978-7-80729-623-2
分类 | B83-092

华婕

书名/责任者 | 穿过雷暴的阳光：Sunnie家面对祸难的心路历程/肖一帆，华婕著
出版社 | 深圳：海天出版社
出版年 | 2016
页码 | 288
ISBN | 978-7-5507-1594-3
分类 | B848.4

黄发玉

书名/责任者 | 系统哲学/黄金南，严耕，杨金海，黄发玉著
出版社 | 北京：东方出版社
出版年 | 1992
页码 | 313
ISBN | 7-5060-0248-5
分类 | B089

黄红宇

书名/责任者 | 伦理学和政治学中的人类社会/（英）伯特兰·罗素著；黄红宇译
出版社 | 上海：上海译文出版社
出版年 | 2018
页码 | 259
ISBN | 978-7-5327-7787-7
分类 | B561.54

黄锦奎

书名/责任者 | 现代点石成金术：价值转化工程/黄锦奎著
出版社 | 长沙：湖南出版社
出版年 | 1993
页码 | 278
ISBN | 7-5438-0568-5
分类 | B018

书名/责任者 | 新体系哲学与创造性实践唯物主义/黄锦奎著
出版社 | 广州：广东人民出版社
出版年 | 2009
页码 | 302
ISBN | 978-7-218-06208-2
分类 | B0

黄群斌

书名/责任者 | 我一定赢/黄群斌著
出版社 | 深圳：深圳报业集团出版社
出版年 | 2009
页码 | 238
ISBN | 978-7-80709-206-3
分类 | B848.4-49

黄卫平

书名/责任者 | 思维的悲剧与悲剧的思维：谭嗣同思想研究/黄卫平著
出版社 | 昆明：云南教育出版社
出版年 | 1989
页码 | 138
ISBN | 7-5415-0266-9
分类 | B254.5

志刚 / 姜安 / 蒋平 / 蒋庆 / 贾志刚 / 姜安 / 蒋平 / 蒋庆 / 贾志刚 / 姜安 / 蒋平 / 蒋庆 / 贾志刚 / 姜安 / 蒋平 / 蒋庆 /
姜安 / 蒋平 / 蒋庆 / 贾志刚 / 姜安 / 蒋平 / 蒋庆 / 贾志刚 / 姜安 / 蒋平 / 蒋庆 / 贾志刚 / 姜安 / 蒋平 / 蒋庆 / 贾志刚
蒋平 / 蒋庆 / 贾志刚 / 姜安 / 蒋平 / 蒋庆 / 贾志刚 / 姜安 / 蒋平 / 蒋庆 / 贾志刚 / 姜安 / 蒋平 / 蒋庆 / 贾志刚 / 姜
蒋庆 / 贾志刚 / 姜安 / 蒋平 / 蒋庆 / 贾志刚 / 姜安 / 蒋平 / 蒋庆 / 贾志刚 / 姜安 / 蒋平 / 蒋庆 / 贾志刚 / 姜安 / 蒋平
志刚 / 姜安 / 蒋平 / 蒋庆 / 贾志刚 / 姜安 / 蒋平 / 蒋庆 / 贾志刚 / 姜安 / 蒋平 / 蒋庆 / 贾志刚 / 姜安 / 蒋平 / 蒋庆 /
姜安 / 蒋平 / 蒋庆 / 贾志刚 / 姜安 / 蒋平 / 蒋庆 / 贾志刚 / 姜安 / 蒋平 / 蒋庆 / 贾志刚 / 姜安 / 蒋平 / 蒋庆 / 贾志刚
平 / 蒋庆 / 贾志刚 / 姜安 / 蒋平 / 蒋庆 / 贾志刚 / 姜安 / 蒋平 / 蒋庆 / 贾志刚 / 姜安 / 蒋平 / 蒋庆 / 贾志刚 / 姜安
庆 / 贾志刚 / 姜安 / 蒋平 / 蒋庆 / 贾志刚 / 姜安 / 蒋平 / 蒋庆 / 贾志刚 / 姜安 / 蒋平 / 蒋庆 / 贾志刚 / 姜安 / 蒋平
志刚 / 姜安 / 蒋平 / 蒋庆 / 贾志刚 / 姜安 / 蒋平 / 蒋庆 / 贾志刚 / 姜安 / 蒋平 / 蒋庆 / 贾志刚 / 姜安 / 蒋平 / 蒋庆 /
姜安 / 蒋平 / 蒋庆 / 贾志刚 / 姜安 / 蒋平 / 蒋庆 / 贾志刚 / 姜安 / 蒋平 / 蒋庆 / 贾志刚 / 姜安 / 蒋平 / 蒋庆 / 贾志刚
平 / 蒋庆 / 贾志刚 / 姜安 / 蒋平 / 蒋庆 / 贾志刚 / 姜安 / 蒋平 / 蒋庆 / 贾志刚 / 姜安 / 蒋平 / 蒋庆 / 贾志刚 / 姜安
庆 / 贾志刚 / 姜安 / 蒋平 / 蒋庆 / 贾志刚 / 姜安 / 蒋平 / 蒋庆 / 贾志刚 / 姜安 / 蒋平 / 蒋庆 / 贾志刚 / 姜安 / 蒋平
志刚 / 姜安 / 蒋平 / 蒋庆 / 贾志刚 / 姜安 / 蒋平 / 蒋庆 / 贾志刚 / 姜安 / 蒋平 / 蒋庆 / 贾志刚 / 姜安 / 蒋平 / 蒋庆
姜安 / 蒋平 / 蒋庆 / 贾志刚 / 姜安 / 蒋平 / 蒋庆 / 贾志刚 / 姜安 / 蒋平 / 蒋庆 / 贾志刚 / 姜安 / 蒋平 / 蒋庆 / 贾志刚
平 / 蒋庆 / 贾志刚 / 姜安 / 蒋平 / 蒋庆 / 贾志刚 / 姜安 / 蒋平 / 蒋庆 / 贾志刚 / 姜安 / 蒋平 / 蒋庆 / 贾志刚 / 姜安
庆 / 贾志刚 / 姜安 / 蒋平 / 蒋庆 / 贾志刚 / 姜安 / 蒋平 / 蒋庆 / 贾志刚 / 姜安 / 蒋平 / 蒋庆 / 贾志刚 / 姜安 / 蒋平
志刚 / 姜安 / 蒋平 / 蒋庆 / 贾志刚 / 姜安 / 蒋平 / 蒋庆 / 贾志刚 / 姜安 / 蒋平 / 蒋庆 / 贾志刚 / 姜安 / 蒋平 / 蒋庆

J

A B C D E F G H J K L M N O P Q R S T W X Y Z

贾志刚

书名/责任者 | 说论语/贾志刚著
出版社 | 北京：中国华侨出版社
出版年 | 2012
页码 | 379
ISBN | 978-7-5113-2077-3
分类 | B222.25

书名/责任者 | 《论语》的真相（上、下）/贾志刚著
出版社 | 桂林：广西师范大学出版社
出版年 | 2023
页码 | 517，414
ISBN | 978-7-5598-5656-2
分类 | B222.25

姜安

书名/责任者 | 战国说客双雄/姜安著
出版社 | 北京：社会科学文献出版社
出版年 | 2010
页码 | 227
ISBN | 978-7-5097-1234-4
分类 | B228.25

蒋平 [1]

书名/责任者 | 心理暗示的神奇力量/蒋平著
出版社 | 北京：中国财富出版社
出版年 | 2016
页码 | 186
ISBN | 978-7-5047-6266-5
分类 | B842.7-49

书名/责任者 | 成功欲望与心灵动力/蒋平著
出版社 | 深圳：海天出版社
出版年 | 2002
页码 | 224
ISBN | 978-7-80654-756-4
分类 | B844.2-49

书名/责任者 | 交际技巧与超级记忆/蒋平著
出版社 | 深圳：海天出版社
出版年 | 2002
页码 | 228
ISBN | 978-7-80654-755-7
分类 | B844.2-49

书名/责任者 | 心灵革命与心理素质/蒋平著
出版社 | 深圳：海天出版社
出版年 | 2002
页码 | 211
ISBN | 7-80654-754-1
分类 | B844.2-49

书名/责任者 | 催眠奥秘/蒋平著
出版社 | 成都：成都时代出版社
出版年 | 2011
页码 | 153
ISBN | 978-7-5464-0420-2
分类 | B844.2-49

书名/责任者 | 催眠术与催眠心理疗法教程/蒋平著
出版社 | 太原：山西科学技术出版社
出版年 | 2014
ISBN | 978-7-5377-4924-4
分类 | B841.4

蒋庆

书名/责任者 | 基督的人生观/（英）J.里德著；蒋庆译
出版社 | 北京：生活·读书·新知三联书店
出版年 | 1989
页码 | 224
ISBN | 7-108-00184-5
分类 | B979.10

书名/责任者 | 当代政治神学文选/刘小枫编；蒋庆等译
出版社 | 长春：吉林人民出版社
出版年 | 2002

页码 | 179
ISBN | 978-7-206-03957-7
分类 | B972

书名/责任者 | 儒学的时代价值/蒋庆著
出版社 | 成都：四川人民出版社
出版年 | 2009
页码 | 204
ISBN | 978-7-220-07777-7
分类 | B222.05-53

书名/责任者 | 广论政治儒学：儒学大家蒋庆先生二十余年政治儒学之力作/蒋庆著
出版社 | 北京：东方出版社
出版年 | 2014
页码 | 459
ISBN | 7-5060-7296-0
分类 | B222.05

景海峰

书名/责任者 | 儒家思想与现代化：刘述先新儒学论著辑要/刘述先著；景海峰编
出版社 | 北京：中国广播电视出版社
出版年 | 1992
页码 | 602
ISBN | 7-5043-1042-5
分类 | B26

书名/责任者 | 梁漱溟评传/景海峰，黎业明著
①
出版社 | 南昌：百花洲文艺出版社
出版年 | 1995
页码 | 262
ISBN | 7-80579-571-1
分类 | B26
②
出版社 | 南昌：百花洲文艺出版社
出版年 | 1997
页码 | 262
ISBN | 7-80579-939-3
分类 | B26
③
出版社 | 北京：人民出版社
出版年 | 1999
页码 | 271
ISBN | 7-01-003073-1
分类 | B26
④
出版社 | 南昌：百花洲文艺出版社
出版年 | 2010
页码 | 217
ISBN | 978-7-80579-571-3
分类 | B26
⑤
出版社 | 南昌：百花洲文艺出版社
出版年 | 2015
页码 | 228
ISBN | 978-7-5500-1178-6
分类 | B26

书名/责任者 | 理一分殊/刘述先著；景海峰编
出版社 | 上海：上海文艺出版社
出版年 | 2000
页码 | 382
ISBN | 7-5321-2002-3
分类 | B1

书名/责任者 | 中国哲学的现代诠释 /景海峰著
出版社 | 北京：人民出版社
出版年 | 2004
页码 | 365
ISBN | 7-01-004407-4
分类 | B261.5

书名/责任者 | 新儒学与二十世纪中国思想 /景海峰著
出版社 | 郑州：中州古籍出版社
出版年 | 2005
页码 | 317
ISBN | 7-5348-2243-2
分类 | B261

书名/责任者 | 熊十力选集/熊十力著；景海峰编
出版社 | 长春：吉林人民出版社
出版年 | 2005

页码 | 498
ISBN | 978-7-206-04678-9
分类 | B261.1

书名/责任者 | 全球化时代的儒家伦理/蔡德麟，景海峰主编
出版社 | 北京：清华大学出版社
出版年 | 2007
页码 | 436
ISBN | 978-7-302-14233-1
分类 | B82-092

书名/责任者 | 拾薪集："中国哲学"建构的当代反思与未来前瞻/景海峰编
出版社 | 北京：北京大学出版社
出版年 | 2007
页码 | 374
ISBN | 978-7-301-12518-2
分类 | B2-53

书名/责任者 | 熊十力哲学研究/景海峰著
出版社 | 北京：北京大学出版社
出版年 | 2010
页码 | 299
ISBN | 978-7-301-17823-2
分类 | B261.5

书名/责任者 | 儒家思想与当代中国文化建设/景海峰主编
出版社 | 北京：人民出版社
出版年 | 2013
页码 | 724
ISBN | 978-7-01-012523-7
分类 | B222.05-53

书名/责任者 | 儒学的当代发展与未来前瞻/景海峰主编
出版社 | 北京：人民出版社
出版年 | 2014
页码 | 779
ISBN | 978-7-01-014175-6
分类 | B222.05-53

书名/责任者 | 当代儒学的新开展：景海峰说儒/景海峰著
出版社 | 贵阳：孔学堂书局
出版年 | 2015
页码 | 174
ISBN | 978-7-80770-043-2
分类 | B222.05

书名/责任者 | 经典、经学与儒家思想的现代诠释/景海峰主编
出版社 | 北京：人民出版社
出版年 | 2015
页码 | 857
ISBN | 978-7-01-015336-0
分类 | B222.05-53

书名/责任者 | 诠释学与儒家思想/景海峰，东明著
出版社 | 上海：东方出版中心
出版年 | 2015
页码 | 300
ISBN | 978-7-5473-0797-7
分类 | B089.2

书名/责任者 | 经典诠释与当代中国哲学/景海峰著
出版社 | 北京：商务印书馆
出版年 | 2016
页码 | 260
ISBN | 978-7-100-12711-0
分类 | B2

书名/责任者 | 儒藏：精华编.一九六册.下：子部儒学类/汤一介总编纂；景海峰主编
出版社 | 北京：北京大学出版社
出版年 | 2016
页码 | 765 ~ 1575
ISBN | 978-7-301-11914-3
分类 | B222

书名/责任者 | 儒学的历史叙述与当代重构/景海峰主编
出版社 | 北京：人民出版社
出版年 | 2016
页码 | 891
ISBN | 978-7-01-016917-0
分类 | B222.05-53

书名/责任者 | 儒学的现代转化：景海峰学术论集/景海峰著
出版社 | 贵阳：孔学堂书局
出版年 | 2016
页码 | 287
ISBN | 978-7-80770-060-9
分类 | B222.05-53

书名/责任者 | 岭南思想与明清学术/景海峰，黎业明主编
出版社 | 上海：上海古籍出版社
出版年 | 2017
页码 | 466
ISBN | 978-7-5325-8576-2
分类 | B248.05

书名/责任者 | 儒学的当代理论与实践/景海峰主编
出版社 | 北京：人民出版社
出版年 | 2017
页码 | 836
ISBN | 978-7-01-018441-8
分类 | B222.05-53

书名/责任者 | 中国哲学的现代诠释/景海峰著
出版社 | 北京：人民出版社
出版年 | 2018
页码 | 352
ISBN | 978-7-01-018875-1
分类 | B2

海峰 / 旷昕 / 黎业明 / 李大华 / 李立 / 李相芝 / 李晓风 / 梁宏 / 廖金泽 / 林新典 / 林艳 / 林益民 / 凌志轩 / 刘洪一 /
刘婉华 / 刘永（笔名：永生居士）/ 龙辉 / 卢忠仁 / 鲁江 / 景海峰 / 旷昕 / 黎业明 / 李大华 / 李立 / 李相芝 / 李晓风
金泽 / 林新典 / 林艳 / 林益民 / 凌志轩 / 刘洪一 / 刘仕祥 / 刘婉华 / 刘永（笔名：永生居士）/ 龙辉 / 卢忠仁 / 鲁
/ 旷昕 / 黎业明 / 李大华 / 李立 / 李相芝 / 李晓风 / 梁宏 / 廖金泽 / 林新典 / 林艳 / 林益民 / 凌志轩 / 刘洪一 / 刘仕
华 / 刘永（笔名：永生居士）/ 龙辉 / 卢忠仁 / 鲁江 / 景海峰 / 旷昕 / 黎业明 / 李大华 / 李立 / 李相芝 / 李晓风 /
泽 / 林新典 / 林艳 / 林益民 / 凌志轩 / 刘洪一 / 刘仕祥 / 刘婉华 / 刘永（笔名：永生居士）/ 龙辉 / 卢忠仁 / 鲁江 /
旷昕 / 黎业明 / 李大华 / 李立 / 李相芝 / 李晓风 / 梁宏 / 廖金泽 / 林新典 / 林艳 / 林益民 / 凌志轩 / 刘洪一 / 刘仕
/ 刘永（笔名：永生居士）/ 龙辉 / 卢忠仁 / 鲁江 / 景海峰 / 旷昕 / 黎业明 / 李大华 / 李立 / 李相芝 / 李晓风 / 梁
/ 林新典 / 林艳 / 林益民 / 凌志轩 / 刘洪一 / 刘仕祥 / 刘婉华 / 刘永（笔名：永生居士）/ 龙辉 / 卢忠仁 / 鲁江 /
昕 / 黎业明 / 李大华 / 李立 / 李相芝 / 李晓风 / 梁宏 / 廖金泽 / 林新典 / 林艳 / 林益民 / 凌志轩 / 刘洪一 / 刘仕祥
刘永（笔名：永生居士）/ 龙辉 / 卢忠仁 / 鲁江 / 景海峰 / 旷昕 / 黎业明 / 李大华 / 李立 / 李相芝 / 李晓风 / 梁宏 /
新典 / 林艳 / 林益民 / 凌志轩 / 刘洪一 / 刘仕祥 / 刘婉华 / 刘永（笔名：永生居士）/ 龙辉 / 卢忠仁 / 鲁江 / 景海
黎业明 / 李大华 / 李立 / 李相芝 / 李晓风 / 梁宏 / 廖金泽 / 林新典 / 林艳 / 林益民 / 凌志轩 / 刘洪一 / 刘仕祥 / 刘
（笔名：永生居士）/ 龙辉 / 卢忠仁 / 鲁江 / 景海峰 / 旷昕 / 黎业明 / 李大华 / 李立 / 李相芝 / 李晓风 / 梁宏 / 廖
典 / 林艳 / 林益民 / 凌志轩 / 刘洪一 / 刘仕祥 / 刘婉华 / 刘永（笔名：永生居士）/ 龙辉 / 卢忠仁 / 鲁江 / 景海峰
业明 / 李大华 / 李立 / 李相芝 / 李晓风 / 梁宏 / 廖金泽 / 林新典 / 林艳 / 林益民 / 凌志轩 / 刘洪一 / 刘仕祥 / 刘婉华 / 刘
生居士）/ 龙辉 / 卢忠仁 / 鲁江 / 景海峰 / 旷昕 / 黎业明 / 李大华 / 李立 / 李相芝 / 李晓风 / 梁宏 / 廖金泽 / 林新

K

旷昕

书名/责任者｜解读冯友兰：海外回声卷/单纯，旷昕主编
出版社｜深圳：海天出版社
出版年｜1998
页码｜258
ISBN｜7-80615-799-9
分类｜B265

书名/责任者｜解读冯友兰：学人纪念卷/单纯，旷昕主编
出版社｜深圳：海天出版社
出版年｜1998
页码｜289
ISBN｜7-80615-770-0
分类｜B265

书名/责任者｜解读冯友兰：学者研究卷/单纯，旷昕主编
出版社｜深圳：海天出版社
出版年｜1998
页码｜251
ISBN｜7-80615-769-7
分类｜B265

A B C D E F G H J K L M N O P Q R S T W X Y Z

L

黎业明

书名/责任者 | 梁漱溟评传/景海峰，黎业明著
①
出版社 | 南昌：百花洲文艺出版社
出版年 | 1995
页码 | 262
ISBN | 7-80579-571-1
分类 | B26
②
出版社 | 南昌：百花洲文艺出版社
出版年 | 1997
页码 | 262
ISBN | 7-80579-939-3
分类 | B26
③
出版社 | 北京：人民出版社
出版年 | 1999
页码 | 271
ISBN | 7-01-003073-1
分类 | B26
④
出版社 | 南昌：百花洲文艺出版社
出版年 | 2010
页码 | 217
ISBN | 978-7-80579-571-3
分类 | B26
⑤
出版社 | 南昌：百花洲文艺出版社
出版年 | 2015
页码 | 228
ISBN | 978-7-5500-1178-6
分类 | B26

书名/责任者 | 陈建著作二种/(明)陈建著；黎业明点校
出版社 | 上海：上海古籍出版社
出版年 | 2015
页码 | 288
ISBN | 978-7-5325-7871-9
分类 | B248.99-53

书名/责任者 | 陈献章年谱/黎业明撰
出版社 | 上海：上海古籍出版社
出版年 | 2015
页码 | 408
ISBN | 978-7-5325-7873-3
分类 | B248.1

书名/责任者 | 湛若水年谱/黎业明撰
出版社 | 上海：上海古籍出版社
出版年 | 2016
页码 | 406
ISBN | 978-7-5325-8237-2
分类 | B248.995

书名/责任者 | 传习录栏外书/(明)王阳明撰；(日)佐藤一斋注评；黎业明点校
出版社 | 上海：上海古籍出版社
出版年 | 2017
页码 | 263
ISBN | 978-7-5325-8651-6
分类 | B248.25

书名/责任者 | 岭南思想与明清学术/景海峰，黎业明主编
出版社 | 上海：上海古籍出版社
出版年 | 2017
页码 | 466
ISBN | 978-7-5325-8576-2
分类 | B248.05

书名/责任者 | 明儒思想与文献论集/黎业明著
出版社 | 北京：商务印书馆
出版年 | 2017
页码 | 290
ISBN | 978-7-100-12780-6
分类 | B248.05

书名/责任者 | 陈献章全集(上、中、下)/(明)陈献章撰；黎业明编校
①
出版社 | 上海：上海古籍出版社
出版年 | 2019
页码 | 1560
ISBN | 978-7-5325-9083-4
分类 | B248.1
②
出版社 | 上海：上海古籍出版社
出版年 | 2021

页码 | 1086
ISBN | 978-7-5732-0123-2
分类 | B248.11

书名/责任者 | 传习录：全本全注全译/(明)王阳明撰；黎业明译注
出版社 | 上海：上海古籍出版社
出版年 | 2021
页码 | 569
ISBN | 978-7-5325-9998-1
分类 | B248.22

书名/责任者 | 王阳明传习录校笺/黎业明撰
出版社 | 上海：上海古籍出版社
出版年 | 2022
页码 | 388
ISBN | 978-7-5732-0267-3
分类 | B248.25

书名/责任者 | 传习录译注/(明)王阳明著；黎业明译注
出版社 | 上海：上海古籍出版社
出版年 | 2021-
页码 | 420
ISBN | 978-7-5732-0098-3
分类 | B248.25

书名/责任者 | 湛若水生平学行考实/黎业明撰
出版社 | 上海：上海古籍出版社
出版年 | 2021-
页码 | 326
ISBN | 978-7-5325-9943-1
分类 | B248.995

李大华

书名/责任者 | 李道纯学案/李大华著
出版社 | 济南：齐鲁书社
出版年 | 2010
页码 | 197
ISBN | 978-7-5333-2343-1
分类 | B959.92

书名/责任者 | 庄子的智慧/李大华著；李鼎成书
出版社 | 北京：中国评论学术出版社
出版年 | 2011
页码 | 325
ISBN | 978-988-8051-92-2
分类 | B223.55

书名/责任者 | 宗教的现代社会角色/马建钊，印顺，李大华主编
出版社 | 北京：人民出版社
出版年 | 2012
页码 | 435
ISBN | 978-7-01-010587-1
分类 | B920

书名/责任者 | 自然与自由：庄子哲学研究/李大华著
出版社 | 北京：商务印书馆
出版年 | 2013
页码 | 435
ISBN | 978-7-100-10505-7
分类 | B223.55

书名/责任者 | 宗教与现代社会/(释)印顺，李大华主编
出版社 | 北京：人民出版社
出版年 | 2014
页码 | 547
ISBN | 978-7-01-013528-1
分类 | B920

书名/责任者 | 中国宗教的超越性问题/李大华著
出版社 | 成都：四川大学出版社
出版年 | 2015
页码 | 476
ISBN | 978-7-5614-8930-7
分类 | B958

书名/责任者 | 香港全真教研究/李大华著
出版社 | 北京：人民出版社
出版年 | 2018
页码 | 369
ISBN | 978-7-01-018829-4

分类 | B956.3

书名/责任者 | 老子的智慧/李大华著
出版社 | 北京：北京大学出版社
出版年 | 2019
页码 | 403
ISBN | 978-7-301-29438-3
分类 | B223.15

书名/责任者 | 庄子的智慧/李大华著
出版社 | 北京：北京大学出版社
出版年 | 2019
页码 | 325
ISBN | 978-7-301-28646-3
分类 | B223.55

书名/责任者 | 中国哲学通史：学术卷：隋唐卷/郭齐勇主编；龚隽，李大华，夏志前，李琪慧著
出版社 | 南京：江苏人民出版社
出版年 | 2022
页码 | 762
ISBN | 978-7-214-26659-0
分类 | B241

李立

书名/责任者 | 文化嬗变与汉代自然神话的演变/李立著
出版社 | 汕头：汕头大学出版社
出版年 | 2000
页码 | 293
ISBN | 7-81036-386-7
分类 | B932

书名/责任者 | 文化整合与先秦自然神话演变/李立著
出版社 | 昆明：云南人民出版社
出版年 | 2002
页码 | 314
ISBN | 7-222-03310-6
分类 | B932.2

书名/责任者 | 伦理与审美：后现代语境下的追寻与反思/李立著
出版社 | 北京：中国社会科学出版社
出版年 | 2013
页码 | 204
ISBN | 978-7-5161-2740-7
分类 | B82-054.9

李相芝

书名/责任者 | 数字巴比伦塔——网络伦理的建设与思考/李相芝著
出版社 | 北京：中国社会出版社
出版年 | 2005
页码 | 202
ISBN | 7-5087-0566-1
分类 | B82-057

李晓凤

书名/责任者 | 苦中求乐：超越逆境的艺术/李晓凤著
出版社 | 北京：九州图书出版社
出版年 | 1993
页码 | 241
ISBN | 7-80114-007-9
分类 | B828.5

书名/责任者 | 心理咨询与社会工作/李晓凤著
出版社 | 武汉：武汉大学出版社
出版年 | 2005
页码 | 279
ISBN | 7-307-04664-4
分类 | B844.2

书名/责任者 | 女人四季：女性心理学与现代生活/李晓凤，王姝娟，李羿琼编著
出版社 | 武汉：武汉大学出版社
出版年 | 2007
页码 | 258
ISBN | 978-7-307-05906-1
分类 | B844.5

梁宏

书名/责任者 | 公共管理伦理/梁宏著
出版社 | 北京：中国社会出版社
出版年 | 2005
页码 | 244
ISBN | 7-5087-0566-1
分类 | B82-051

廖金泽

书名/责任者 | 女人怎样更美丽/廖金泽著
出版社 | 深圳：海天出版社
出版年 | 2003
页码 | 254
ISBN | 7-80654-925-0
分类 | B825

书名/责任者 | 惊叹：领悟非凡的30种感受/廖金泽著
出版社 | 北京：中国建材工业出版社
出版年 | 2004
页码 | 225
ISBN | 7-80159-701-X
分类 | B848.4

书名/责任者 | 惊艳：迷倒众生的20种方法/廖金泽著
出版社 | 北京：中国建材工业出版社
出版年 | 2004
页码 | 214
ISBN | 7-80159-702-8
分类 | B834.3

书名/责任者 | 女人怎样更精致：衣食住行的细节体现/廖金泽著
出版社 | 深圳：海天出版社
出版年 | 2004
页码 | 201
ISBN | 7-80697-284-6
分类 | B825

书名/责任者 | 女人怎样更漂亮：倾国倾城的完美塑造/廖金泽著
出版社 | 深圳：海天出版社
出版年 | 2004
页码 | 201
ISBN | 7-80697-300-1
分类 | B834.3

书名/责任者 | 女人怎样更性感：激动人心的欲望表达/廖金泽著
出版社 | 深圳：海天出版社
出版年 | 2004
页码 | 201
ISBN | 7-80697-259-5
分类 | B825

书名/责任者 | 女人怎样更优雅：超凡脱俗的气质修养/廖金泽著
出版社 | 深圳：海天出版社
出版年 | 2004
页码 | 201
ISBN | 7-80697-169-6
分类 | B825-49

书名/责任者 | 女人怎样更风韵：万种风情的魅力发挥/廖金泽著
出版社 | 深圳：海天出版社
出版年 | 2005
页码 | 201
ISBN | 7-80697-515-2
分类 | B825-49

书名/责任者 | 女人怎样更温柔：性格脾气的自我调整/廖金泽著
出版社 | 深圳：海天出版社
出版年 | 2005
页码 | 201
ISBN | 7-80697-535-7
分类 | B825-49

书名/责任者 | 女人怎样更幸福：夫妻生活的精彩演绎/廖金泽著
出版社 | 深圳：海天出版社
出版年 | 2005
页码 | 201
ISBN | 7-80697-536-5
分类 | B825

书名/责任者 | 就该这样做女人：男人教女人修身养性的七种方法/廖金泽著
出版社 | 上海：上海辞书出版社
出版年 | 2010
页码 | 233
ISBN | 978-7-5326-3024-0
分类 | B825-49

林新典

书名/责任者 | 人格杂谈七章/林新典著
出版社 | 北京：中国社会出版社
出版年 | 2007
页码 | 157
ISBN | 978-7-5087-0829-4
分类 | B848.6

林艳

书名/责任者 | 今日如何读旧约/班德斯塔著；林艳，刘洪一译
出版社 | 上海：华东师范大学出版社
出版年 | 2014
页码 | 532
ISBN | 978-7-5675-1878-0
分类 | B971

林益民

书名/责任者 | 给力：思想的舞步/林益民著
出版社 | 深圳：海天出版社
出版年 | 2011
页码 | 160
ISBN | 978-7-5507-0088-8
分类 | B0-53

凌志轩

书名/责任者 | 神秘易经/凌志轩著
出版社 | 乌鲁木齐：新疆人民出版社
出版年 | 2002
页码 | 419
ISBN | 7-228-07400-9
分类 | B221.5

书名/责任者 | 奥秘人生/凌志轩著
出版社 | 乌鲁木齐：新疆人民出版社
出版年 | 2002
页码 | 476
ISBN | 7-228-07400-9
分类 | B221.5

书名/责任者 | 易经解读（上、下经）/凌志轩著
出版社 | 乌鲁木齐：新疆人民出版社
出版年 | 2002
页码 | 407451
ISBN | 7-228-07400-9
分类 | B221.5

书名/责任者 | 释易新探：当代易经应用解要/凌志轩编著
出版社 | 乌鲁木齐：新疆人民出版社
出版年 | 2004
页码 | 352
ISBN | 7-228-08794-1
分类 | B221.5

书名/责任者 | 中国哲学的魅力：易经实用预测/杨维增，凌志轩编著
出版社 | 乌鲁木齐：新疆人民出版社
出版年 | 2004
页码 | 295
ISBN | 7-228-08794-1
分类 | B221.5

书名/责任者 | 古代命理学研究．命理格局/凌志轩著
出版社 | 广州：中山大学出版社
出版年 | 2012
页码 | 420
ISBN | 978-7-306-03524-0
分类 | B992.3

书名/责任者 | 古代命理学研究．命理基础/凌志轩著
出版社 | 广州：中山大学出版社

出版年 | 2013
页码 | 385
ISBN | 978-7-306-04471-6
分类 | B992.3

刘洪一

书名/责任者 | 圣经叙事研究/刘洪一著
出版社 | 北京：商务印书馆
出版年 | 2011
页码 | 212
ISBN | 978-7-100-08269-3
分类 | B971

书名/责任者 | 今日如何读旧约/班德斯塔著；林艳，刘洪一译
出版社 | 上海：华东师范大学出版社
出版年 | 2014
页码 | 532
ISBN | 978-7-5675-1878-0
分类 | B971

刘仕祥

书名/责任者 | 在最能吃苦的年纪，遇见拼命努力的自己/刘仕祥著
出版社 | 深圳：海天出版社
出版年 | 2016
页码 | 234
ISBN | 978-7-5507-1687-2
分类 | B848.4-49

书名/责任者 | 20岁不努力，40岁会出局：打造不依附于平台的核心竞争力/刘仕祥著
出版社 | 深圳：海天出版社
出版年 | 2018
页码 | 292
ISBN | 978-7-5507-2362-7
分类 | B848.4-49

刘婉华

书名/责任者 | 中国古代人生哲学漫议/刘婉华著
出版社 | 深圳：海天出版社
出版年 | 2014
页码 | 187
ISBN | 978-7-5507-1063-4
分类 | B821

刘永（笔名：永生居士）

书名/责任者 | 百岁菩提：本焕长老传奇/刘永执笔
出版社 | 西安：陕西师范大学出版总社有限公司
出版年 | 2010
页码 | 237
ISBN | 978-7-5613-5267-0
分类 | B949.92

书名/责任者 | 百年智慧：本焕长老的生活禅/永生居士执笔
出版社 | 深圳：海天出版社
出版年 | 2012
页码 | 264
ISBN | 978-7-5507-0426-8
分类 | B948

龙辉

书名/责任者 | 赤湾妈祖文化概览/龙辉著
出版社 | 上海：上海古籍出版社
出版年 | 2007
页码 | 173
ISBN | 978-7-5325-4824-8
分类 | B933

卢忠仁

书名/责任者 | 审美之境：中国美学研究/卢忠仁著

出版社｜深圳：海天出版社
出版年｜2005
页码｜177
ISBN｜7-80697-440-7
分类｜B83-0

书名/责任者｜哲学沉思录/卢忠仁著
出版社｜深圳：深圳报业集团出版社
出版年｜2005
页码｜203
ISBN｜7-80709-010-3
分类｜B-53

书名/责任者｜审美之境：美学二十八说/卢忠仁著
出版社｜深圳：海天出版社
出版年｜2007
页码｜471
ISBN｜978-7-80747-055-7
分类｜B83-092

书名/责任者｜石上清泉：美学六十八说/卢忠仁著
出版社｜广州：花城出版社
出版年｜2009
页码｜460
ISBN｜978-7-5360-5790-6
分类｜B83-092

鲁江

书名/责任者｜青春是怎样炼成的：青少年的五堂励志课/鲁江著
出版社｜深圳：海天出版社
出版年｜2011
页码｜190
ISBN｜978-7-5507-0073-4
分类｜B848.4-49

吕延涛

书名/责任者｜流淌的文化之河/吕延涛，邹晓辛著
出版社｜深圳：海天出版社
出版年｜2000
页码｜291
ISBN｜7-80654-254-X
分类｜B978

L

A B C D E F G H J K L M N O P Q R S T W X Y Z

千里 / 梅全喜 / 梅毅 / 孟伟 / 马千里 / 梅全喜 / 梅毅 / 孟伟 / 马千里 / 梅全喜 / 梅毅 / 孟伟 / 马千里 / 梅全喜 / 梅毅

马千里 / 梅全喜 / 梅毅 / 孟伟 / 马千里 / 梅全喜 / 梅毅 / 孟伟 / 马千里 / 梅全喜 / 梅毅 / 孟伟 / 马千里 / 梅全喜

/ 马千里 / 梅全喜 / 梅毅 / 孟伟 / 马千里 / 梅全喜 / 梅毅 / 孟伟 / 马千里 / 梅全喜 / 梅毅 / 孟伟 / 马千里 / 梅全喜

伟 / 马千里 / 梅全喜 / 梅毅 / 孟伟 / 马千里 / 梅全喜 / 梅毅 / 孟伟 / 马千里 / 梅全喜 / 梅毅 / 孟伟 / 马千里 / 梅全

/ 孟伟 / 马千里 / 梅全喜 / 梅毅 / 孟伟 / 马千里 / 梅全喜 / 梅毅 / 孟伟 / 马千里 / 梅全喜 / 梅毅 / 孟伟 / 马千里 /

毅 / 孟伟 / 马千里 / 梅全喜 / 梅毅 / 孟伟 / 马千里 / 梅全喜 / 梅毅 / 孟伟 / 马千里 / 梅全喜 / 梅毅 / 孟伟 / 马千里

/ 梅毅 / 孟伟 / 马千里 / 梅全喜 / 梅毅 / 孟伟 / 马千里 / 梅全喜 / 梅毅 / 孟伟 / 马千里 / 梅全喜 / 梅毅 / 孟伟 / 马千

喜 / 梅毅 / 孟伟 / 马千里 / 梅全喜 / 梅毅 / 孟伟 / 马千里 / 梅全喜 / 梅毅 / 孟伟 / 马千里 / 梅全喜 / 梅毅 / 孟伟 /

全喜 / 梅毅 / 孟伟 / 马千里 / 梅全喜 / 梅毅 / 孟伟 / 马千里 / 梅全喜 / 梅毅 / 孟伟 / 马千里 / 梅全喜 / 梅毅 / 孟伟

/ 梅全喜 / 梅毅 / 孟伟 / 马千里 / 梅全喜 / 梅毅 / 孟伟 / 马千里 / 梅全喜 / 梅毅 / 孟伟 / 马千里 / 梅全喜 / 梅毅 /

里 / 梅全喜 / 梅毅 / 孟伟 / 马千里 / 梅全喜 / 梅毅 / 孟伟 / 马千里 / 梅全喜 / 梅毅 / 孟伟 / 马千里 / 梅全喜 / 梅毅

千里 / 梅全喜 / 梅毅 / 孟伟 / 马千里 / 梅全喜 / 梅毅 / 孟伟 / 马千里 / 梅全喜 / 梅毅 / 孟伟 / 马千里 / 梅全喜 / 梅毅

马千里 / 梅全喜 / 梅毅 / 孟伟 / 马千里 / 梅全喜 / 梅毅 / 孟伟 / 马千里 / 梅全喜 / 梅毅 / 孟伟 / 马千里 / 梅全喜 /

/ 马千里 / 梅全喜 / 梅毅 / 孟伟 / 马千里 / 梅全喜 / 梅毅 / 孟伟 / 马千里 / 梅全喜 / 梅毅 / 孟伟 / 马千里 / 梅全喜

伟 / 马千里 / 梅全喜 / 梅毅 / 孟伟 / 马千里 / 梅全喜 / 梅毅 / 孟伟 / 马千里 / 梅全喜 / 梅毅 / 孟伟 / 马千里 / 梅全

/ 孟伟 / 马千里 / 梅全喜 / 梅毅 / 孟伟 / 马千里 / 梅全喜 / 梅毅 / 孟伟 / 马千里 / 梅全喜 / 梅毅 / 孟伟 / 马千里 /

毅 / 孟伟 / 马千里 / 梅全喜 / 梅毅 / 孟伟 / 马千里 / 梅全喜 / 梅毅 / 孟伟 / 马千里 / 梅全喜 / 梅毅 / 孟伟 / 马千

M

马千里

书名/责任者｜当《论语》遭遇于丹/马千里著
出版社｜深圳：海天出版社
出版年｜2007
页码｜309
ISBN｜978-7-80697-970-9
分类｜B222.25

梅全喜

书名/责任者｜抱朴子内篇：今译/(晋)葛洪著；梅全喜，郝近大，冉懋雄编译
出版社｜北京：中国中医药出版社
出版年｜1997
页码｜453
ISBN｜7-80089-573-4
分类｜B235.73

书名/责任者｜抱朴子内篇：肘后备急方今译/(晋)葛洪著；梅全喜，郝近大，冉懋雄，胡晓峰编译
出版社｜北京：中国中医药出版社
出版年｜2015
页码｜454
ISBN｜978-7-5132-2791-9
分类｜B235.72

梅毅

书名/责任者｜闲情偶尔禅/梅毅著
出版社｜上海：上海人民出版社
出版年｜2013
页码｜311
ISBN｜978-7-208-11292-6
分类｜B946.5-49

孟伟

书名/责任者｜20世纪西方哲学在中国/郭庆堂，孟伟，丁祖豪编著
出版社｜徐州：中国矿业大学出版社
出版年｜2002
页码｜291
ISBN｜7-81070-466-4
分类｜B261

书名/责任者｜20世纪中国哲学导论/郭庆堂，丁祖豪，孟伟，唐明贵编著
出版社｜徐州：中国矿业大学出版社
出版年｜2002
页码｜417
ISBN｜7-81070-466-4
分类｜B261

书名/责任者｜塑造论哲学的认知科学哲学解读/孟伟编著
出版社｜北京：知识产权出版社
出版年｜2011
页码｜209
ISBN｜978-7-5130-0632-3
分类｜B

强恩 / 彭立勋 / 彭荣德 / 彭晓哲 / 潘强恩 / 彭立勋 / 彭荣德 / 彭晓哲 / 潘强恩 / 彭立勋 / 彭荣德 / 彭晓哲 / 潘强恩
荣德 / 彭晓哲 / 潘强恩 / 彭立勋 / 彭荣德 / 彭晓哲 / 潘强恩 / 彭立勋 / 彭荣德 / 彭晓哲 / 潘强恩 / 彭立勋 / 彭荣
/ 潘强恩 / 彭立勋 / 彭荣德 / 彭晓哲 / 潘强恩 / 彭立勋 / 彭荣德 / 彭晓哲 / 潘强恩 / 彭立勋 / 彭荣德 / 彭晓哲 / 潘
勋 / 彭荣德 / 彭晓哲 / 潘强恩 / 彭立勋 / 彭荣德 / 彭晓哲 / 潘强恩 / 彭立勋 / 彭荣德 / 彭晓哲 / 潘强恩 / 彭立勋 /
晓哲 / 潘强恩 / 彭立勋 / 彭荣德 / 彭晓哲 / 潘强恩 / 彭立勋 / 彭荣德 / 彭晓哲 / 潘强恩 / 彭立勋 / 彭荣德 / 彭晓哲
彭立勋 / 彭荣德 / 彭晓哲 / 潘强恩 / 彭立勋 / 彭荣德 / 彭晓哲 / 潘强恩 / 彭立勋 / 彭荣德 / 彭晓哲 / 潘强恩 / 彭立
/ 彭晓哲 / 潘强恩 / 彭立勋 / 彭荣德 / 彭晓哲 / 潘强恩 / 彭立勋 / 彭荣德 / 彭晓哲 / 潘强恩 / 彭立勋 / 彭荣德 / 彭
恩 / 彭立勋 / 彭荣德 / 彭晓哲 / 潘强恩 / 彭立勋 / 彭荣德 / 彭晓哲 / 潘强恩 / 彭立勋 / 彭荣德 / 彭晓哲 / 潘强恩 /
荣德 / 彭晓哲 / 潘强恩 / 彭立勋 / 彭荣德 / 彭晓哲 / 潘强恩 / 彭立勋 / 彭荣德 / 彭晓哲 / 潘强恩 / 彭立勋 / 彭荣德
潘强恩 / 彭立勋 / 彭荣德 / 彭晓哲 / 潘强恩 / 彭立勋 / 彭荣德 / 彭晓哲 / 潘强恩 / 彭立勋 / 彭荣德 / 彭晓哲 / 潘强
/ 彭荣德 / 彭晓哲 / 潘强恩 / 彭立勋 / 彭荣德 / 彭晓哲 / 潘强恩 / 彭立勋 / 彭荣德 / 彭晓哲 / 潘强恩 / 彭立勋 / 彭
哲 / 潘强恩 / 彭立勋 / 彭荣德 / 彭晓哲 / 潘强恩 / 彭立勋 / 彭荣德 / 彭晓哲 / 潘强恩 / 彭立勋 / 彭荣德 / 彭晓哲 /
立勋 / 彭荣德 / 彭晓哲 / 潘强恩 / 彭立勋 / 彭荣德 / 彭晓哲 / 潘强恩 / 彭立勋 / 彭荣德 / 彭晓哲 / 潘强恩 / 彭立勋
彭晓哲 / 潘强恩 / 彭立勋 / 彭荣德 / 彭晓哲 / 潘强恩 / 彭立勋 / 彭荣德 / 彭晓哲 / 潘强恩 / 彭立勋 / 彭荣德 / 彭晓
/ 彭立勋 / 彭荣德 / 彭晓哲 / 潘强恩 / 彭立勋 / 彭荣德 / 彭晓哲 / 潘强恩 / 彭立勋 / 彭荣德 / 彭晓哲 / 潘强恩 / 彭
德 / 彭晓哲 / 潘强恩 / 彭立勋 / 彭荣德 / 彭晓哲 / 潘强恩 / 彭立勋 / 彭荣德 / 彭晓哲 / 潘强恩 / 彭立勋 / 彭荣德 /
强恩 / 彭立勋 / 彭荣德 / 彭晓哲 / 潘强恩 / 彭立勋 / 彭荣德 / 彭晓哲 / 潘强恩 / 彭立勋 / 彭荣德 / 彭晓哲 / 潘强

P

潘强恩

书名/责任者 | 美梦成真/潘强恩编著
出版社 | 延吉：延边人民出版社
出版年 | 1997
页码 | 267
ISBN | 7-80599-644-X
分类 | B848.4

书名/责任者 | 自度经/潘强恩著；陈聚仁注
出版社 | 杭州：浙江人民出版社
出版年 | 2003
页码 | 234
ISBN | 7-213-02662-3
分类 | B825

彭立勋

书名/责任者 | 美的欣赏/彭立勋编著
出版社 | 桂林：漓江出版社
出版年 | 1984
页码 | 94
统一书号 | 10256·76
分类 | B83-49

书名/责任者 | 美感心理研究/彭立勋著
出版社 | 长沙：湖南人民出版社
出版年 | 1985
页码 | 335
统一书号 | 2109·57
分类 | B83

书名/责任者 | 西方美学名著引论/彭立勋著
出版社 | 武汉：华中工学院出版社
出版年 | 1987
页码 | 278
ISBN | 7-5609-0100-X
分类 | B83

书名/责任者 | 审美经验论/彭立勋著
①
出版社 | 武汉：长江文艺出版社
出版年 | 1989
页码 | 291
ISBN | 7-5354-0336-0
分类 | B83
②
出版社 | 北京：人民出版社
出版年 | 1999
页码 | 303
ISBN | 7-01-003077-4
分类 | B83

书名/责任者 | 美学的现代思考/彭立勋著
出版社 | 北京：中国社会科学出版社
出版年 | 1996
页码 | 435
ISBN | 7-5004-2002-1
分类 | B83

书名/责任者 | 趣味与理性：西方近代两大美学思潮/彭立勋著
出版社 | 北京：中国社会科学出版社
出版年 | 2009
页码 | 423
ISBN | 978-7-5004-8473-8
分类 | B83-095

书名/责任者 | 审美学现代建构论/彭立勋著
出版社 | 深圳：海天出版社
出版年 | 2014
页码 | 285
ISBN | 978-7-5507-1000-9
分类 | B83-0

书名/责任者 | 中西美学范式与转型/彭立勋著
出版社 | 北京：中国社会科学出版社
出版年 | 2016
页码 | 431
ISBN | 978-7-5161-8077-8
分类 | B83-53

书名/责任者 | 彭立勋美学文集(第一、二、三、四卷)/彭立勋著
出版社 | 北京：中国社会科学出版社
出版年 | 2022

页码 | 539，565，642，614
ISBN | 978-7-5227-0791-4
分类 | B83-53

书名/责任者 | 西方美学名著导读/彭立勋著
出版社 | 武汉：华中科技大学出版社
出版年 | 2022
页码 | 390
ISBN | 978-7-5680-7707-1
分类 | B83-49

彭荣德

书名/责任者 | 梯玛歌/湖南少数民族古籍办公室主编；彭荣德，王承尧整理译释
出版社 | 长沙：岳麓书社
出版年 | 1989
页码 | 395
ISBN | 7-80520-172-2
分类 | B992.5

书名/责任者 | 花巫术之谜/彭荣德著
出版社 | 北京：学苑出版社
出版年 | 1994
页码 | 211
ISBN | 7-5077-0829-2
分类 | B992.5

彭晓哲

书名/责任者 | 认知神经科学史/(澳)贝内特，(英)海克尔著；彭晓哲，王超译
出版社 | 杭州：浙江教育出版社
出版年 | 2017
页码 | 308
ISBN | 978-7-5536-6790-4
分类 | B842.1-09

钱马麟

Q

A B C D E F G H J K L M N O P Q R S T W X Y Z

钱马麟

书名/责任者 | 输在起点赢在终点/钱马麟著
出版社 | 深圳：海天出版社
出版年 | 2006
页码 | 194
ISBN | 7-80697-824-0
分类 | B848.4-49

A B C D E F G H J K L M N O P Q R S T W X Y Z

宏梅 / 阮炜 / 阮宏梅 / 阮炜 / 阮宏梅 / 阮炜 / 阮宏梅 / 阮炜 / 阮宏梅 / 阮炜 / 阮宏梅 / 阮炜 / 阮宏梅 / 阮炜 / 阮宏梅
宏梅 / 阮炜 / 阮宏梅 / 阮炜 / 阮宏梅 / 阮炜 / 阮宏梅 / 阮炜 / 阮宏梅 / 阮炜 / 阮宏梅 / 阮炜 / 阮宏梅 / 阮炜
阮宏梅 / 阮炜 / 阮宏梅 / 阮炜 / 阮宏梅 / 阮炜 / 阮宏梅 / 阮炜 / 阮宏梅 / 阮炜 / 阮宏梅 / 阮炜 / 阮宏梅 / 阮炜
/ 阮宏梅 / 阮炜 / 阮宏梅 / 阮炜 / 阮宏梅 / 阮炜 / 阮宏梅 / 阮炜 / 阮宏梅 / 阮炜 / 阮宏梅 / 阮炜 / 阮宏梅 / 阮炜 /
/ 阮宏梅 / 阮炜 / 阮宏梅 / 阮炜 / 阮宏梅 / 阮炜 / 阮宏梅 / 阮炜 / 阮宏梅 / 阮炜 / 阮宏梅 / 阮炜 / 阮宏梅 / 阮炜
阮炜 / 阮宏梅 / 阮炜 / 阮宏梅 / 阮炜 / 阮宏梅 / 阮炜 / 阮宏梅 / 阮炜 / 阮宏梅 / 阮炜 / 阮宏梅 / 阮炜 / 阮宏梅
/ 阮炜 / 阮宏梅 / 阮炜 / 阮宏梅 / 阮炜 / 阮宏梅 / 阮炜 / 阮宏梅 / 阮炜 / 阮宏梅 / 阮炜 / 阮宏梅 / 阮炜 / 阮宏梅 /
梅 / 阮炜 / 阮宏梅 / 阮炜 / 阮宏梅 / 阮炜 / 阮宏梅 / 阮炜 / 阮宏梅 / 阮炜 / 阮宏梅 / 阮炜 / 阮宏梅 / 阮炜 / 阮宏梅
宏梅 / 阮炜 / 阮宏梅 / 阮炜 / 阮宏梅 / 阮炜 / 阮宏梅 / 阮炜 / 阮宏梅 / 阮炜 / 阮宏梅 / 阮炜 / 阮宏梅 / 阮炜
阮宏梅 / 阮炜 / 阮宏梅 / 阮炜 / 阮宏梅 / 阮炜 / 阮宏梅 / 阮炜 / 阮宏梅 / 阮炜 / 阮宏梅 / 阮炜 / 阮宏梅 / 阮炜
/ 阮宏梅 / 阮炜 / 阮宏梅 / 阮炜 / 阮宏梅 / 阮炜 / 阮宏梅 / 阮炜 / 阮宏梅 / 阮炜 / 阮宏梅 / 阮炜 / 阮宏梅 / 阮炜 /
/ 阮宏梅 / 阮炜 / 阮宏梅 / 阮炜 / 阮宏梅 / 阮炜 / 阮宏梅 / 阮炜 / 阮宏梅 / 阮炜 / 阮宏梅 / 阮炜 / 阮宏梅 / 阮炜
阮炜 / 阮宏梅 / 阮炜 / 阮宏梅 / 阮炜 / 阮宏梅 / 阮炜 / 阮宏梅 / 阮炜 / 阮宏梅 / 阮炜 / 阮宏梅 / 阮炜 / 阮宏梅 /
/ 阮炜 / 阮宏梅 / 阮炜 / 阮宏梅 / 阮炜 / 阮宏梅 / 阮炜 / 阮宏梅 / 阮炜 / 阮宏梅 / 阮炜 / 阮宏梅 / 阮炜 / 阮宏梅 /
梅 / 阮炜 / 阮宏梅 / 阮炜 / 阮宏梅 / 阮炜 / 阮宏梅 / 阮炜 / 阮宏梅 / 阮炜 / 阮宏梅 / 阮炜 / 阮宏梅 / 阮炜 / 阮宏梅
宏梅 / 阮炜 / 阮宏梅 / 阮炜 / 阮宏梅 / 阮炜 / 阮宏梅 / 阮炜 / 阮宏梅 / 阮炜 / 阮宏梅 / 阮炜 / 阮宏梅 / 阮炜 /
阮宏梅 / 阮炜 / 阮宏梅 / 阮炜 / 阮宏梅 / 阮炜 / 阮宏梅 / 阮炜 / 阮宏梅 / 阮炜 / 阮宏梅 / 阮炜 / 阮宏梅 / 阮炜 /

R

阮宏梅

书名/责任者｜经济伦理/阮宏梅著
出版社｜北京：中国社会出版社
出版年｜2005
页码｜241
ISBN｜7-5087-0566-1
分类｜B82-053

阮炜

书名/责任者｜被钉十字架的上帝/(德)莫尔特曼著；阮炜等译
出版社｜上海：生活·读书·新知三联书店上海分店
出版年｜1997
页码｜421
ISBN｜7-5426-0981-5
分类｜B972

书名/责任者｜中国与西方：宗教、文化、文明比较/阮炜著
出版社｜北京：社会科学文献出版社
出版年｜2002
页码｜317
ISBN｜7-80149-779-1
分类｜B920

书名/责任者｜神学的科学/(英)托伦斯著；阮炜译
出版社｜北京：中国人民大学出版社
出版年｜2003
页码｜459
ISBN｜7-300-04958-3
分类｜B972

书名/责任者｜道德的人与不道德的社会/(美)尼布尔著；蒋庆，阮炜，黄世瑞译
出版社｜贵阳：贵州人民出版社
出版年｜2009
页码｜173
ISBN｜978-7-221-03775-6
分类｜B82

书名/责任者｜理性的开显：古典时期诸“哲学”或精神形态的考察报告/阮炜著
出版社｜上海：上海三联书店
出版年｜2017
页码｜241
ISBN｜978-7-5426-5606-3
分类｜B12

A B C D E F G H J K L M N O P Q R S T W X Y Z

R

铁峰 / 宋旭光 / 苏东天 / 邵铁峰 / 宋旭光 / 苏东天 / 邵铁峰 / 宋旭光 / 苏东天 / 邵铁峰 / 宋旭光 / 苏东天 / 邵铁峰

苏东天 / 邵铁峰 / 宋旭光 / 苏东天 / 邵铁峰 / 宋旭光 / 苏东天 / 邵铁峰 / 宋旭光 / 苏东天 / 邵铁峰 / 宋旭光 / 苏东

/ 宋旭光 / 苏东天 / 邵铁峰 / 宋旭光 / 苏东天 / 邵铁峰 / 宋旭光 / 苏东天 / 邵铁峰 / 宋旭光 / 苏东天 / 邵铁峰 / 宋

天 / 邵铁峰 / 宋旭光 / 苏东天 / 邵铁峰 / 宋旭光 / 苏东天 / 邵铁峰 / 宋旭光 / 苏东天 / 邵铁峰 / 宋旭光 / 苏东天 /

旭光 / 苏东天 / 邵铁峰 / 宋旭光 / 苏东天 / 邵铁峰 / 宋旭光 / 苏东天 / 邵铁峰 / 宋旭光 / 苏东天 / 邵铁峰 / 宋旭光

邵铁峰 / 宋旭光 / 苏东天 / 邵铁峰 / 宋旭光 / 苏东天 / 邵铁峰 / 宋旭光 / 苏东天 / 邵铁峰 / 宋旭光 / 苏东天 / 邵铁

/ 苏东天 / 邵铁峰 / 宋旭光 / 苏东天 / 邵铁峰 / 宋旭光 / 苏东天 / 邵铁峰 / 宋旭光 / 苏东天 / 邵铁峰 / 宋旭光 / 苏

峰 / 宋旭光 / 苏东天 / 邵铁峰 / 宋旭光 / 苏东天 / 邵铁峰 / 宋旭光 / 苏东天 / 邵铁峰 / 宋旭光 / 苏东天 / 邵铁峰 /

东天 / 邵铁峰 / 宋旭光 / 苏东天 / 邵铁峰 / 宋旭光 / 苏东天 / 邵铁峰 / 宋旭光 / 苏东天 / 邵铁峰 / 宋旭光 / 苏东天

宋旭光 / 苏东天 / 邵铁峰 / 宋旭光 / 苏东天 / 邵铁峰 / 宋旭光 / 苏东天 / 邵铁峰 / 宋旭光 / 苏东天 / 邵铁峰 / 宋旭

/ 邵铁峰 / 宋旭光 / 苏东天 / 邵铁峰 / 宋旭光 / 苏东天 / 邵铁峰 / 宋旭光 / 苏东天 / 邵铁峰 / 宋旭光 / 苏东天 / 邵

光 / 苏东天 / 邵铁峰 / 宋旭光 / 苏东天 / 邵铁峰 / 宋旭光 / 苏东天 / 邵铁峰 / 宋旭光 / 苏东天 / 邵铁峰 / 宋旭光 /

铁峰 / 宋旭光 / 苏东天 / 邵铁峰 / 宋旭光 / 苏东天 / 邵铁峰 / 宋旭光 / 苏东天 / 邵铁峰 / 宋旭光 / 苏东天 / 邵铁峰

苏东天 / 邵铁峰 / 宋旭光 / 苏东天 / 邵铁峰 / 宋旭光 / 苏东天 / 邵铁峰 / 宋旭光 / 苏东天 / 邵铁峰 / 宋旭光 / 苏东

/ 宋旭光 / 苏东天 / 邵铁峰 / 宋旭光 / 苏东天 / 邵铁峰 / 宋旭光 / 苏东天 / 邵铁峰 / 宋旭光 / 苏东天 / 邵铁峰 / 宋

天 / 邵铁峰 / 宋旭光 / 苏东天 / 邵铁峰 / 宋旭光 / 苏东天 / 邵铁峰 / 宋旭光 / 苏东天 / 邵铁峰 / 宋旭光 / 苏东天 /

旭光 / 苏东天 / 邵铁峰 / 宋旭光 / 苏东天 / 邵铁峰 / 宋旭光 / 苏东天 / 邵铁峰 / 宋旭光 / 苏东天 / 邵铁峰 / 宋旭光

S

A B C D E F G H J K L M N O P Q R S T W X Y Z

邵铁峰

书名 / 责任者 | 中国社会中的宗教与仪式 / (美)武雅士著；彭泽安，邵铁峰译
出版社 | 南京：江苏人民出版社
出版年 | 2014
页码 | 383
ISBN | 978-7-214-13387-8
分类 | B929.2-53

书名 / 责任者 | 西美尔的宗教理论研究 / 邵铁峰著
出版社 | 北京：社会科学文献出版社
出版年 | 2021
页码 | 203
ISBN | 978-7-5201-8291-1
分类 | B516.59

书名 / 责任者 | 圣俗之间：从韦伯到福柯 / 邵铁峰著
出版社 | 北京：商务印书馆
出版年 | 2022
页码 | 198
ISBN | 978-7-100-20680-8
分类 | B920

宋旭光

书名 / 责任者 | 理由、推理与合理性：图尔敏的论证理论 / 宋旭光著
出版社 | 北京：中国政法大学出版社
出版年 | 2015
页码 | 409
ISBN | 978-7-5620-6145-8
分类 | B812.4

苏东天

书名 / 责任者 | 易老子与王弼注辨义 / 苏东天著
出版社 | 北京：文化艺术出版社
出版年 | 1996
页码 | 222
ISBN | 7-5039-1430-0
分类 | B223.1

国箱 / 谭兆麟 / 陶发美 / 田启波 / 谭国箱 / 谭兆麟 / 陶发美 / 田启波 / 谭国箱 / 谭兆麟 / 陶发美 / 田启波 / 谭国箱

发美 / 田启波 / 谭国箱 / 谭兆麟 / 陶发美 / 田启波 / 谭国箱 / 谭兆麟 / 陶发美 / 田启波 / 谭国箱 / 谭兆麟 / 陶发

/ 谭国箱 / 谭兆麟 / 陶发美 / 田启波 / 谭国箱 / 谭兆麟 / 陶发美 / 田启波 / 谭国箱 / 谭兆麟 / 陶发美 / 田启波 /

麟 / 陶发美 / 田启波 / 谭国箱 / 谭兆麟 / 陶发美 / 田启波 / 谭国箱 / 谭兆麟 / 陶发美 / 田启波 / 谭国箱 / 谭兆麟 /

启波 / 谭国箱 / 谭兆麟 / 陶发美 / 田启波 / 谭国箱 / 谭兆麟 / 陶发美 / 田启波 / 谭国箱 / 谭兆麟 / 陶发美 / 田启波

兆麟 / 陶发美 / 田启波 / 谭国箱 / 谭兆麟 / 陶发美 / 田启波 / 谭国箱 / 谭兆麟 / 陶发美 / 田启波 / 谭国箱 / 谭兆

/ 田启波 / 谭国箱 / 谭兆麟 / 陶发美 / 田启波 / 谭国箱 / 谭兆麟 / 陶发美 / 田启波 / 谭国箱 / 谭兆麟 / 陶发美 / 田

箱 / 谭兆麟 / 陶发美 / 田启波 / 谭国箱 / 谭兆麟 / 陶发美 / 田启波 / 谭国箱 / 谭兆麟 / 陶发美 / 田启波 / 谭国箱 /

发美 / 田启波 / 谭国箱 / 谭兆麟 / 陶发美 / 田启波 / 谭国箱 / 谭兆麟 / 陶发美 / 田启波 / 谭国箱 / 谭兆麟 / 陶发美

国箱 / 谭兆麟 / 陶发美 / 田启波 / 谭国箱 / 谭兆麟 / 陶发美 / 田启波 / 谭国箱 / 谭兆麟 / 陶发美 / 田启波 / 谭国

/ 陶发美 / 田启波 / 谭国箱 / 谭兆麟 / 陶发美 / 田启波 / 谭国箱 / 谭兆麟 / 陶发美 / 田启波 / 谭国箱 / 谭兆麟 / 陶

波 / 谭国箱 / 谭兆麟 / 陶发美 / 田启波 / 谭国箱 / 谭兆麟 / 陶发美 / 田启波 / 谭国箱 / 谭兆麟 / 陶发美 / 田启波 /

兆麟 / 陶发美 / 田启波 / 谭国箱 / 谭兆麟 / 陶发美 / 田启波 / 谭国箱 / 谭兆麟 / 陶发美 / 田启波 / 谭国箱 / 谭兆麟

启波 / 谭国箱 / 谭兆麟 / 陶发美 / 田启波 / 谭国箱 / 谭兆麟 / 陶发美 / 田启波 / 谭国箱 / 谭兆麟 / 陶发美 / 田启

/ 谭兆麟 / 陶发美 / 田启波 / 谭国箱 / 谭兆麟 / 陶发美 / 田启波 / 谭国箱 / 谭兆麟 / 陶发美 / 田启波 / 谭国箱 / 谭

美 / 田启波 / 谭国箱 / 谭兆麟 / 陶发美 / 田启波 / 谭国箱 / 谭兆麟 / 陶发美 / 田启波 / 谭国箱 / 谭兆麟 / 陶发美 /

国箱 / 谭兆麟 / 陶发美 / 田启波 / 谭国箱 / 谭兆麟 / 陶发美 / 田启波 / 谭国箱 / 谭兆麟 / 陶发美 / 田启波 / 谭国箱

T

A B C D E F G H J K L M N O P Q R S T W X Y Z

谭国箱

书名/责任者｜职业道德/谭国箱主编
出版社｜深圳：海天出版社
出版年｜1997
页码｜202
ISBN｜7-80615-643-7
分类｜B822.9

谭兆麟

书名/责任者｜情绪软体操/谭兆麟著
出版社｜深圳：海天出版社
出版年｜2005
页码｜174
ISBN｜7-80697-189-0
分类｜B842.6

书名/责任者｜情绪影响力/谭兆麟著；赵鹏，汤晓艳插图
出版社｜深圳：海天出版社
出版年｜2005
页码｜172
ISBN｜7-80697-188-2
分类｜B842.6

陶发美

书名/责任者｜庄子随笔/陶发美著
出版社｜武汉：华中师范大学出版社
出版年｜2015
页码｜237
ISBN｜978-7-5622-6860-4
分类｜B223.5-49

田启波

书名/责任者｜生态正义研究/田启波著
出版社｜北京：中国社会科学出版社
出版年｜2016
页码｜191
ISBN｜978-7-5161-8025-9
分类｜B824.5

A
B
C
D
E
F
G
H
J
K
L
M
N
O
P
Q
R
S
T
W
X
Y
Z

云 / 王春永 / 王鉴 / 王立新 / 王熙远 / 王晓帆 / 王晓钧 / 王晓葵 / 王晓田 / 王兴国 / 温铭池 / 问永宁 / 乌兰察夫 /

国全 / 吴俊忠 / 吴亚林 / 吴予敏 / 吴忠 / 莼云 / 王春永 / 王鉴 / 王立新 / 王熙远 / 王晓帆 / 王晓钧 / 王晓葵 / 王晓

/ 温铭池 / 问永宁 / 乌兰察夫 / 吴玢锋 / 吴国全 / 吴俊忠 / 吴亚林 / 吴予敏 / 吴忠 / 莼云 / 王春永 / 王鉴 / 王立新 /

王晓帆 / 王晓钧 / 王晓葵 / 王晓田 / 王兴国 / 温铭池 / 问永宁 / 乌兰察夫 / 吴玢锋 / 吴国全 / 吴俊忠 / 吴亚林 / 吴

/ 莼云 / 王春永 / 王鉴 / 王立新 / 王熙远 / 王晓帆 / 王晓钧 / 王晓葵 / 王晓田 / 王兴国 / 温铭池 / 问永宁 / 乌兰察

/ 吴国全 / 吴俊忠 / 吴亚林 / 吴予敏 / 吴忠 / 莼云 / 王春永 / 王鉴 / 王立新 / 王熙远 / 王晓帆 / 王晓钧 / 王晓葵 /

兴国 / 温铭池 / 问永宁 / 乌兰察夫 / 吴玢锋 / 吴国全 / 吴俊忠 / 吴亚林 / 吴予敏 / 吴忠 / 莼云 / 王春永 / 王鉴 / 王

远 / 王晓帆 / 王晓钧 / 王晓葵 / 王晓田 / 王兴国 / 温铭池 / 问永宁 / 乌兰察夫 / 吴玢锋 / 吴国全 / 吴俊忠 / 吴亚林 /

吴忠 / 莼云 / 王春永 / 王鉴 / 王立新 / 王熙远 / 王晓帆 / 王晓钧 / 王晓葵 / 王晓田 / 王兴国 / 温铭池 / 问永宁 / 乌

玢锋 / 吴国全 / 吴俊忠 / 吴亚林 / 吴予敏 / 吴忠 / 莼云 / 王春永 / 王鉴 / 王立新 / 王熙远 / 王晓帆 / 王晓钧 / 王晓

/ 王兴国 / 温铭池 / 问永宁 / 乌兰察夫 / 吴玢锋 / 吴国全 / 吴俊忠 / 吴亚林 / 吴予敏 / 吴忠 / 莼云 / 王春永 / 王鉴

王熙远 / 王晓帆 / 王晓钧 / 王晓葵 / 王晓田 / 王兴国 / 温铭池 / 问永宁 / 乌兰察夫 / 吴玢锋 / 吴国全 / 吴俊忠 / 吴

敏 / 吴忠 / 莼云 / 王春永 / 王鉴 / 王立新 / 王熙远 / 王晓帆 / 王晓钧 / 王晓葵 / 王晓田 / 王兴国 / 温铭池 / 问永宁

/ 吴玢锋 / 吴国全 / 吴俊忠 / 吴亚林 / 吴予敏 / 吴忠 / 莼云 / 王春永 / 王鉴 / 王立新 / 王熙远 / 王晓帆 / 王晓钧 /

晓田 / 王兴国 / 温铭池 / 问永宁 / 乌兰察夫 / 吴玢锋 / 吴国全 / 吴俊忠 / 吴亚林 / 吴予敏 / 吴忠 / 莼云 / 王春永 /

新 / 王熙远 / 王晓帆 / 王晓钧 / 王晓葵 / 王晓田 / 王兴国 / 温铭池 / 问永宁 / 乌兰察夫 / 吴玢锋 / 吴国全 / 吴俊忠

予敏 / 吴忠 / 莼云 / 王春永 / 王鉴 / 王立新 / 王熙远 / 王晓帆 / 王晓钧 / 王晓葵 / 王晓田 / 王兴国 / 温铭池 / 问

W

菀云

书名/责任者｜心泉/菀云著
出版社｜昆明：云南人民出版社
出版年｜2002
页码｜314
ISBN｜7-222-03394-7
分类｜B848.4

书名/责任者｜心灯/菀云著
出版社｜北京：华艺出版社
出版年｜2002
页码｜202
ISBN｜7-80142-381-X
分类｜B848.4

书名/责任者｜心语/菀云著
出版社｜昆明：云南人民出版社
出版年｜2002
页码｜279
ISBN｜7-222-03395-5
分类｜B848.4

王春永

书名/责任者｜住在隔壁的财神爷：成为创富英雄的必修课程/王春永著
出版社｜深圳：海天出版社
出版年｜2003
页码｜332
ISBN｜7-80654-918-8
分类｜B848.4-49

书名/责任者｜生活法则：彻悟人生的101个著名定律/王春永编著
出版社｜北京：中国发展出版社
出版年｜2005
页码｜302
ISBN｜7-80087-880-5
分类｜B821-49

书名/责任者｜图说庄子100名言/王春永著
出版社｜南宁：广西人民出版社
出版年｜2007
页码｜208
ISBN｜978-7-219-05784-1
分类｜B223.5

书名/责任者｜原来如此：问题背后的心理学：插图本/王春永编著
出版社｜北京：中国发展出版社
出版年｜2008
页码｜237
ISBN｜978-7-80234-254-5
分类｜B821

书名/责任者｜炮打穷忙：给穷忙族的第一张大字报/王春永编著
出版社｜北京：人民日报出版社
出版年｜2009
页码｜274
ISBN｜978-7-80208-804-7
分类｜B821

书名/责任者｜图解周易：成功人生的哲理解析/王春永著
出版社｜天津：天津科学技术出版社
出版年｜2009
页码｜208
ISBN｜978-7-5308-4900-2
分类｜B821

书名/责任者｜精读王阳明/王春永著
出版社｜杭州：浙江人民出版社
出版年｜2019
页码｜268
ISBN｜978-7-213-09317-3
分类｜B248.25

王鉴

书名/责任者｜忍者为龟悟者为佛：做人处世的75种境界/王鉴编著
出版社｜哈尔滨：哈尔滨出版社
出版年｜2007
页码｜230
ISBN｜978-7-80699-754-3
分类｜B825

书名/责任者 | 成就孩子的成长：来深建设者子女心理关爱/王鉴著
出版社 | 深圳：深圳报业集团出版社
出版年 | 2018
页码 | 200
ISBN | 978-7-80709-822-5
分类 | B844.1

王立新

书名/责任者 | 开创时期的湖湘学派/王立新著
出版社 | 长沙：岳麓书社
出版年 | 2003
页码 | 360
ISBN | 7-80665-280-9
分类 | B244.05

书名/责任者 | 胡宏著作两种/(宋)胡宏撰；王立新校点
出版社 | 长沙：岳麓书社
出版年 | 2008
页码 | 280
ISBN | 978-7-80665-753-9
分类 | B244.991

书名/责任者 | 圣者凡心：王立新讲《论语》/王立新著
出版社 | 长沙：岳麓书社
出版年 | 2010
页码 | 237
ISBN | 978-7-80761-371-8
分类 | B222.25

书名/责任者 | 天地大儒王船山/王立新著
①
出版社 | 长沙：岳麓书社
出版年 | 2011
页码 | 265
ISBN | 978-7-80761-629-0
分类 | B249.25
②
出版社 | 长沙：岳麓书社
出版年 | 2017
页码 | 248
ISBN | 978-7-5538-0709-6
分类 | B249.25

书名/责任者 | 理学开山周敦颐/王立新著
出版社 | 长沙：岳麓书社
出版年 | 2012
页码 | 146
ISBN | 978-7-80761-930-7
分类 | B244.2

书名/责任者 | 从胡文定到王船山：理学在湖南地区的奠立与开展/王立新著
出版社 | 北京：中国社会科学出版社
出版年 | 2014
页码 | 644
ISBN | 978-7-5161-4357-5
分类 | B244.05

书名/责任者 | 王立新讲《论语》/王立新著
出版社 | 长沙：岳麓书社
出版年 | 2017
页码 | 235
ISBN | 978-7-5538-0720-1
分类 | B222.25

书名/责任者 | 船山大传/王立新著
出版社 | 长沙：岳麓书社
出版年 | 2019
页码 | 244
ISBN | 978-7-5538-1176-5
分类 | B249.25

书名/责任者 | 思想引领人生/王立新著
出版社 | 北京：科学出版社
出版年 | 2019
页码 | 311
ISBN | 978-7-03-061080-5
分类 | B821-49

书名/责任者 | 孔子的智慧/王立新著
出版社 | 北京：北京大学出版社
出版年 | 2022
页码 | 215

ISBN | 978-7-301-32895-8
分类 | B222.25

王熙远

书名/责任者 | 桂西民间秘密宗教/王熙远著
出版社 | 桂林：广西师范大学出版社
出版年 | 1994
页码 | 661
ISBN | 7-5633-1633-7
分类 | B929.2

王晓帆

书名/责任者 | 孝经素书/陈昌照，钟旭东，王晓帆主编；李沙白校注
出版社 | 深圳：海天出版社
出版年 | 2019
页码 | 74
ISBN | 978-7-5507-2677-2
分类 | B823.1

王晓钧

书名/责任者 | 当代心理测量/王晓钧编著
出版社 | 南昌：江西科学技术出版社
出版年 | 1998
页码 | 517
ISBN | 7-5390-1307-9
分类 | B841.7

书名/责任者 | 大学生心理健康：类型、测量与咨询/王晓钧编著
出版社 | 乌鲁木齐：新疆人民出版社
出版年 | 2002
页码 | 372
ISBN | 7-228-07380-0
分类 | B844.2

书名/责任者 | 基础心理学/王晓钧编
出版社 | 乌鲁木齐：新疆人民出版社
出版年 | 2005
页码 | 283
ISBN | 7-228-09524-3
分类 | B84

书名/责任者 | “乐”观人生：积极心理学讲稿/王晓钧，郭田友，张玮著
出版社 | 北京：高等教育出版社
出版年 | 2016
页码 | 355
ISBN | 978-7-04-045456-7
分类 | B84

书名/责任者 | 情绪智力：中国理论发展及应用研究/王晓钧，张玮著
出版社 | 北京：高等教育出版社
出版年 | 2016
页码 | 252
ISBN | 978-7-04-044938-9
分类 | B842.6

王晓葵

书名/责任者 | 关于先祖/(日)柳田国男著；王晓葵译
出版社 | 北京：北京师范大学出版社
出版年 | 2021
页码 | 273
ISBN | 978-7-303-23166-9
分类 | B933

王晓田

书名/责任者 | 进化心理学家如是说/王晓田，苏彦捷主编
出版社 | 北京：北京大学出版社
出版年 | 2011
页码 | 373
ISBN | 978-7-301-19343-3
分类 | B84

王兴国

书名/责任者 | 契接中西哲学之主流：牟宗三哲学思想渊源探要/王兴国著
出版社 | 北京：光明日报出版社
出版年 | 2006
页码 | 210
ISBN | 7-80206-294-2
分类 | B261.5

书名/责任者 | 牟宗三哲学思想研究：从逻辑思辨到哲学架构/王兴国著
出版社 | 北京：人民出版社
出版年 | 2007
页码 | 832
ISBN | 978-7-01-006054-5
分类 | B261.5

书名/责任者 | 牟宗三/王兴国著
出版社 | 昆明：云南教育出版社
出版年 | 2011
页码 | 152
ISBN | 978-7-5415-4944-1
分类 | B261.5

书名/责任者 | 中国近代思想家文库．牟宗三卷/戴逸主编；王兴国编
出版社 | 北京：中国人民大学出版社
出版年 | 2015
页码 | 609
ISBN | 978-7-300-20619-6
分类 | B250.5

书名/责任者 | 古代哲学文化与人格型范/王兴国著
出版社 | 北京：科学出版社
出版年 | 2022
页码 | 412
ISBN | 978-7-03-073854-7
分类 | B2

书名/责任者 | 哲学地建立中国哲学：牟宗三哲学论集/王兴国著
出版社 | 北京：中国社会科学出版社
出版年 | 2022
页码 | 584
ISBN | 978-7-5227-0539-2
分类 | B261.5-53

温铭池

书名/责任者 | 人生谋略与赚钱高招．五、六/温铭池著
出版社 | 深圳：深圳报业集团出版社
出版年 | 2013
页码 | 199
ISBN | 978-7-80709-530-9
分类 | B821-49

问永宁

书名/责任者 | 太玄与易学史存稿/问永宁著
出版社 | 北京：商务印书馆
出版年 | 2016
页码 | 202
ISBN | 978-7-100-12707-3
分类 | B234.995

书名/责任者 | 易学史镜/(清)曹为霖撰；问永宁，钟国点校
出版社 | 上海：上海古籍出版社
出版年 | 2021
页码 | 451
ISBN | 978-7-5325-9911-0
分类 | B221.5

乌兰察夫

书名/责任者 | 最初的探索：蒙古族哲学思想史研究/乌兰察夫，赵智奎著
出版社 | 呼和浩特：内蒙古教育出版社
出版年 | 1989
页码 | 364
ISBN | 7-5311-0338-9
分类 | B2

书名/责任者 | 蒙古族哲学思想史/乌兰察夫著

出版社 | 呼和浩特：内蒙古大学出版社
出版年 | 1994
页码 | 288
ISBN | 7-81015-473-7
分类 | B2

书名/责任者 | 蒙古族无神论史/乌兰察夫主编
出版社 | 呼和浩特：远方出版社
出版年 | 2000
页码 | 362
ISBN | 7-80595-691-X
分类 | B91

书名/责任者 | 学思文录/乌兰察夫著
出版社 | 呼和浩特：远方出版社
出版年 | 2000
页码 | 302
ISBN | 7-80595-674-X
分类 | B2-53

吴玢锋

书名/责任者 | 政治伦理漫谈/吴玢锋著
出版社 | 北京：中国社会出版社
出版年 | 2005
页码 | 238
ISBN | 7-5087-0566-1
分类 | B82-051

书名/责任者 | 能力创造机遇/吴玢锋编著
出版社 | 北京：中国社会出版社
出版年 | 2007
页码 | 187
ISBN | 978-7-5087-0829-4
分类 | B848.2

吴国全

书名/责任者 | 美女大观/吴国全编著
出版社 | 广州：花城出版社
出版年 | 1991
页码 | 301
ISBN | 7-5360-1005-2
分类 | B834

吴俊忠

书名/责任者 | 生活的智慧：社会文化九讲/吴俊忠著
出版社 | 广州：广东人民出版社
出版年 | 2017
页码 | 232
ISBN | 978-7-218-11875-8
分类 | B821-49

吴亚林

书名/责任者 | 一只蚂蚁的成功学：普通人超越自我的修炼/吴亚林著
出版社 | 深圳：海天出版社
出版年 | 2003
页码 | 237
ISBN | 7-80654-947-1
分类 | B848.4-49

吴予敏

书名/责任者 | 美学与现代性/吴予敏著
①
出版社 | 西安：西北大学出版社
出版年 | 1998
页码 | 234
ISBN | 7-5604-1313-7
分类 | B83
②
出版社 | 北京：人民出版社
出版年 | 2001
页码 | 230
ISBN | 7-01-003350-1
分类 | B83

书名/责任者 | 西方美学史.第二卷：文艺复兴至启蒙运动美学/汝信主编；彭立勋，邱紫华，吴予敏著
出版社 | 北京：中国社会科学出版社

出版年 | 2005
页码 | 705
ISBN | 7-5004-5242-X
分类 | B83-095

吴忠

书名/责任者 | 市场经济与现代伦理/吴忠著
出版社 | 北京：人民出版社
出版年 | 2003
页码 | 309
ISBN | 7-01-003856-2
分类 | B82-053

一帆 / 谢然 / 徐海波 / 徐明明 / 徐明天 / 许兆元 / 许照楷 / 肖一帆 / 谢然 / 徐海波 / 徐明明 / 徐明天 / 许兆元 / 许
帆 / 谢然 / 徐海波 / 徐明明 / 徐明天 / 许兆元 / 许照楷 / 肖一帆 / 谢然 / 徐海波 / 徐明明 / 徐明天 / 许兆元 / 许照
/ 谢然 / 徐海波 / 徐明明 / 徐明天 / 许兆元 / 许照楷 / 肖一帆 / 谢然 / 徐海波 / 徐明明 / 徐明天 / 许兆元 / 许照楷
谢然 / 徐海波 / 徐明明 / 徐明天 / 许兆元 / 许照楷 / 肖一帆 / 谢然 / 徐海波 / 徐明明 / 徐明天 / 许兆元 / 许照楷 /
然 / 徐海波 / 徐明明 / 徐明天 / 许兆元 / 许照楷 / 肖一帆 / 谢然 / 徐海波 / 徐明明 / 徐明天 / 许兆元 / 许照楷 / 肖
/ 徐海波 / 徐明明 / 徐明天 / 许兆元 / 许照楷 / 肖一帆 / 谢然 / 徐海波 / 徐明明 / 徐明天 / 许兆元 / 许照楷 / 肖一
徐海波 / 徐明明 / 徐明天 / 许兆元 / 许照楷 / 肖一帆 / 谢然 / 徐海波 / 徐明明 / 徐明天 / 许兆元 / 许照楷 / 肖一帆
海波 / 徐明明 / 徐明天 / 许兆元 / 许照楷 / 肖一帆 / 谢然 / 徐海波 / 徐明明 / 徐明天 / 许兆元 / 许照楷 / 肖一帆 /
波 / 徐明明 / 徐明天 / 许兆元 / 许照楷 / 肖一帆 / 谢然 / 徐海波 / 徐明明 / 徐明天 / 许兆元 / 许照楷 / 肖一帆 / 谢
/ 徐明明 / 徐明天 / 许兆元 / 许照楷 / 肖一帆 / 谢然 / 徐海波 / 徐明明 / 徐明天 / 许兆元 / 许照楷 / 肖一帆 / 谢然
徐明明 / 徐明天 / 许兆元 / 许照楷 / 肖一帆 / 谢然 / 徐海波 / 徐明明 / 徐明天 / 许兆元 / 许照楷 / 肖一帆 / 谢然 /
明明 / 徐明天 / 许兆元 / 许照楷 / 肖一帆 / 谢然 / 徐海波 / 徐明明 / 徐明天 / 许兆元 / 许照楷 / 肖一帆 / 谢然 / 徐
明 / 徐明天 / 许兆元 / 许照楷 / 肖一帆 / 谢然 / 徐海波 / 徐明明 / 徐明天 / 许兆元 / 许照楷 / 肖一帆 / 谢然 / 徐海
/ 徐明天 / 许兆元 / 许照楷 / 肖一帆 / 谢然 / 徐海波 / 徐明明 / 徐明天 / 许兆元 / 许照楷 / 肖一帆 / 谢然 / 徐海波
徐明天 / 许兆元 / 许照楷 / 肖一帆 / 谢然 / 徐海波 / 徐明明 / 徐明天 / 许兆元 / 许照楷 / 肖一帆 / 谢然 / 徐海波 /
明天 / 许兆元 / 许照楷 / 肖一帆 / 谢然 / 徐海波 / 徐明明 / 徐明天 / 许兆元 / 许照楷 / 肖一帆 / 谢然 / 徐海波 / 徐
天 / 许兆元 / 许照楷 / 肖一帆 / 谢然 / 徐海波 / 徐明明 / 徐明天 / 许兆元 / 许照楷 / 肖一帆 / 谢然 / 徐海波 / 徐明

X

肖一帆

书名/责任者 | 穿过雷暴的阳光：Sunnie家面对祸难的心路历程/肖一帆，华婕著
出版社 | 深圳：海天出版社
出版年 | 2016
页码 | 288
ISBN | 978-7-5507-1594-3
分类 | B848.4

谢然

书名/责任者 | 不读论语枉少年/谢然著
①
出版社 | 深圳：海天出版社
出版年 | 2011
页码 | 219
ISBN | 978-7-5507-0334-6
分类 | B222.25
②
出版社 | 深圳：海天出版社
出版年 | 2016
页码 | 243
ISBN | 978-7-5507-1713-8
分类 | B222.25

徐海波

书名/责任者 | 马克思主义价值的当代诠释/徐海波著
出版社 | 北京：人民出版社
出版年 | 2007
页码 | 447
ISBN | 978-7-01-006026-2
分类 | B018

徐明明

书名/责任者 | 逻辑训练与题型分析/孙仁生，迟永长，徐明明主编
出版社 | 大连：大连理工大学出版社
出版年 | 1997
页码 | 305
ISBN | 7-5611-1175-4
分类 | B812-44

徐明天

书名/责任者 | 大国策：对话人类首位经济学家管子/徐明天编著
出版社 | 深圳：海天出版社
出版年 | 2012
页码 | 244
ISBN | 978-7-5507-0447-3
分类 | B226.15

许兆元

书名/责任者 | 陪孩子读《论语》/许兆元著
出版社 | 深圳：海天出版社
出版年 | 2019
页码 | 266
ISBN | 978-7-5507-2632-1
分类 | B222.22

许照棍

书名/责任者 | 生命中的灯塔/许照棍著
出版社 | 深圳：海天出版社
出版年 | 2015
页码 | 244
ISBN | 978-7-5507-1476-2
分类 | B848.4-49

桂香 / 杨国安 / 杨河 / 杨黎光 / 杨麻 /(释)印顺 / 游建西 / 于常印 / 余文烈 / 杨桂香 / 杨国安 / 杨河 / 杨黎光 / 杨
顺 / 游建西 / 于常印 / 余文烈 / 杨桂香 / 杨国安 / 杨河 / 杨黎光 / 杨麻 /(释)印顺 / 游建西 / 于常印 / 余文烈 / 杨
安 / 杨河 / 杨黎光 / 杨麻 /(释)印顺 / 游建西 / 于常印 / 余文烈 / 杨桂香 / 杨国安 / 杨河 / 杨黎光 / 杨麻 /(释)印
/ 于常印 / 余文烈 / 杨桂香 / 杨国安 / 杨河 / 杨黎光 / 杨麻 /(释)印顺 / 游建西 / 于常印 / 余文烈 / 杨桂香 / 杨国
杨黎光 / 杨麻 /(释)印顺 / 游建西 / 于常印 / 余文烈 / 杨桂香 / 杨国安 / 杨河 / 杨黎光 / 杨麻 /(释)印顺 / 游建西
余文烈 / 杨桂香 / 杨国安 / 杨河 / 杨黎光 / 杨麻 /(释)印顺 / 游建西 / 于常印 / 余文烈 / 杨桂香 / 杨国安 / 杨河 /
麻 /(释)印顺 / 游建西 / 于常印 / 余文烈 / 杨桂香 / 杨国安 / 杨河 / 杨黎光 / 杨麻 /(释)印顺 / 游建西 / 于常印 /
桂香 / 杨国安 / 杨河 / 杨黎光 / 杨麻 /(释)印顺 / 游建西 / 于常印 / 余文烈 / 杨桂香 / 杨国安 / 杨河 / 杨黎光 / 杨
顺 / 游建西 / 于常印 / 余文烈 / 杨桂香 / 杨国安 / 杨河 / 杨黎光 / 杨麻 /(释)印顺 / 游建西 / 于常印 / 余文烈 / 杨
安 / 杨河 / 杨黎光 / 杨麻 /(释)印顺 / 游建西 / 于常印 / 余文烈 / 杨桂香 / 杨国安 / 杨河 / 杨黎光 / 杨麻 /(释)印
/ 于常印 / 余文烈 / 杨桂香 / 杨国安 / 杨河 / 杨黎光 / 杨麻 /(释)印顺 / 游建西 / 于常印 / 余文烈 / 杨桂香 / 杨国
杨黎光 / 杨麻 /(释)印顺 / 游建西 / 于常印 / 余文烈 / 杨桂香 / 杨国安 / 杨河 / 杨黎光 / 杨麻 /(释)印顺 / 游建西
余文烈 / 杨桂香 / 杨国安 / 杨河 / 杨黎光 / 杨麻 /(释)印顺 / 游建西 / 于常印 / 余文烈 / 杨桂香 / 杨国安 / 杨河 /
麻 /(释)印顺 / 游建西 / 于常印 / 余文烈 / 杨桂香 / 杨国安 / 杨河 / 杨黎光 / 杨麻 /(释)印顺 / 游建西 / 于常印 /
桂香 / 杨国安 / 杨河 / 杨黎光 / 杨麻 /(释)印顺 / 游建西 / 于常印 / 余文烈 / 杨桂香 / 杨国安 / 杨河 / 杨黎光 / 杨
顺 / 游建西 / 于常印 / 余文烈 / 杨桂香 / 杨国安 / 杨河 / 杨黎光 / 杨麻 /(释)印顺 / 游建西 / 于常印 / 余文烈 / 杨
安 / 杨河 / 杨黎光 / 杨麻 /(释)印顺 / 游建西 / 于常印 / 余文烈 / 杨桂香 / 杨国安 / 杨河 / 杨黎光 / 杨麻 /(释)印

哲学·政法·历史卷

深圳人著作目录

深圳文献

杨桂香

书名/责任者 | 百孝故事/杨桂香主编；深圳市老龄服务事业产业联合会，深圳市老龄事业发展基金会编
出版社 | 深圳：海天出版社
出版年 | 2016
页码 | 315
ISBN | 978-7-5507-1592-9
分类 | B823.1

杨国安

书名/责任者 | 八卦与健康：探测生命的玄秘/杨国安著
出版社 | 哈尔滨：黑龙江科学技术出版社
出版年 | 1995
页码 | 321
ISBN | 7-5388-2685-8
分类 | B221

书名/责任者 | 易理养生/杨国安著
出版社 | 深圳：深圳报业集团出版社
出版年 | 2010
页码 | 254
ISBN | 978-7-80709-249-0
分类 | B221.5

杨河

书名/责任者 | 马克思主义哲学与当代现实/谢龙，高宝钧，田心铭，杨河编著
出版社 | 北京：人民出版社
出版年 | 1991
页码 | 759
ISBN | 7-01-000930-9
分类 | B17

书名/责任者 | 时间概念史研究/杨河著
出版社 | 北京：北京大学出版社
出版年 | 1998
页码 | 389
ISBN | 7-301-03457-1
分类 | B021.3

书名/责任者 | 马克思主义哲学纲要/杨河主编
出版社 | 北京：北京大学出版社
出版年 | 2001
页码 | 250
ISBN | 7-301-05223-5
分类 | B0-0

书名/责任者 | 康德黑格尔哲学在中国/杨河，邓安庆著
①
出版社 | 北京：首都师范大学出版社
出版年 | 2002
页码 | 477
ISBN | 7-81064-244-8
分类 | B516.31
②
出版社 | 北京：首都师范大学出版社
出版年 | 2011
页码 | 477
ISBN | 978-7-81064-244-6
分类 | B516.31

书名/责任者 | 马克思主义哲学的传入与研究/杨河，胡海涛，张炳奎著
出版社 | 福州：福建人民出版社
出版年 | 2006
页码 | 497
ISBN | 7-211-05347-X
分类 | B27

杨黎光

书名/责任者 | 我们为什么不快乐/杨黎光著
出版社 | 北京：人民文学出版社
出版年 | 2011
页码 | 276
ISBN | 978-7-02-008326-8
分类 | B842.6

杨麻

书名/责任者 | 190种新观念的分析与思考/杨麻，刘加主编
出版社 | 北京：红旗出版社
出版年 | 1992
页码 | 493
ISBN | 7-80068-394-X
分类 | B036

书名/责任者 | 德治的力量/杨麻著
出版社 | 北京：中国广播电视出版社
出版年 | 2004
页码 | 241
ISBN | 7-5043-3758-7
分类 | B82-051

书名/责任者 | 责任：我们可以做得更好/杨麻著
出版社 | 北京：中国社会出版社
出版年 | 2007
页码 | 179
ISBN | 978-7-5087-0829-4
分类 | B822.9

(释)印顺

书名/责任者 | 虚云法师与鸡足山佛教：中国宾川鸡足山佛教文化论坛论文集/(释)印顺主编
出版社 | 北京：宗教文化出版社
出版年 | 2008
页码 | 584
ISBN | 978-7-80123-974-7
分类 | B948

书名/责任者 | 《金刚般若波罗密经》现代文/(释)印顺注译
出版社 | 北京：九州出版社
出版年 | 2010
页码 | 153
ISBN | 978-7-5108-0335-2
分类 | B942.1

书名/责任者 | 本焕长老开示集/(释)本焕讲述；(释)印顺主编
出版社 | 北京：宗教文化出版社
出版年 | 2012
页码 | 369
ISBN | 978-7-80254-619-6
分类 | B94-53

书名/责任者 | 禅悟私生活：印顺法师妙解悬疑/陈文定主编；(释)印顺禅释
出版社 | 北京：华文出版社
出版年 | 2012
页码 | 244
ISBN | 978-7-5075-3628-7
分类 | B946.5-49

书名/责任者 | 印顺大师文汇/(释)印顺著
出版社 | 北京：华夏出版社
出版年 | 2012
页码 | 570
ISBN | 978-7-5080-6902-9
分类 | B948-53

书名/责任者 | 宗教的现代社会角色/马建钊，(释)印顺，李大华主编
出版社 | 北京：人民出版社
出版年 | 2012
页码 | 435
ISBN | 978-7-01-010587-1
分类 | B920

书名/责任者 | 安心的智慧/(释)印顺讲述；曹文红翻译
出版社 | 北京：宗教文化出版社
出版年 | 2013
页码 | 279
ISBN | 978-7-80254-734-6
分类 | B948-49

书名/责任者 | 行愿大千：《普贤行愿品》的智慧解读/(释)印顺讲述；曹文红译
出版社 | 北京：宗教文化出版社
出版年 | 2013
页码 | 282
ISBN | 978-7-80254-733-9

分类｜B942.1

书名/责任者｜第一届襄阳道安论坛论文集/(释)印顺主编
出版社｜北京：宗教文化出版社
出版年｜2014
页码｜615
ISBN｜978-7-80254-894-7
分类｜B949.92

书名/责任者｜宗教与现代社会/(释)印顺，李大华主编
出版社｜北京：人民出版社
出版年｜2014
页码｜547
ISBN｜978-7-01-013528-1
分类｜B920

书名/责任者｜般若莲花次第开：善财童子五十三参图/(释)印顺主编；李唐绘图
出版社｜北京：北京时代华文书局
出版年｜2015
页码｜237
ISBN｜978-7-5699-0216-7
分类｜B942.1

书名/责任者｜第二届中华佛教宗风论坛论文集/(释)印顺主编
出版社｜北京：宗教文化出版社
出版年｜2016
页码｜607
ISBN｜978-7-5188-0144-2
分类｜B948-53

书名/责任者｜本焕长老开示全集/(释)印顺主编
出版社｜西安：陕西师范大学出版社
出版年｜2017
页码｜596
ISBN｜978-7-5613-8985-0
分类｜B94-53

书名/责任者｜博鳌亚洲论坛宗教论坛：2015-2017/(释)印顺主编
出版社｜北京：宗教文化出版社
出版年｜2018
页码｜212
ISBN｜978-7-5188-0187-9
分类｜B928.3

书名/责任者｜印顺法师弘法集（上、中、下册）/(释)印顺著
出版社｜北京：宗教文化出版社
出版年｜2018
页码｜1011
ISBN｜978-7-5188-0089-6
分类｜B948-53

书名/责任者｜不快乐，是因为太聪明/(释)印顺著
出版社｜北京：中国发展出版社
出版年｜2019
页码｜301
ISBN｜978-7-5177-1003-5
分类｜B821-49

书名/责任者｜世界宗教领袖对话：博鳌亚洲论坛宗教分论坛：2015-2019/(释)印顺主编
出版社｜北京：宗教文化出版社
出版年｜2020
页码｜197
ISBN｜978-7-5188-0932-5
分类｜B9-53

书名/责任者｜此时，此地，此身/(释)印顺著
出版社｜北京：宗教文化出版社
出版年｜2022
页码｜295
ISBN｜978-7-5188-1223-3
分类｜B821-49

游建西

书名/责任者｜道家道教史略论稿/游建西著
出版社｜北京：光明日报出版社
出版年｜2006
页码｜225
ISBN｜7-80206-295-0

分类 | B223.05

于常印

书名/责任者 | 当代中华最感人的十大慈孝故事/刘先锋，于常印主编
出版社 | 北京：中国财政经济出版社
出版年 | 2009
页码 | 257
ISBN | 978-7-5095-1859-5
分类 | B823.1

余文烈

书名/责任者 | 当代西方马克思主义/安德森著；余文烈译
出版社 | 北京：东方出版社
出版年 | 1989
页码 | 150
ISBN | 7-5060-0090-3
分类 | B089

书名/责任者 | 分析学派的马克思主义/余文烈著
出版社 | 重庆：重庆出版社
出版年 | 1993
页码 | 302
ISBN | 7-5366-2417-4
分类 | B089

曾凡奎 / 张安华 / 张玮 / 张为 / 张骁儒 / 张晓燕 / 张岩 / 张以明 / 章剑和 / 赵东明 / 赵蕊娟 / 郑维东 / 郑文和 / 钟旭
琴 / 周友德 / 邹晓辛 / 曾凡奎 / 张安华 / 张玮 / 张为 / 张骁儒 / 张晓燕 / 张岩 / 张以明 / 章剑和 / 赵东明 / 赵蕊娟 /
郑文和 / 钟旭东 / 钟雅琴 / 周友德 / 邹晓辛 / 曾凡奎 / 张安华 / 张玮 / 张为 / 张骁儒 / 张晓燕 / 张岩 / 张以明 / 章剑
明 / 赵蕊娟 / 郑维东 / 郑文和 / 钟旭东 / 钟雅琴 / 周友德 / 邹晓辛 / 曾凡奎 / 张安华 / 张玮 / 张为 / 张骁儒 / 张晓燕
张以明 / 章剑和 / 赵东明 / 赵蕊娟 / 郑维东 / 郑文和 / 钟旭东 / 钟雅琴 / 周友德 / 邹晓辛 / 曾凡奎 / 张安华 / 张玮 /
骁儒 / 张晓燕 / 张岩 / 张以明 / 章剑和 / 赵东明 / 赵蕊娟 / 郑维东 / 郑文和 / 钟旭东 / 钟雅琴 / 周友德 / 邹晓辛 / 曾
安华 / 张玮 / 张为 / 张骁儒 / 张晓燕 / 张岩 / 张以明 / 章剑和 / 赵东明 / 赵蕊娟 / 郑维东 / 郑文和 / 钟旭东 / 钟雅琴
邹晓辛 / 曾凡奎 / 张安华 / 张玮 / 张为 / 张骁儒 / 张晓燕 / 张岩 / 张以明 / 章剑和 / 赵东明 / 赵蕊娟 / 郑维东 / 郑
旭东 / 钟雅琴 / 周友德 / 邹晓辛 / 曾凡奎 / 张安华 / 张玮 / 张为 / 张骁儒 / 张晓燕 / 张岩 / 张以明 / 章剑和 / 赵东明
郑维东 / 郑文和 / 钟旭东 / 钟雅琴 / 周友德 / 邹晓辛 / 曾凡奎 / 张安华 / 张玮 / 张为 / 张骁儒 / 张晓燕 / 张岩 / 张
剑和 / 赵东明 / 赵蕊娟 / 郑维东 / 郑文和 / 钟旭东 / 钟雅琴 / 周友德 / 邹晓辛 / 曾凡奎 / 张安华 / 张玮 / 张为 / 张
晓燕 / 张岩 / 张以明 / 章剑和 / 赵东明 / 赵蕊娟 / 郑维东 / 郑文和 / 钟旭东 / 钟雅琴 / 周友德 / 邹晓辛 / 曾凡奎 / 张
/ 张为 / 张骁儒 / 张晓燕 / 张岩 / 张以明 / 章剑和 / 赵东明 / 赵蕊娟 / 郑维东 / 郑文和 / 钟旭东 / 钟雅琴 / 周友德
曾凡奎 / 张安华 / 张玮 / 张为 / 张骁儒 / 张晓燕 / 张岩 / 张以明 / 章剑和 / 赵东明 / 赵蕊娟 / 郑维东 / 郑文和 / 钟
琴 / 周友德 / 邹晓辛 / 曾凡奎 / 张安华 / 张玮 / 张为 / 张骁儒 / 张晓燕 / 张岩 / 张以明 / 章剑和 / 赵东明 / 赵蕊娟
郑文和 / 钟旭东 / 钟雅琴 / 周友德 / 邹晓辛 / 曾凡奎 / 张安华 / 张玮 / 张为 / 张骁儒 / 张晓燕 / 张岩 / 张以明 / 章
明 / 赵蕊娟 / 郑维东 / 郑文和 / 钟旭东 / 钟雅琴 / 周友德 / 邹晓辛 / 曾凡奎 / 张安华 / 张玮 / 张为 / 张骁儒 / 张晓

Z

曾凡奎

书名/责任者 | 易如反掌：活用五行的思维方式/曾凡奎编著
出版社 | 桂林：广西师范大学出版社
出版年 | 2011
页码 | 230
ISBN | 978-7-5495-0463-3
分类 | B2

张安华

书名/责任者 | 点燃 EQ 之梦/张安华著
出版社 | 深圳：海天出版社
出版年 | 2015
页码 | 111
ISBN | 978-7-5507-1347-5
分类 | B842.6

张玮

书名/责任者 | “乐”观人生：积极心理学讲稿/王晓钧，郭田友，张玮著
出版社 | 北京：高等教育出版社
出版年 | 2016
页码 | 355
ISBN | 978-7-04-045456-7
分类 | B84

书名/责任者 | 情绪智力：中国理论发展及应用研究/王晓钧，张玮著
出版社 | 北京：高等教育出版社
出版年 | 2016
页码 | 252
ISBN | 978-7-04-044938-9
分类 | B842.6

张为

书名/责任者 | 一个人的方舟：中外哲学思想简评/张为著
出版社 | 深圳：海天出版社
出版年 | 2015
页码 | 197
ISBN | 978-7-5507-1227-0
分类 | B-53

张骁儒

书名/责任者 | 儒学的返本开新：深圳学人·南书房夜话第一季/张骁儒主编
出版社 | 北京：中国社会科学出版社
出版年 | 2016
页码 | 274
ISBN | 978-7-5161-7574-3
分类 | B222.05-53

书名/责任者 | 儒家经典与现代阅读：深圳学人·南书房夜话第二季/张骁儒主编
出版社 | 北京：中国社会科学出版社
出版年 | 2016
页码 | 299
ISBN | 978-7-5161-9130-9
分类 | B222.05-53

书名/责任者 | 国学与诸子百家 : 深圳学人·南书房夜话第三季/张骁儒主编
出版社 | 北京：中国社会科学出版社
出版年 | 2016
页码 | 315
ISBN | 978-7-5161-9727-1
分类 | B220.5

张晓燕

书名/责任者 | 幸福路径/张晓燕著
出版社 | 深圳：海天出版社
出版年 | 2014
页码 | 238
ISBN | 978-7-5507-0840-2
分类 | B82-49

书名/责任者 | 变通的智慧/张晓燕著
出版社 | 深圳：海天出版社
出版年 | 2017
页码 | 199
ISBN | 978-7-5507-1767-1

分类 | B821-49

张岩

书名/责任者 | 包世臣经世思想研究/张岩著
出版社 | 北京：中国社会科学出版社
出版年 | 2016
页码 | 253
ISBN | 978-7-5161-8135-5
分类 | B259.9

张以明

书名/责任者 | 生命与实践：黑格尔辩证法的存在基础/张以明著
出版社 | 北京：社会科学文献出版社
出版年 | 2010
页码 | 224
ISBN | 978-7-5097-1536-9
分类 | B516.35

章剑和

书名/责任者 | 创新潜能与个性成长/章剑和著
出版社 | 深圳：海天出版社
出版年 | 2002
页码 | 210
ISBN | 7-80654-757-6
分类 | B844.2-49

书名/责任者 | 心灵成长的智慧：中学生心理典型案例分析/章剑和著
出版社 | 广州：广东人民出版社
出版年 | 2012
页码 | 339
ISBN | 978-7-218-07672-0
分类 | B844.2

赵东明

书名/责任者 | 诠释学与儒家思想/景海峰，赵东明著
出版社 | 上海：东方出版中心
出版年 | 2015
页码 | 300
ISBN | 978-7-5473-0797-7
分类 | B089.2

赵蕊娟

书名/责任者 | 中国地方志基督教史料辑要/张先清，赵蕊娟编
出版社 | 上海：东方出版中心
出版年 | 2010
页码 | 741
ISBN | 978-7-5473-0207-1
分类 | B979.2

郑维东

书名/责任者 | 自由的道德/(英)拉兹著；王欧，曹海军，郑维东，孙晓春译
出版社 | 长春：吉林人民出版社
出版年 | 2011
页码 | 409
ISBN | 978-7-206-07156-0
分类 | B82-051

郑文和

书名/责任者 | 绝对改变：经营生命的技术/郑文和著
出版社 | 深圳：深圳报业集团出版社
出版年 | 2009
页码 | 205
ISBN | 978-7-80709-283-4
分类 | B848.4-49

钟旭东

书名/责任者｜孝经素书/陈昌照，钟旭东，王晓帆主编；李沙白校注
出版社｜深圳：海天出版社
出版年｜2019
页码｜74
ISBN｜978-7-5507-2677-2
分类｜B823.1

书名/责任者｜大学中庸/钟旭东，王晓帆主编；李沙白校注
出版社｜深圳：海天出版社
出版年｜2020
页码｜133
ISBN｜978-7-5507-2568-3
分类｜B222.1-49

钟雅琴

书名/责任者｜审美·传媒·身份认同：中国都市审美活动的群落化研究/钟雅琴著
出版社｜深圳：海天出版社
出版年｜2015
页码｜234
ISBN｜978-7-5507-1297-3
分类｜B834.2

周友德

书名/责任者｜只缘妖雾又重来：中国当代封建迷信现象扫描/周友德编著
出版社｜北京：人民日报出版社
出版年｜2007
页码｜249
ISBN｜7-80153-850-1
分类｜B917

邹晓辛

书名/责任者｜流淌的文化之河/吕延涛，邹晓辛著
出版社｜深圳：海天出版社
出版年｜2000
页码｜291
ISBN｜7-80654-254-X
分类｜B978

A
B
C
D
E
F
G
H
J
K
L
M
N
O
P
Q
R
S
T
W
X
Y
Z

D

政治·法律

A

A
B
C
D
E
F
G
H
J
K
L
M
N
O
P
Q
R
S
T
W
X
Y
Z

敖希颖

书名/责任者 | 互联网金融司法案例研究/敖希颖著
出版社 | 北京：法律出版社
出版年 | 2022
页码 | 225
ISBN | 978-7-5197-6743-3
分类 | D922.280.5

A

天 / 白有忠 / 白云 / 毕鸣 / 卞苏徽 / 白天 / 白有忠 / 白云 / 毕鸣 / 卞苏徽 / 白天 / 白有忠 / 白云 / 毕鸣 / 卞苏徽 /
忠 / 白云 / 毕鸣 / 卞苏徽 / 白天 / 白有忠 / 白云 / 毕鸣 / 卞苏徽 / 白天 / 白有忠 / 白云 / 毕鸣 / 卞苏徽 / 白天 /
/ 毕鸣 / 卞苏徽 / 白天 / 白有忠 / 白云 / 毕鸣 / 卞苏徽 / 白天 / 白有忠 / 白云 / 毕鸣 / 卞苏徽 / 白天 / 白有忠 /
苏徽 / 白天 / 白有忠 / 白云 / 毕鸣 / 卞苏徽 / 白天 / 白有忠 / 白云 / 毕鸣 / 卞苏徽 / 白天 / 白有忠 / 白云 / 毕鸣 /
天 / 白有忠 / 白云 / 毕鸣 / 卞苏徽 / 白天 / 白有忠 / 白云 / 毕鸣 / 卞苏徽 / 白天 / 白有忠 / 白云 / 毕鸣 / 卞苏徽
有忠 / 白云 / 毕鸣 / 卞苏徽 / 白天 / 白有忠 / 白云 / 毕鸣 / 卞苏徽 / 白天 / 白有忠 / 白云 / 毕鸣 / 卞苏徽 / 白天 /
云 / 毕鸣 / 卞苏徽 / 白天 / 白有忠 / 白云 / 毕鸣 / 卞苏徽 / 白天 / 白有忠 / 白云 / 毕鸣 / 卞苏徽 / 白天 / 白有忠 /
/ 卞苏徽 / 白天 / 白有忠 / 白云 / 毕鸣 / 卞苏徽 / 白天 / 白有忠 / 白云 / 毕鸣 / 卞苏徽 / 白天 / 白有忠 / 白云 /
/ 白天 / 白有忠 / 白云 / 毕鸣 / 卞苏徽 / 白天 / 白有忠 / 白云 / 毕鸣 / 卞苏徽 / 白天 / 白有忠 / 白云 / 毕鸣 /
有忠 / 白云 / 毕鸣 / 卞苏徽 / 白天 / 白有忠 / 白云 / 毕鸣 / 卞苏徽 / 白天 / 白有忠 / 白云 / 毕鸣 / 卞苏徽 / 白天 /
云 / 毕鸣 / 卞苏徽 / 白天 / 白有忠 / 白云 / 毕鸣 / 卞苏徽 / 白天 / 白有忠 / 白云 / 毕鸣 / 卞苏徽 / 白天 / 白有忠 /
/ 卞苏徽 / 白天 / 白有忠 / 白云 / 毕鸣 / 卞苏徽 / 白天 / 白有忠 / 白云 / 毕鸣 / 卞苏徽 / 白天 / 白有忠 / 白云 /
/ 白天 / 白有忠 / 白云 / 毕鸣 / 卞苏徽 / 白天 / 白有忠 / 白云 / 毕鸣 / 卞苏徽 / 白天 / 白有忠 / 白云 / 毕鸣 /
有忠 / 白云 / 毕鸣 / 卞苏徽 / 白天 / 白有忠 / 白云 / 毕鸣 / 卞苏徽 / 白天 / 白有忠 / 白云 / 毕鸣 / 卞苏徽 / 白天 /
云 / 毕鸣 / 卞苏徽 / 白天 / 白有忠 / 白云 / 毕鸣 / 卞苏徽 / 白天 / 白有忠 / 白云 / 毕鸣 / 卞苏徽 / 白天 / 白有忠 /
/ 卞苏徽 / 白天 / 白有忠 / 白云 / 毕鸣 / 卞苏徽 / 白天 / 白有忠 / 白云 / 毕鸣 / 卞苏徽 / 白天 / 白有忠 / 白云 /
/ 白天 / 白有忠 / 白云 / 毕鸣 / 卞苏徽 / 白天 / 白有忠 / 白云 / 毕鸣 / 卞苏徽 / 白天 / 白有忠 / 白云 / 毕鸣 /

B

A
B
C
D
E
F
G
H
J
K
L
M
N
O
P
Q
R
S
T
W
X
Y
Z

白天

书名/责任者｜深圳精神文明建设：续编.理论篇/白天，李小甘，段亚兵编
出版社｜深圳：海天出版社
出版年｜1999
页码｜930
ISBN｜7-80654-032-6
分类｜D676.53

书名/责任者｜深圳精神文明建设：续编.群英谱/白天，李小甘，段亚兵编
出版社｜深圳：海天出版社
出版年｜1999
页码｜717
ISBN｜7-80654-032-6
分类｜D676.53

书名/责任者｜深圳精神文明建设：续编.文件集/白天，李小甘，段亚兵编
出版社｜深圳：海天出版社
出版年｜1999
页码｜660
ISBN｜7-80654-032-6
分类｜D676.53

书名/责任者｜新世纪中国发展与执政党建设/张磊，白天主编
出版社｜广州：广东人民出版社
出版年｜2001
页码｜359
ISBN｜7-218-03663-5
分类｜D26-53

白有忠

书名/责任者｜合同基本知识/李铸国，白有忠编著
出版社｜北京：群众出版社
出版年｜1981
页码｜155
统一书号｜6067·19
分类｜D923.64

书名/责任者｜经济合同法知识问答/白有忠，刘齐珊编著
出版社｜北京：北京出版社
出版年｜1982
页码｜151
统一书号｜6071·5
分类｜D923.64

书名/责任者｜外国政府管理法规资料类编/白有忠，苏尚智编
出版社｜北京：中国政法大学出版社
出版年｜1987
页码｜748
统一书号｜6416·80
分类｜D911.09

书名/责任者｜私营企业法律知识/白有忠，黄键主编
出版社｜北京：新华出版社
出版年｜1988
页码｜226
ISBN｜7-5011-0306-2
分类｜D922.290.4

书名/责任者｜行政诉讼法知识问答/白有忠著
出版社｜北京：新华出版社
出版年｜1989
页码｜249
ISBN｜7-5011-0462-X
分类｜D925.304

书名/责任者｜知识产权法手册/白有忠主编
出版社｜北京：人民出版社
出版年｜1992
页码｜645
ISBN｜7-01-001074-9
分类｜D923.4-62

书名/责任者｜当代中国经济法规释要全书（上、下卷）/白有忠主编
出版社｜北京：经济管理出版社
出版年｜1993
页码｜1335
ISBN｜7-80025-699-5
分类｜D922.290.4

白云

书名/责任者 | 婚姻家庭法/卓冬青，刘冰主编；卓冬青，于海涌，甘世风，白云撰稿
出版社 | 广州：中山大学出版社
出版年 | 2005
页码 | 347
ISBN | 7-306-01877-9
分类 | D923.901-43

书名/责任者 | 金融信用法律环境论/丁邦开，洪庚明，白云著
出版社 | 南京：东南大学出版社
出版年 | 2006
页码 | 521
ISBN | 7-5641-0492-9
分类 | D922.280.4

书名/责任者 | 婚姻家庭法：第三版/卓冬青，刘冰，白云主编
出版社 | 广州：中山大学出版社
出版年 | 2008
页码 | 367
ISBN | 978-7-306-03129-7
分类 | D923.901

毕鸣

书名/责任者 | 现代政治学教程/毕鸣编著
出版社 | 昆明：云南教育出版社
出版年 | 1987
页码 | 211
ISBN | 7-5415-0091-7
分类 | D0-43

书名/责任者 | 行政管理学导论/傅大友，朱昌宁，毕鸣编著
出版社 | 昆明：云南教育出版社
出版年 | 1987
页码 | 213
ISBN | 7-5415-0095-X
分类 | D035-43

书名/责任者 | 国家公务员制度总论/毕鸣编著
出版社 | 广州：广东高等教育出版社
出版年 | 1988
页码 | 205
ISBN | 7-5361-0237-2
分类 | D630.3

卞苏徽

书名/责任者 | 行政现代化：中国行政改革的路向选择/卞苏徽著
出版社 | 广州：中山大学出版社
出版年 | 1999
页码 | 277
ISBN | 7-306-01542-5
分类 | D63

书名/责任者 | 走向现代化的行政改革：深圳政府体制创新之路/卞苏徽著
出版社 | 北京：国家行政学院出版社
出版年 | 2000
页码 | 320
ISBN | 7-80140-144-1
分类 | D630.1

书名/责任者 | 打造公共服务型政府/李永清，胡冰，卞苏徽，傅小随著
出版社 | 深圳：海天出版社
出版年 | 2006
页码 | 343
ISBN | 7-80697-626-4
分类 | D630.1

枫 / 蔡立 / 蔡铨毅 / 蔡衍振 / 蔡志明 / 曹海雷 / 曹兆兰 / 陈安仁 / 陈广 / 陈国权 / 陈宏在 / 陈洪博 / 陈淮涛 / 陈家
陈开多 / 陈龙海 / 陈荣光 / 陈少兵 / 陈少雷 / 陈威 / 陈伟元 / 陈文 / 陈新亮 / 陈旭明 / 陈寅 / 陈章联 / 陈志新 / 陈
元 / 成君忆 / 程科伟 / 程立达 / 程学源 / 程子薇 / 迟书君 / 崔茂登 / 蔡枫 / 蔡立 / 蔡铨毅 / 蔡衍振 / 蔡志明 / 曹海
/ 陈安仁 / 陈广 / 陈国权 / 陈宏在 / 陈洪博 / 陈淮涛 / 陈家喜 / 陈健 / 陈开多 / 陈龙海 / 陈荣光 / 陈少兵 / 陈少雷
伟元 / 陈文 / 陈新亮 / 陈旭明 / 陈寅 / 陈章联 / 陈志新 / 陈忠宁 / 陈自元 / 成君忆 / 程科伟 / 程立达 / 程学源 / 程
君 / 崔茂登 / 蔡枫 / 蔡立 / 蔡铨毅 / 蔡衍振 / 蔡志明 / 曹海雷 / 曹兆兰 / 陈安仁 / 陈广 / 陈国权 / 陈宏在 / 陈洪博
陈家喜 / 陈健 / 陈开多 / 陈龙海 / 陈荣光 / 陈少兵 / 陈少雷 / 陈威 / 陈伟元 / 陈文 / 陈新亮 / 陈旭明 / 陈寅 / 陈章
/ 陈忠宁 / 陈自元 / 成君忆 / 程科伟 / 程立达 / 程学源 / 程子薇 / 迟书君 / 崔茂登 / 蔡枫 / 蔡立 / 蔡铨毅 / 蔡衍振
曹海雷 / 曹兆兰 / 陈安仁 / 陈广 / 陈国权 / 陈宏在 / 陈洪博 / 陈淮涛 / 陈家喜 / 陈健 / 陈开多 / 陈龙海 / 陈荣光 /
少雷 / 陈威 / 陈伟元 / 陈文 / 陈新亮 / 陈旭明 / 陈寅 / 陈章联 / 陈志新 / 陈忠宁 / 陈自元 / 成君忆 / 程科伟 / 程立
/ 程子薇 / 迟书君 / 崔茂登 / 蔡枫 / 蔡立 / 蔡铨毅 / 蔡衍振 / 蔡志明 / 曹海雷 / 曹兆兰 / 陈安仁 / 陈广 / 陈国权 /
洪博 / 陈淮涛 / 陈家喜 / 陈健 / 陈开多 / 陈龙海 / 陈荣光 / 陈少兵 / 陈少雷 / 陈威 / 陈伟元 / 陈文 / 陈新亮 / 陈旭
陈章联 / 陈志新 / 陈忠宁 / 陈自元 / 成君忆 / 程科伟 / 程立达 / 程学源 / 程子薇 / 迟书君 / 崔茂登 / 蔡枫 / 蔡立 /
衍振 / 蔡志明 / 曹海雷 / 曹兆兰 / 陈安仁 / 陈广 / 陈国权 / 陈宏在 / 陈洪博 / 陈淮涛 / 陈家喜 / 陈健 / 陈开多 / 陈
光 / 陈少兵 / 陈少雷 / 陈威 / 陈伟元 / 陈文 / 陈新亮 / 陈旭明 / 陈寅 / 陈章联 / 陈志新 / 陈忠宁 / 陈自元 / 成君忆
程立达 / 程学源 / 程子薇 / 迟书君 / 崔茂登 / 蔡枫 / 蔡立 / 蔡铨毅 / 蔡衍振 / 蔡志明 / 曹海雷 / 曹兆兰 / 陈安仁 /
权 / 陈宏在 / 陈洪博 / 陈淮涛 / 陈家喜 / 陈健 / 陈开多 / 陈龙海 / 陈荣光 / 陈少兵 / 陈少雷 / 陈威 / 陈伟元 / 陈文

C

蔡枫

书名/责任者｜理解CHINDIA：关于中国与印度的思考/拉梅什著；蔡枫，董方峰译
出版社｜银川：宁夏人民出版社
出版年｜2006
页码｜180
ISBN｜7-227-03281-7
分类｜D822.335.1

蔡立

书名/责任者｜深圳女劳务工婚恋状况研究/蔡立主编
出版社｜北京：社会科学文献出版社
出版年｜2008
页码｜438
ISBN｜978-7-5097-0444-8
分类｜D669.1

书名/责任者｜妇女社会工作实务：以深圳为例/蔡立主编
出版社｜北京：社会科学文献出版社
出版年｜2009
页码｜351
ISBN｜978-7-5097-1192-7
分类｜D669.68-53

书名/责任者｜性别平等立法的深圳实践：《深圳经济特区性别平等促进条例》百家谈/蔡立主编；深圳市妇女联合会，深圳市妇女发展研究会编
出版社｜北京：社会科学文献出版社
出版年｜2013
页码｜320
ISBN｜978-7-5097-4329-4
分类｜D927.653.384

书名/责任者｜阳光家庭实务手册/蔡立主编；深圳市妇女联合会编
出版社｜北京：社会科学文献出版社
出版年｜2013
页码｜355
ISBN｜978-7-5097-4629-5
分类｜D632-62

蔡铨毅

书名/责任者｜行政复议诉讼案例实录与评析/蔡铨毅主编
出版社｜深圳：海天出版社
出版年｜2006
页码｜294
ISBN｜7-80697-799-6
分类｜D925.305

蔡衍振

书名/责任者｜经济特区与建设有中国特色社会主义/廖月晖，蔡衍振，李云鹏著
出版社｜青岛：青岛出版社
出版年｜1993
页码｜154
ISBN｜7-5436-0953-3
分类｜D614

蔡志明

书名/责任者｜你，如何防止犯罪侵害：个人防范犯罪侵害最佳策略指南/岳修祥，蔡志明著
出版社｜深圳：海天出版社
出版年｜1996
页码｜222
ISBN｜7-80615-292-X
分类｜D917

曹海雷

书名/责任者｜中国（广东）自由贸易试验区深圳前海蛇口片区法律法规政策汇编/曹海雷，韩俊主编
出版社｜北京：法律出版社
出版年｜2017
页码｜1237
ISBN｜978-7-5197-0642-5

分类 | D927.653.229.59

书名/责任者 | "一带一路"法治地图．新加坡（上、下）/曹海雷，宋亮，李京编写
出版社 | 北京：法律出版社
出版年 | 2018
页码 | 838
ISBN | 978-7-5197-2657-7
分类 | D902

书名/责任者 | "一带一路"法治地图．印度尼西亚（上、下）/曹海雷，宋亮，李京编写
出版社 | 北京：法律出版社
出版年 | 2018
页码 | 732
ISBN | 978-7-5197-2659-1
分类 | D902

曹兆兰

书名/责任者 | 金文与殷周女性文化/曹兆兰著
出版社 | 北京：北京大学出版社
出版年 | 2004
页码 | 392
ISBN | 7-301-07612-6
分类 | D691.968

陈安仁

书名/责任者 | 深圳人事人才与编制工作实务/陈安仁主编
出版社 | 深圳：海天出版社
出版年 | 2004
页码 | 440
ISBN | 7-80654-553-0
分类 | D630.3

书名/责任者 | 深圳市人事考试专业知识大纲/陈安仁主编
出版社 | 广州：广东经济出版社
出版年 | 2004
页码 | 359
ISBN | 7-80677-011-9
分类 | D630.3

书名/责任者 | 综合能力测试应试指导/陈安仁主编
出版社 | 广州：广东经济出版社
出版年 | 2004
页码 | 380
ISBN | 7-80677-337-1
分类 | D630.3

陈广

书名/责任者 | 公务员职位分类比较研究/刘曙光，陈广编著
出版社 | 深圳：海天出版社
出版年 | 2003
页码 | 162
ISBN | 7-80697-083-5
分类 | D630.3

陈国权

书名/责任者 | 深圳市劳务工学法用法读本/陈国权主编；深圳市人大常委会《劳务工学法用法读本》编写委员会编
出版社 | 深圳：海天出版社
出版年 | 2002
页码 | 130
ISBN | 7-80654-791-6
分类 | D920.5

陈宏在

书名/责任者 | 中国经济特区的精神文明建设：深圳卷/陈宏在主笔；黄玲，曾凡益，吴金光，王燕军撰稿；深圳市史志办公室编
出版社 | 北京：中共党史出版社
出版年 | 2003
页码 | 507
ISBN | 7-80136-868-1

分类 | D676.534

陈洪博

书名/责任者 | 改革者的足迹：深圳市1994-2004年改革的探索与记录/陈洪博著
出版社 | 深圳：海天出版社
出版年 | 2011
页码 | 462
ISBN | 978-7-5507-0332-2
分类 | D61

陈淮涛

书名/责任者 | 鹏城风华：深圳市社会发展成就文集/邵汉青主编；刘伟忠，辜晓进，陈淮涛，孙静编辑
出版社 | 深圳：海天出版社
出版年 | 1994
页码 | 273
ISBN | 7-80615-079-X
分类 | D676.53-53

书名/责任者 | 中学生毒品防范知识手册/张东生，陈淮涛主编；深圳市禁毒工作办公室，深圳市花季雨季杂志社编著
出版社 | 深圳：海天出版社
出版年 | 2000
页码 | 65
ISBN | 7-80654-324-4
分类 | D669.8

书名/责任者 | 小学生毒品防范知识手册/张东生，陈淮涛主编；深圳市禁毒工作办公室，深圳市花季雨季杂志社编著
出版社 | 深圳：海天出版社
出版年 | 2000
页码 | 69
ISBN | 7-80654-323-6
分类 | D669.8

陈家喜

书名/责任者 | 改革时期中国民营企业家的政治影响/陈家喜著
出版社 | 重庆：重庆出版社
出版年 | 2007
页码 | 243
ISBN | 978-7-5366-9209-1
分类 | D663.9

书名/责任者 | 中国乡镇选举改革研究/黄卫平，陈家喜著
出版社 | 北京：人民出版社
出版年 | 2009
页码 | 298
ISBN | 978-7-01-008524-1
分类 | D638

书名/责任者 | 深圳经济特区的政治发展：1980-2010/陈家喜，黄卫平著
出版社 | 北京：商务印书馆
出版年 | 2010
页码 | 312
ISBN | 978-7-100-07220-5
分类 | D676.53

书名/责任者 | 政府与城市社区建设：基于云南省城市社区建设的调查分析与理论探索/崔运武，陈家喜著
出版社 | 昆明：云南大学出版社
出版年 | 2011
页码 | 255
ISBN | 978-7-5482-0515-9
分类 | D669.3

书名/责任者 | 制度建设与政党发展：政党体制的比较分析/陈家喜，黄卫平主编
出版社 | 北京：社会科学文献出版社
出版年 | 2013
页码 | 262
ISBN | 978-7-5097-4426-0
分类 | D05

书名/责任者 | 当代中国政治研究报告.第16辑/黄卫平，汪永成，陈家喜主编
出版社 | 北京：社会科学文献出版社

出版年 | 2018
页码 | 303
ISBN | 978-7-5201-3565-8
分类 | D62

书名 / 责任者 | 政党治理的中国经验：理论建构与案例观察 / 陈家喜著
出版社 | 北京：中国社会科学出版社
出版年 | 2020
页码 | 241
ISBN | 978-7-5203-7280-0
分类 | D25

书名 / 责任者 | 干部选拔与政绩激励 / 陈家喜，陈硕，陈科霖著
出版社 | 北京：中国社会科学出版社
出版年 | 2021
页码 | 265
ISBN | 978-7-5203-9455-0
分类 | D630.3

陈健（笔名荔枝）

书名 / 责任者 | 志愿者：女律师法律援助日记 / 荔枝著
出版社 | 深圳：深圳报业集团出版社
出版年 | 2016
页码 | 341
ISBN | 978-7-80709-740-2
分类 | D927.670.655

陈开多

书名 / 责任者 | 报考深圳市国家公务员指南 / 周锦涛，陈开多编著
出版社 | 深圳：海天出版社
出版年 | 1996
页码 | 194
ISBN | 7-80615-501-5
分类 | D630.1

陈龙海

书名 / 责任者 | 业主维权手册：购房置业 · 物业管理 · 拆迁维权 300 问 / 刘昌兵，陈龙海编著
出版社 | 深圳：海天出版社
出版年 | 2004
页码 | 331
ISBN | 7-80697-135-1
分类 | D922.181.4

陈荣光

书名 / 责任者 | 岁月如歌：共产党员舒成友 / 陈荣光著
出版社 | 深圳：海天出版社
出版年 | 2001
页码 | 295
ISBN | 7-80654-554-9
分类 | D263

陈少兵

书名 / 责任者 | 深圳社会建设之路 / 陈少兵，谢志岿著
出版社 | 北京：中国社会科学出版社
出版年 | 2018
页码 | 376
ISBN | 978-7-5203-3143-2
分类 | D676.53

书名 / 责任者 | 深圳社会治理与发展报告 .2018 / 陈少兵，熊瑛主编
出版社 | 北京：社会科学文献出版社
出版年 | 2018
页码 | 354
ISBN | 978-7-5201-2890-2
分类 | D676.5

书名 / 责任者 | 深圳社会治理与发展报告 .2019 / 陈少兵主编
出版社 | 北京：社会科学文献出版社
出版年 | 2019
页码 | 305

ISBN | 978-7-5201-4922-8
分类 | D676.53

陈少雷

书名/责任者 | 新时代新思想与深圳实践/陈少雷主编
出版社 | 深圳：海天出版社
出版年 | 2019
页码 | 408
ISBN | 978-7-5507-2658-1
分类 | D616

书名/责任者 | 马克思主义中国化的多重维度/陈少雷著
出版社 | 北京：社会科学文献出版社
出版年 | 2020
页码 | 315
ISBN | 978-7-5201-6802-1
分类 | D61

书名/责任者 | 新时代深圳党校论丛．第一辑/陈少雷主编
出版社 | 深圳：海天出版社
出版年 | 2021
页码 | 250
ISBN | 978-7-5507-3190-5
分类 | D261.41-53

书名/责任者 | 新时代深圳党校论丛．第二辑/陈少雷主编
出版社 | 深圳：海天出版社
出版年 | 2021
页码 | 280
ISBN | 978-7-5507-3191-2
分类 | D261.41-53

书名/责任者 | 新时代深圳党校论丛．第三辑/陈少雷主编
出版社 | 深圳：海天出版社
出版年 | 2021
页码 | 332
ISBN | 978-7-5507-3192-9
分类 | D261.41-53

陈威

书名/责任者 | 中国共产党深圳市组织史资料．二：1987.10-1995.4/周其若，陈威主编
出版社 | 深圳：海天出版社
出版年 | 1997
页码 | 233
ISBN | 7-80615-682-8
分类 | D235.653

书名/责任者 | 我是共产党员/陈威，刘明主编
出版社 | 深圳：海天出版社
出版年 | 2001
页码 | 243
ISBN | 7-80654-553-0
分类 | D263

书名/责任者 | 公共文化服务体系研究/陈威主编
出版社 | 深圳：深圳报业集团出版社
出版年 | 2006
页码 | 212
ISBN | 7-80709-073-1
分类 | D63

陈伟元

书名/责任者 | 公民环保行为规范：企业法人版/陈伟元主编
出版社 | 深圳：海天出版社
出版年 | 2000
页码 | 102
ISBN | 7-80654-220-5
分类 | D922.68

陈文

书名/责任者 | 经济特区的政治发展足迹：深圳的探索/陈文主编
出版社 | 重庆：重庆出版社
出版年 | 2010
页码 | 412

ISBN | 978-7-229-03029-2
分类 | D676.53-53

书名/责任者 | 相互嵌入的政府、市场和社会：深圳市西乡街区治理改革的探索与思考/唐娟，陈文主编
出版社 | 北京：中国社会出版社
出版年 | 2010
页码 | 259
ISBN | 978-7-5087-3270-1
分类 | D669.3

书名/责任者 | 深圳的全面深化改革与前海创新试验/乐正主编；陈文，马忠新著
出版社 | 深圳：海天出版社
出版年 | 2019
页码 | 248
ISBN | 978-7-5507-2680-2
分类 | D676.53

陈新亮

书名/责任者 | 中国大学生志愿者行动研究/陈新亮著
出版社 | 长沙：湖南人民出版社
出版年 | 2015
页码 | 376
ISBN | 978-7-5561-0084-2
分类 | D432.6

陈旭明

书名/责任者 | “套路贷”涉刑案件辩护实务/陈旭明，赵文捷主编；庄洁萍，井丽娟等副主编
出版社 | 北京：法律出版社
出版年 | 2022
页码 | 234
ISBN | 978-7-5197-6102-8
分类 | D924.334

陈寅

书名/责任者 | 爱之范：深圳关爱行动爱心人物故事/陈寅主编
出版社 | 深圳：深圳报业集团出版社
出版年 | 2012
页码 | 274
ISBN | 978-7-80709-454-8
分类 | D648.3

书名/责任者 | 报春第一枝：深圳特区报新春评论辑选/陈寅主编
出版社 | 北京：人民日报出版社
出版年 | 2018
页码 | 342
ISBN | 978-7-5115-5444-4
分类 | D609

陈章联

书名/责任者 | 权力有极：新世纪反腐倡廉教育宣讲实录/陈章联著
出版社 | 北京：中国方正出版社
出版年 | 2009
页码 | 198
ISBN | 978-7-80216-428-4
分类 | D630.9-53

书名/责任者 | 权力有限：来自一位纪检监察干部的报告/陈章联著
出版社 | 北京：中国方正出版社
出版年 | 2011
页码 | 236
ISBN | 978-7-80216-712-4
分类 | D261.3-53

书名/责任者 | 廉洁城市何以可能：华人社会的实践与探索/陈章联，赵嘉，吕元礼主编
出版社 | 北京：中国方正出版社
出版年 | 2013
页码 | 237
ISBN | 978-7-80216-906-7
分类 | D523.4

陈志新

书名/责任者 | 香港律师业的运作与管理/陈志新著
出版社 | 深圳：海天出版社
出版年 | 1998
页码 | 235
ISBN | 7-80654-018-0
分类 | D926.5

书名/责任者 | 国际私法/陈志新，强乃社主编
出版社 | 北京：中国城市出版社
出版年 | 1999
页码 | 283
ISBN | 7-5074-1123-0
分类 | D997

书名/责任者 | 深圳政法年鉴.2008/孙彪，陈志新，翟忠泰主编
出版社 | 深圳：海天出版社
出版年 | 2009
页码 | 238
ISBN | 978-7-80747-542-2
分类 | D927.653-54

书名/责任者 | 深圳政法年鉴.2009/孙彪，陈志新，翟忠泰主编；深圳政法年鉴编委会编
出版社 | 深圳：海天出版社
出版年 | 2010
页码 | 257
ISBN | 978-7-80747-839-3
分类 | D927.653-54

书名/责任者 | 深圳政法年鉴.2010/孙彪，陈志新，翟忠泰主编
出版社 | 深圳：海天出版社
出版年 | 2010
页码 | 228
ISBN | 978-7-80747-839-3
分类 | D927.653-54

书名/责任者 | 深圳政法年鉴.2011/陈志新，翟忠泰，梁增昌主编
出版社 | 深圳：海天出版社
出版年 | 2012
页码 | 228
ISBN | 978-7-5507-0409-1
分类 | D927.653-54

书名/责任者 | 深圳政法年鉴.2012/翟忠泰，陈志新，梁增昌主编；深圳政法年鉴编委会编
出版社 | 深圳：海天出版社
出版年 | 2013
页码 | 232
ISBN | 978-7-5507-0748-1
分类 | D927.653-54

书名/责任者 | 深圳政法年鉴.2013/钱伟，陈志新，梁增昌主编；深圳政法年鉴编委会编
出版社 | 深圳：海天出版社
出版年 | 2014
页码 | 241
ISBN | 978-7-5507-0819-8
分类 | D927.653-54

书名/责任者 | 深圳政法年鉴.2014/钱伟，陈志新，梁增昌主编
出版社 | 深圳：海天出版社
出版年 | 2015
页码 | 228
ISBN | 978-7-5507-1361-1
分类 | D927.653-54

陈忠宁

书名/责任者 | 从百色风云到特区开放：中国共产党人的初心及心路历程探索/夏晋祥，方连英，陈忠宁著
出版社 | 上海：上海财经大学出版社
出版年 | 2020
页码 | 166
ISBN | 978-7-5642-3658-8
分类 | D261.42

书名/责任者 | 深圳改革与发展的实践研究/夏晋祥，陈忠宁主编
出版社 | 上海：上海财经大学出版社

出版年 | 2021
页码 | 243
ISBN | 978-7-5642-3772-1
分类 | D619.653

陈自元

书名/责任者 | 农村青年进城求职指南/陈自元编著
出版社 | 武汉：湖北科学技术出版社
出版年 | 1993
页码 | 196
ISBN | 7-5352-1292-1
分类 | D669.2

书名/责任者 | 亚洲虎日韩新/左建，曾庆祥，陈自元，周应良著
出版社 | 深圳：海天出版社
出版年 | 2010
页码 | 359
ISBN | 978-7-80747-820-1
分类 | D731.3

成君忆

书名/责任者 | 什么人勤劳而不幸福/成君忆著
出版社 | 北京：新世界出版社
出版年 | 2013
页码 | 235
ISBN | 978-7-5104-4167-7
分类 | D669

程科伟

书名/责任者 | 怎样打行政官司/程科伟，李本富编著
出版社 | 南京：南京出版社
出版年 | 1991
页码 | 376
ISBN | 7-80560-542-4
分类 | D925.34

书名/责任者 | 精选案例集/程科伟主编
出版社 | 北京：人民法院出版社
出版年 | 2005
页码 | 339
ISBN | 7-80161-971-4
分类 | D927.653.05

书名/责任者 | 优秀裁判文书集/程科伟主编
出版社 | 北京：人民法院出版社
出版年 | 2005
页码 | 201
ISBN | 7-80161-972-2
分类 | D927.653.613

书名/责任者 | 制度与规范/程科伟主编
出版社 | 北京：人民法院出版社
出版年 | 2005
页码 | 228
ISBN | 7-80161-914-5
分类 | D926.22

书名/责任者 | 深圳市福田区人民法院规范化建设丛书.2：调研成果集/程科伟主编
出版社 | 北京：人民法院出版社
出版年 | 2005
页码 | 309
ISBN | 7-80161-955-2
分类 | D926.22-53

程立达

书名/责任者 | 深圳工会管窥/程立达著
出版社 | 北京：中国工人出版社
出版年 | 2012
页码 | 261
ISBN | 978-7-5008-5186-8
分类 | D412.6

程学源

书名/责任者 | 产品质量监督抽查法律法规基础知识/程学源主编

出版社｜广州：花城出版社
出版年｜2012
页码｜166
ISBN｜978-7-5360-6493-5
分类｜D922.294.1

程子薇

书名/责任者｜虚假广告民事责任研究：以《广告法》第56条的解释论为中心/程子薇著
出版社｜北京：法律出版社
出版年｜2022
页码｜199
ISBN｜978-7-5197-5826-4
分类｜D922.294.4

迟书君

书名/责任者｜新型城市移民：2003年深圳流动人口恋爱婚姻家庭状况调查/迟书君著
出版社｜北京：社会科学文献出版社
出版年｜2006
页码｜505
ISBN｜7-80230-355-9
分类｜D669.1

崔茂登

书名/责任者｜社会主义精神文明的典范：陈观玉/王道隆，崔茂登主编
出版社｜深圳：海天出版社
出版年｜1997
页码｜225
ISBN｜7-80615-634-8
分类｜D442.62

北方 / 戴维 / 邓达奇 / 邓基联 / 邓晓俊 / 翟玉娟 / 翟忠泰 / 丁建春 / 丁励松 / 丁南 / 丁时照 / 丁义平 / 董立坤 / 杜
/ 杜芹 / 段钢 / 段礼乐 / 段啸林 / 段亚兵 / 庹明生 / 戴北方 / 戴维 / 邓达奇 / 邓基联 / 邓晓俊 / 翟玉娟 / 翟忠泰 /
励松 / 丁南 / 丁时照 / 丁义平 / 董立坤 / 杜东亚 / 杜恺 / 杜芹 / 段钢 / 段礼乐 / 段啸林 / 段亚兵 / 庹明生 / 戴北方
达奇 / 邓基联 / 邓晓俊 / 翟玉娟 / 翟忠泰 / 丁建春 / 丁励松 / 丁南 / 丁时照 / 丁义平 / 董立坤 / 杜东亚 / 杜恺 / 杜
段礼乐 / 段啸林 / 段亚兵 / 庹明生 / 戴北方 / 戴维 / 邓达奇 / 邓基联 / 邓晓俊 / 翟玉娟 / 翟忠泰 / 丁建春 / 丁励
时照 / 丁义平 / 董立坤 / 杜东亚 / 杜恺 / 杜芹 / 段钢 / 段礼乐 / 段啸林 / 段亚兵 / 庹明生 / 戴北方 / 戴维 / 邓达
邓晓俊 / 翟玉娟 / 翟忠泰 / 丁建春 / 丁励松 / 丁南 / 丁时照 / 丁义平 / 董立坤 / 杜东亚 / 杜恺 / 杜芹 / 段钢 / 段礼
/ 段亚兵 / 庹明生 / 戴北方 / 戴维 / 邓达奇 / 邓基联 / 邓晓俊 / 翟玉娟 / 翟忠泰 / 丁建春 / 丁励松 / 丁南 / 丁时
董立坤 / 杜东亚 / 杜恺 / 杜芹 / 段钢 / 段礼乐 / 段啸林 / 段亚兵 / 庹明生 / 戴北方 / 戴维 / 邓达奇 / 邓基联 / 邓晓
/ 翟忠泰 / 丁建春 / 丁励松 / 丁南 / 丁时照 / 丁义平 / 董立坤 / 杜东亚 / 杜恺 / 杜芹 / 段钢 / 段礼乐 / 段啸林 / 段
生 / 戴北方 / 戴维 / 邓达奇 / 邓基联 / 邓晓俊 / 翟玉娟 / 翟忠泰 / 丁建春 / 丁励松 / 丁南 / 丁时照 / 丁义平 / 董立
/ 杜恺 / 杜芹 / 段钢 / 段礼乐 / 段啸林 / 段亚兵 / 庹明生 / 戴北方 / 戴维 / 邓达奇 / 邓基联 / 邓晓俊 / 翟玉娟 / 翟
春 / 丁励松 / 丁南 / 丁时照 / 丁义平 / 董立坤 / 杜东亚 / 杜恺 / 杜芹 / 段钢 / 段礼乐 / 段啸林 / 段亚兵 / 庹明生
维 / 邓达奇 / 邓基联 / 邓晓俊 / 翟玉娟 / 翟忠泰 / 丁建春 / 丁励松 / 丁南 / 丁时照 / 丁义平 / 董立坤 / 杜东亚 / 杜
段钢 / 段礼乐 / 段啸林 / 段亚兵 / 庹明生 / 戴北方 / 戴维 / 邓达奇 / 邓基联 / 邓晓俊 / 翟玉娟 / 翟忠泰 / 丁建春
南 / 丁时照 / 丁义平 / 董立坤 / 杜东亚 / 杜恺 / 杜芹 / 段钢 / 段礼乐 / 段啸林 / 段亚兵 / 庹明生 / 戴北方 / 戴维
基联 / 邓晓俊 / 翟玉娟 / 翟忠泰 / 丁建春 / 丁励松 / 丁南 / 丁时照 / 丁义平 / 董立坤 / 杜东亚 / 杜恺 / 杜芹 / 段

D

戴北方

书名/责任者｜深圳政协年鉴.2016/戴北方主编
出版社｜广州：广东人民出版社
出版年｜2016
页码｜350
ISBN｜978-7-218-11498-9
分类｜D628.653-54

书名/责任者｜深圳政协年鉴.2017/戴北方主编
出版社｜广州：广东人民出版社
出版年｜2017
页码｜446
ISBN｜978-7-218-12404-9
分类｜D628.653-54

书名/责任者｜深圳政协年鉴.2018/戴北方主编
出版社｜深圳：海天出版社
出版年｜2019
页码｜470
ISBN｜978-7-5507-2413-6
分类｜D628.653-54

书名/责任者｜深圳政协年鉴.2019/戴北方主编
出版社｜深圳：海天出版社
出版年｜2020
页码｜432
ISBN｜978-7-5507-2862-2
分类｜D628.653-54

戴维

书名/责任者｜聚焦新生代：第一次未成年人现状调查报告/关成华，戴维主编
出版社｜北京：北方交通大学出版社
出版年｜2001
页码｜565
ISBN｜7-81082-023-0
分类｜D669.5

书名/责任者｜传承有道：财富继承风险规避与合理规划/戴维主编
出版社｜北京：法律出版社
出版年｜2020
页码｜309
ISBN｜978-7-5197-4365-9
分类｜D923.54

邓达奇

书名/责任者｜妇女权益保障的法治逻辑/邓达奇著
出版社｜北京：中国社会科学出版社
出版年｜2017
页码｜310
ISBN｜978-7-5203-0169-5
分类｜D922.74

书名/责任者｜地方立法后评估的原理和实践/邓达奇著
出版社｜深圳：海天出版社
出版年｜2017
页码｜226
ISBN｜978-7-5507-2151-7
分类｜D927

书名/责任者｜政法：一个中国法概念的观念史考察/邓达奇著
出版社｜深圳：海天出版社
出版年｜2021
页码｜176
ISBN｜978-7-5507-3199-8
分类｜D926.1

邓基联

书名/责任者｜调解制度改革与探索/邓基联主编
出版社｜深圳：海天出版社
出版年｜2000
页码｜305
ISBN｜7-80654-715-0
分类｜D925.04

书名/责任者｜深圳法院20年/邓基联

主编
出版社 | 深圳：海天出版社
出版年 | 2002
页码 | 680
ISBN | 7-80654-640-5
分类 | D926.22

书名/责任者 | 研究与思考：深圳法院优秀论文集/邓基联主编
出版社 | 深圳：海天出版社
出版年 | 2002
页码 | 746
ISBN | 7-80654-640-5
分类 | D926.22

书名/责任者 | 深圳法院裁判文书精选：2002卷（总第一卷）/邓基联主编
出版社 | 深圳：海天出版社
出版年 | 2003
页码 | 606
ISBN | 7-80654-715-0
分类 | D926.2

书名/责任者 | 入世与司法对策/邓基联主编
出版社 | 深圳：海天出版社
出版年 | 2003
页码 | 642
ISBN | 7-80654-715-0
分类 | D926

书名/责任者 | 适用担保法重大疑难问题研究/邓基联主编
出版社 | 深圳：海天出版社
出版年 | 2003
页码 | 569
ISBN | 7-80697-036-3
分类 | D923.6

书名/责任者 | 法官法与检察官法 . 上册：教材/邓基联主编
出版社 | 北京：中国广播电视出版社
出版年 | 2004
页码 | 500
ISBN | 7-5043-4333-1
分类 | D926.2

书名/责任者 | 法官法与检察官法 . 下册：学习指导书/邓基联主编
出版社 | 北京：中国广播电视出版社
出版年 | 2004
页码 | 284
ISBN | 7-5043-4333-1
分类 | D926.2

书名/责任者 | 普通法比较研究/邓基联主编
出版社 | 北京：人民法院出版社
出版年 | 2005
页码 | 686
ISBN | 7-80161-924-2
分类 | D908-53

书名/责任者 | 深圳法院裁判文书精选：2003年卷（总第二卷）/邓基联主编
出版社 | 深圳：海天出版社
出版年 | 2005
页码 | 593
ISBN | 7-80697-286-2
分类 | D926.2

书名/责任者 | 深圳法院精选案例评析：2003年卷（总第二卷）/邓基联主编
出版社 | 深圳：海天出版社
出版年 | 2005
页码 | 460
ISBN | 7-80697-440-7
分类 | D920.5

书名/责任者 | 深圳法院裁判文书精选：2005年卷（总第四卷）/邓基联主编
出版社 | 北京：人民法院出版社
出版年 | 2008
页码 | 441
ISBN | 978-7-80217-744-4
分类 | D926.22

书名/责任者 | 深圳法院精选案例评析：2005年卷（总第四卷）/邓基联主编
出版社 | 北京：人民法院出版社
出版年 | 2008
页码 | 183
ISBN | 978-7-80217-745-1

分类 | D927.653.05

书名/责任者 | 深圳法院精选案例评析：2006年卷(总第五卷)/邓基联主编
出版社 | 北京：人民法院出版社
出版年 | 2008
页码 | 253
ISBN | 978-7-80217-746-8
分类 | D927.653.05

书名/责任者 | 证券公司破产清算案件审理实务/邓基联主编；陈泽桐，林捷好，陈少健，王福祥撰稿
出版社 | 北京：人民法院出版社
出版年 | 2008
页码 | 329
ISBN | 978-7-80217-699-7
分类 | D922.287.4

书名/责任者 | 法官说法.第一辑.1/邓基联，王田良主编
出版社 | 深圳：深圳报业集团出版社
出版年 | 2009
页码 | 295
ISBN | 978-7-80709-243-8
分类 | D920.5

书名/责任者 | 法官说法.第一辑.2/邓基联，王田良主编
出版社 | 深圳：深圳报业集团出版社
出版年 | 2009
页码 | 294
ISBN | 978-7-80709-243-8
分类 | D920.5

书名/责任者 | 深圳法院裁判文书精选：2006、2007年合卷(总第五卷)/邓基联主编
出版社 | 北京：人民法院出版社
出版年 | 2009
页码 | 490
ISBN | 978-7-80217-863-2
分类 | D926.22

书名/责任者 | 深圳法院疑难案例精选.民事卷/邓基联主编
出版社 | 北京：人民法院出版社
出版年 | 2009
页码 | 327
ISBN | 978-7-80217-829-8
分类 | D920.5

书名/责任者 | 专利纠纷判解/邓基联主编
出版社 | 北京：人民法院出版社
出版年 | 2009
页码 | 346
ISBN | 978-7-80217-816-8
分类 | D925.105

书名/责任者 | 房屋买卖合同纠纷/邓基联主编
出版社 | 北京：法律出版社
出版年 | 2010
页码 | 294
ISBN | 978-7-5036-9822-4
分类 | D922.181.4

书名/责任者 | 深圳法院裁判文书精选：2008年卷(总第六卷)/邓基联主编
出版社 | 北京：人民法院出版社
出版年 | 2010
页码 | 463
ISBN | 978-7-5109-0078-5
分类 | D926.22

书名/责任者 | 深圳法院精选案例评析：2008年卷(总第七卷)/邓基联主编
出版社 | 北京：人民法院出版社
出版年 | 2010
页码 | 235
ISBN | 978-7-5109-0079-2
分类 | D927.653.05

邓晓俊

书名/责任者 | 深圳市事业单位职员制雇员制300问/王凯，尹少文，邓晓俊编写
出版社 | 深圳：海天出版社
出版年 | 2007
页码 | 228

ISBN | 978-7-80697-946-4
分类 | D630.3-44

翟玉娟

书名/责任者 | 职业伤害救济法律制度研究/翟玉娟著
出版社 | 厦门：厦门大学出版社
出版年 | 2009
页码 | 219
ISBN | 978-7-5615-3339-0
分类 | D922.544

书名/责任者 | 工伤认定及索赔指南/翟玉娟等编著
出版社 | 北京：中国法制出版社
出版年 | 2012
页码 | 241
ISBN | 978-7-5093-3136-1
分类 | D922.544

书名/责任者 | 深圳新生代农民工调查报告/王同信，翟玉娟主编
出版社 | 北京：中国法制出版社
出版年 | 2013
页码 | 304
ISBN | 978-7-5093-4571-9
分类 | D669.2

翟忠泰

书名/责任者 | 深圳政法年鉴.2008/孙彪，陈志新，翟忠泰主编
出版社 | 深圳：海天出版社
出版年 | 2009
页码 | 238
ISBN | 978-7-80747-542-2
分类 | D927.653-54

书名/责任者 | 深圳政法年鉴.2009/孙彪，陈志新，翟忠泰主编；深圳政法年鉴编委会编
出版社 | 深圳：海天出版社
出版年 | 2010
页码 | 257
ISBN | 978-7-80747-839-3
分类 | D927.653-54

书名/责任者 | 深圳政法年鉴.2010/孙彪，陈志新，翟忠泰主编
出版社 | 深圳：海天出版社
出版年 | 2010
页码 | 228
ISBN | 978-7-80747-839-3
分类 | D927.653-54

书名/责任者 | 深圳政法年鉴.2011/陈志新，翟忠泰，梁增昌主编
出版社 | 深圳：海天出版社
出版年 | 2012
页码 | 228
ISBN | 978-7-5507-0409-1
分类 | D927.653-54

书名/责任者 | 深圳政法年鉴.2012/翟忠泰，陈志新，梁增昌主编；深圳政法年鉴编委会编
出版社 | 深圳：海天出版社
出版年 | 2013
页码 | 232
ISBN | 978-7-5507-0748-1
分类 | D927.653-54

丁建春

书名/责任者 | 专利保护攻防实战手册/丁建春，张丽主编
出版社 | 北京：法律出版社
出版年 | 2020
页码 | 289
ISBN | 978-7-5197-4380-2
分类 | D923.424

丁励松

书名/责任者 | 广东经济特区十年/丁励松主编
出版社 | 广州：广东科技出版社

出版年 | 1990
页码 | 303
ISBN | 7-5359-0711-3
分类 | D619.653

丁南

书名/责任者 | 民法物权/于海涌，丁南主编
出版社 | 广州：中山大学出版社
出版年 | 2002
页码 | 332
ISBN | 7-306-01973-2
分类 | D913.01

书名/责任者 | 物权法：第三版/于海涌，丁南主编
出版社 | 广州：中山大学出版社
出版年 | 2007
页码 | 341
ISBN | 978-7-306-02921-8
分类 | D913.01

书名/责任者 | 担保物权释论/丁南著
出版社 | 北京：中国政法大学出版社
出版年 | 2013
页码 | 200
ISBN | 978-7-5620-4795-7
分类 | D923.24

书名/责任者 | 民法理念与信赖保护/丁南著
出版社 | 北京：中国政法大学出版社
出版年 | 2013
页码 | 286
ISBN | 978-7-5620-4862-6
分类 | D913.04

丁时照

书名/责任者 | 检察官手记/丁时照主编
出版社 | 深圳：深圳报业集团出版社
出版年 | 2015
页码 | 249
ISBN | 978-7-80709-715-0
分类 | D926.32

书名/责任者 | 楚楚动人：深圳善行志/吴定海，丁时照编著
出版社 | 北京：清华大学出版社
出版年 | 2018
页码 | 231
ISBN | 978-7-302-50235-7
分类 | D648.3

丁义平

书名/责任者 | 拿什么保卫你我的婚产/匡慧，丁义平著
出版社 | 北京：法律出版社
出版年 | 2014
页码 | 200
ISBN | 978-7-5118-6380-5
分类 | D923.904

书名/责任者 | 通向再审之路：最高人民法院民商事再审疑难实务/丁义平著
出版社 | 北京：法律出版社
出版年 | 2018
页码 | 583
ISBN | 978-7-5197-2462-7
分类 | D925.118.4

书名/责任者 | 民商事再审前沿实务与疑难解析：以最高人民法院案例为视角/丁义平著
出版社 | 北京：法律出版社
出版年 | 2023
页码 | 562
ISBN | 978-7-5197-7885-9
分类 | D925.118.4

董立坤

书名/责任者 | 国际私法学学习指导书/董立坤编著
出版社 | 北京：中央广播电视大学出版社

出版年 | 1990
页码 | 174
ISBN | 7-304-00486-X
分类 | D997-42

书名/责任者 | 国际法走向现代化/董立坤主编
出版社 | 上海：上海社会科学院出版社
出版年 | 1990
页码 | 270
ISBN | 7-80515-608-5
分类 | D990

书名/责任者 | 国际私法学/董立坤编著
出版社 | 北京：中央广播电视大学出版社
出版年 | 1990
页码 | 374
ISBN | 7-304-00485-1
分类 | D997

书名/责任者 | 国际私法学参考资料/董立坤选编
出版社 | 北京：中央广播电视大学出版社
出版年 | 1990
页码 | 532
ISBN | 7-304-00487-8
分类 | D997

书名/责任者 | 香港法的理论与实践/董立坤著
①
出版社 | 北京：法律出版社
出版年 | 1990
页码 | 475
ISBN | 7-5036-0528-6
分类 | D927.658
②
出版社 | 北京：人民出版社
出版年 | 1999
页码 | 588
ISBN | 7-01-003075-8
分类 | D927.658

书名/责任者 | 香港法律和司法制度/董立坤主编
出版社 | 广州：广东人民出版社
出版年 | 1992
页码 | 375
ISBN | 7-218-00816-X
分类 | D927.658

书名/责任者 | 国际私法论：修订本/董立坤著
出版社 | 北京：法律出版社
出版年 | 2000
页码 | 607
ISBN | 7-5036-0265-1
分类 | D997

书名/责任者 | 中国内地与香港地区法律的冲突与协调/董立坤主编
出版社 | 北京：法律出版社
出版年 | 2004
页码 | 608
ISBN | 7-5036-4816-3
分类 | D920.4

书名/责任者 | 中央管治权与香港特区高度自治权的关系/董立坤著
出版社 | 北京：法律出版社
出版年 | 2014
页码 | 405
ISBN | 978-7-5118-6118-4
分类 | D921.94

杜东亚

书名/责任者 | 劳动合同法典型案例评析/杜东亚，丁新伟主编
出版社 | 北京：中国工商出版社
出版年 | 2007
页码 | 456
ISBN | 978-7-80215-167-3
分类 | D922.525

书名/责任者 | 新公司登记管理条例实用问答/张小奕，杜东亚主编
出版社 | 北京：中国工商出版社
出版年 | 2007

页码 | 553
ISBN | 978-7-80215-093-5
分类 | D922.291.914

杜恺

书名/责任者 | 政府采购法律实务与案例精析/卢然达，吕凡，杜恺，苏海波著；樊永强主编
出版社 | 北京：法律出版社
出版年 | 2018
页码 | 473
ISBN | 978-7-5197-2453-5
分类 | D922.204

杜芹

书名/责任者 | 婚姻律师这么做才专业/杜芹主编；杜芹律师婚姻家事团队编著
出版社 | 北京：法律出版社
出版年 | 2017
页码 | 193
ISBN | 978-7-5197-1291-4
分类 | D923.904

书名/责任者 | 非凡家事：盈科婚姻家事经典案例/杜芹主编
出版社 | 北京：法律出版社
出版年 | 2019
页码 | 194
ISBN | 978-7-5118-9040-5
分类 | D923.905

书名/责任者 | 你必须知道的遗嘱/杜芹主编
出版社 | 北京：法律出版社
出版年 | 2021
页码 | 219
ISBN | 978-7-5197-6017-5
分类 | D923.54

段钢

书名/责任者 | 从前有座山/段钢，深圳市南山区作家协会主编
出版社 | 北京：人民日报出版社
出版年 | 2018
页码 | 449
ISBN | 978-7-5115-5654-7
分类 | D619.653

段礼乐

书名/责任者 | 市场规制工具研究/段礼乐著
出版社 | 北京：清华大学出版社
出版年 | 2018
页码 | 289
ISBN | 978-7-302-51178-6
分类 | D922.294.4

段啸林

书名/责任者 | 国家为何而战？：过去与未来的战争动机/(美)勒博著；陈定定，段啸林，赵洋译
①
出版社 | 上海：上海人民出版社
出版年 | 2014
页码 | 282
ISBN | 978-7-208-11262-9
分类 | D068
②
出版社 | 上海：上海人民出版社
出版年 | 2016
页码 | 282
ISBN | 978-7-208-13838-4
分类 | D068

段亚兵

书名/责任者 | 深圳人手册/段亚兵主编；深圳市精神文明建设办公室，深圳经纬商务咨询公司编

出版社 | 深圳：海天出版社
出版年 | 1995
页码 | 491
ISBN | 7-80615-220-2
分类 | D676.53

书名/责任者 | 深圳精神文明建设：续编：理论篇/白天，李小甘，段亚兵编
出版社 | 深圳：海天出版社
出版年 | 1999
页码 | 930
ISBN | 7-80654-032-6
分类 | D676.53

书名/责任者 | 深圳精神文明建设：续编：群英谱/白天，李小甘，段亚兵编
出版社 | 深圳：海天出版社
出版年 | 1999
页码 | 717
ISBN | 7-80654-032-6
分类 | D676.53

书名/责任者 | 深圳精神文明建设：续编：文件集/白天，李小甘，段亚兵编
出版社 | 深圳：海天出版社
出版年 | 1999
页码 | 660
ISBN | 7-80654-032-6
分类 | D676.53

书名/责任者 | 深圳精神文明之路/段亚兵著
出版社 | 深圳：海天出版社
出版年 | 2000
页码 | 277
ISBN | 7-80654-344-9
分类 | D676.53

书名/责任者 | 公民道德建设通俗读本/乐正，段亚兵主编
出版社 | 深圳：海天出版社
出版年 | 2002
页码 | 145
ISBN | 7-80654-852-1
分类 | D648.3

书名/责任者 | 100 名摄影师的深圳记忆/段亚兵主编
出版社 | 深圳：海天出版社
出版年 | 2008
页码 | 205
ISBN | 978-7-80747-404-3
分类 | D619.653-64

庹明生

书名/责任者 | 《深圳经济特区医疗条例》解读/庹明生著
出版社 | 北京：法律出版社
出版年 | 2018
页码 | 262
ISBN | 978-7-5197-1965-4
分类 | D927.653.216.5

成玮 / 樊纲 / 樊秋莹 / 樊永强 / 范德繁 / 范伟军 / 范晓军 / 方亮 / 方琳 / 方乃纯 / 方映灵 / 房艳 / 冯江 / 冯玲 / 付
/ 傅静坤 / 傅伦博 / 傅小随 / 傅新江 / 樊成玮 / 樊纲 / 樊秋莹 / 樊永强 / 范德繁 / 范伟军 / 范晓军 / 方亮 / 方琳 /
映灵 / 房艳 / 冯江 / 冯玲 / 付莹 / 傅鹤鸣 / 傅静坤 / 傅伦博 / 傅小随 / 傅新江 / 樊成玮 / 樊纲 / 樊秋莹 / 樊永强 /
伟军 / 范晓军 / 方亮 / 方琳 / 方乃纯 / 方映灵 / 房艳 / 冯江 / 冯玲 / 付莹 / 傅鹤鸣 / 傅静坤 / 傅伦博 / 傅小随 / 傅
玮 / 樊纲 / 樊秋莹 / 樊永强 / 范德繁 / 范伟军 / 范晓军 / 方亮 / 方琳 / 方乃纯 / 方映灵 / 房艳 / 冯江 / 冯玲 / 付莹
傅静坤 / 傅伦博 / 傅小随 / 傅新江 / 樊成玮 / 樊纲 / 樊秋莹 / 樊永强 / 范德繁 / 范伟军 / 范晓军 / 方亮 / 方琳 / 方
灵 / 房艳 / 冯江 / 冯玲 / 付莹 / 傅鹤鸣 / 傅静坤 / 傅伦博 / 傅小随 / 傅新江 / 樊成玮 / 樊纲 / 樊秋莹 / 樊永强 / 范
军 / 范晓军 / 方亮 / 方琳 / 方乃纯 / 方映灵 / 房艳 / 冯江 / 冯玲 / 付莹 / 傅鹤鸣 / 傅静坤 / 傅伦博 / 傅小随 / 傅新
/ 樊纲 / 樊秋莹 / 樊永强 / 范德繁 / 范伟军 / 范晓军 / 方亮 / 方琳 / 方乃纯 / 方映灵 / 房艳 / 冯江 / 冯玲 / 付莹 /
静坤 / 傅伦博 / 傅小随 / 傅新江 / 樊成玮 / 樊纲 / 樊秋莹 / 樊永强 / 范德繁 / 范伟军 / 范晓军 / 方亮 / 方琳 / 方乃
/ 房艳 / 冯江 / 冯玲 / 付莹 / 傅鹤鸣 / 傅静坤 / 傅伦博 / 傅小随 / 傅新江 / 樊成玮 / 樊纲 / 樊秋莹 / 樊永强 / 范德
/ 范晓军 / 方亮 / 方琳 / 方乃纯 / 方映灵 / 房艳 / 冯江 / 冯玲 / 付莹 / 傅鹤鸣 / 傅静坤 / 傅伦博 / 傅小随 / 傅新江
樊纲 / 樊秋莹 / 樊永强 / 范德繁 / 范伟军 / 范晓军 / 方亮 / 方琳 / 方乃纯 / 方映灵 / 房艳 / 冯江 / 冯玲 / 付莹 / 傅
坤 / 傅伦博 / 傅小随 / 傅新江 / 樊成玮 / 樊纲 / 樊秋莹 / 樊永强 / 范德繁 / 范伟军 / 范晓军 / 方亮 / 方琳 / 方乃纯
房艳 / 冯江 / 冯玲 / 付莹 / 傅鹤鸣 / 傅静坤 / 傅伦博 / 傅小随 / 傅新江 / 樊成玮 / 樊纲 / 樊秋莹 / 樊永强 / 范德繁 /
晓军 / 方亮 / 方琳 / 方乃纯 / 方映灵 / 房艳 / 冯江 / 冯玲 / 付莹 / 傅鹤鸣 / 傅静坤 / 傅伦博 / 傅小随 / 傅新江 / 樊
/ 樊秋莹 / 樊永强 / 范德繁 / 范伟军 / 范晓军 / 方亮 / 方琳 / 方乃纯 / 方映灵 / 房艳 / 冯江 / 冯玲 / 付莹 / 傅鹤鸣

F

樊成玮

书名/责任者｜涉外经济合同法基础/樊成玮著
出版社｜深圳：海天出版社
出版年｜1989
页码｜183
ISBN｜7-80542-142-0
分类｜D923.601

书名/责任者｜外商投资实务/樊成玮编著
出版社｜广州：中山大学出版社
出版年｜1990
页码｜245
ISBN｜7-306-00327-5
分类｜D922.295.4

书名/责任者｜民商法律责任通论/樊成玮著
出版社｜北京：中国法制出版社
出版年｜2005
页码｜563
ISBN｜7-80182-531-4
分类｜D923.04

书名/责任者｜角力：《劳动合同法》与劳资关系评析/樊成玮著
出版社｜北京：中国法制出版社
出版年｜2010
页码｜278
ISBN｜978-7-5093-1914-7
分类｜D922.524

书名/责任者｜拆迁冲突化解机制/樊成玮著
出版社｜北京：中国民主法制出版社
出版年｜2012
页码｜291
ISBN｜978-7-5162-0144-2
分类｜D922.181

樊纲

书名/责任者｜城市化：一系列公共政策的集合/樊纲，武良成主编
出版社｜北京：中国经济出版社
出版年｜2009
页码｜361
ISBN｜978-7-5017-8947-4
分类｜D601

书名/责任者｜农民工早退：理论、实证与政策/樊纲，郭万达著
出版社｜北京：中国经济出版社
出版年｜2013
页码｜242
ISBN｜978-7-5136-2657-6
分类｜D422.64

樊秋莹

书名/责任者｜社会主义理论与实践的当代反思/关志钢，徐海波，樊秋莹，田启波著
出版社｜北京：中央文献出版社
出版年｜2004
页码｜533
ISBN｜7-5073-1658-0
分类｜D0-0

樊永强

书名/责任者｜政府采购法律实务与案例精析/樊永强主编
出版社｜北京：法律出版社
出版年｜2018
页码｜473
ISBN｜978-7-5197-2453-5
分类｜D922.204

范德繁

书名/责任者｜犯罪实行行为论/范德繁著
出版社｜北京：中国检察出版社
出版年｜2005
页码｜200

ISBN | 7-80185-389-X
分类 | D914.04

范伟军

书名/责任者 | 深圳社会治理与发展报告.2021/范伟军主编
出版社 | 北京：社会科学文献出版社
出版年 | 2021
页码 | 351
ISBN | 978-7-5201-8936-1
分类 | D676.53

书名/责任者 | 深圳社会治理与发展报告.2022/范伟军主编
出版社 | 北京：社会科学文献出版社
出版年 | 2022
页码 | 303
ISBN | 978-7-5228-0764-5
分类 | D676.53

书名/责任者 | 深圳社会治理与发展报告.2023/范伟军，方映灵主编
出版社 | 北京：社会科学文献出版社
出版年 | 2023
页码 | 377
ISBN | 978-7-5228-2154-2
分类 | D676.53

范晓军

书名/责任者 | 地球村中的生活环境：20世纪国际问题备忘/范晓军著
出版社 | 北京：中国社会科学出版社
出版年 | 2003
页码 | 450
ISBN | 7-5004-4008-1
分类 | D50

书名/责任者 | 雅尔塔体制与东西方国家的制度变迁：当代国际共运史专题/范晓军著
出版社 | 北京：社会科学文献出版社
出版年 | 2011
页码 | 202
ISBN | 978-7-5097-2012-7
分类 | D1

方亮

书名/责任者 | 刑辩七人行：有效辩护的智慧/黄云，方亮，谭仲萱，马成等著
出版社 | 北京：法律出版社
出版年 | 2022
页码 | 281
ISBN | 978-7-5197-6832-4
分类 | D925.210.5

方琳

书名/责任者 | 比较英德公共部门改革：主要传统与现代化的趋势/(德)沃尔曼，(德)施罗德著；王锋，林震，方琳译
出版社 | 北京：北京大学出版社
出版年 | 2004
页码 | 376
ISBN | 7-301-07477-8
分类 | D756.131

书名/责任者 | 深圳义工改革发展实录.第一辑/方琳主编
出版社 | 北京：社会科学文献出版社
出版年 | 2020
页码 | 212
ISBN | 978-7-5201-5991-3
分类 | D669.3-53

方乃纯

书名/责任者 | 市场经济条件下政府的职能及预算体制研究/方乃纯编著
出版社 | 深圳：海天出版社
出版年 | 1998
页码 | 150
ISBN | 7-80615-718-2
分类 | D630

方映灵

书名/责任者 | 现代与传统：中国思想文化论集/方映灵著
出版社 | 广州：广东人民出版社
出版年 | 2021
页码 | 234
ISBN | 978-7-218-15356-8
分类 | B2-53

书名/责任者 | 深圳社会治理与发展报告.2023/范伟军，方映灵主编
出版社 | 北京：社会科学文献出版社
出版年 | 2023
页码 | 377
ISBN | 978-7-5228-2154-2
分类 | D676.53

房艳

书名/责任者 | 政府改革手册：战略与工具/(美)奥斯本，(美)普拉斯特里克著；谭功荣，颜剑英，魏军妹，房艳译
出版社 | 北京：中国人民大学出版社
出版年 | 2004
页码 | 666
ISBN | 7-300-05941-4
分类 | D523

冯江

书名/责任者 | 刑法解释与适用全书/冯江编著
出版社 | 北京：中国法制出版社
出版年 | 2014
页码 | 1273
ISBN | 978-7-5093-5368-4
分类 | D924.05

书名/责任者 | 现代社会治理体系的有效探索：人民调解“福田模式”研究/冯江著
出版社 | 北京：中国社会科学出版社
出版年 | 2017
页码 | 266
ISBN | 978-7-5161-9989-3
分类 | D676.53

书名/责任者 | 刑法全厚细/冯江编著
①
出版社 | 北京：中国法制出版社
出版年 | 2017
页码 | 1765
ISBN | 978-7-5093-8361-2
分类 | D924.05
②
出版社 | 北京：中国法制出版社
出版年 | 2018
页码 | 1667
ISBN | 978-7-5093-9382-6
分类 | D924.05
③
出版社 | 北京：中国法制出版社
出版年 | 2019
页码 | 1754
ISBN | 978-7-5216-0212-8
分类 | D924.05
④
出版社 | 北京：中国法制出版社
出版年 | 2021
页码 | 1928
ISBN | 978-7-5216-1611-8
分类 | D924.05
⑤
出版社 | 北京：中国法制出版社
出版年 | 2022
页码 | 2025
ISBN | 978-7-5216-3000-8
分类 | D924.05

书名/责任者 | 中国知识产权滥用之反垄断反制实务/冯江著
出版社 | 北京：法律出版社
出版年 | 2018
页码 | 346
ISBN | 978-7-5197-1991-3
分类 | D923.404

书名/责任者 | 滥用市场支配地位之反垄断法反制实务/冯江主编

出版社 | 北京：法律出版社
出版年 | 2020
页码 | 432
ISBN | 978-7-5197-4364-2
分类 | D922.294.4

冯玲

书名/责任者 | 说说我家这些年：改革开放 40 年广东家庭故事/冯玲主编；罗敏主编
出版社 | 广州：南方日报出版社
出版年 | 2018
页码 | 195
ISBN | 978-7-5491-1912-7
分类 | D619.65

付莹

书名/责任者 | 深圳重大改革创新史略：1979-2015/付莹著
出版社 | 北京：社会科学文献出版社
出版年 | 2017
页码 | 241
ISBN | 978-7-5201-0396-1
分类 | D619.653

傅鹤鸣

书名/责任者 | 法律正义论：德沃金法伦理思想研究/傅鹤鸣著
出版社 | 北京：商务印书馆
出版年 | 2009
页码 | 307
ISBN | 978-7-100-06668-6
分类 | D909.712

书名/责任者 | 移民文化论 .2012/刘志山主编；傅鹤鸣副主编
出版社 | 北京：中国社会科学出版社
出版年 | 2013
页码 | 226
ISBN | 978-7-5161-3470-2
分类 | D632.4

书名/责任者 | 移民文化论丛 .2014/刘志山主编；傅鹤鸣副主编
出版社 | 北京：中国社会科学出版社
出版年 | 2015
页码 | 247
ISBN | 978-7-5161-8616-9
分类 | D632.4

傅静坤

书名/责任者 | 二十世纪契约法/傅静坤著
出版社 | 北京：法律出版社
出版年 | 1997
页码 | 273
ISBN | 978-7-5036-2060-7
分类 | D913.01

书名/责任者 | 契约冲突法论/傅静坤著
①
出版社 | 北京：法律出版社
出版年 | 1999
页码 | 236
ISBN | 7-5036-2999-1
分类 | D923.64
②
出版社 | 北京：人民出版社
出版年 | 2001
页码 | 244
ISBN | 7-01-003352-8
分类 | D923.64

书名/责任者 | 民法总论/傅静坤主编
①
出版社 | 广州：中山大学出版社
出版年 | 2002
页码 | 229
ISBN | 7-306-01970-8
分类 | D923.1
②
出版社 | 广州：中山大学出版社
出版年 | 2007
页码 | 229

ISBN | 978-7-306-02844-0
分类 | D923.01

书名/责任者 | 民法总则/傅静坤编著
①
出版社 | 广州：中山大学出版社
出版年 | 2014
页码 | 334
ISBN | 978-7-306-04852-3
分类 | D923.01
②
出版社 | 广州：广州中山大学出版社
出版年 | 2021
页码 | 307
ISBN | 978-7-306-06956-6
分类 | D923.1

书名/责任者 | 民法总论：基于制度规范的跨学科研究/傅静坤著
出版社 | 广州：中山大学出版社
出版年 | 2015
页码 | 247
ISBN | 978-7-306-05561-3
分类 | D923.04

傅伦博

书名/责任者 | 干部法制教育读本：深圳市“三五”普法系列教材/郑育泉，傅伦博，周成新主编
出版社 | 深圳：海天出版社
出版年 | 1998
页码 | 253
ISBN | 7-80615-817-0
分类 | D920.5

书名/责任者 | 建设社会主义法治城市深圳市依法治市的探索与实践/傅伦博主编
出版社 | 深圳：海天出版社
出版年 | 2000
页码 | 411
ISBN | 7-80654-292-2
分类 | D927.653

书名/责任者 | 法治城市建设的理论与实践/傅伦博著
出版社 | 北京：人民出版社
出版年 | 2017
页码 | 542
ISBN | 978-7-01-017382-5
分类 | D920.0-53

傅小随

书名/责任者 | 中国行政体制改革的制度分析/傅小随著
出版社 | 北京：国家行政学院出版社
出版年 | 1999
页码 | 317
ISBN | 7-80140-030-5
分类 | D630.1

书名/责任者 | 比较、前瞻与制度分析：地方行政体制改革的目标模式研究/傅小随著
出版社 | 北京：人民出版社
出版年 | 2001
页码 | 294
ISBN | 7-01-003533-4
分类 | D625

书名/责任者 | 政府公共管理教程/傅小随，吴良仁主编
出版社 | 北京：国家行政学院出版社
出版年 | 2013
页码 | 212
ISBN | 978-7-5150-0616-1
分类 | D63

书名/责任者 | 深圳基本公共服务均等化研究/傅小随，胡冰著
出版社 | 深圳：海天出版社
出版年 | 2014
页码 | 270
ISBN | 978-7-5507-0993-5
分类 | D625.653

书名/责任者 | 社会治理组织体系深圳样本分析：党政体制、社区架构与社会组织/傅小随著

出版社 | 北京：中国社会科学出版社
出版年 | 2015
页码 | 260
ISBN | 978-7-5161-6395-5
分类 | D676.53

书名/责任者 | 政府公共管理/傅小随，吴良仁主编
出版社 | 北京：国家行政学院出版社
出版年 | 2017
页码 | 268
ISBN | 978-7-5150-1987-1
分类 | D035-3

傅新江

书名/责任者 | 深圳行政诉讼典型案例评讲/傅新江主编
出版社 | 深圳：海天出版社
出版年 | 2015
页码 | 267
ISBN | 978-7-5507-1270-6
分类 | D927.653.530.5

梁 / 高兴烈 / 宫正 / 龚建桥 / 苟骅 / 辜晓进 / 谷廷兰 / 谷志军 / 顾东林 / 关志钢 / 管林根 / 管铁流 / 管新平 / 郭杰
郭祥焰 / 郭晓渝 / 郭毅敏 / 郭永航 / 郭用宪 / 高梁 / 高兴烈 / 宫正 / 龚建桥 / 苟骅 / 辜晓进 / 谷廷兰 / 谷志军 / 顾
钢 / 管林根 / 管铁流 / 管新平 / 郭杰 / 郭万达 / 郭祥焰 / 郭晓渝 / 郭毅敏 / 郭永航 / 郭用宪 / 高梁 / 高兴烈 / 宫正
苟骅 / 辜晓进 / 谷廷兰 / 谷志军 / 顾东林 / 关志钢 / 管林根 / 管铁流 / 管新平 / 郭杰 / 郭万达 / 郭祥焰 / 郭晓渝 /
永航 / 郭用宪 / 高梁 / 高兴烈 / 宫正 / 龚建桥 / 苟骅 / 辜晓进 / 谷廷兰 / 谷志军 / 顾东林 / 关志钢 / 管林根 / 管铁
/ 郭杰 / 郭万达 / 郭祥焰 / 郭晓渝 / 郭毅敏 / 郭永航 / 郭用宪 / 高梁 / 高兴烈 / 宫正 / 龚建桥 / 苟骅 / 辜晓进 / 谷
军 / 顾东林 / 关志钢 / 管林根 / 管铁流 / 管新平 / 郭杰 / 郭万达 / 郭祥焰 / 郭晓渝 / 郭毅敏 / 郭永航 / 郭用宪 / 高
/ 宫正 / 龚建桥 / 苟骅 / 辜晓进 / 谷廷兰 / 谷志军 / 顾东林 / 关志钢 / 管林根 / 管铁流 / 管新平 / 郭杰 / 郭万达 /
晓渝 / 郭毅敏 / 郭永航 / 郭用宪 / 高梁 / 高兴烈 / 宫正 / 龚建桥 / 苟骅 / 辜晓进 / 谷廷兰 / 谷志军 / 顾东林 / 关志
/ 管铁流 / 管新平 / 郭杰 / 郭万达 / 郭祥焰 / 郭晓渝 / 郭毅敏 / 郭永航 / 郭用宪 / 高梁 / 高兴烈 / 宫正 / 龚建桥 /
进 / 谷廷兰 / 谷志军 / 顾东林 / 关志钢 / 管林根 / 管铁流 / 管新平 / 郭杰 / 郭万达 / 郭祥焰 / 郭晓渝 / 郭毅敏 / 郭
宪 / 高梁 / 高兴烈 / 宫正 / 龚建桥 / 苟骅 / 辜晓进 / 谷廷兰 / 谷志军 / 顾东林 / 关志钢 / 管林根 / 管铁流 / 管新平
万达 / 郭祥焰 / 郭晓渝 / 郭毅敏 / 郭永航 / 郭用宪 / 高梁 / 高兴烈 / 宫正 / 龚建桥 / 苟骅 / 辜晓进 / 谷廷兰 / 谷志
/ 关志钢 / 管林根 / 管铁流 / 管新平 / 郭杰 / 郭万达 / 郭祥焰 / 郭晓渝 / 郭毅敏 / 郭永航 / 郭用宪 / 高梁 / 高兴烈
建桥 / 苟骅 / 辜晓进 / 谷廷兰 / 谷志军 / 顾东林 / 关志钢 / 管林根 / 管铁流 / 管新平 / 郭杰 / 郭万达 / 郭祥焰 / 郭
敏 / 郭永航 / 郭用宪 / 高梁 / 高兴烈 / 宫正 / 龚建桥 / 苟骅 / 辜晓进 / 谷廷兰 / 谷志军 / 顾东林 / 关志钢 / 管林根
管新平 / 郭杰 / 郭万达 / 郭祥焰 / 郭晓渝 / 郭毅敏 / 郭永航 / 郭用宪 / 高梁 / 高兴烈 / 宫正 / 龚建桥 / 苟骅 / 辜晓

G

A
B
C
D
E
F
G
H
J
K
L
M
N
O
P
Q
R
S
T
W
X
Y
Z

高梁

书名/责任者｜公共治理中的基层实践案例/高梁主编
出版社｜北京：经济日报出版社
出版年｜2020
页码｜192
ISBN｜978-7-5196-0647-3
分类｜D63

高兴烈

书名/责任者｜九十年代仍然属于深圳：《深圳商报》新闻作品选萃/高兴烈主编；祁守成，王庭僚，冷鸿文，张学虎编
出版社｜深圳：海天出版社
出版年｜1992
页码｜599
ISBN｜7-80542-632-5
分类｜D676.53

书名/责任者｜怎样做个深圳人/高兴烈主编
出版社｜深圳：海天出版社
出版年｜1995
页码｜413
ISBN｜7-80615-143-5
分类｜D64-53

宫正

书名/责任者｜新时代全面深化改革战略与深圳实践/袁晓江，宫正主编
出版社｜深圳：海天出版社
出版年｜2019
页码｜332
ISBN｜978-7-5507-2656-7
分类｜D676.53

龚建桥

书名/责任者｜风险视域下竞争性选拔规制研究/龚建桥著
出版社｜北京：中国社会科学出版社
出版年｜2016
页码｜187
ISBN｜978-7-5161-8474-5
分类｜D630.3

书名/责任者｜选人用人制度设计与测评技术研究/龚建桥著
出版社｜深圳：海天出版社
出版年｜2016
页码｜447
ISBN｜978-7-5507-1757-2
分类｜D630.3

苟骅

书名/责任者｜破局：第三次思想解放大潮初起/苟骅，任天阳主编
出版社｜广州：南方日报出版社
出版年｜2008
页码｜224
ISBN｜978-7-80652-744-3
分类｜D690.8

辜晓进

书名/责任者｜鹏城风华：深圳市社会发展成就文集/邵汉青主编；刘伟忠，辜晓进，陈淮涛，孙静编辑
出版社｜深圳：海天出版社
出版年｜1994
页码｜273
ISBN｜7-80615-079-X
分类｜D676.53-53

谷廷兰

书名/责任者｜深圳市福田区人民调解典型案例评析/谷廷兰主编；深圳市福田区司法局编著
出版社｜深圳：深圳报业集团出版社
出版年｜2011
页码｜268
ISBN｜978-7-80709-409-8
分类｜D927.653.511.45

书名/责任者 | 驻派出所人民调解室工作规范指南/谷廷兰主编；深圳市福田区司法局编著
出版社 | 深圳：深圳报业集团出版社
出版年 | 2012
页码 | 318
ISBN | 978-7-80709-446-3
分类 | D927.653.511.4

谷志军

书名/责任者 | 党内法规制度建设的深圳探索/陈文，谷志军编著
出版社 | 北京：党建读物出版社
出版年 | 2022
页码 | 190
ISBN | 978-7-5099-1463-2
分类 | D262.13

书名/责任者 | 政府决策问责：理论与现实/谷志军著
出版社 | 杭州：浙江大学出版社
出版年 | 2016
页码 | 189
ISBN | 978-7-308-15528-1
分类 | D630.1

书名/责任者 | 重大决策责任追究法治化研究/谷志军著
出版社 | 北京：中国社会科学出版社
出版年 | 2020
页码 | 177
ISBN | 978-7-5203-6645-8
分类 | D922.112.4

顾东林

书名/责任者 | 深圳棚户区改造搬迁法律实务/顾东林主编
出版社 | 北京：法律出版社
出版年 | 2020
页码 | 328
ISBN | 978-7-5197-4353-6
分类 | D927.653.230.4

关志钢

书名/责任者 | 走向特区的香港政制/关志钢著
出版社 | 深圳：海天出版社
出版年 | 1997
页码 | 325
ISBN | 7-80615-606-2
分类 | D676.58

书名/责任者 | 社会主义建设道路的十年探索/关志钢著
出版社 | 北京：中国社会科学出版社
出版年 | 2003
页码 | 307
ISBN | 7-5004-4006-5
分类 | D614

书名/责任者 | 社会主义理论与实践的当代反思/关志钢，徐海波，樊秋莹，田启波著
出版社 | 北京：中央文献出版社
出版年 | 2004
页码 | 533
ISBN | 7-5073-1658-0
分类 | D0-0

书名/责任者 | 世界社会主义纵横/关志钢主编
出版社 | 北京：人民出版社
出版年 | 2007
页码 | 351
ISBN | 978-7-01-006126-9
分类 | D507

管林根

书名/责任者 | 深圳集体协商和集体合同理论与实践/管林根，许少英主编
出版社 | 深圳：海天出版社
出版年 | 2008
页码 | 307
ISBN | 978-7-80747-162-2
分类 | D927.653.252.4

管铁流

书名/责任者｜以案说法：职业病法律维权实务/管铁流著
出版社｜北京：法律出版社
出版年｜2018
页码｜374
ISBN｜978-7-5197-2847-2
分类｜D922.544

管新平

书名/责任者｜欧盟概况/管新平著
出版社｜广州：华南理工大学出版社
出版年｜2003
页码｜385
ISBN｜7-5623-1891-3
分类｜D814.1

郭杰

书名/责任者｜中国梦五十名句/黄树森，郭杰主编
出版社｜广州：花城出版社
出版年｜2015
页码｜99
ISBN｜978-7-5360-7515-3
分类｜D647-49

郭万达

书名/责任者｜农民工早退：理论、实证与政策/樊纲，郭万达著
出版社｜北京：中国经济出版社
出版年｜2013
页码｜242
ISBN｜978-7-5136-2657-6
分类｜D422.64

书名/责任者｜改革就是创造：一个县域改革发展的全息样本/郭万达主编
出版社｜北京：中国城市出版社
出版年｜2016
页码｜210
ISBN｜978-7-5074-3054-7
分类｜D676.44

郭祥焰

书名/责任者｜改革开放在深圳/郭祥焰主编
出版社｜沈阳：辽宁大学出版社
出版年｜1992
页码｜174
ISBN｜7-5610-1737-5
分类｜D619.653

书名/责任者｜邓小平党建理论在深圳的探索与实践/郭祥焰，林炎琴主编
出版社｜深圳：海天出版社
出版年｜1995
页码｜307
ISBN｜7-80615-276-8
分类｜D26D26

书名/责任者｜创先争优与基层党建创新：深圳市创先争优与基层党建创新理论研讨会论文选编/郭祥焰主编
出版社｜深圳：深圳报业集团有限公司
出版年｜2012
页码｜338
ISBN｜978-7-80709-479-1
分类｜D267-53

郭晓渝

书名/责任者｜深港经济运行中的政府行为：深圳城区经济发展的思考/郭晓渝编著
出版社｜深圳：海天出版社
出版年｜1998
页码｜257
ISBN｜7-80615-718-2
分类｜D630

郭毅敏

书名/责任者｜审判与思考．二/郭毅敏主

编；深圳市宝安区人民法院编写
出版社 | 北京：人民法院出版社
出版年 | 1998
页码 | 312
ISBN | 7-80056-677-3
分类 | D925.04-53

书名/责任者 | 百舸争流：深圳市中级人民法院处级领导干部竞争上岗纪实/郭毅敏主编
出版社 | 北京：中国法制出版社
出版年 | 2001
页码 | 185
ISBN | 7-80083-182-5
分类 | D926.2

书名/责任者 | 破产审判手册/郭毅敏主编
出版社 | 北京：法律出版社
出版年 | 2016
页码 | 843
ISBN | 978-7-5118-9094-8
分类 | D922.291.92-62

书名/责任者 | 破产重整·困境上市公司复兴新视野：以审判实务研究为中心/郭毅敏主编
出版社 | 北京：人民法院出版社
出版年 | 2010
页码 | 479
ISBN | 978-7-5109-0165-2
分类 | D922.291.924

书名/责任者 | 企业破产与重整案件法律适用关键词与典型案例指导/郭毅敏主编
出版社 | 北京：法律出版社
出版年 | 2015
页码 | 323
ISBN | 978-7-5118-7827-4
分类 | D922.291.925

郭永航

书名/责任者 | 传承创新：党代表大会常任制在盐田的实践探索/郭永航，邱浩航主编
出版社 | 深圳：海天出版社
出版年 | 2015
页码 | 308
ISBN | 978-7-5507-1292-8
分类 | D226.53

郭用宪

书名/责任者 | 行政管理学导论/傅大友，朱昌宁，毕鸣编著
出版社 | 昆明：云南教育出版社
出版年 | 1987
页码 | 213
ISBN | 7-5415-0095-X
分类 | D035-43

书名/责任者 | 社会主义政治学纲要/郭用宪著
出版社 | 昆明：云南教育出版社
出版年 | 1987
页码 | 160
ISBN | 7-5415-0094-1
分类 | D0-43

书名/责任者 | 人事行政教程/郭用宪主编
出版社 | 昆明：云南教育出版社
出版年 | 1989
页码 | 243
ISBN | 7-5415-0199-9
分类 | D035.2-43

书名/责任者 | 比较公务员制度/郭用宪，黄卫平主编
出版社 | 广州：广东高等教育出版社
出版年 | 1991
页码 | 251
ISBN | 7-5361-0689-0
分类 | D523.1

书名/责任者 | 国家行政学/郭用宪主编
出版社 | 广州：广东高等教育出版社
出版年 | 1991
页码 | 342
ISBN | 7-5361-0686-6
分类 | D035

国良 / 韩俊 / 韩靓 / 韩平 / 韩志伟 / 郝晶晶 / 郝丽雅 / 郝雨凡 / 郝珠江 / 何道宽 / 何定煌 / 何煌友 / 何金波 / 何隽
何志杰 / 何志平 / 贺海涛 / 贺倩明 / 洪远 / 侯玲玲 / 侯伊莎 / 胡冰 / 胡洪侠 / 胡建农 / 胡小跃 / 胡晓琳 / 黄斌 / 黄
岳 / 黄海波 / 黄锦奎 / 黄景容 / 黄立敏 / 黄玲 / 黄漫娥 / 黄美华 / 黄锐波 / 黄士林 / 黄卫平 / 黄晓东 / 黄新华 / 黄
略 / 黄亦平 / 黄月细 / 黄云 / 黄长营 / 黄振芬 / 黄志秋 / 霍敏 / 韩国良 / 韩俊 / 韩靓 / 韩平 / 韩志伟 / 郝晶晶 / 郝
凡 / 郝珠江 / 何道宽 / 何定煌 / 何煌友 / 何金波 / 何隽 / 何珊珊 / 何志杰 / 何志平 / 贺海涛 / 贺倩明 / 洪远 / 侯玲
/ 胡冰 / 胡洪侠 / 胡建农 / 胡小跃 / 胡晓琳 / 黄斌 / 黄纯斌 / 黄崇岳 / 黄海波 / 黄锦奎 / 黄景容 / 黄立敏 / 黄玲 /
美华 / 黄锐波 / 黄士林 / 黄卫平 / 黄晓东 / 黄新华 / 黄亚英 / 黄扬略 / 黄亦平 / 黄月细 / 黄云 / 黄长营 / 黄振芬 /
敏 / 韩国良 / 韩俊 / 韩靓 / 韩平 / 韩志伟 / 郝晶晶 / 郝丽雅 / 郝雨凡 / 郝珠江 / 何道宽 / 何定煌 / 何煌友 / 何金
珊珊 / 何志杰 / 何志平 / 贺海涛 / 贺倩明 / 洪远 / 侯玲玲 / 侯伊莎 / 胡冰 / 胡洪侠 / 胡建农 / 胡小跃 / 胡晓琳 / 黄
/ 黄崇岳 / 黄海波 / 黄锦奎 / 黄景容 / 黄立敏 / 黄玲 / 黄漫娥 / 黄美华 / 黄锐波 / 黄士林 / 黄卫平 / 黄晓东 / 黄新
/ 黄扬略 / 黄亦平 / 黄月细 / 黄云 / 黄长营 / 黄振芬 / 黄志秋 / 霍敏 / 韩国良 / 韩俊 / 韩靓 / 韩平 / 韩志伟 / 郝晶
/ 郝雨凡 / 郝珠江 / 何道宽 / 何定煌 / 何煌友 / 何金波 / 何隽 / 何珊珊 / 何志杰 / 何志平 / 贺海涛 / 贺倩明 / 洪远
侯伊莎 / 胡冰 / 胡洪侠 / 胡建农 / 胡小跃 / 胡晓琳 / 黄斌 / 黄纯斌 / 黄崇岳 / 黄海波 / 黄锦奎 / 黄景容 / 黄立敏 /
娥 / 黄美华 / 黄锐波 / 黄士林 / 黄卫平 / 黄晓东 / 黄新华 / 黄亚英 / 黄扬略 / 黄亦平 / 黄月细 / 黄云 / 黄长营 / 黄
秋 / 霍敏 / 韩国良 / 韩俊 / 韩靓 / 韩平 / 韩志伟 / 郝晶晶 / 郝丽雅 / 郝雨凡 / 郝珠江 / 何道宽 / 何定煌 / 何煌友 /
隽 / 何珊珊 / 何志杰 / 何志平 / 贺海涛 / 贺倩明 / 洪远 / 侯玲玲 / 侯伊莎 / 胡冰 / 胡洪侠 / 胡建农 / 胡小跃 / 胡晓
黄纯斌 / 黄崇岳 / 黄海波 / 黄锦奎 / 黄景容 / 黄立敏 / 黄玲 / 黄漫娥 / 黄美华 / 黄锐波 / 黄士林 / 黄卫平 / 黄晓东

H

韩国良

书名/责任者｜证券虚假陈述风险及应对/韩国良，杨久莹，龙非主编
出版社｜北京：法律出版社
出版年｜2023
页码｜340
ISBN｜978-7-5197-7716-6
分类｜D922.287.5

韩俊

书名/责任者｜国际业务律师实务：国际法律事务热点与难点/韩俊主编
出版社｜北京：法律出版社
出版年｜2013
页码｜441
ISBN｜978-7-5118-5133-8
分类｜D99-53

书名/责任者｜中国（广东）自由贸易试验区深圳前海蛇口片区法律法规政策汇编/曹海雷，韩俊主编；中国（广东）自由贸易试验区深圳前海蛇口片区管理委员会，深圳市前海深港现代服务业合作区管理局，深圳市律师协会，深圳市前海数据服务有限公司编
出版社｜北京：法律出版社
出版年｜2017
页码｜1237
ISBN｜978-7-5197-0642-5
分类｜D927.653.229.59

书名/责任者｜“一带一路”国际法律业务探究/韩俊主编
出版社｜北京：法律出版社
出版年｜2018
页码｜295
ISBN｜978-7-5197-1310-2
分类｜D99-53

韩靓

书名/责任者｜基于劳动力市场分割视角的外来务工人员就业和收入研究/韩靓著
出版社｜长春：吉林人民出版社
出版年｜2013
页码｜225
ISBN｜978-7-206-09512-2
分类｜D669.2

韩平

书名/责任者｜中英仲裁法比较研究/韩平著
出版社｜厦门：厦门大学出版社
出版年｜2019
页码｜311
ISBN｜978-7-5615-7565-9
分类｜D925.704

书名/责任者｜美国立法程序导论/韩平著
出版社｜厦门：厦门大学出版社
出版年｜2022
页码｜238
ISBN｜978-7-5615-8327-2
分类｜D971.2

韩志伟

书名/责任者｜“能力培训”：机制与方法：澳大利亚公务员培训经验与启示/韩志伟著
出版社｜深圳：海天出版社
出版年｜1998
页码｜201
ISBN｜7-80615-718-2
分类｜D761.13

书名/责任者｜公共部门职业行为考核管理比较研究/韩志伟，罗归国编著
出版社｜深圳：海天出版社
出版年｜2003
页码｜153
ISBN｜7-80697-083-5
分类｜D035

书名/责任者｜社会创新研究/韩志伟，孟伟，金民卿等著
出版社｜北京：人民出版社
出版年｜2004
页码｜253
ISBN｜7-01-004552-6
分类｜D0

郝晶晶

书名/责任者｜民事诉讼身份关系案件审理程序研究/郝晶晶著
出版社｜武汉：武汉大学出版社
出版年｜2021
页码｜230
ISBN｜978-7-307-22600-5
分类｜D925.104

郝丽雅

书名/责任者｜法官的思考/郝丽雅主编
出版社｜北京：人民法院出版社
出版年｜2004
页码｜501
ISBN｜7-80161-875-0
分类｜D926.2-53

书名/责任者｜劳动争议典型案例解析/郝丽雅主编；深圳市中级人民法院劳动争议审判庭编著
出版社｜北京：人民法院出版社
出版年｜2012
页码｜307
ISBN｜978-7-5109-0540-7
分类｜D922.591.5

郝雨凡

书名/责任者｜民族政策与中国边疆安全/沈桂萍，郝雨凡著
出版社｜北京：社会科学文献出版社
出版年｜2019
页码｜270
ISBN｜978-7-5201-4007-2
分类｜D633.0

郝珠江

书名/责任者｜深圳经济特区法规规章全书：1992.7-1996.12/张建国，郝珠江主编
出版社｜深圳：海天出版社
出版年｜1997
页码｜434
ISBN｜7-80615-697-6
分类｜D927.653

何道宽

书名/责任者｜新政治文化/(美)克拉克著，(法)霍夫曼-马丁诺著；何道宽译
出版社｜北京：经济科学文献出版社
出版年｜2006
页码｜387
ISBN｜7-80230-241-2
分类｜D0-05

书名/责任者｜初闯中国：美国对华贸易、条约、鸦片和救赎的故事/(美)海达德著；何道宽译
出版社｜广州：花城出版社
出版年｜2015
页码｜373
ISBN｜978-7-5360-7602-0
分类｜D829.712

书名/责任者｜中国传奇：美国人眼里的中国/(美)海达德著；何道宽译
出版社｜广州：花城出版社
出版年｜2015
页码｜392
ISBN｜978-7-5360-7578-8
分类｜D829.712

书名/责任者｜驱逐：被遗忘的美国排华战争/(美)菲尔泽著；何道宽译
出版社｜广州：花城出版社

出版年 | 2016
页码 | 431
ISBN | 978-7-5360-8050-8
分类 | D871.20

何定煌

书名/责任者 | 学习刑诉法文集/何定煌主编
出版社 | 深圳：海天出版社
出版年 | 1997
页码 | 332
ISBN | 7-80615-635-6
分类 | D925.204-53

书名/责任者 | 特区检察探索/何定煌主编
出版社 | 北京：中国检察出版社
出版年 | 2002
页码 | 582
ISBN | 7-80086-987-3
分类 | D926.32-53

何煌友

书名/责任者 | 鹏城叙旧：何煌友摄影集/何煌友摄影
出版社 | 北京：中国摄影出版社
出版年 | 2000
页码 | 232
ISBN | 7-80007-384-X
分类 | D619-64

何金波

书名/责任者 | 漫说监察法/何金波主编
出版社 | 北京：中国方正出版社
出版年 | 2018
页码 | 208
ISBN | 978-7-5174-0576-4
分类 | D922.114.4

何隽

书名/责任者 | 创新驱动的知识产权政策/何隽著
出版社 | 北京：知识产权出版社有限责任公司
出版年 | 2018
页码 | 196
ISBN | 978-7-5130-5451-5
分类 | D923.404

书名/责任者 | 知识产权的国民待遇/何隽著
出版社 | 北京：清华大学出版社
出版年 | 2018
页码 | 170
ISBN | 978-7-302-50426-9
分类 | D913.404

书名/责任者 | 知识产权法律及实务讲座精选/何隽著
出版社 | 北京：知识产权出版社
出版年 | 2019
页码 | 225
ISBN | 978-7-5130-6584-9
分类 | D923.404

书名/责任者 | 制度边界：知识产权与创新实践/何隽著
出版社 | 北京：知识产权出版社
出版年 | 2019
页码 | 235
ISBN | 978-7-5130-6059-2
分类 | D923.404

书名/责任者 | 知识产权法案例评析/何隽主编
出版社 | 北京：知识产权出版社
出版年 | 2019
页码 | 250
ISBN | 978-7-5130-6294-7
分类 | D923.405

书名/责任者 | 严格知识产权保护：制度探索与地区实践/何隽著
出版社 | 北京：知识产权出版社

出版年 | 2020
页码 | 167
ISBN | 978-7-5130-7143-7
分类 | D927.653.340.4

何珊珊

书名/责任者 | 实践书写：深圳社工专业实务指引/何珊珊主编；深圳市南山区社会工作协会编
出版社 | 广州：南方日报出版社
出版年 | 2013
页码 | 144
ISBN | 978-7-5491-0792-6
分类 | D632

书名/责任者 | 民政统计工作百问百答/何珊珊主编
出版社 | 北京：中国社会出版社
出版年 | 2013
页码 | 154
ISBN | 978-7-5087-4585-5
分类 | D632

何志杰

书名/责任者 | HR应当知道的劳动法/周旻，何志杰，吴意诚著
出版社 | 北京：法律出版社
出版年 | 2017
页码 | 228
ISBN | 978-7-5197-1290-7
分类 | D922.504

何志平

书名/责任者 | 欧盟概况/管新平，何志平编著
出版社 | 广州：华南理工大学出版社
出版年 | 2003
页码 | 385
ISBN | 7-5623-1891-3
分类 | D814.1

书名/责任者 | 原则政治，而非利益政治：通向非歧视性民主/(美)布坎南，(美)康格尔顿著；张定淮，何志平译
①
出版社 | 北京：社会科学文献出版社
出版年 | 2004
页码 | 257
ISBN | 7-80190-163-0
分类 | D0
②
出版社 | 北京：社会科学文献出版社
出版年 | 2008
页码 | 219
ISBN | 978-7-5097-0199-7
分类 | D0

书名/责任者 | 半公营机构：趋势、原因、结果/(荷)蒂尔著；汪洋，何志平，张西勇译
出版社 | 北京：社会科学文献出版社
出版年 | 2008
页码 | 318
ISBN | 978-7-5097-0263-5
分类 | D523

书名/责任者 | 通往民主之路：民主转型的政治经济学/(美)吉尔森，(美)霍利菲尔德主编；何志平，马卫红译
出版社 | 北京：社会科学文献出版社
出版年 | 2012
页码 | 365
ISBN | 978-7-5097-2315-9
分类 | D082-53

贺海涛

书名/责任者 | 中国特色社区建设.深圳市罗湖区经验/倪泽望，贺海涛主编
出版社 | 北京：中国社会出版社
出版年 | 2014
页码 | 242
ISBN | 978-7-5087-4700-2
分类 | D669.3

书名/责任者 | 基层社区治理的创新实践：

国家治理现代化视野下的罗湖探索/贺海涛，聂新平主编
出版社 | 北京：中国社会科学出版社
出版年 | 2016
页码 | 213
ISBN | 978-7-5161-7863-8
分类 | D669.3

贺倩明

书名/责任者 | 城市更新改造项目法律实务和操作指引/贺倩明主编；刘敏，赖轶峰，王鸿科副主编
出版社 | 北京：法律出版社
出版年 | 2014
页码 | 331
ISBN | 978-7-5118-5897-9
分类 | D922.297.4-53

书名/责任者 | 深圳城市更新政策研究/钟澄，贺倩明著
出版社 | 北京：中国社会科学出版社
出版年 | 2019
页码 | 278
ISBN | 978-7-5203-4492-0
分类 | D927.653.229.74

洪远

书名/责任者 | 幸福广东：东莞社区建设纪实/洪远主编
出版社 | 广州：广东人民出版社
出版年 | 2012
页码 | 560
ISBN | 978-7-218-08487-9
分类 | D669.3

侯玲玲

书名/责任者 | 中国工资权法律保障/侯玲玲著
出版社 | 北京：中国社会科学出版社
出版年 | 2021
页码 | 277
ISBN | 978-7-5203-9084-2
分类 | D922.514

侯伊莎

书名/责任者 | 透视“盐田模式”：社区从管理到治理体制/侯伊莎主编
出版社 | 重庆：重庆出版社
出版年 | 2006
页码 | 471
ISBN | 7-5366-7868-1
分类 | D669.3

书名/责任者 | 激活和谐社会的细胞："盐田模式"制度研究/侯伊莎著
出版社 | 北京：中央编译出版社
出版年 | 2007
页码 | 292
ISBN | 7-80211-396-2
分类 | D669.3

书名/责任者 | 开放社会的建设之路：深圳市从社区建设到社会建设论文集/侯伊莎主编
出版社 | 北京：中国社会出版社
出版年 | 2011
页码 | 439
ISBN | 978-7-5087-3485-9
分类 | D669.3-53

书名/责任者 | 创新社会养老服务的理论与实践/侯伊莎主编
出版社 | 北京：中国社会出版社
出版年 | 2011
页码 | 231
ISBN | 978-7-5087-4870-2
分类 | D586-53

胡冰

书名/责任者 | 打造公共服务型政府/李永清，胡冰，卞苏徽，傅小随著
出版社 | 深圳：海天出版社

出版年 | 2006
页码 | 343
ISBN | 7-80697-626-4
分类 | D630.1

书名/责任者 | 深圳基本公共服务均等化研究/傅小随，胡冰著
出版社 | 深圳：海天出版社
出版年 | 2014
页码 | 270
ISBN | 978-7-5507-0993-5
分类 | D625.653

胡洪侠

书名/责任者 | 深圳日记：一九八〇－二〇一〇．上册：不能忘却的深圳时间/胡洪侠主编
出版社 | 深圳：海天出版社
出版年 | 2011
页码 | 215
ISBN | 978-7-5507-0201-1
分类 | D619.653

书名/责任者 | 深圳日记：一九八〇－二〇一〇．下册：私人日记里的深圳记忆/胡洪侠主编
出版社 | 深圳：海天出版社
出版年 | 2011
页码 | 212
ISBN | 978-7-5507-0201-1
分类 | D619.653

胡建农

书名/责任者 | 特区立法：借鉴与探索：澳大利亚归来后的比较研究与思考/胡建农著
出版社 | 深圳：海天出版社
出版年 | 2001
页码 | 209
ISBN | 7-80654-018-0
分类 | D922.299.1

书名/责任者 | 法治政府建设与司法监督实践．三：深圳行政审判案例评析/万国营，胡建农主编
出版社 | 深圳：海天出版社
出版年 | 2015
页码 | 341
ISBN | 978-7-5507-0893-8
分类 | D927.653.531.85

胡小跃

书名/责任者 | 婚姻物语：守望如诗的永恒爱情/杨宏英，胡小跃编辑
出版社 | 深圳：海天出版社
出版年 | 2004
页码 | 183
ISBN | 7-80697-210-2
分类 | D669.1

胡晓琳

书名/责任者 | 细说股权：股东权益的实现与维护/胡晓琳主编；凌征虎，关崇峰，蒋歆迪副主编
出版社 | 北京：法律出版社
出版年 | 2022
页码 | 336
ISBN | 978-7-5197-6782-2
分类 | D922.291.914

黄斌

书名/责任者 | 元宇宙法律实务/黄斌，张叶丰编
出版社 | 北京：法律出版社
出版年 | 2023
页码 | 245
ISBN | 978-7-5197-7571-1
分类 | D922.290.4

黄纯斌

书名/责任者｜城市社区管理/黄纯斌著；深圳特区报编
出版社｜深圳：海天出版社
出版年｜2003
页码｜309
ISBN｜7-5360-4045-8
分类｜D669.3

黄崇岳

书名/责任者｜深圳经济特区创业史/黄崇岳，莫小培主编；深圳博物馆编
出版社｜北京：人民出版社
出版年｜1995
页码｜372
ISBN｜7-01-002196-1
分类｜D676.52

书名/责任者｜中国历朝行政管理/黄崇岳总主编；周继中等主编
出版社｜北京：中国人民大学出版社
出版年｜1998
页码｜908
ISBN｜7-300-02347-9
分类｜D691.2

黄海波

书名/责任者｜出庭公诉实战技能/黄海波著
出版社｜北京：中国检察出版社
出版年｜2012
页码｜290
ISBN｜978-7-5102-0675-7
分类｜D925.04

书名/责任者｜刑事评议程序研究/黄海波著
出版社｜北京：法律出版社
出版年｜2021
页码｜288
ISBN｜978-7-5197-5246-0
分类｜D925.218.04

黄锦奎

书名/责任者｜论长期执政：中国共产党长期执政的政党政治学与执政政治学研究/黄锦奎著
出版社｜广州：广东人民出版社
出版年｜2007
页码｜306
ISBN｜978-7-218-05483-4
分类｜D25

黄景容

书名/责任者｜深圳求职与就业/黄景容著
出版社｜西安：陕西人民出版社
出版年｜2002
页码｜377
ISBN｜7-224-06342-8
分类｜D669.2

黄立敏

书名/责任者｜社会资本视阈下的“村改居”社区治理研究：以深圳市宝安区为例/黄立敏著
出版社｜武汉：武汉大学出版社
出版年｜2013
页码｜192
ISBN｜978-7-307-10520-1
分类｜D669.3

书名/责任者｜社区党组织政治功能研究：以深圳北站社区为例/黄立敏，陈龙著
出版社｜北京：中国社会科学出版社
出版年｜2019
页码｜171
ISBN｜978-7-5203-4490-6
分类｜D267.7

黄玲

书名/责任者 | 中国经济特区的精神文明建设. 深圳卷/陈宏在主笔; 黄玲, 曾凡益, 吴金光, 王燕军撰稿; 深圳市史志办公室编
出版社 | 北京: 中共党史出版社
出版年 | 2003
页码 | 507
ISBN | 7-80136-868-1
分类 | D676.534

书名/责任者 | 深圳党史资料新编/黄玲主编; 深圳市史志办公室编
出版社 | 深圳: 海天出版社
出版年 | 2007
页码 | 713
ISBN | 978-7-80747-131-8
分类 | D235.653

书名/责任者 | 深圳改革开放纪事: 1978-2009/黄玲主编
出版社 | 深圳: 海天出版社
出版年 | 2009
页码 | 801
ISBN | 978-7-80747-774-7
分类 | D619.653

书名/责任者 | 深圳创新图文志: 1978-2009/黄玲主编; 深圳市史志办公室编
出版社 | 深圳: 海天出版社
出版年 | 2010
页码 | 632
ISBN | 978-7-80747-911-6
分类 | D619.653

书名/责任者 | 中国共产党深圳历史大事记: 1921-2011年/黄玲主编; 深圳市史志办公室编
出版社 | 深圳: 深圳报业集团出版社
出版年 | 2012
页码 | 320
ISBN | 978-7-80709-474-6
分类 | D235.653

书名/责任者 | 执政深圳.2012/黄玲主编; 深圳市史志办公室编
出版社 | 深圳: 深圳报业集团出版社
出版年 | 2014
页码 | 632
ISBN | 978-7-80709-593-4
分类 | D25

书名/责任者 | 李灏深圳特区讲话集/黄玲主编; 深圳市史志办公室编
出版社 | 深圳: 深圳报业集团出版社
出版年 | 2015
页码 | 586
ISBN | 978-7-80709-674-0
分类 | D676.53

书名/责任者 | 深圳改革开放实录.第一辑/黄玲主编
出版社 | 深圳: 深圳报业集团出版社
出版年 | 2015
页码 | 321
ISBN | 978-7-80709-670-2
分类 | D619.653

书名/责任者 | 执政深圳.2013/黄玲主编; 深圳市史志办公室编
出版社 | 深圳: 深圳报业集团出版社
出版年 | 2015
页码 | 780
ISBN | 978-7-80709-655-9
分类 | D25

书名/责任者 | 执政深圳.2014/黄玲主编; 深圳市史志办公室编
出版社 | 深圳: 深圳报业集团出版社
出版年 | 2016
页码 | 703
ISBN | 978-7-80709-725-9
分类 | D25

书名/责任者 | 深圳改革开放实录.第二辑/黄玲主编; 深圳市史志办公室编
出版社 | 深圳: 深圳报业集团出版社
出版年 | 2017
页码 | 277
ISBN | 978-7-80709-803-4
分类 | D619.653-53

书名/责任者｜执政深圳.2015/黄玲主编；深圳市史志办公室编
出版社｜深圳：深圳报业集团出版社
出版年｜2017
页码｜752
ISBN｜978-7-80709-786-0
分类｜D25

书名/责任者｜执政深圳.2016/黄玲主编；深圳市史志办公室编
出版社｜深圳：深圳报业集团出版社
出版年｜2017
页码｜918
ISBN｜978-7-80709-842-3
分类｜D25

书名/责任者｜中国改革开放全景录.福建卷/曲青山主编；黄书元主编；李鸿阶卷主编；黄玲卷主编
出版社｜北京：人民出版社
出版年｜2018
页码｜463
ISBN｜978-7-01-020131-3
分类｜D619

黄漫娥

书名/责任者｜敢闯敢试：改革开放以来深圳创造的全国“率先”（上、中、下）/黄漫娥，柳光敏主编；中国人民政治协商会议广东省深圳市委员会编
出版社｜深圳：海天出版社
出版年｜2018
页码｜1049
ISBN｜978-7-5507-2482-2
分类｜D619.653

黄美华

书名/责任者｜企业合规司法人员手册/李勇著；黄美华参与编写
出版社｜北京：法律出版社
出版年｜2023
页码｜266
ISBN｜978-7-5197-7069-3
分类｜D922.291.914

黄锐波

书名/责任者｜鱼尾狮的政治学：新加坡执政党的治国之道/吕元礼，黄锐波，邱全东，黄薇著
出版社｜南昌：江西人民出版社
出版年｜2007
页码｜276
ISBN｜7-210-03517-6
分类｜D733.964

书名/责任者｜鱼尾狮智慧：新加坡政治与治理/吕元礼，黄锐波，邱全东，黄薇著
出版社｜北京：经济管理出版社
出版年｜2010
页码｜440
ISBN｜978-7-5096-0970-5
分类｜D733.9

黄士林

书名/责任者｜企业法制面面观/薛庆予，黄士林著
出版社｜北京：中国财政经济出版社
出版年｜1989
页码｜399
ISBN｜7-5005-0657-0
分类｜D922.292

书名/责任者｜律师执业基础/黄士林主编
出版社｜北京：中国人民大学出版社
出版年｜2015
页码｜163
ISBN｜978-7-300-21496-2
分类｜D926.5

黄卫平

书名/责任者 | 比较公务员制度/郭用宪，黄卫平主编
出版社 | 广州：广东高等教育出版社
出版年 | 1991
页码 | 251
ISBN | 7-5361-0689-0
分类 | D523.1

书名/责任者 | 历史回顾与现实思考：极“左”现象研究/黄卫平著
出版社 | 广州：华南理工大学出版社
出版年 | 1993
页码 | 150
ISBN | 7-5623-0495-5
分类 | D261.2

书名/责任者 | 全球化的悖论：全球化与当代社会主义、资本主义/俞可平，黄卫平主编
出版社 | 北京：中央编译出版社
出版年 | 1998
页码 | 286
ISBN | 7-80109-284-8
分类 | D5-53

书名/责任者 | 中国政治体制改革纵横谈/黄卫平著
出版社 | 北京：中央编译出版社
出版年 | 1998
页码 | 151
ISBN | 7-80109-227-9
分类 | D62

书名/责任者 | 中国基层民主发展的最新突破：深圳市大鹏镇镇长选举制度改革的政治解读/黄卫平主编
出版社 | 北京：社会科学文献出版社
出版年 | 2000
页码 | 280
ISBN | 7-80149-298-6
分类 | D621.4

书名/责任者 | 当代中国政治研究报告.Ⅰ/黄卫平主编
出版社 | 北京：社会科学文献出版社
出版年 | 2002
页码 | 293
ISBN | 7-80149-656-6
分类 | D6-53

书名/责任者 | 公务员制度比较/黄卫平，谭功荣主编
出版社 | 北京：中央编译出版社
出版年 | 2002
页码 | 359
ISBN | 7-80109-620-7
分类 | D523.2-03

书名/责任者 | 当代中国政治研究报告.Ⅱ/黄卫平，汪永成主编
出版社 | 北京：社会科学文献出版社
出版年 | 2003
页码 | 404
ISBN | 7-80149-907-7
分类 | D62

书名/责任者 | 乡镇长选举方式改革：案例研究/黄卫平，邹树彬主编
出版社 | 北京：社会科学文献出版社
出版年 | 2003
页码 | 313
ISBN | 7-80149-832-1
分类 | D625

书名/责任者 | 政治学导论/(美)庞顿，(美)吉尔著；张定淮，黄卫平，夏家驷译
出版社 | 北京：社会科学文献出版社
出版年 | 2003
页码 | 342
ISBN | 7-80149-995-6
分类 | D0

书名/责任者 | 当代中国政治研究报告.Ⅲ/黄卫平，汪永成主编；深圳大学当代中国政治研究所编
出版社 | 北京：社会科学文献出版社
出版年 | 2004
页码 | 4345
ISBN | 7-80149-959-X

分类 | D6-53

书名/责任者 | 当代中国政治研究报告.Ⅳ/黄卫平，汪永成主编；深圳大学当代中国政治研究所编
出版社 | 北京：社会科学文献出版社
出版年 | 2005
页码 | 13418
ISBN | 7-80190-831-7
分类 | D6-53

书名/责任者 | 当代中国政治研究报告.Ⅴ/黄卫平，汪永成主编；深圳大学编
出版社 | 北京：社会科学文献出版社
出版年 | 2007
页码 | 437
ISBN | 978-7-80230-706-3
分类 | D6-53

书名/责任者 | 公共问题研究与改善治理建言：深圳大学当代中国政治研究所咨询报告选/汪永成，黄卫平主编
出版社 | 重庆：重庆出版社
出版年 | 2007
页码 | 350
ISBN | 978-7-5366-8898-8
分类 | D63

书名/责任者 | 中国政治发展报告/黄卫平，汪永成主编；深圳大学编
出版社 | 北京：社会科学文献出版社
出版年 | 2008
页码 | 389
ISBN | 978-7-5097-0467-7
分类 | D6-53

书名/责任者 | 当代中国政治研究报告.Ⅵ/黄卫平，汪永成主编；深圳大学当代中国政治研究所编
出版社 | 北京：社会科学文献出版社
出版年 | 2009
页码 | 361
ISBN | 978-7-5097-0568-1
分类 | D6-53

书名/责任者 | 当代中国政治研究报告.第7辑/黄卫平，汪永成主编；深圳大学编
出版社 | 北京：社会科学文献出版社
出版年 | 2009
页码 | 274
ISBN | 978-7-5097-1202-3
分类 | D6

书名/责任者 | 中国乡镇选举改革研究/黄卫平，陈家喜著
出版社 | 北京：人民出版社
出版年 | 2009
页码 | 298
ISBN | 978-7-01-008524-1
分类 | D638

书名/责任者 | 当代中国政治研究报告.第8辑/黄卫平，汪永成主编；深圳大学编
出版社 | 北京：社会科学文献出版社
出版年 | 2010
页码 | 282
ISBN | 978-7-5097-1999-2
分类 | D6-53

书名/责任者 | 深圳经济特区的政治发展：1980-2010/陈家喜，黄卫平著
出版社 | 北京：商务印书馆
出版年 | 2010
页码 | 312
ISBN | 978-7-100-07220-5
分类 | D676.53

书名/责任者 | 当代中国政治研究报告.第9辑/黄卫平，汪永成主编；深圳大学当代中国政治研究所编
出版社 | 北京：社会科学文献出版社
出版年 | 2012
页码 | 340
ISBN | 978-7-5097-3132-1
分类 | D6-53

书名/责任者 | 当代中国政治研究报告.第10辑/黄卫平，汪永成主编；深圳大学编
出版社 | 北京：社会科学文献出版社
出版年 | 2013
页码 | 341

ISBN | 978-7-5097-4218-1
分类 | D6

书名/责任者 | 当代中国政治研究报告.第11辑/黄卫平，汪永成主编；深圳大学编
出版社 | 北京：社会科学文献出版社
出版年 | 2013
页码 | 351
ISBN | 978-7-5097-5106-0
分类 | D62

书名/责任者 | 制度建设与政党发展：政党体制的比较分析/陈家喜，黄卫平主编
出版社 | 北京：社会科学文献出版社
出版年 | 2013
页码 | 262
ISBN | 978-7-5097-4426-0
分类 | D05

书名/责任者 | 当代中国政治研究报告.第12辑/黄卫平，汪永成主编；深圳大学编
出版社 | 北京：社会科学文献出版社
出版年 | 2014
页码 | 382
ISBN | 978-7-5097-5579-2
分类 | D62

书名/责任者 | 当代中国政治研究报告.第13辑/黄卫平，汪永成主编
出版社 | 北京：社会科学文献出版社
出版年 | 2015
页码 | 317
ISBN | 978-7-5097-7068-9
分类 | D62

书名/责任者 | 当代中国政治研究报告.第14辑/黄卫平，汪永成主编；深圳大学编
出版社 | 北京：社会科学文献出版社
出版年 | 2016
页码 | 254
ISBN | 978-7-5097-8698-7
分类 | D6-53

书名/责任者 | 当代中国政治研究报告.第15辑/黄卫平，汪永成主编
出版社 | 北京：社会科学文献出版社
出版年 | 2017
页码 | 234
ISBN | 978-7-5201-0855-3
分类 | D62

书名/责任者 | 当代中国政治研究报告.第16辑/黄卫平，汪永成，陈家喜主编
出版社 | 北京：社会科学文献出版社
出版年 | 2018
页码 | 303
ISBN | 978-7-5201-3565-8
分类 | D62

黄晓东

书名/责任者 | 社会资本与政府治理/黄晓东著
出版社 | 北京：社会科学文献出版社
出版年 | 2011
页码 | 232
ISBN | 978-7-5097-2503-0
分类 | D630.1

书名/责任者 | 珠海政府治理创新研究/黄晓东主编
出版社 | 北京：社会科学文献出版社
出版年 | 2011
页码 | 195
ISBN | 978-7-5097-3020-1
分类 | D625.653

黄新华

书名/责任者 | 鹏城今昔：征文获奖作品选/邵汉青，黄新华主编
出版社 | 深圳：海天出版社
出版年 | 1996
页码 | 168
ISBN | 7-80615-665-8
分类 | D676.53-53

黄亚英

书名/责任者｜中国法制工作实用手册/苏醒，黄亚英，黄阿国主编
出版社｜北京：学苑出版社
出版年｜1993
页码｜859
ISBN｜7-5077-0465-3
分类｜D92-62

书名/责任者｜中国律师实务全书/李万勤，解伟明，黄亚英，白旭主编
出版社｜北京：学苑出版社
出版年｜1996
页码｜1310
ISBN｜7-5077-1088-2
分类｜D926.5

书名/责任者｜国际法/王浩，黄亚英主编
出版社｜西安：陕西人民出版社
出版年｜1999
页码｜529
ISBN｜7-224-05089-X
分类｜D99

书名/责任者｜国际法/周洪钧主编；马呈元，黄亚英，丁丽柏，杨泽伟撰稿
出版社｜北京：中国政法大学出版社
出版年｜1999
页码｜431
ISBN｜7-5620-1874-X
分类｜D99-43

书名/责任者｜现代国际法学/黄亚英主编
出版社｜北京：中国政法大学出版社
出版年｜2003
页码｜367
ISBN｜7-5620-2443-X
分类｜D990

书名/责任者｜国际商事仲裁实务研究与操作推演/黄亚英著
出版社｜北京：法律出版社
出版年｜2007
页码｜435
ISBN｜978-7-5036-7449-5
分类｜D997.4

书名/责任者｜国际法/黄亚英主编
出版社｜北京：清华大学出版社
出版年｜2008
页码｜248
ISBN｜978-7-302-16564-4
分类｜D99

书名/责任者｜国际私法/黄亚英主编
出版社｜厦门：厦门大学出版社
出版年｜2011
页码｜290
ISBN｜978-7-5615-4001-5
分类｜D997

书名/责任者｜商事仲裁前沿理论与案例/黄亚英编著
出版社｜北京：中国民主法制出版社
出版年｜2013
页码｜232
ISBN｜978-7-5162-0473-3
分类｜D997.4

书名/责任者｜中国国际私法学/黄亚英主编
出版社｜厦门：厦门大学出版社
出版年｜2017
页码｜267
ISBN｜978-7-5615-6601-5
分类｜D997

黄扬略

书名/责任者｜今日蛇口/黄扬略主编
出版社｜深圳：海天出版社
出版年｜1994
页码｜103
ISBN｜7-80615-103-6
分类｜D676.53

书名/责任者｜我们深圳：1980-2000/黄扬略主编

出版社 | 北京：中国言实出版社
出版年 | 2000
页码 | 410
ISBN | 7-80128-263-9
分类 | D619.653

黄亦平

书名/责任者 | 财经法规与会计职业道德：2007年版/黄亦平主编
出版社 | 深圳：海天出版社
出版年 | 2007
页码 | 350
ISBN | 978-7-80697-948-8
分类 | D922.2

黄月细

书名/责任者 | 民主政治视域下的公民政治素质及其培育：社会主义政治文明的主体诉求/黄月细著
出版社 | 广州：广东人民出版社
出版年 | 2011
页码 | 252
ISBN | 978-7-218-07049-0
分类 | D64

黄云

书名/责任者 | 有效的辩护/黄云著
出版社 | 北京：中国法制出版社
出版年 | 2020
页码 | 335
ISBN | 978-7-5216-1131-1
分类 | D926.55

书名/责任者 | 刑辩七人行：有效辩护的智慧/黄云，方亮，谭仲萱，马成等著
出版社 | 北京：法律出版社
出版年 | 2022
页码 | 281
ISBN | 978-7-5197-6832-4
分类 | D925.210.5

书名/责任者 | 金融犯罪辩点分析与案例释解/黄云著
出版社 | 北京：法律出版社
出版年 | 2023
页码 | 384
ISBN | 978-7-5197-8232-0
分类 | D922.28

黄长营

书名/责任者 | 中美审判效率比较研究/黄长营著
出版社 | 北京：方正出版社
出版年 | 2004
页码 | 198
ISBN | 7-80107-841-1
分类 | D925.04

书名/责任者 | 走进美国民事诉讼：全程真实展示美国纽约高等法院一宗美容手术索赔案/黄长营译
出版社 | 北京：中国方正出版社
出版年 | 2007
页码 | 612
ISBN | 978-7-80216-183-2
分类 | D971.251

黄振芬

书名/责任者 | 深圳律师论文集/黄振芬主编
出版社 | 深圳：海天出版社
出版年 | 2003
页码 | 310
ISBN | 7-80654-715-0
分类 | D926.5

黄志秋

书名/责任者 | 走向文明的中国：精神文明建设论/黄志秋著
出版社 | 北京：中共编译出版社
出版年 | 1997

页码｜410
ISBN｜7-80109-197-3
分类｜D648

霍敏

书名/责任者｜破产案件审理精要/霍敏主编
出版社｜北京：法律出版社
出版年｜2010
页码｜326
ISBN｜978-7-5118-0128-9
分类｜D922.291.924

书名/责任者｜破产审判前沿问题研究/霍敏主编；黄国新，闻长智，孙永丽副主编
出版社｜北京：人民法院出版社
出版年｜2012
页码｜404
ISBN｜978-7-5109-0571-1
分类｜D922.291.924

书名/责任者｜法治政府建设与司法监督实践：深圳行政审判案例评析 .2/霍敏，王璞主编
出版社｜深圳：海天出版社
出版年｜2014
页码｜384
ISBN｜978-7-5507-0892-1
分类｜D927.653.531.825

非 / 贾和亭 / 江茂贤 / 江潭瑜 / 江知芸 / 姜安 / 姜铁敬 / 蒋庆 / 蒋小文 / 焦新聪 / 金永权 / 金涌 / 金振朝 / 靖建瑞
和亭 / 江茂贤 / 江潭瑜 / 江知芸 / 姜安 / 姜铁敬 / 蒋庆 / 蒋小文 / 焦新聪 / 金永权 / 金涌 / 金振朝 / 靖建瑞 / 贾非
江茂贤 / 江潭瑜 / 江知芸 / 姜安 / 姜铁敬 / 蒋庆 / 蒋小文 / 焦新聪 / 金永权 / 金涌 / 金振朝 / 靖建瑞 / 贾非 / 贾和
/ 江潭瑜 / 江知芸 / 姜安 / 姜铁敬 / 蒋庆 / 蒋小文 / 焦新聪 / 金永权 / 金涌 / 金振朝 / 靖建瑞 / 贾非 / 贾和亭 / 江
瑜 / 江知芸 / 姜安 / 姜铁敬 / 蒋庆 / 蒋小文 / 焦新聪 / 金永权 / 金涌 / 金振朝 / 靖建瑞 / 贾非 / 贾和亭 / 江茂贤 /
知芸 / 姜安 / 姜铁敬 / 蒋庆 / 蒋小文 / 焦新聪 / 金永权 / 金涌 / 金振朝 / 靖建瑞 / 贾非 / 贾和亭 / 江茂贤 / 江潭瑜
姜安 / 姜铁敬 / 蒋庆 / 蒋小文 / 焦新聪 / 金永权 / 金涌 / 金振朝 / 靖建瑞 / 贾非 / 贾和亭 / 江茂贤 / 江潭瑜 / 江知芸
铁敬 / 蒋庆 / 蒋小文 / 焦新聪 / 金永权 / 金涌 / 金振朝 / 靖建瑞 / 贾非 / 贾和亭 / 江茂贤 / 江潭瑜 / 江知芸 / 姜安
蒋庆 / 蒋小文 / 焦新聪 / 金永权 / 金涌 / 金振朝 / 靖建瑞 / 贾非 / 贾和亭 / 江茂贤 / 江潭瑜 / 江知芸 / 姜安 / 姜铁敬
小文 / 焦新聪 / 金永权 / 金涌 / 金振朝 / 靖建瑞 / 贾非 / 贾和亭 / 江茂贤 / 江潭瑜 / 江知芸 / 姜安 / 姜铁敬 / 蒋庆
焦新聪 / 金永权 / 金涌 / 金振朝 / 靖建瑞 / 贾非 / 贾和亭 / 江茂贤 / 江潭瑜 / 江知芸 / 姜安 / 姜铁敬 / 蒋庆 / 蒋小
/ 金永权 / 金涌 / 金振朝 / 靖建瑞 / 贾非 / 贾和亭 / 江茂贤 / 江潭瑜 / 江知芸 / 姜安 / 姜铁敬 / 蒋庆 / 蒋小文 / 焦
权 / 金涌 / 金振朝 / 靖建瑞 / 贾非 / 贾和亭 / 江茂贤 / 江潭瑜 / 江知芸 / 姜安 / 姜铁敬 / 蒋庆 / 蒋小文 / 焦新聪 /
涌 / 金振朝 / 靖建瑞 / 贾非 / 贾和亭 / 江茂贤 / 江潭瑜 / 江知芸 / 姜安 / 姜铁敬 / 蒋庆 / 蒋小文 / 焦新聪 / 金永权
振朝 / 靖建瑞 / 贾非 / 贾和亭 / 江茂贤 / 江潭瑜 / 江知芸 / 姜安 / 姜铁敬 / 蒋庆 / 蒋小文 / 焦新聪 / 金永权 / 金涌
靖建瑞 / 贾非 / 贾和亭 / 江茂贤 / 江潭瑜 / 江知芸 / 姜安 / 姜铁敬 / 蒋庆 / 蒋小文 / 焦新聪 / 金永权 / 金涌 / 金振
/ 贾非 / 贾和亭 / 江茂贤 / 江潭瑜 / 江知芸 / 姜安 / 姜铁敬 / 蒋庆 / 蒋小文 / 焦新聪 / 金永权 / 金涌 / 金振朝 / 靖

J

贾非

书名/责任者｜面试设计与方法/文玄主编；贾非编著
出版社｜深圳：海天出版社
出版年｜1997
页码｜169
ISBN｜7-80615-494-9
分类｜D630.3

书名/责任者｜中国古代考试与学校教育/贾非著
出版社｜长春：吉林教育出版社
出版年｜2001
页码｜255
ISBN｜7-5383-1907-7
分类｜D691.3

贾和亭

书名/责任者｜口岸管理透析/贾和亭主编
出版社｜深圳：海天出版社
出版年｜1998
页码｜258
ISBN｜7-80615-718-2
分类｜D631.46

书名/责任者｜深圳市改革政府审批制度/贾和亭，梁世林主编
出版社｜深圳：海天出版社
出版年｜1999
页码｜246
ISBN｜7-80654-061-X
分类｜D676.53

江茂贤

书名/责任者｜快速执行案件办理规程/江茂贤主编；深圳市中级人民法院执行局裁决处编
出版社｜北京：人民法院出版社
出版年｜2021
页码｜306
ISBN｜978-7-5109-2996-0
分类｜D926.2

江潭瑜

书名/责任者｜深圳香港社会比较研究/江潭瑜主编
出版社｜北京：人民出版社
出版年｜2007
页码｜333
ISBN｜978-7-01-006288-4
分类｜D676.53

书名/责任者｜中国特色社会主义理论体系的研究与思考/江潭瑜主编
出版社｜北京：现代教育出版社
出版年｜2008
页码｜318
ISBN｜978-7-80196-761-9
分类｜D616

书名/责任者｜深圳改革开放史/江潭瑜主编
出版社｜北京：人民出版社
出版年｜2010
页码｜402
ISBN｜978-7-01-009088-7
分类｜D619.653

江知芸

书名/责任者｜智赢：出自律师的企业知识产权实务谋略/江知芸主编；深圳市律师协会知识产权与高新技术法律业务委员会编
出版社｜法律出版社
出版年｜2012
页码｜359
ISBN｜978-7-5118-3468-3
分类｜D913.04

姜安

书名/责任者 | 世界政治经济与国际关系/姜安著
出版社 | 长春：东北师范大学出版社
出版年 | 1998
页码 | 333
ISBN | 7-5602-2243-9
分类 | D5

书名/责任者 | 国际政治关系的历史逻辑与人文理念/姜安著
出版社 | 长春：东北师范大学出版社
出版年 | 2001
页码 | 295
ISBN | 7-5602-2929-8
分类 | D815

书名/责任者 | 政治学概论/姜安主编
出版社 | 北京：高等教育出版社
出版年 | 2001
页码 | 208
ISBN | 7-04-008856-8
分类 | D0

书名/责任者 | 当代世界经济与政治/姜安主编
出版社 | 广州：广东高等教育出版社
出版年 | 2003
页码 | 259
ISBN | 7-5361-2846-0
分类 | D5

书名/责任者 | 《当代世界经济与政治》学习指导/姜安主编
出版社 | 广州：广东高等教育出版社
出版年 | 2004
页码 | 134
ISBN | 7-5361-2847-9
分类 | D5

书名/责任者 | 外交谱系与外交逻辑/姜安著
出版社 | 北京：中国社会科学出版社
出版年 | 2004
页码 | 344
ISBN | 7-5004-4618-7
分类 | D80

书名/责任者 | 意识形态与外交博弈：兼论中美关系的政治文化逻辑/姜安著
出版社 | 北京：中共中央党校出版社
出版年 | 2007
页码 | 169
ISBN | 978-7-5035-3741-7
分类 | D822.371.2

书名/责任者 | 政治学概论: 第二版/姜安，赵连章，刘彤主编
出版社 | 北京：高等教育出版社
出版年 | 2009
页码 | 234
ISBN | 978-7-04-026160-8
分类 | D0

姜铁敬

书名/责任者 | 宪法人权思考/姜铁敬著
出版社 | 北京：中国广播电视出版社
出版年 | 2004
页码 | 232
ISBN | 7-5043-3758-7
分类 | D921.04

书名/责任者 | 法律伦理漫谈/姜铁敬，蔡建东著
出版社 | 北京：中国社会出版社
出版年 | 2005
页码 | 210
ISBN | 7-5087-0566-1
分类 | D90-053

蒋庆

书名/责任者 | 政治的罪恶/（法）路易斯·博洛尔著；蒋庆等译
①
出版社 | 北京：改革出版社
出版年 | 1999
页码 | 321

ISBN | 978-7-80143-325-1
分类 | D091.4
②
出版社 | 南京：译林出版社
出版年 | 2014
页码 | 271
ISBN | 978-7-5447-4722-6
分类 | D091.4-53

书名/责任者 | 自由与传统：柏克政治论文选/（英）埃德蒙·柏克著；蒋庆等译
出版社 | 北京：商务印书馆
出版年 | 2001
页码 | 328
ISBN | 978-7-100-03258-2
分类 | D095.614

书名/责任者 | 自由与传统/（英）埃德蒙·柏克著；蒋庆，王瑞昌，王天成译
①
出版社 | 南京：译林出版社
出版年 | 2012
页码 | 296
ISBN | 978-7-5447-3114-0
分类 | D0-53
②
出版社 | 南京：译林出版社
出版年 | 2014
页码 | 292
ISBN | 978-7-5447-5002-8
分类 | D0-53

蒋小文

书名/责任者 | 深圳市人民政府令汇编：1992-2021（上、下册）/林扬，蒋小文主编；深圳市档案馆，深圳市司法局编
出版社 | 深圳：深圳报业集团出版社
出版年 | 2022
页码 | 965,963
ISBN | 978-7-80774-041-4
分类 | D927.653.09

焦新聪

书名/责任者 | 特殊型知识产权法律实务：专论商业秘密与软件著作权/邱戈龙，焦新聪主编
出版社 | 北京：法律出版社
出版年 | 2018
页码 | 175
ISBN | 978-7-5197-2021-6
分类 | D923.4

金永权

书名/责任者 | 专利的申请、实施与诉讼/金永权，徐静编著
出版社 | 北京：科学出版社
出版年 | 1991
页码 | 263
ISBN | 7-03-002644-6
分类 | D922.174

金涌

书名/责任者 | 百姓事罗湖情/金涌，翁惠娟著
出版社 | 深圳：深圳报业集团出版社
出版年 | 2007
页码 | 474
ISBN | 978-7-80709-124-0
分类 | D676.53

金振朝

书名/责任者 | 融资担保法律实务/金振朝著
①
出版社 | 北京：法律出版社
出版年 | 2012
页码 | 317
ISBN | 978-7-5118-3482-9
分类 | D923.24
②
出版社 | 北京：法律出版社

出版年 | 2014
页码 | 371
ISBN | 978-7-5118-5659-3
分类 | D922.291.914

书名/责任者 | 融资担保法律实务 100 问/金振朝著
出版社 | 北京：法律出版社
出版年 | 2019
页码 | 320
ISBN | 978-7-5197-3987-4
分类 | D922.291.915

靖建瑞

书名/责任者 | 深圳市农民工素质教育读本/靖建瑞主编；袁荟槟，郑光永，王成辽编写
出版社 | 深圳：海天出版社
出版年 | 2008
页码 | 211
ISBN | 978-7-80747-508-8
分类 | D422.6

清华 / 康普华 / 孔庆平 / 邝兵 / 阙清华 / 康普华 / 孔庆平 / 邝兵 / 阙清华 / 康普华 / 孔庆平 / 邝兵 / 阙清华 / 康普
/ 邝兵 / 阙清华 / 康普华 / 孔庆平 / 邝兵 / 阙清华 / 康普华 / 孔庆平 / 邝兵 / 阙清华 / 康普华 / 孔庆平 / 邝兵 / 阙
华 / 孔庆平 / 邝兵 / 阙清华 / 康普华 / 孔庆平 / 邝兵 / 阙清华 / 康普华 / 孔庆平 / 邝兵 / 阙清华 / 康普华 / 孔庆平
清华 / 康普华 / 孔庆平 / 邝兵 / 阙清华 / 康普华 / 孔庆平 / 邝兵 / 阙清华 / 康普华 / 孔庆平 / 邝兵 / 阙清华 / 康普
/ 邝兵 / 阙清华 / 康普华 / 孔庆平 / 邝兵 / 阙清华 / 康普华 / 孔庆平 / 邝兵 / 阙清华 / 康普华 / 孔庆平 / 邝兵 / 阙
华 / 孔庆平 / 邝兵 / 阙清华 / 康普华 / 孔庆平 / 邝兵 / 阙清华 / 康普华 / 孔庆平 / 邝兵 / 阙清华 / 康普华 / 孔庆平
清华 / 康普华 / 孔庆平 / 邝兵 / 阙清华 / 康普华 / 孔庆平 / 邝兵 / 阙清华 / 康普华 / 孔庆平 / 邝兵 / 阙清华 / 康普
/ 邝兵 / 阙清华 / 康普华 / 孔庆平 / 邝兵 / 阙清华 / 康普华 / 孔庆平 / 邝兵 / 阙清华 / 康普华 / 孔庆平 / 邝兵 / 阙
华 / 孔庆平 / 邝兵 / 阙清华 / 康普华 / 孔庆平 / 邝兵 / 阙清华 / 康普华 / 孔庆平 / 邝兵 / 阙清华 / 康普华 / 孔庆平
清华 / 康普华 / 孔庆平 / 邝兵 / 阙清华 / 康普华 / 孔庆平 / 邝兵 / 阙清华 / 康普华 / 孔庆平 / 邝兵 / 阙清华 / 康普
/ 邝兵 / 阙清华 / 康普华 / 孔庆平 / 邝兵 / 阙清华 / 康普华 / 孔庆平 / 邝兵 / 阙清华 / 康普华 / 孔庆平 / 邝兵 / 阙
华 / 孔庆平 / 邝兵 / 阙清华 / 康普华 / 孔庆平 / 邝兵 / 阙清华 / 康普华 / 孔庆平 / 邝兵 / 阙清华 / 康普华 / 孔庆平
清华 / 康普华 / 孔庆平 / 邝兵 / 阙清华 / 康普华 / 孔庆平 / 邝兵 / 阙清华 / 康普华 / 孔庆平 / 邝兵 / 阙清华 / 康普
/ 邝兵 / 阙清华 / 康普华 / 孔庆平 / 邝兵 / 阙清华 / 康普华 / 孔庆平 / 邝兵 / 阙清华 / 康普华 / 孔庆平 / 邝兵 / 阙
华 / 孔庆平 / 邝兵 / 阙清华 / 康普华 / 孔庆平 / 邝兵 / 阙清华 / 康普华 / 孔庆平 / 邝兵 / 阙清华 / 康普华 / 孔庆平
清华 / 康普华 / 孔庆平 / 邝兵 / 阙清华 / 康普华 / 孔庆平 / 邝兵 / 阙清华 / 康普华 / 孔庆平 / 邝兵 / 阙清华 / 康普
/ 邝兵 / 阙清华 / 康普华 / 孔庆平 / 邝兵 / 阙清华 / 康普华 / 孔庆平 / 邝兵 / 阙清华 / 康普华 / 孔庆平 / 邝兵 / 阙

K

阚清华

书名/责任者｜诉讼有方：年轻律师修炼手册/阚清华著
出版社｜北京：法律出版社
出版年｜2020
页码｜250
ISBN｜978-7-5197-4352-9
分类｜D925.1-62

康普华

书名/责任者｜情满鹏城/张树人，康普华主编
出版社｜北京：新华出版社
出版年｜1988
页码｜381
ISBN｜7-5011-4129-0
分类｜D632-64

书名/责任者｜人们心中的“勿忘我”：上海创建社会保障网络化经验谈/康普华著
出版社｜北京：新华出版社
出版年｜1988
页码｜98
ISBN｜7-5011-0089-6
分类｜D632

书名/责任者｜这里充满着爱/康普华著
出版社｜北京：新华出版社
出版年｜1988
页码｜135
ISBN｜7-5011-0205-8
分类｜D632

书名/责任者｜经济特区和香港社会福利服务业新崛起/康普华著
出版社｜北京：新华出版社
出版年｜1994
页码｜583
ISBN｜7-5011-2366-7
分类｜D669.7

书名/责任者｜深圳社会发展回眸与展望/康普华，张树人主编
出版社｜北京：新华出版社
出版年｜1997
页码｜497
ISBN｜7-5011-3601-7
分类｜D676.53-53

书名/责任者｜一往情深爱心路/康普华著
出版社｜北京：长城出版社
出版年｜2000
页码｜768
ISBN｜7-80017-508-1
分类｜D632.1

孔庆平

书名/责任者｜北大法律评论.第1卷·第2辑/强世功，孔庆平主编
出版社｜北京：法律出版社
出版年｜1999
页码｜317-727
ISBN｜7-5036-2708-5
分类｜D9-53

书名/责任者｜改造与适应：中西二元景观中法律的理论之思(1911-1949)/孔庆平著
出版社｜上海：三联书店
出版年｜2009
页码｜248
ISBN｜978-7-5426-2902-9
分类｜D909.26

邝兵

书名/责任者｜深圳市市场监督管理局(知识产权局)年报.2009-2011/邝兵主编；景强，陈宇纲，吴辉，李飞编写
出版社｜深圳：深圳报业集团出版社
出版年｜2012
页码｜427
ISBN｜978-7-80709-460-9
分类｜D927.653.34-54

书名/责任者｜深圳市市场监督管理局（知识产权局）年报-2013/邝兵主编；吴辉等编写
出版社｜深圳：深圳报业集团出版社
出版年｜2014
页码｜384
ISBN｜978-7-80709-620-7
分类｜D927.653.34

伯瑾 / 赖为杰 / 乐正 / 雷卫华 / 黎军 / 黎奇 / 李朝晖 / 李淳 / 李德选 / 李海东 / 李健成 / 李锦灶 / 李珏 / 李兰妮 /
力 / 李容根 / 李锐 / 李少梅 / 李统书 / 李薇薇 / 李文龙 / 李小东 / 李小甘 / 李晓风 / 李勋 / 李燕晨 / 李英才 / 李永
李跃 / 李云鹏 / 李泽沛 / 李振河 / 李忠 / 李忠武 / 李醉言 / 梁博泉 / 梁红君 / 梁宏 / 梁建东 / 梁俊华 / 梁世林 / 梁
纯 / 梁增昌 / 梁展鹏 / 梁仲柏 / 廖成林 / 廖春柳 / 廖大刚 / 廖金泽 / 廖军文 / 廖名宗 / 廖远飞 / 廖月晖 / 廖运桃 /
更斌 / 林晖 / 林良沛 / 林石喜 / 林祥 / 林勋准 / 林一飞 / 林英男 / 林源昌 / 林祖基 / 蔺蔚青 / 凌冲 / 凌翔 / 凌征虎
刘达华 / 刘东风 / 刘恩 / 刘国林 / 刘继国 / 刘佳胜 / 刘建柱 / 刘俊 / 刘琳 / 刘敏 / 刘明 / 刘平凡 / 刘润华 / 刘胜利 /
曙光 / 刘伟 / 刘文韶 / 刘晓春 / 刘晓玲 / 刘筱琳 / 刘娅 / 刘燕 / 刘阳 / 刘颖 / 刘志山 / 柳光敏 / 龙非 / 隆仕明 / 卢
/ 卢然达 / 路云辉 / 罗思 / 罗旭红 / 罗振辉 / 罗忠政 / 骆金其 / 吕凡 / 吕十立 / 吕延涛 / 吕友臣 / 吕元礼 / 赖伯瑾
乐正 / 雷卫华 / 黎军 / 黎奇 / 李朝晖 / 李淳 / 李德选 / 李海东 / 李健成 / 李锦灶 / 李珏 / 李兰妮 / 李立 / 李罗力 /
锐 / 李少梅 / 李统书 / 李薇薇 / 李文龙 / 李小东 / 李小甘 / 李晓风 / 李勋 / 李燕晨 / 李英才 / 李永清 / 李勇 / 李跃
李泽沛 / 李振河 / 李忠 / 李忠武 / 李醉言 / 梁博泉 / 梁红君 / 梁宏 / 梁建东 / 梁俊华 / 梁世林 / 梁英平 / 梁雨纯 /
展鹏 / 梁仲柏 / 廖成林 / 廖春柳 / 廖大刚 / 廖金泽 / 廖军文 / 廖名宗 / 廖远飞 / 廖月晖 / 廖运桃 / 林昌炽 / 林更斌
良沛 / 林石喜 / 林祥 / 林勋准 / 林一飞 / 林英男 / 林源昌 / 林祖基 / 蔺蔚青 / 凌冲 / 凌翔 / 凌征虎 / 刘澄清 / 刘达
/ 刘恩 / 刘国林 / 刘继国 / 刘佳胜 / 刘建柱 / 刘俊 / 刘琳 / 刘敏 / 刘明 / 刘平凡 / 刘润华 / 刘胜利 / 刘世雄 / 刘曙
刘文韶 / 刘晓春 / 刘晓玲 / 刘筱琳 / 刘娅 / 刘燕 / 刘阳 / 刘颖 / 刘志山 / 柳光敏 / 龙非 / 隆仕明 / 卢思慨 / 卢林 /
云辉 / 罗思 / 罗旭红 / 罗振辉 / 罗忠政 / 骆金其 / 吕凡 / 吕十立 / 吕延涛 / 吕友臣 / 吕元礼 / 赖伯瑾 / 赖为杰 / 乐
/ 黎军 / 黎奇 / 李朝晖 / 李淳 / 李德选 / 李海东 / 李健成 / 李锦灶 / 李珏 / 李兰妮 / 李立 / 李罗力 / 李容根 / 李锐

L

赖伯瑾

书名/责任者 | 经济犯罪心理/李广祥，赖伯瑾著
出版社 | 北京：群众出版社
出版年 | 1990
页码 | 174
ISBN | 7-5014-0473-9
分类 | D924.33

书名/责任者 | 超前与探索/谢成贤，郭寿春，赖伯瑾主编
出版社 | 深圳：海天出版社
出版年 | 1996
页码 | 770
ISBN | 7-80615-366-7
分类 | D920.4

赖为杰

书名/责任者 | 沙井调查：迈向现代化之路/赖为杰，鲍光前主编
①
出版社 | 广州：羊城晚报出版社
出版年 | 2002
页码 | 249
ISBN | 978-7-80651-624-9
分类 | D668
②
出版社 | 广州：羊城晚报出版社
出版年 | 2002
页码 | 249
ISBN | 978-7-80651-054-4
分类 | D668

乐正

书名/责任者 | 公民道德建设通俗读本/乐正，段亚兵主编
出版社 | 深圳：海天出版社
出版年 | 2002
页码 | 145
ISBN | 7-80654-852-1
分类 | D648.3-49

书名/责任者 | 深圳社会发展报告.2008/邱展开，乐正主编
出版社 | 北京：社会科学文献出版社
出版年 | 2008
页码 | 402
ISBN | 978-7-5097-0302-1
分类 | D676.53

书名/责任者 | 深圳社会发展报告.2009/乐正，邱展开主编
出版社 | 北京：社会科学文献出版社
出版年 | 2009
页码 | 391
ISBN | 978-7-5097-0673-2
分类 | D676.53

书名/责任者 | 深圳社会发展报告.2010/乐正，祖玉琴主编
出版社 | 北京：社会科学文献出版社
出版年 | 2010
页码 | 468
ISBN | 978-7-5097-1498-0
分类 | D676.53

书名/责任者 | 深圳之路/乐正主编
出版社 | 北京：人民出版社
出版年 | 2010
页码 | 600
ISBN | 978-7-01-009094-8
分类 | D619.653

书名/责任者 | 深圳的全面深化改革与前海创新试验/乐正主编；陈文，马忠新著
出版社 | 深圳：海天出版社
出版年 | 2019
页码 | 248
ISBN | 978-7-5507-2680-2
分类 | D676.53

书名/责任者 | 国际创客的成长摇篮/乐正主编；王学龙著
出版社 | 深圳：海天出版社
出版年 | 2019-
页码 | 70
ISBN | 978-7-5507-2634-5
分类 | D64

雷卫华

书名/责任者 | 服务型治理：深圳市坪山新区社区治理与服务创新实践/雷卫华，林良沛著
出版社 | 北京：中国社会科学出版社
出版年 | 2017
页码 | 243
ISBN | 978-7-5161-9805-6
分类 | D669.3

黎军

书名/责任者 | 行业组织的行政法问题研究/黎军著
出版社 | 北京：北京大学出版社
出版年 | 2002
页码 | 191
ISBN | 7-301-05621-4
分类 | D912.104

书名/责任者 | 法治政府视野下的行政行为研究/黎军，邓剑光著
出版社 | 北京：中国社会科学出版社
出版年 | 2007-
页码 | 298
ISBN | 978-7-5004-6281-1
分类 | D922.114

黎奇

书名/责任者 | 借贷·担保纠纷案例答疑/黎奇，王云著
出版社 | 北京：中国法制出版社
出版年 | 2008
页码 | 376
ISBN | 978-7-5093-0766-3
分类 | D923.65

李朝晖

书名/责任者 | 证券市场法律监管比较研究/李朝晖著
出版社 | 北京：人民出版社
出版年 | 2000
页码 | 335
ISBN | 7-01-003360-9
分类 | D922.287.4

书名/责任者 | 个人征信法律问题研究/李朝晖著
出版社 | 北京：社会科学文献出版社
出版年 | 2008
页码 | 247
ISBN | 978-7-5097-0295-6
分类 | D922.282.4

书名/责任者 | 农民工工伤风险保障问题研究：以湖南湘中五城为例/李朝晖著
出版社 | 北京：中国经济出版社
出版年 | 2011
页码 | 269
ISBN | 978-7-5136-0304-1
分类 | D922.554

书名/责任者 | 农民工收入分配与劳动就业问题研究/李朝晖著
出版社 | 北京：经济科学出版社
出版年 | 2013
页码 | 287
ISBN | 978-7-5141-3563-3
分类 | D669.6

书名/责任者 | 农民工创业、要素集聚与农村城镇化后发优势创造：基于集聚经济学框架的探索/李朝晖著
出版社 | 北京：经济科学出版社
出版年 | 2014
页码 | 243
ISBN | 978-7-5141-5204-3
分类 | D669.2

书名/责任者 | 新时代深圳法治先行示范城市建设的理念与实践/李朝晖著
出版社 | 北京：中国社会科学出版社
出版年 | 2023
页码 | 299
ISBN | 978-7-5227-1173-7
分类 | D927.653

李淳

书名/责任者｜刑事法律适用手册：刑事办案551问/李淳，王尚新，李淑琴，黄太云编著
出版社｜北京：人民法院出版社
出版年｜1994
页码｜553
ISBN｜7-80056-218-2
分类｜D924.04

书名/责任者｜中国刑法修订的背景与适用/李淳，王尚新主编
出版社｜北京：法律出版社
出版年｜1998
页码｜612
ISBN｜7-5036-2271-7
分类｜D924.04

书名/责任者｜新加坡廉政法律制度研究/刘守芬，李淳主编
出版社｜北京：北京大学出版社
出版年｜2003-
页码｜253
ISBN｜7-301-06064-5
分类｜D933.921

李德选

书名/责任者｜深圳房地产纠纷案例汇编/刘佳胜主编；李德选，刘萌，武小平，向勇编写
出版社｜北京：中国大地出版社
出版年｜1998
页码｜268
ISBN｜7-80097-224-0
分类｜D922.181.5

李海东

书名/责任者｜行政执法监察/李海东，梁俊华，谢建文主编
出版社｜太原：山西人民出版社
出版年｜1990
页码｜212
ISBN｜7-203-01709-5
分类｜D630.9

李健成

书名/责任者｜五四精神颂/李健成主编；深圳市直属机关团工委编
出版社｜深圳：海天出版社
出版年｜1999
页码｜197
ISBN｜7-80654-020-2
分类｜D432.62

李锦灶

书名/责任者｜中国特色社会工作的发展思考：深圳30年社会工作发展史话/李锦灶著
出版社｜广州：花城出版社
出版年｜2009
页码｜217
ISBN｜978-7-5360-5795-1
分类｜D632

李珏

书名/责任者｜动产抵押法律制度研究/李珏著
出版社｜北京：中国社会科学出版社
出版年｜2019
页码｜252
ISBN｜978-7-5203-4488-3
分类｜D923.34

李兰妮

书名/责任者｜澳门岁月/李兰妮，李凯著
出版社｜北京：作家出版社
出版年｜1999
页码｜236

ISBN | 7-5063-1589-0
分类 | D676.59

李立

书名/责任者 | 西欧大国移民的融入与参与/李立著
出版社 | 北京：世界知识出版社
出版年 | 2017
页码 | 183
ISBN | 978-7-5012-5647-1
分类 | D756.038

李罗力

书名/责任者 | 沉重的辉煌：告诉你一个真实的改革开放/李罗力著
出版社 | 北京：中国财政经济出版社
出版年 | 2009
页码 | 379
ISBN | 978-7-5095-1295-1
分类 | D616

李容根

书名/责任者 | 宝安十年探索之路/李容根主编
出版社 | 深圳：海天出版社
出版年 | 1993
页码 | 386
ISBN | 7-80542-881-6
分类 | D676.52

书名/责任者 | 八大体系：深圳行政管理体制改革探索/李容根主编
出版社 | 深圳：海天出版社
出版年 | 1998
页码 | 319
ISBN | 7-80615-746-8
分类 | D676.53

书名/责任者 | 中国改革开放二十年/冷溶，李容根主编；中共中央文献研究室，中共深圳市委员会编
出版社 | 北京：中央文献出版社
出版年 | 1998
页码 | 269
ISBN | 7-5073-0535-X
分类 | D619

李锐

书名/责任者 | 大运法律实务与城市法治发展：深圳第 26 届世界大学生夏季运动会法律事务文集/李锐主编
出版社 | 深圳：海天出版社
出版年 | 2011
页码 | 279
ISBN | 978-7-5507-0314-8
分类 | D927.653.216.4-53

李少梅

书名/责任者 | 深圳市妇女儿童发展研究/李少梅，徐晖主编
出版社 | 深圳：海天出版社
出版年 | 2002
页码 | 394
ISBN | 7-80654-878-5
分类 | D442.865.3

李统书

书名/责任者 | 深圳特区党的建设/赵云献，吴松营，李统书主编
出版社 | 北京：人民出版社
出版年 | 1993
页码 | 360
ISBN | 7-01-001894-4
分类 | D26

李薇薇

书名/责任者 | 国际法院问题研究/李薇薇著

出版社｜西安：陕西人民出版社
出版年｜2000
页码｜415
ISBN｜7-224-05628-6
分类｜D813.4

书名/责任者｜禁止就业歧视：国际标准和国内实践/李薇薇，史蒂恩斯主编
出版社｜北京：法律出版社
出版年｜2006
页码｜668
ISBN｜7-5036-6265-4
分类｜D912.504

书名/责任者｜禁止就业歧视的法律制度与中国的现实/李薇薇著
出版社｜北京：法律出版社
出版年｜2008
页码｜384
ISBN｜978-7-5036-8767-9
分类｜D922.504

书名/责任者｜反歧视法原理/李薇薇著
出版社｜北京：法律出版社
出版年｜2012
页码｜326
ISBN｜978-7-5118-2913-9
分类｜D922.504

李文龙

书名/责任者｜走出历史风景线：布吉镇两个文明建设纪实/李文龙主编；任晓峰，李济国编辑
出版社｜北京：新华出版社
出版年｜2002
页码｜276
ISBN｜7-5011-5738-3
分类｜D619.653

李小东

书名/责任者｜法律监督视野下的涉案企业合规改革/李小东编
出版社｜北京：中国检察出版社
出版年｜2023
页码｜336
ISBN｜978-7-5102-2902-2
分类｜D922.291.914

李小甘

书名/责任者｜深圳精神文明建设：续编：理论篇/白天，李小甘，段亚兵编
出版社｜深圳：海天出版社
出版年｜1999
页码｜930
ISBN｜7-80654-032-6
分类｜D676.53

书名/责任者｜深圳精神文明建设：续编：群英谱/白天，李小甘，段亚兵编
出版社｜深圳：海天出版社
出版年｜1999
页码｜717
ISBN｜7-80654-032-6
分类｜D676.53

书名/责任者｜深圳精神文明建设：续编：文件集/白天，李小甘，段亚兵编
出版社｜深圳：海天出版社
出版年｜1999
页码｜660
ISBN｜7-80654-032-6
分类｜D676.53

书名/责任者｜深圳市南山区“一核多元”社区治理模式工作体系/李小甘主编
出版社｜深圳：海天出版社
出版年｜2015
页码｜204
ISBN｜978-7-5507-1269-0
分类｜D669.3

李晓凤

书名/责任者｜深圳市关爱指数及指标体系建构研究报告/李晓凤主编

出版社 | 武汉：武汉大学出版社
出版年 | 2013
页码 | 144
ISBN | 978-7-307-11709-9
分类 | D632

书名/责任者 | 禁毒社会工作实务与案例/李晓凤主编
出版社 | 北京：中国社会出版社
出版年 | 2016
页码 | 299
ISBN | 978-7-5087-5491-8
分类 | D669.8

书名/责任者 | 精准社会服务建设之路：以深圳市盐田区为例/吴坤生，李晓凤主编
出版社 | 北京：光明日报出版社
出版年 | 2016
页码 | 235
ISBN | 978-7-5194-2355-1
分类 | D669.3

书名/责任者 | 深圳市关爱指数及关爱服务指标体系研究/李晓凤主编
出版社 | 武汉：武汉大学出版社
出版年 | 2018
页码 | 347
ISBN | 978-7-307-20311-2
分类 | D669.3

书名/责任者 | 中国老幼残疾人与残疾人婚姻研究/吕红平，张恺悌，李晓凤等著
出版社 | 北京：华夏出版社
出版年 | 2008
页码 | 248
ISBN | 978-7-5080-5017-1
分类 | D669.69

书名/责任者 | 禁毒社会工作的“精细化”标准研究：以珠江三角洲地区为例/李晓凤主编
出版社 | 北京：中国社会出版社
出版年 | 2017
页码 | 354
ISBN | 978-7-5087-5636-3
分类 | D669.8

李勋

书名/责任者 | 对冲基金监管的法律问题研究/李勋著
出版社 | 厦门：厦门大学出版社
出版年 | 2010
页码 | 214
ISBN | 978-7-5615-3618-6
分类 | D912.280.4

李燕晨

书名/责任者 | 深圳市民族团结发展促进会通鉴：1996-2006/李燕晨主编
出版社 | 深圳：海天出版社
出版年 | 2006
页码 | 316
ISBN | 7-80697-713-9
分类 | D633-53

李英才

书名/责任者 | 深圳市公民法律读本/李英才主编
出版社 | 深圳：海天出版社
出版年 | 2009
页码 | 8,260
ISBN | 978-7-80747-543-9
分类 | D920.5

李永清

书名/责任者 | 当代民主社会主义：认识民主社会主义、坚持科学社会主义/李永清著
出版社 | 北京：中国广播电视出版社
出版年 | 1991
页码 | 305
ISBN | 7-5043-0918-4
分类 | D08

书名/责任者｜打造公共服务型政府/李永清，胡冰，卞苏徽，傅小随著
出版社｜深圳：海天出版社
出版年｜2006
页码｜343
ISBN｜7-80697-626-4
分类｜D630.1

书名/责任者｜中国特色社会主义政治建设/李永清主编
出版社｜北京：中共中央党校出版社
出版年｜2006
页码｜227
ISBN｜7-5035-3532-6
分类｜D616

书名/责任者｜从革命思维到执政思维：党的历史方位的改变与理论思维的更新/李永清著
出版社｜北京：中共中央党校出版社
出版年｜2007
页码｜234
ISBN｜7-5035-3634-2
分类｜D23

书名/责任者｜深圳行政变革大事/李永清主编
出版社｜深圳：海天出版社
出版年｜2008
页码｜326
ISBN｜978-7-80747-406-7
分类｜D676.53

书名/责任者｜如何应对重大突发事件：以深圳经验为例/李永清著
出版社｜北京：中央编译出版社
出版年｜2011
页码｜338
ISBN｜978-7-5117-0791-8
分类｜D63

书名/责任者｜当代世界法制/李永清主编
出版社｜北京：人民出版社
出版年｜2002
页码｜432
ISBN｜7-01-003582-2
分类｜D901

李勇

书名/责任者｜解放战争时期统一战线大事记/李勇编著
出版社｜北京：中国经济出版社
出版年｜1988
页码｜661
ISBN｜7-5017-0129-6
分类｜D613

书名/责任者｜大革命时期统一战线大事记/李勇，张仲田编著
出版社｜北京：中国经济出版社
出版年｜1992
页码｜375
ISBN｜7-5017-0331-0
分类｜D613

书名/责任者｜统一战线大事记：大革命时期卷/李勇，张仲田编著
出版社｜北京：群言出版社
出版年｜2014
页码｜414
ISBN｜978-7-80526-602=6
分类｜D613

李跃

书名/责任者｜深圳，深圳/李跃著
出版社｜深圳：海天出版社
出版年｜2020
页码｜218
ISBN｜978-7-5507-2919-3
分类｜D619.653

李云鹏

书名/责任者｜经济特区与建设有中国特色社会主义/廖月晖，蔡衍振，李云鹏著
出版社｜青岛：青岛出版社

出版年 | 1993
页码 | 154
ISBN | 7-5436-0953-3
分类 | D614

李泽沛

书名/责任者 | 国籍法浅谈/静秋，李泽沛著
出版社 | 北京：法律出版社
出版年 | 1981
页码 | 75
ISBN | 6004.413
分类 | D998

书名/责任者 | 香港法律概述/李泽沛，李忠武，周新铭编
出版社 | 北京：法律出版社
出版年 | 1987
页码 | 265
ISBN | 7-5036-0270-8
分类 | D927.658

书名/责任者 | 中国涉外经济法概论/李泽沛主编；马鸿翔，王秋华，刘筱琳，沈木珠撰稿
出版社 | 北京：法律出版社
出版年 | 1989
页码 | 462
ISBN | 7-5036-0558-8
分类 | D922.295

书名/责任者 | 特区经济法教程/李泽沛主编
出版社 | 北京：法律出版社
出版年 | 1992
页码 | 416
ISBN | 7-5036-0091-8
分类 | D922.299

书名/责任者 | 香港法律大全/李泽沛主编
出版社 | 北京：法律出版社
出版年 | 1992
页码 | 948
ISBN | 7-5036-0961-3
分类 | D927.658

李振河

书名/责任者 | 社会治安综合法理基础概论/王彬，林国合，李振河编著
出版社 | 北京：群众出版社
出版年 | 1997
页码 | 172
ISBN | 7-5014-1542-0
分类 | D631.4

书名/责任者 | 深圳：一个城市的奇迹/李振河主编；深圳市政协文史和学习委员会编
出版社 | 北京：中国文史出版社
出版年 | 2008
页码 | 344
ISBN | 978-7-5034-2327-7
分类 | D619.65-53

李忠

书名/责任者 | 青少年服务阵地建设的模式创新：基于深圳共青团实践创新的深度分析与展望/李忠著
出版社 | 深圳：海天出版社
出版年 | 2010
页码 | 171
ISBN | 978-7-80747-921-5
分类 | D297

书名/责任者 | 迎接大运的深圳青年：2010深圳青年发展报告/李忠主编
出版社 | 深圳：海天出版社
出版年 | 2011
页码 | 218
ISBN | 978-7-5507-0058-1
分类 | D432.6

李忠武

书名/责任者 | 香港法律概述/李泽沛，李忠武，周新铭编
出版社 | 北京：法律出版社
出版年 | 1987
页码 | 265
ISBN | 7-5036-0270-8
分类 | D927.658

李醉吾

书名/责任者 | 经济特区行政体制/李醉吾主编
出版社 | 深圳：海天出版社
出版年 | 1992
页码 | 269
ISBN | 7-80542-497-7
分类 | D676.53

书名/责任者 | 深圳特区体制改革/李醉吾著
出版社 | 深圳：海天出版社
出版年 | 1993
页码 | 246
ISBN | 7-80542-076-9
分类 | D676.53

书名/责任者 | 深圳改革大全/李醉吾编著
出版社 | 北京：中国经济出版社
出版年 | 1997
页码 | 1218
ISBN | 7-5017-4105-0
分类 | D676.53

梁博泉

书名/责任者 | 香港警务管理初探/梁博泉主编
出版社 | 深圳：海天出版社
出版年 | 1998
页码 | 377
ISBN | 7-80615-718-2
分类 | D675.8

梁红君

书名/责任者 | 中国经济法与经济诉讼/梁红君著
出版社 | 深圳：海天出版社
出版年 | 1996
页码 | 353
ISBN | 7-80615-346-2
分类 | D922.29

梁宏

书名/责任者 | 新时期党建若干问题的理论思考/杨麻，梁宏著
出版社 | 北京：中国财政经济出版社
出版年 | 2003
页码 | 223
ISBN | 7-5005-6554-2
分类 | D26

书名/责任者 | 变革中的越南朝鲜古巴/梁宏编著
出版社 | 深圳：海天出版社
出版年 | 2010
页码 | 336
ISBN | 978-7-80747-825-6
分类 | D733.3

梁建东

书名/责任者 | 中流击水：解码深圳盈科三年/梁建东著
出版社 | 北京：法律出版社
出版年 | 2017
页码 | 307
ISBN | 978-7-5197-0096-6
分类 | D926.5

梁俊华

书名/责任者 | 行政执法监察/李海东，梁俊华，谢建文主编
出版社 | 太原：山西人民出版社
出版年 | 1990
页码 | 212
ISBN | 7-203-01709-5
分类 | D630.9

书名/责任者 | 深圳经济特区行政监察/梁俊华，谢建文主编
出版社 | 长沙：湖南出版社
出版年 | 1991
页码 | 390
ISBN | 7-5438-0222-8
分类 | D630.9

书名/责任者 | 深圳廉政风云录/梁俊华，谢建文主编
出版社 | 长沙：湖南出版社
出版年 | 1991
页码 | 227
ISBN | 7-5438-0220-1
分类 | D676.53

书名/责任者 | 深圳行政监察理论与实践/梁俊华，谢建文主编
出版社 | 长沙：湖南出版社
出版年 | 1991
页码 | 286
ISBN | 7-5438-0221-X
分类 | D630.9

书名/责任者 | 行政执法监察概论/梁俊华主编；王东文，邹立云，张春田，罗伟春编著
出版社 | 长沙：湖南出版社
出版年 | 1991
页码 | 210
ISBN | 7-5438-0223-6
分类 | D630.9

梁世林

书名/责任者 | 深圳市改革政府审批制度/贾和亭，梁世林主编
出版社 | 深圳：海天出版社
出版年 | 1999
页码 | 246
ISBN | 7-80654-061-X
分类 | D676.53

梁英平

书名/责任者 | 深圳十大观念解读：历史背景·文化内涵·时代价值/梁英平，谢春红著
出版社 | 广州：中山大学出版社
出版年 | 2012
页码 | 203
ISBN | 978-7-306-04247-7
分类 | D676.53

梁雨钝

书名/责任者 | 深圳失业问题研究/梁雨钝著
出版社 | 深圳：海天出版社
出版年 | 2008
页码 | 121
ISBN | 978-7-80747-256-8
分类 | D676.53

梁增昌

书名/责任者 | 深圳政法年鉴.2011/陈志新，翟忠泰，梁增昌主编；深圳政法年鉴编委会编
出版社 | 深圳：海天出版社
出版年 | 2012
页码 | 228
ISBN | 978-7-5507-0409-1
分类 | D927.653-54

书名/责任者 | 深圳政法年鉴.2012/翟

忠泰，陈志新，梁增昌主编；深圳政法年鉴编委会编
出版社 | 深圳：海天出版社
出版年 | 2013
页码 | 232
ISBN | 978-7-5507-0748-1
分类 | D927.653-54

书名/责任者 | 深圳政法年鉴.2013/钱伟，陈志新，梁增昌主编；深圳政法年鉴编委会编
出版社 | 深圳：海天出版社
出版年 | 2014
页码 | 241
ISBN | 978-7-5507-0819-8
分类 | D927.653-54

书名/责任者 | 深圳政法年鉴.2014/钱伟，陈志新，梁增昌主编；深圳政法年鉴编委会编
出版社 | 深圳：海天出版社
出版年 | 2015
页码 | 228
ISBN | 978-7-5507-1361-1
分类 | D927.653-54

书名/责任者 | 深圳政法年鉴.2015/梁增昌，邹从兵，乔智主编；深圳政法年鉴编委会编
出版社 | 深圳：海天出版社
出版年 | 2016
页码 | 243
ISBN | 978-7-5507-1438-0
分类 | D927.653-54

梁展鹏

书名/责任者 | 学习与思考：深圳市南山区各级党（工）委中心组成员学习文集/梁展鹏主编
出版社 | 北京：中央编译出版社
出版年 | 2004
页码 | 568
ISBN | 7-80211-050-5
分类 | D26-53

梁仲桓

书名/责任者 | 深圳经济特区国家公务员制度概要/张中林，梁仲桓主编
出版社 | 深圳：海天出版社
出版年 | 1989
页码 | 287
ISBN | 7-80542-234-6
分类 | D630.1

书名/责任者 | 行政学概论/梁仲桓，高国辉，杨朝仁编著
出版社 | 深圳：海天出版社
出版年 | 1993
页码 | 285
ISBN | 7-80542-816-6
分类 | D035

廖成林

书名/责任者 | 沉浮与反思：续集：1994-1999年深圳反腐败典型案例点评/廖成林主编
出版社 | 深圳：海天出版社
出版年 | 2000
页码 | 403
ISBN | 7-80654-260-4
分类 | D630.9

书名/责任者 | 激流飞舟：党的十五大以来深圳市从源头上预防和治理腐败回顾/廖成林主编
出版社 | 深圳：海天出版社
出版年 | 2001
页码 | 525
ISBN | 7-80654-591-3
分类 | D262.6-53

书名/责任者 | 两万人的20年：基建工程兵转业深圳纪实（上、中、下卷）/廖成林主编
出版社 | 广州：新世纪出版社
出版年 | 2003
页码 | 1083
ISBN | 7-5405-2623-8

分类 | D619.653

廖春柳

书名/责任者 | 用脚步丈量南洋/廖春柳著
出版社 | 广州：南方日报出版社
出版年 | 2020
页码 | 251
ISBN | 978-7-5491-2151-9
分类 | D634.333

廖大刚

书名/责任者 | 司法官职业伦理研究/廖大刚著
出版社 | 北京：中国社会科学出版社
出版年 | 2018
页码 | 205
ISBN | 978-7-5203-2447-2
分类 | D926.3

廖金泽

书名/责任者 | 女人一定要精彩：职业女性完美手册/廖金泽著
出版社 | 深圳：海天出版社
出版年 | 2002
页码 | 241
ISBN | 7-80654-849-1
分类 | D442.64

廖军文

书名/责任者 | 深圳统一战线20年/廖军文主编
出版社 | 深圳：海天出版社
出版年 | 2000
页码 | 537
ISBN | 7-80654-321-X
分类 | D613

廖名宗

书名/责任者 | 刑事赔偿的原理与执法实务/张雪林，向泽选，张长江，廖名宗著
出版社 | 北京：北京大学出版社
出版年 | 2003
页码 | 387
ISBN | 7-301-06196-X
分类 | D922.114

书名/责任者 | 深圳劳动争议典型案例评析/廖名宗编著
出版社 | 北京：法律出版社
出版年 | 2007
页码 | 275
ISBN | 978-7-5036-7399-3
分类 | D927.653.259.15

廖远飞

书名/责任者 | 深圳市市场监督管理局(知识产权局)年报.2012/廖远飞主编
出版社 | 深圳：深圳报业集团出版社
出版年 | 2013
页码 | 352
ISBN | 978-7-80709-531-6
分类 | D927.653.34

廖月晖

书名/责任者 | 经济特区与建设有中国特色社会主义/廖月晖，蔡衍振，李云鹏著
出版社 | 青岛：青岛出版社
出版年 | 1993
页码 | 154
ISBN | 7-5436-0953-3
分类 | D614

书名/责任者 | 香港公务员培训经验研究与借鉴/廖月晖主编
出版社 | 深圳：海天出版社
出版年 | 1998
页码 | 196
ISBN | 7-80615-718-2

分类 | D630.1

廖运桃

书名/责任者 | 基层民主新篇章：深圳基层民主建设纪实/廖运桃主编
出版社 | 深圳：海天出版社
出版年 | 2000
页码 | 341
ISBN | 7-80654-312-0
分类 | D625.653

林昌炽

书名/责任者 | 刑事辩护：策略、技术与案例/林昌炽，门金玲主编
出版社 | 北京：法律出版社
出版年 | 2017
页码 | 349
ISBN | 7-5197-1289-3
分类 | D925.215.04

林更斌

书名/责任者 | 深圳城市化进程中的党风廉政建设/林更斌著
出版社 | 北京：中国方正出版社
出版年 | 2004
页码 | 256
ISBN | 7-80107-871-3
分类 | D261.3

书名/责任者 | 基层治理的故事：深圳市宝安区福永街道案例/林更斌主编
出版社 | 深圳：深圳报业集团出版社
出版年 | 2017
页码 | 317
ISBN | 978-7-80709-808-9
分类 | D625.654

林晖

书名/责任者 | 高新技术风险投资法律规则/王千华，林晖著
出版社 | 深圳：海天出版社
出版年 | 2001
页码 | 427
ISBN | 7-80654-469-0
分类 | D922.282.4

林良沛

书名/责任者 | 服务型治理：深圳市坪山新区社区治理与服务创新实践/雷卫华，林良沛著
出版社 | 北京：中国社会科学出版社
出版年 | 2017
页码 | 243
ISBN | 978-7-5161-9805-6
分类 | D669.3

林石喜

书名/责任者 | 深圳反贪倡廉录/林石喜主编
出版社 | 深圳：海天出版社
出版年 | 1998
页码 | 582
ISBN | 7-80615-817-0
分类 | D630.9

书名/责任者 | 昨日的探索/林石喜著
出版社 | 北京：中国检察出版社
出版年 | 1999
页码 | 239
ISBN | 7-80086-684-X
分类 | D926.3-53

书名/责任者 | 深圳政法年鉴 .2001/孙彪，林石喜，张政锦主编
出版社 | 深圳：海天出版社
出版年 | 2001
页码 | 235
ISBN | 7-80654-715-0

分类 | D927.653.61

书名/责任者 | 深圳政法年鉴.2003/孙彪，林石喜主编
出版社 | 深圳：海天出版社
出版年 | 2001
页码 | 208
ISBN | 7-80654-715-0
分类 | D67

书名/责任者 | 深圳政法年鉴.2004/孙彪，林石喜主编
出版社 | 深圳：海天出版社
出版年 | 2004
页码 | 220
ISBN | 7-80697-083-5
分类 | D927.653-54

书名/责任者 | 深圳政法年鉴.2005/孙彪，林石喜主编
出版社 | 深圳：海天出版社
出版年 | 2005
页码 | 236
ISBN | 7-80697-799-6
分类 | D927.653-54

林祥

书名/责任者 | 崛起的中国/林祥，郭海，章泽武，梁泳梅著
出版社 | 深圳：海天出版社
出版年 | 2010
页码 | 376
ISBN | 978-7-80747-824-9
分类 | D616

林勋准

书名/责任者 | 深圳服务大全：2006/林勋准主编；深圳服务大全编委会，深圳市企业信息化协会主办
出版社 | 北京：中国人事出版社
出版年 | 2004
页码 | 618
ISBN | 7-80189-281-X
分类 | D676.53

书名/责任者 | 深圳服务大全：2007/林勋准主编；深圳服务大全编委会，深圳市企业信息化协会主办
出版社 | 北京：中国人事出版社
出版年 | 2004
页码 | 405
ISBN | 7-80189-281-X
分类 | D676.53

林一飞

书名/责任者 | 国际商事仲裁新资料选编/宋连斌，林一飞译编
出版社 | 武汉：武汉出版社
出版年 | 2001
页码 | 578
ISBN | 7-5430-2306-7
分类 | D996.1

书名/责任者 | 国际货物销售法律与实务/(英)布瑞奇著；林一飞译
出版社 | 北京：法律出版社
出版年 | 2004
页码 | 706
ISBN | 7-5036-4556-3
分类 | D996.1

书名/责任者 | 国际商事仲裁资料精选/宋连斌，林一飞译编
出版社 | 北京：知识产权出版社
出版年 | 2004
页码 | 636
ISBN | 7-80011-973-4
分类 | D997.4

书名/责任者 | 信息技术法：第二版/(英)罗兰德，(英)麦克唐纳著；宋连斌，林一飞，吕国民译
出版社 | 武汉：武汉大学出版社
出版年 | 2004
页码 | 515
ISBN | 7-307-04047-6

分类｜D912.104

书名/责任者｜商事仲裁法律报告.第1卷/林一飞，韩健主编
出版社｜北京：中信出版社
出版年｜2005
页码｜363
ISBN｜7-5086-0357-5
分类｜D915.7

书名/责任者｜国际商事仲裁法律与实务/林一飞著
出版社｜北京：中信出版社
出版年｜2005
页码｜405
ISBN｜7-5086-0312-5
分类｜D997.4

书名/责任者｜最新商事仲裁与司法实务专题案例.第一卷/林一飞编著
出版社｜北京：对外经济贸易大学出版社
出版年｜2008
页码｜218
ISBN｜978-7-81134-259-8
分类｜D997.4

书名/责任者｜最新商事仲裁与司法实务专题案例.第二卷/林一飞主编
出版社｜北京：对外经济贸易大学出版社
出版年｜2009
页码｜249
ISBN｜978-7-81134-609-1
分类｜D997.4

书名/责任者｜担保法律与诉讼仲裁实务/林一飞主编
出版社｜北京：对外经济贸易大学出版社
出版年｜2010
页码｜375
ISBN｜978-7-81134-873-6
分类｜D923.24

书名/责任者｜最新商事仲裁与司法实务专题案例.第三卷/林一飞主编
出版社｜北京：对外经济贸易大学出版社
出版年｜2010
页码｜210
ISBN｜978-7-81134-777-7
分类｜D997.4

书名/责任者｜最新商事仲裁与司法实务专题案例.第四卷/林一飞主编
出版社｜北京：对外经济贸易大学出版社
出版年｜2010
页码｜197
ISBN｜978-7-81134-821-7
分类｜D997.4

书名/责任者｜最新商事仲裁与司法实务专题案例.第五卷/林一飞主编
出版社｜北京：对外经济贸易大学出版社
出版年｜2011
页码｜220
ISBN｜978-7-81134-934-4
分类｜D997.4

书名/责任者｜最新商事仲裁与司法实务专题案例.第六卷/林一飞主编
出版社｜北京：对外经济贸易大学出版社
出版年｜2011
页码｜219
ISBN｜978-7-5663-0011-9
分类｜D997.4

书名/责任者｜商事仲裁实务精要/林一飞著
出版社｜北京：北京大学出版社
出版年｜2016
页码｜355
ISBN｜978-7-301-24834-8
分类｜D997.4

林英男

书名/责任者 | 中国行政体制简史/林英男编著
出版社 | 昆明：云南教育出版社
出版年 | 1988
页码 | 189
ISBN | 7-5415-0139-5
分类 | D69-43

林源昌

书名/责任者 | 弄潮集/林源昌著
①
出版社 | 深圳：海天出版社
出版年 | 1995
页码 | 343
ISBN | 7-80615-198-2
分类 | D602
②
出版社 | 深圳：海天出版社
出版年 | 2005
页码 | 836
ISBN | 7-80615-198-2
分类 | D602

林祖基

书名/责任者 | 高扬团结和民主的主题曲：深圳政协工作文集/林祖基主编
出版社 | 深圳：海天出版社
出版年 | 2000
页码 | 297
ISBN | 7-80654-207-8
分类 | D664.653

蔺蔚青

书名/责任者 | 走向一体化的东盟/杨刚勇，王质战，蔺蔚青，刘继国著
出版社 | 深圳：海天出版社
出版年 | 2010
页码 | 322
ISBN | 978-7-80747-821-8
分类 | D814.1

凌冲

书名/责任者 | 中国深圳义务工作发展报告/谭建光，凌冲主编
出版社 | 广州：广东人民出版社
出版年 | 2005
页码 | 267
ISBN | 7-218-04867-6
分类 | D432.865.3

凌翔

书名/责任者 | 采菊南山/凌翔著
出版社 | 北京：中国检察出版社
出版年 | 2011
页码 | 403
ISBN | 978-7-5102-0363-3
分类 | D926.3-53

凌征虎

书名/责任者 | 企业刑事法律顾问/凌征虎著
出版社 | 北京：法律出版社
出版年 | 2021
页码 | 275
ISBN | 978-7-5197-5351-1
分类 | D924.334

书名/责任者 | 上市公司刑事合规指引/凌征虎著
出版社 | 北京：法律出版社
出版年 | 2022
页码 | 447
ISBN | 978-7-5197-6581-1
分类 | D924.399.4

刘澄清

书名/责任者 | 破坏自然资源的犯罪/刘澄清，王钢平主编
出版社 | 北京：中国检察出版社
出版年 | 1992
页码 | 401
ISBN | 7-80086-059-0
分类 | D92

书名/责任者 | 走私、制造、贩卖、运输毒品罪/刘澄清主编
出版社 | 北京：中国检察出版社
出版年 | 1992
页码 | 274
ISBN | 7-80086-044-2
分类 | D92

书名/责任者 | 中国与国际私法统一化进程/李双元，刘澄清，许光耀，张茂，郑远民修订
出版社 | 武汉：武汉大学出版社
出版年 | 1993
页码 | 638
ISBN | 7-307-02496-9
分类 | D99

书名/责任者 | 担保法律实务/刘澄清编著
出版社 | 北京：中国人民公安大学出版社
出版年 | 1996
页码 | 417
ISBN | 7-81011-784-X
分类 | D91

书名/责任者 | 公司并购法律实务/刘澄清著
出版社 | 北京：法律出版社
出版年 | 1998
页码 | 284
ISBN | 7-5036-2398-5
分类 | D91

刘达华

书名/责任者 | 现代社区研究：农村城市化进程中的社区建设与管理/刘达华著
出版社 | 深圳：海天出版社
出版年 | 2006
页码 | 318
ISBN | 7-80697-814-3
分类 | D669.3

刘东风

书名/责任者 | 少年法堂/刘东风编著
出版社 | 深圳：海天出版社
出版年 | 2006
页码 | 384
ISBN | 7-80697-881-X
分类 | D922.183.5

刘恩

书名/责任者 | 领导干部讲党课/刘恩主编；中共深圳市直属机关工作委员会编
出版社 | 深圳：海天出版社
出版年 | 2005
页码 | 400
ISBN | 7-80697-580-2
分类 | D261.42

刘国林

书名/责任者 | 民政理论与实务：讲座/刘伟能，刘国林主编
出版社 | 北京：中共中央党校出版社
出版年 | 1993
页码 | 470
ISBN | 7-5035-0722-5
分类 | D632

书名/责任者 | 现代慈善随想录/刘国林著
出版社 | 北京：中国社会出版社
出版年 | 2014

页码 | 179
ISBN | 978-7-5087-4698-2
分类 | D632.1-53

书名/责任者 | 物权请求权的诉讼时效适用问题研究/刘国林著
出版社 | 北京：法律出版社
出版年 | 2016
页码 | 217
ISBN | 978-7-5118-9257-7
分类 | D925.105

书名/责任者 | 股权转让常见纠纷的裁判规则/刘国林编著
出版社 | 北京：中国法制出版社
出版年 | 2017
页码 | 744
ISBN | 978-7-5093-8197-7
分类 | D925.18

书名/责任者 | 土地、房屋租赁疑难问题理论解答与案例指引/刘国林编著
出版社 | 北京：人民法院出版社
出版年 | 2018
页码 | 489
ISBN | 978-7-5109-2196-4
分类 | D922.304

刘继国

书名/责任者 | 渎职犯罪司法适用/陈斌，刘继国，蒋克斌，丁猛著
出版社 | 北京：法律出版社
出版年 | 2006
页码 | 648
ISBN | 7-5036-6461-4
分类 | D924.393.4

书名/责任者 | 走向一体化的东盟/杨刚勇，王质战，蔺蔚青，刘继国著
出版社 | 深圳：海天出版社
出版年 | 2010
页码 | 322
ISBN | 978-7-80747-821-8
分类 | D814.1

刘佳胜

书名/责任者 | 深圳房地产产权手册/刘佳胜主编
出版社 | 深圳：海天出版社
出版年 | 2001
页码 | 250
ISBN | 7-80654-525-5
分类 | D923.2-44

刘建柱

书名/责任者 | 站在新世纪的起点/刘建柱主编
出版社 | 北京：中国检察出版社
出版年 | 2002
页码 | 439
ISBN | 7-80086-978-4
分类 | D926.3-53

书名/责任者 | 入世后检察工作新视野（上、下卷）/刘建柱主编
出版社 | 北京：中国检察出版社
出版年 | 2003
页码 | 1302
ISBN | 7-80185-214-1
分类 | D926.32-53

书名/责任者 | 检察实务疑难问题研究/刘建柱主编
出版社 | 北京：中国检察出版社
出版年 | 2004
页码 | 703
ISBN | 7-80185-292-3
分类 | D926.3-53

书名/责任者 | 检察业务探索：深圳市第十届检察理论研讨会获奖论文集/刘建柱主编
出版社 | 北京：中国检察出版社
出版年 | 2005
页码 | 817
ISBN | 7-80185-406-3
分类 | D926.3-53

书名/责任者 | 社区党风廉政建设读本/刘建柱编
出版社 | 深圳：海天出版社
出版年 | 2008
页码 | 478
ISBN | 978-7-80747-092-2
分类 | D262.6

刘俊

书名/责任者 | 法学通论/公丕祥，刘俊主编
出版社 | 南京：东南大学出版社
出版年 | 1989
页码 | 313
ISBN | 7-81023-319-7
分类 | D90

书名/责任者 | 《中华人民共和国劳动法》讲解/黎建飞主编；程延园，刘俊，井涛，胡桂丰撰
出版社 | 北京：中国政法大学出版社
出版年 | 1994
页码 | 298
ISBN | 7-5620-1276-8
分类 | D922.504

书名/责任者 | 法学概论：第二版/夏锦文主编；刘俊，高新华，叶晓辉撰稿
出版社 | 北京：中国人民大学出版社
出版年 | 2005
页码 | 291
ISBN | 7-300-06667-4
分类 | D90

书名/责任者 | 中国土地法理论研究/刘俊著
出版社 | 北京：法律出版社
出版年 | 2006
页码 | 6406
ISBN | 7-5036-6411-8
分类 | D922.301

书名/责任者 | 法学概论：第三版/夏锦文主编；刘俊，陈小洁，高新华撰稿
出版社 | 北京：中国人民大学出版社
出版年 | 2009
页码 | 296
ISBN | 978-7-300-09891-3
分类 | D90

刘琳

书名/责任者 | 没有“主义”的北欧/刘琳，刘晓玲，周笑冰，路云辉著
出版社 | 深圳：海天出版社
出版年 | 2010
页码 | 363
ISBN | 978-7-80747-818-8
分类 | D753

刘敏

书名/责任者 | 深圳城市更新法律与实务：法规政策卷/刘敏主编
出版社 | 北京：法律出版社
出版年 | 2018
页码 | 601-1601
ISBN | 978-7-5197-1709-4
分类 | D927.653.229.74

书名/责任者 | 深圳城市更新法律与实务：实务指引卷/刘敏主编
出版社 | 北京：法律出版社
出版年 | 2018
页码 | 597
ISBN | 978-7-5197-1709-4
分类 | D927.653.229.74

刘明

书名/责任者 | 基本国情与基本路线教育讲话/刘明主编
出版社 | 北京：经济日报出版社
出版年 | 1991
页码 | 169
ISBN | 7-80036-370-8
分类 | D614

书名 / 责任者 | 罗湖桥头话九七 / 刘明主编；王健，卢裕，叶文冰，刘晓青撰稿
出版社 | 北京：人民出版社
出版年 | 1997
页码 | 265
ISBN | 7-01-002727-7
分类 | D676.58

书名 / 责任者 | 我是共产党员 / 陈威，刘明主编
出版社 | 深圳：海天出版社
出版年 | 2001
页码 |
ISBN | 7-80654-553-0
分类 | D263

书名 / 责任者 | "三个代表"重要思想党建理论研究 / 白河，温敬元，刘明著
出版社 | 北京：中共中央党校出版社
出版年 | 2005
页码 | 190
ISBN | 7-5035-3348-X
分类 | D26

书名 / 责任者 | 长期执政条件下政党权威的巩固 / 刘明著
出版社 | 北京：社会科学文献出版社
出版年 | 2018
页码 | 264
ISBN | 978-7-5097-6505-0
分类 | D25

刘平凡

书名 / 责任者 | 刑事辩护规范化：文书卷宗示范 / 刘平凡主编
出版社 | 北京：法律出版社
出版年 | 2018
页码 | 474
ISBN | 978-7-5197-2929-5
分类 | D926.13

书名 / 责任者 | 公司刑商事法律风险防控实务 / 刘平凡主编
出版社 | 北京：法律出版社
出版年 | 2020
页码 | 238
ISBN | 978-7-5197-4362-8
分类 | D922.291.914

书名 / 责任者 | 建筑房地产企业刑事高频风险防控实务 / 刘平凡主编
出版社 | 北京：法律出版社
出版年 | 2020
页码 | 242
ISBN | 978-7-5197-4355-0
分类 | D924.04

刘润华

书名 / 责任者 | 香港政府的角色与借鉴 / 刘润华著
出版社 | 深圳：海天出版社
出版年 | 1997
页码 | 156
ISBN | 7-80654-018-0
分类 | D625.658

书名 / 责任者 | 安民立政 / 刘润华著述
出版社 | 深圳：深圳报业集团出版社
出版年 | 2008
页码 | 220
ISBN | 978-7-80709-149-3
分类 | D632-53

书名 / 责任者 | 民政 30 年：深圳卷：1978 年 -2008 年 / 刘润华主编
出版社 | 北京：中国社会出版社
出版年 | 2008
页码 | 214
ISBN | 978-7-5087-2356-3
分类 | D632

刘胜利

书名 / 责任者 | 国际纺织服装市场遵循的技术法规与标准解析 / 刘胜利主编；深圳出入境检验检疫局编著
出版社 | 北京：中国标准出版社

出版年 | 2005
页码 | 356
ISBN | 7-5066-3807-X
分类 | D912.1

刘世雄

书名/责任者 | 中国消费区域差异特征分析：基于中国当代文化价值的实证研究/刘世雄著
出版社 | 上海：三联书店
出版年 | 2007
页码 | 260
ISBN | 978-7-5426-2484-0
分类 | D669.3

刘曙光

书名/责任者 | 行政法基本知识/张焕光，刘曙光，苏尚智著
出版社 | 太原：山西人民出版社
出版年 | 1986
页码 | 215
ISBN | 6088.11
分类 | D912.1

书名/责任者 | 公务员职位分类比较研究/刘曙光，陈广编著
出版社 | 深圳：海天出版社
出版年 | 2003
页码 | 162
ISBN | 7-80697-083-5
分类 | D630.3

刘伟

书名/责任者 | 蛇口梦开始的地方：致敬改革开放 40 年/许永军，刘伟主编
出版社 | 北京：人民日报出版社
出版年 | 2018
页码 | 351
ISBN | 978-7-5115-5515-1
分类 | D619.653

刘文韶

书名/责任者 | 深圳：对外开放与精神文明建设/刘文韶著
出版社 | 深圳：海天出版社
出版年 | 1989
页码 | 139
ISBN | 7-80542-123-4
分类 | D676.53

书名/责任者 | 香港知识手册/刘文韶，唐火照主编；深圳市港澳经济研究会编著
出版社 | 北京：中国金融出版社
出版年 | 1993
页码 | 704
ISBN | 7-5049-1154-3
分类 | D676.58

刘晓春

书名/责任者 | 所得税法实用教程/肖汉奇，郑国生主编；周天林，许崇苗，李莉，刘晓春撰
出版社 | 北京：中国法制出版社
出版年 | 1995
页码 | 237
ISBN | 7-80083-230-9
分类 | D922.22-43

书名/责任者 | 国际货物买卖典型仲裁案例/郭晓文，刘晓春主编
出版社 | 北京：对外经济贸易大学出版社
出版年 | 2014
页码 | 244
ISBN | 978-7-5663-1231-0
分类 | D996.1

书名/责任者 | 《深圳国际仲裁院仲裁规则》理解与适用/刘晓春主编；深圳国际仲裁院编著
出版社 | 北京：北京大学出版社
出版年 | 2020
页码 | 252
ISBN | 978-7-301-31823-2

分类 | D927.653.57

书名/责任者 | 泉眼无声：国际仲裁的特区故事/刘晓春主编；深圳国际仲裁院编
出版社 | 北京：北京大学出版社
出版年 | 2020
页码 | 623
ISBN | 978-7-301-31513-2
分类 | D994-53

书名/责任者 | 不可抗力与情势变更典型仲裁案例选编：从突发公共卫生事件出发/刘晓春主编
出版社 | 北京：北京大学出版社
出版年 | 2020
页码 | 306
ISBN | 978-7-301-31483-8
分类 | D925.705

书名/责任者 | “对赌协议”典型仲裁案例与实务精要/刘晓春主编
出版社 | 北京：北京大学出版社
出版年 | 2021
页码 | 470
ISBN | 978-7-301-32732-6
分类 | D922.280.5

书名/责任者 | 知识产权典型仲裁案例与实务精要/刘晓春主编
出版社 | 北京：北京大学出版社
出版年 | 2021
页码 | 402
ISBN | 978-7-301-32747-0
分类 | D923.405

刘晓玲

书名/责任者 | 没有“主义”的北欧/刘琳，刘晓玲，周笑冰，路云辉著
出版社 | 北京：中国人民大学出版社
出版年 | 2009
页码 | 363
ISBN | 978-7-80747-818-8
分类 | D753

书名/责任者 | 城市社区数字化管理/李东泉，刘晓玲著
出版社 | 北京：中国人民大学出版社
出版年 | 2009
页码 | 213
ISBN | 978-7-300-11416-3
分类 | D669.3-39

书名/责任者 | 经济发达城市中贫困儿童福利研究：以深圳为例/刘晓玲著
出版社 | 北京：中国社会科学出版社
出版年 | 2016
页码 | 245
ISBN | 978-7-5161-8164-5
分类 | D632.1

刘筱琳

书名/责任者 | 中国涉外经济法概论/李泽沛主编；马鸿翔，王秋华，刘筱琳，沈木珠撰稿
出版社 | 北京：法律出版社
出版年 | 1989
页码 | 462
ISBN | 7-5036-0558-8
分类 | D922.295

刘娅

书名/责任者 | 转型期政治：机制的突破与困扰：以深圳为例的实证研究/刘娅著
出版社 | 北京：中国社会科学出版社
出版年 | 2011
页码 | 317
ISBN | 978-7-5004-9562-8
分类 | D676.35

刘燕

书名/责任者 | 青春的旋律：深圳青少年学习“三个代表”重要思想/袁宝成，张文，刘燕主编
出版社 | 深圳：海天出版社

出版年｜2003
页码｜270
ISBN｜7-80697-045-2
分类｜D261-49

书名/责任者｜时代的歌谣：深圳青少年学习“三个代表”重要思想/袁宝成，张文，刘燕主编
出版社｜深圳：海天出版社
出版年｜2003
页码｜100
ISBN｜7-80697-045-2
分类｜D261-49

刘阳

书名/责任者｜对中美贸易摩擦的专题法律研究/刘阳著
出版社｜大连：东北财经大学出版社
出版年｜2006
页码｜211
ISBN｜7-81084-894-1
分类｜D971.222.9

刘颖

书名/责任者｜美国法典．宪法行政法卷/吴新平，刘颖主编
出版社｜北京：中国社会科学出版社
出版年｜1993
页码｜838
ISBN｜7-5004-1277-0
分类｜D971.209

书名/责任者｜大额电子支付的法律基础：以美国《统一商法典》第4A编为中心的论述/刘颖著
出版社｜北京：北京邮电大学出版社
出版年｜2001
页码｜244
ISBN｜7-5635-0501-6
分类｜D971.239.9

书名/责任者｜电子资金划拨法律问题研究/刘颖著
出版社｜北京：法律出版社
出版年｜2001
页码｜623
ISBN｜7-5036-3470-7
分类｜D912.280.4

书名/责任者｜国际经济法/刘颖，邓瑞平著
出版社｜北京：中信出版社
出版年｜2003
页码｜750
ISBN｜7-80073-705-5
分类｜D996

书名/责任者｜网络法研究/齐爱民，刘颖主编
出版社｜北京：法律出版社
出版年｜2003
页码｜489
ISBN｜7-5036-3835-4
分类｜D922.174

书名/责任者｜国际经济法资料选编．上册．世界贸易组织法、国际贸易法、货物运输法：中英文对照/刘颖，吕国民编
出版社｜北京：中信出版社
出版年｜2004
页码｜583
ISBN｜7-5086-0308-7
分类｜D996

书名/责任者｜国际经济法资料选编．下册．国际投资法、国际金融法、国际税法：中英文对照/刘颖，吕国民编
出版社｜北京：中信出版社
出版年｜2004
页码｜497
ISBN｜7-5086-0307-9
分类｜D996

书名/责任者｜国际私法资料选编：中英文对照/刘颖，吕国民编
出版社｜北京：中信出版社
出版年｜2004
页码｜541

ISBN | 7-5086-0281-1
分类 | D997

书名/责任者 | 电子银行风险法律问题研究/刘颖著
出版社 | 北京：法律出版社
出版年 | 2016
页码 | 309
ISBN | 978-7-5118-8935-5
分类 | D922.281.4

刘志山

书名/责任者 | 移民社区的思想道德教育：以新兴移民城市深圳特区为例/刘志山著
出版社 | 福州：福建教育出版社
出版年 | 2005
页码 | 224
ISBN | 7-5334-4204-0
分类 | D648.3

书名/责任者 | 移民文化及其伦理价值/刘志山主编
出版社 | 北京：商务印书馆
出版年 | 2010
页码 | 334
ISBN | 978-7-100-07214-4
分类 | D632.4

书名/责任者 | 移民文化论丛 .2012/刘志山主编
出版社 | 北京：中国社会科学出版社
出版年 | 2013
页码 | 226
ISBN | 978-7-5161-3470-2
分类 | D632.4

书名/责任者 | 移民文化论丛 .2013/刘志山主编
出版社 | 北京：中国社会科学出版社
出版年 | 2015
页码 | 187
ISBN | 978-7-5161-5628-5
分类 | D632.4-53

书名/责任者 | 社会主义核心价值观的多维视域/刘志山主编
出版社 | 广州：广东人民出版社
出版年 | 2018
页码 | 199
ISBN | 978-7-218-13036-1
分类 | D616

柳光敏

书名/责任者 | 敢闯敢试：改革开放以来深圳创造的全国“率先”（上、中、下）/黄漫娥，柳光敏主编；中国人民政治协商会议广东省深圳市委员会编
出版社 | 深圳：海天出版社
出版年 | 2018
页码 | 1049
ISBN | 978-7-5507-2482-2
分类 | D619.653

龙非

书名/责任者 | 证券虚假陈述风险及应对/韩国良，杨久莹，龙非主编
出版社 | 北京：法律出版社
出版年 | 2023
页码 | 340
ISBN | 978-7-5197-7716-6
分类 | D922.287.5

隆仕明

书名/责任者 | 深圳经济特区劳动法理论与实务/谭国箱主编；谢光永，隆仕明，辛向前，刘丽敏编著
出版社 | 北京：中国社会出版社
出版年 | 1997
页码 | 540
ISBN | 7-80088-952-1
分类 | D922.5

书名/责任者 | 劳动者劳动权益保护法律实务/隆仕明编著

出版社｜北京：法律出版社
出版年｜2007
页码｜294
ISBN｜978-7-5036-7491-4
分类｜D922.504

卢惠概

书名/责任者｜路：深圳市龙岗区纪检监察理论与实践/卢惠概主编
出版社｜广州：花城出版社
出版年｜1995
页码｜164
ISBN｜7-5360-2191-7
分类｜D630.9

卢林

书名/责任者｜法人的经济纠纷与诉讼/蒋中全，袁艺，卢林编著
出版社｜重庆：重庆出版社
出版年｜1992
页码｜287
ISBN｜7-5366-1937-5
分类｜D925

书名/责任者｜公司犯罪论：以中美公司犯罪比较研究为视角/卢林著
出版社｜北京：法律出版社
出版年｜2010
页码｜268
ISBN｜978-7-5118-1283-4
分类｜D924.334

书名/责任者｜制度转型及风险管理/卢林主编
出版社｜上海：上海人民出版社
出版年｜2010
页码｜347
ISBN｜978-7-208-09039-2
分类｜D521-53

书名/责任者｜律师从事破产清算业务指导标准/卢林主编
出版社｜北京：法律出版社
出版年｜2015
页码｜391
ISBN｜978-7-5118-7663-8
分类｜D922.291.92

书名/责任者｜深圳经济特区个人破产条例草案建议稿附理由/卢林主编
出版社｜北京：法律出版社
出版年｜2016
页码｜356
ISBN｜978-7-5118-9254-6
分类｜D927.653.229.192.4

书名/责任者｜公司清算与破产：理论、实务及操作建议/卢林主编
出版社｜北京：法律出版社
出版年｜2020
页码｜312
ISBN｜978-7-5197-4396-3
分类｜D922.291.924

卢然达

书名/责任者｜政府采购法律实务与案例精析/卢然达，吕凡，杜恺，苏海波著；樊永强主编
出版社｜北京：法律出版社
出版年｜2018
页码｜473
ISBN｜978-7-5197-2453-5
分类｜D922.204

路云辉

书名/责任者｜没有“主义”的北欧/刘琳，刘晓玲，周笑冰，路云辉著
出版社｜深圳：海天出版社
出版年｜2010
页码｜363
ISBN｜978-7-80747-818-8
分类｜D753

书名/责任者｜深圳党建创新之路/路云

辉主编
出版社 | 北京：中国社会科学出版社
出版年 | 2018
页码 | 192
ISBN | 978-7-5203-3106-7
分类 | D235.653

书名/责任者 | 新时代党的建设思想与深圳实践/路云辉主编
出版社 | 深圳：海天出版社
出版年 | 2019
页码 | 320
ISBN | 978-7-5507-2657-4
分类 | D26

罗思

书名/责任者 | 深圳法治发展报告.2018/罗思主编
出版社 | 北京：社会科学文献出版社
出版年 | 2018
页码 | 323
ISBN | 978-7-5201-2760-8
分类 | D927.653.00

书名/责任者 | 深圳法治发展报告.2019/罗思主编；深圳市社会科学院，深圳市法学会编
出版社 | 北京：社会科学文献出版社
出版年 | 2019
页码 | 373
ISBN | 978-7-5201-4860-3
分类 | D927.653.00

书名/责任者 | 深圳法治发展报告.2020/罗思主编
出版社 | 北京：社会科学文献出版社
出版年 | 2020
页码 | 356
ISBN | 978-7-5201-7022-2
分类 | D927.653

书名/责任者 | 党的全面领导制度的深圳实践/罗思著
出版社 | 北京：中国社会科学出版社
出版年 | 2021
页码 | 236
ISBN | 978-7-5203-8859-7
分类 | D25

书名/责任者 | 深圳法治发展报告.2021/罗思主编
出版社 | 北京：社会科学文献出版社
出版年 | 2021
页码 | 319
ISBN | 978-7-5201-8698-8
分类 | D927.653

书名/责任者 | 深圳法治发展报告.2022/罗思主编
出版社 | 北京：社会科学文献出版社
出版年 | 2022
页码 | 372
ISBN | 978-7-5228-0495-8
分类 | D927.653

书名/责任者 | 深圳法治发展报告.2023/罗思主编
出版社 | 北京：社会科学文献出版社
出版年 | 2023.07
页码 | 362
ISBN | 978-7-5228-2012-5
分类 | D927.653

罗旭红

书名/责任者 | 刑法案例选编/罗旭红编著
出版社 | 北京：群众出版社
出版年 | 2003
页码 | 477
ISBN | 7-5014-2896-4
分类 | D924.05

书名/责任者 | 公安刑事办案程序通论/罗旭红，杨学军著
出版社 | 北京：中国人民公安大学出版社
出版年 | 2008
页码 | 336
ISBN | 978-7-81139-224-1

分类 | D918

罗振辉

书名/责任者 | 互联网金融之 P2P 法律实务/罗振辉编著
出版社 | 北京：法律出版社
出版年 | 2017
页码 | 265
ISBN | 978-7-5197-1409-3
分类 | D923.64

书名/责任者 | 网络安全与数据合规法律实务/罗振辉著
出版社 | 北京：中国法制出版社
出版年 | 2023
页码 | 254
ISBN | 978-7-5216-3220-0
分类 | D922.17

罗忠政

书名/责任者 | 爆款炼成记：深圳政务传播精品案例解析/罗忠政主编；深圳市深网舆情研究院编著
出版社 | 深圳：海天出版社
出版年 | 2019
页码 | 217
ISBN | 978-7-5507-2798-4
分类 | D625.653-39

骆金其

书名/责任者 | 党建党史教育辅导读本/骆金其，杨麻主编
出版社 | 深圳：海天出版社
出版年 | 1991
页码 | 201
ISBN | 7-80542-374-1
分类 | D26

书名/责任者 | 党员“三基本”教育问题解答/骆金其，杨麻，谢俊著
出版社 | 北京：中国铁道出版社
出版年 | 1991
页码 | 221
ISBN | 7-113-01069-5
分类 | D261.1

吕凡

书名/责任者 | 政府采购法律实务与案例精析/卢然达，吕凡，杜恺，苏海波著；樊永强主编
出版社 | 北京：法律出版社
出版年 | 2018
页码 | 473
ISBN | 978-7-5197-2453-5
分类 | D922.204

吕十立

书名/责任者 | 最后的“珍珠”：深圳大鹏东山村调查/吕十立，邹小辛著
出版社 | 深圳：深圳报业集团出版社
出版年 | 2021
页码 | 267
ISBN | 978-7-80709-970-3
分类 | D668

吕延涛

书名/责任者 | 老乡：对中国西北一个移民村庄的一线调查/吕延涛著
出版社 | 北京：中国人民大学出版社
出版年 | 2016
页码 | 209
ISBN | 978-7-300-22395-7
分类 | D668

吕友臣

书名/责任者 | 行政法学/吕友臣主编；冯慧等撰稿
出版社 | 北京：西苑出版社

出版年 | 1999
页码 | 232
ISBN | 7-80108-208-7
分类 | D912.101

书名/责任者 | 海关法律热点问题研究/吕友臣主编
出版社 | 深圳：海天出版社
出版年 | 2016
页码 | 247
ISBN | 978-7-5507-1838-8
分类 | D922.221.4

书名/责任者 | 海关行政处罚案件的理论和实践/吕友臣主编
出版社 | 深圳：海天出版社
出版年 | 2017
页码 | 11,279
ISBN | 978-7-5507-2217-0
分类 | D922.221.5

书名/责任者 | 走私罪实务研究/吕友臣主编
出版社 | 深圳：海天出版社
出版年 | 2019
页码 | 347
ISBN | 978-7-5507-2731-1
分类 | D924.334

书名/责任者 | 跨境电商法律实务一本通/吕友臣主编
出版社 | 深圳：海天出版社
出版年 | 2020
页码 | 223
ISBN | 978-7-5507-2917-9
分类 | D922.294

书名/责任者 | 进出口通关法律实务/吕友臣主编
出版社 | 北京：中国政法大学出版社
出版年 | 2021
页码 | 261
ISBN | 978-7-5764-0154-7
分类 | D922.221

吕元礼

书名/责任者 | 权力的魔方/杨麻，吕元礼著
出版社 | 深圳：海天出版社
出版年 | 1994
页码 | 237
ISBN | 7-80615-005-6
分类 | D033

书名/责任者 | 行政文化论/林木萍，杨麻主编；程效，吕元礼副主编
出版社 | 北京：北京体育学院出版社
出版年 | 1996
页码 | 310
ISBN | 7-81003-561-8
分类 | D523

书名/责任者 | 权力与个性/吕元礼，谢志强著
出版社 | 南昌：江西人民出版社
出版年 | 1999
页码 | 264
ISBN | 7-210-02044-6
分类 | D033

书名/责任者 | 政治文化：转型与整合/吕元礼著
出版社 | 南昌：江西人民出版社
出版年 | 1999
页码 | 173
ISBN | 7-210-02232-5
分类 | D0

书名/责任者 | 亚洲价值观：新加坡政治的诠释/吕元礼著
出版社 | 南昌：江西人民出版社
出版年 | 2002
页码 | 9,658
ISBN | 7-210-02572-3
分类 | D733.90

书名/责任者 | 政治文化：传统与现代的会通/吕元礼著
出版社 | 北京：人民出版社
出版年 | 2004

页码 | 378
ISBN | 7-01-004408-2
分类 | D69

书名/责任者 | 新加坡为什么能．上卷：一党长期执政何以保持活力、廉洁？/吕元礼著
出版社 | 南昌：江西人民出版社
出版年 | 2007
页码 | 299
ISBN | 978-7-210-03635-7
分类 | D733.9

书名/责任者 | 新加坡为什么能．下卷：和谐社会是怎样建成的？/吕元礼著
出版社 | 南昌：江西人民出版社
出版年 | 2007
页码 | 170
ISBN | 978-7-210-03635-7
分类 | D733.9

书名/责任者 | 鱼尾狮的政治学：新加坡执政党的治国之道/吕元礼，黄锐波，邱全东，黄薇著
出版社 | 南昌：江西人民出版社
出版年 | 2007
页码 | 276
ISBN | 7-210-03517-6
分类 | D733.964

书名/责任者 | 鱼尾狮智慧：新加坡政治与治理/吕元礼，黄锐波，邱全东，黄薇著
出版社 | 北京：经济管理出版社
出版年 | 2010
页码 | 440
ISBN | 978-7-5096-0970-5
分类 | D733.9

书名/责任者 | 新加坡治贪为什么能？/吕元礼著
出版社 | 广州：广东人民出版社
出版年 | 2011
页码 | 232
ISBN | 978-7-218-07141-1
分类 | D733.934

书名/责任者 | 廉洁城市何以可能：华人社会的实践与探索/陈章联，赵嘉，吕元礼主编
出版社 | 北京：中国方正出版社
出版年 | 2013
页码 | 237
ISBN | 978-7-80216-906-7
分类 | D523.4

书名/责任者 | 问政李光耀：新加坡如何有效治理？/刘歆，吕元礼，刘宇红，曾园俐著
出版社 | 天津：天津人民出版社
出版年 | 2015
页码 | 315
ISBN | 978-7-201-09278-2
分类 | D733.93

书名/责任者 | 新加坡为什么能/吕元礼著
出版社 | 南昌：江西人民出版社
出版年 | 2016
页码 | 320
ISBN | 978-7-210-08247-7
分类 | D733.964

成 / 马鸿翔 / 马华平 / 马敬仁 / 马欣川 / 孟伟 / 孟昭文 / 莫世祥 / 莫小培 / 莫志敏 / 马成 / 马鸿翔 / 马华平 / 马敬
/ 孟伟 / 孟昭文 / 莫世祥 / 莫小培 / 莫志敏 / 马成 / 马鸿翔 / 马华平 / 马敬仁 / 马欣川 / 孟伟 / 孟昭文 / 莫世祥 /
志敏 / 马成 / 马鸿翔 / 马华平 / 马敬仁 / 马欣川 / 孟伟 / 孟昭文 / 莫世祥 / 莫小培 / 莫志敏 / 马成 / 马鸿翔 / 马华
/ 马欣川 / 孟伟 / 孟昭文 / 莫世祥 / 莫小培 / 莫志敏 / 马成 / 马鸿翔 / 马华平 / 马敬仁 / 马欣川 / 孟伟 / 孟昭文 /
小培 / 莫志敏 / 马成 / 马鸿翔 / 马华平 / 马敬仁 / 马欣川 / 孟伟 / 孟昭文 / 莫世祥 / 莫小培 / 莫志敏 / 马成 / 马鸿
/ 马敬仁 / 马欣川 / 孟伟 / 孟昭文 / 莫世祥 / 莫小培 / 莫志敏 / 马成 / 马鸿翔 / 马华平 / 马敬仁 / 马欣川 / 孟伟 /
世祥 / 莫小培 / 莫志敏 / 马成 / 马鸿翔 / 马华平 / 马敬仁 / 马欣川 / 孟伟 / 孟昭文 / 莫世祥 / 莫小培 / 莫志敏 / 马
/ 马华平 / 马敬仁 / 马欣川 / 孟伟 / 孟昭文 / 莫世祥 / 莫小培 / 莫志敏 / 马成 / 马鸿翔 / 马华平 / 马敬仁 / 马欣川
昭文 / 莫世祥 / 莫小培 / 莫志敏 / 马成 / 马鸿翔 / 马华平 / 马敬仁 / 马欣川 / 孟伟 / 孟昭文 / 莫世祥 / 莫小培 / 莫
/ 马鸿翔 / 马华平 / 马敬仁 / 马欣川 / 孟伟 / 孟昭文 / 莫世祥 / 莫小培 / 莫志敏 / 马成 / 马鸿翔 / 马华平 / 马敬仁
孟伟 / 孟昭文 / 莫世祥 / 莫小培 / 莫志敏 / 马成 / 马鸿翔 / 马华平 / 马敬仁 / 马欣川 / 孟伟 / 孟昭文 / 莫世祥 / 莫
敏 / 马成 / 马鸿翔 / 马华平 / 马敬仁 / 马欣川 / 孟伟 / 孟昭文 / 莫世祥 / 莫小培 / 莫志敏 / 马成 / 马鸿翔 / 马华平
马欣川 / 孟伟 / 孟昭文 / 莫世祥 / 莫小培 / 莫志敏 / 马成 / 马鸿翔 / 马华平 / 马敬仁 / 马欣川 / 孟伟 / 孟昭文 / 莫
培 / 莫志敏 / 马成 / 马鸿翔 / 马华平 / 马敬仁 / 马欣川 / 孟伟 / 孟昭文 / 莫世祥 / 莫小培 / 莫志敏 / 马成 / 马鸿翔
马敬仁 / 马欣川 / 孟伟 / 孟昭文 / 莫世祥 / 莫小培 / 莫志敏 / 马成 / 马鸿翔 / 马华平 / 马敬仁 / 马欣川 / 孟伟 / 孟
祥 / 莫小培 / 莫志敏 / 马成 / 马鸿翔 / 马华平 / 马敬仁 / 马欣川 / 孟伟 / 孟昭文 / 莫世祥 / 莫小培 / 莫志敏 / 马成
马华平 / 马敬仁 / 马欣川 / 孟伟 / 孟昭文 / 莫世祥 / 莫小培 / 莫志敏 / 马成 / 马鸿翔 / 马华平 / 马敬仁 / 马欣川 /

M

马成

书名/责任者｜金融诈骗罪疑难问题研究：理论分析与实践展开/马成编
出版社｜北京：法律出版社
出版年｜2023
页码｜307
ISBN｜978-7-5197-7565-0
分类｜D924.334

马鸿翔

书名/责任者｜中国涉外经济法概论/李泽沛主编；马鸿翔，王秋华，刘筱琳，沈木珠撰稿
出版社｜北京：法律出版社
出版年｜1989
页码｜462
ISBN｜7-5036-0558-8
分类｜D922.295

马华平

书名/责任者｜走向法治的新深圳——普法专辑（上、下）/钟涣涛，马华平主编；深圳市普法办公室，走向法治的新深圳编委会编
出版社｜北京：新华出版社
出版年｜2003
页码｜609
ISBN｜7-5011-6088-0
分类｜D927.653.4

马敬仁

书名/责任者｜行政改革述论/马敬仁著
出版社｜北京：西苑出版社
出版年｜1998
页码｜233
ISBN｜7-80108-141-2
分类｜D63-53

书名/责任者｜中国政府形象战略（上、下）/胡宁生，马敬仁主编
出版社｜北京：中共中央党校出版社
出版年｜1998
页码｜1548
ISBN｜7-5035-1846-4
分类｜D630.1

马欣川

书名/责任者｜公共职位选拔考试比较研究/杨朝仁编著马欣川编著
出版社｜深圳：海天出版社
出版年｜2003
页码｜193
ISBN｜7-80697-083-5
分类｜D035.2

孟伟

书名/责任者｜现代化、城市化与农村基层民主：珠三角地区农村村民自治研究/王连喜，孟伟，熊哲文著
出版社｜北京：人民出版社
出版年｜2001
页码｜361
ISBN｜7-01-003476-1
分类｜D638

书名/责任者｜社会创新研究/韩志伟，孟伟，金民卿，黄涛著
出版社｜北京：人民出版社
出版年｜2004
页码｜253
ISBN｜7-01-004552-6
分类｜D0

书名/责任者｜转型期思想政治工作问题研究/孟伟，张岩鸿，王连喜著
出版社｜北京：人民出版社
出版年｜2004
页码｜216
ISBN｜7-01-004549-6
分类｜D64

书名/责任者 | 深圳社会变革大事/孟伟主编
出版社 | 深圳：海天出版社
出版年 | 2008
页码 | 330
ISBN | 978-7-80747-406-7
分类 | D676.5

书名/责任者 | 演变后的俄罗斯/孟伟，熊震，王连喜编著
出版社 | 广州：海天出版社
出版年 | 2010
页码 | 362
ISBN | 978-7-80747-822-5
分类 | D751.2

孟昭文

书名/责任者 | 科学社会主义教程/檀玉玺，孟昭文主编；《教材》编委会编
出版社 | 黑龙江教育出版社
出版年 | 1991
页码 | 336
ISBN | 7-5316-1499-5
分类 | D0-0

莫世祥

书名/责任者 | 孙文全集 . 第十册：演说/孙中山著；黄彦主编，莫世祥册编纂
出版社 | 广州：广东人民出版社
出版年 | 2021
页码 | 905
ISBN | 978-7-218-11297-8
分类 | D693.0

莫小培

书名/责任者 | 深圳经济特区创业史/黄崇岳，莫小培主编；深圳博物馆编
出版社 | 北京：人民出版社
出版年 | 1995
页码 | 372
ISBN | 7-01-002196-1
分类 | D676.52

莫志敏

书名/责任者 | 深圳市光明新区玉塘办事处年鉴/莫志敏主编
出版社 | 北京：线装书局
出版年 | 2018
页码 | 192
ISBN | 7-5120-3404-4
分类 | D625.653-54

南兆旭 / 倪晓峰 / 倪元辂 / 聂伟 / 聂新平 / 聂振光 / 南兆旭 / 倪晓峰 / 倪元辂 / 聂伟 / 聂新平 / 聂振光 / 南兆旭 / 倪
辂 / 聂伟 / 聂新平 / 聂振光 / 南兆旭 / 倪晓峰 / 倪元辂 / 聂伟 / 聂新平 / 聂振光 / 南兆旭 / 倪晓峰 / 倪元辂 / 聂伟
聂振光 / 南兆旭 / 倪晓峰 / 倪元辂 / 聂伟 / 聂新平 / 聂振光 / 南兆旭 / 倪晓峰 / 倪元辂 / 聂伟 / 聂新平 / 聂振光 /
晓峰 / 倪元辂 / 聂伟 / 聂新平 / 聂振光 / 南兆旭 / 倪晓峰 / 倪元辂 / 聂伟 / 聂新平 / 聂振光 / 南兆旭 / 倪晓峰 / 倪
/ 聂新平 / 聂振光 / 南兆旭 / 倪晓峰 / 倪元辂 / 聂伟 / 聂新平 / 聂振光 / 南兆旭 / 倪晓峰 / 倪元辂 / 聂伟 / 聂新
/ 南兆旭 / 倪晓峰 / 倪元辂 / 聂伟 / 聂新平 / 聂振光 / 南兆旭 / 倪晓峰 / 倪元辂 / 聂伟 / 聂新平 / 聂振光 / 南兆旭
倪元辂 / 聂伟 / 聂新平 / 聂振光 / 南兆旭 / 倪晓峰 / 倪元辂 / 聂伟 / 聂新平 / 聂振光 / 南兆旭 / 倪晓峰 / 倪元辂 /
平 / 聂振光 / 南兆旭 / 倪晓峰 / 倪元辂 / 聂伟 / 聂新平 / 聂振光 / 南兆旭 / 倪晓峰 / 倪元辂 / 聂伟 / 聂新平 / 聂振
/ 倪晓峰 / 倪元辂 / 聂伟 / 聂新平 / 聂振光 / 南兆旭 / 倪晓峰 / 倪元辂 / 聂伟 / 聂新平 / 聂振光 / 南兆旭 / 倪晓峰
聂伟 / 聂新平 / 聂振光 / 南兆旭 / 倪晓峰 / 倪元辂 / 聂伟 / 聂新平 / 聂振光 / 南兆旭 / 倪晓峰 / 倪元辂 / 聂伟 / 聂
光 / 南兆旭 / 倪晓峰 / 倪元辂 / 聂伟 / 聂新平 / 聂振光 / 南兆旭 / 倪晓峰 / 倪元辂 / 聂伟 / 聂新平 / 聂振光 / 南兆
/ 倪元辂 / 聂伟 / 聂新平 / 聂振光 / 南兆旭 / 倪晓峰 / 倪元辂 / 聂伟 / 聂新平 / 聂振光 / 南兆旭 / 倪晓峰 / 倪元
新平 / 聂振光 / 南兆旭 / 倪晓峰 / 倪元辂 / 聂伟 / 聂新平 / 聂振光 / 南兆旭 / 倪晓峰 / 倪元辂 / 聂伟 / 聂新平 / 聂
旭 / 倪晓峰 / 倪元辂 / 聂伟 / 聂新平 / 聂振光 / 南兆旭 / 倪晓峰 / 倪元辂 / 聂伟 / 聂新平 / 聂振光 / 南兆旭 / 倪
/ 聂伟 / 聂新平 / 聂振光 / 南兆旭 / 倪晓峰 / 倪元辂 / 聂伟 / 聂新平 / 聂振光 / 南兆旭 / 倪晓峰 / 倪元辂 / 聂伟
振光 / 南兆旭 / 倪晓峰 / 倪元辂 / 聂伟 / 聂新平 / 聂振光 / 南兆旭 / 倪晓峰 / 倪元辂 / 聂伟 / 聂新平 / 聂振光 / 南
峰 / 倪元辂 / 聂伟 / 聂新平 / 聂振光 / 南兆旭 / 倪晓峰 / 倪元辂 / 聂伟 / 聂新平 / 聂振光 / 南兆旭 / 倪晓峰 / 倪

N

南兆旭

书名/责任者｜深圳记忆：1949-2009/南兆旭编著
出版社｜深圳：深圳报业集团出版社
出版年｜2009
页码｜314
ISBN｜978-7-80709-248-3
分类｜D619.653

倪晓峰

书名/责任者｜从精英主导型社会整合到半契约型社区整合：基于皖北 F 村的实地考察/倪晓锋著
出版社｜广州：中山大学出版社
出版年｜2011
页码｜296
ISBN｜978-7-306-03878-4
分类｜D669.3

倪元辂

书名/责任者｜学习与实践：深圳市党委（党组）理论学习中心组学习成果选编/倪元辂主编
出版社｜深圳：海天出版社
出版年｜2001
页码｜444
ISBN｜7-80654-531-X
分类｜D261.1

聂伟

书名/责任者｜营造共建共治共享社会治理格局：深圳社会治理创新案例研究/聂伟著
出版社｜北京：中国社会出版社
出版年｜2020
页码｜225
ISBN｜978-7-5087-6376-7
分类｜D676.53

聂新平

书名/责任者｜基层社区治理的创新实践：国家治理现代化视野下的罗湖探索/贺海涛，聂新平主编
出版社｜北京：中国社会科学出版社
出版年｜2016
页码｜213
ISBN｜978-7-5161-7863-8
分类｜D669.3

聂振光

书名/责任者｜改革开放中的深圳人事/聂振光著
出版社｜深圳：海天出版社
出版年｜1990
页码｜251
ISBN｜7-80542-218-4
分类｜D630.3

书名/责任者｜香港公务员制度概述/聂振光著
出版社｜北京：中国人事出版社
出版年｜1990
页码｜262
ISBN｜7-80076-039-1
分类｜D630.1

书名/责任者｜深圳特区干部与人才研究/聂振光著
出版社｜深圳：海天出版社
出版年｜1993
页码｜235
ISBN｜7-80542-537-X
分类｜D630.3

书名/责任者｜香港消费者权益保护/聂振光著
出版社｜北京：工商出版社
出版年｜1997
页码｜184
ISBN｜7-80012-299-9
分类｜D927.658

阳卫国 / 欧阳雄飞 / 欧玉阳 / 欧志惠 / 欧阳卫国 / 欧阳雄飞 / 欧玉阳 / 欧志惠 / 欧阳卫国 / 欧阳雄飞 / 欧玉阳 /
卫国 / 欧阳雄飞 / 欧玉阳 / 欧志惠 / 欧阳卫国 / 欧阳雄飞 / 欧玉阳 / 欧志惠 / 欧阳卫国 / 欧阳雄飞 / 欧玉阳 /
国 / 欧阳雄飞 / 欧玉阳 / 欧志惠 / 欧阳卫国 / 欧阳雄飞 / 欧玉阳 / 欧志惠 / 欧阳卫国 / 欧阳雄飞 / 欧玉阳 /
/ 欧阳雄飞 / 欧玉阳 / 欧志惠 / 欧阳卫国 / 欧阳雄飞 / 欧玉阳 / 欧志惠 / 欧阳卫国 / 欧阳雄飞 / 欧玉阳 / 欧志惠 /
欧阳雄飞 / 欧玉阳 / 欧志惠 / 欧阳卫国 / 欧阳雄飞 / 欧玉阳 / 欧志惠 / 欧阳卫国 / 欧阳雄飞 / 欧玉阳 / 欧志惠 /
阳雄飞 / 欧玉阳 / 欧志惠 / 欧阳卫国 / 欧阳雄飞 / 欧玉阳 / 欧志惠 / 欧阳卫国 / 欧阳雄飞 / 欧玉阳 / 欧志惠 / 欧阳
雄飞 / 欧玉阳 / 欧志惠 / 欧阳卫国 / 欧阳雄飞 / 欧玉阳 / 欧志惠 / 欧阳卫国 / 欧阳雄飞 / 欧玉阳 / 欧志惠 / 欧阳
飞 / 欧玉阳 / 欧志惠 / 欧阳卫国 / 欧阳雄飞 / 欧玉阳 / 欧志惠 / 欧阳卫国 / 欧阳雄飞 / 欧玉阳 / 欧志惠 / 欧阳卫国
/ 欧玉阳 / 欧志惠 / 欧阳卫国 / 欧阳雄飞 / 欧玉阳 / 欧志惠 / 欧阳卫国 / 欧阳雄飞 / 欧玉阳 / 欧志惠 / 欧阳卫国 /
欧玉阳 / 欧志惠 / 欧阳卫国 / 欧阳雄飞 / 欧玉阳 / 欧志惠 / 欧阳卫国 / 欧阳雄飞 / 欧玉阳 / 欧志惠 / 欧阳卫国 /
玉阳 / 欧志惠 / 欧阳卫国 / 欧阳雄飞 / 欧玉阳 / 欧志惠 / 欧阳卫国 / 欧阳雄飞 / 欧玉阳 / 欧志惠 / 欧阳卫国 / 欧阳
阳 / 欧志惠 / 欧阳卫国 / 欧阳雄飞 / 欧玉阳 / 欧志惠 / 欧阳卫国 / 欧阳雄飞 / 欧玉阳 / 欧志惠 / 欧阳卫国 / 欧阳
/ 欧志惠 / 欧阳卫国 / 欧阳雄飞 / 欧玉阳 / 欧志惠 / 欧阳卫国 / 欧阳雄飞 / 欧玉阳 / 欧志惠 / 欧阳卫国 / 欧阳雄飞
欧志惠 / 欧阳卫国 / 欧阳雄飞 / 欧玉阳 / 欧志惠 / 欧阳卫国 / 欧阳雄飞 / 欧玉阳 / 欧志惠 / 欧阳卫国 / 欧阳雄飞 /
志惠 / 欧阳卫国 / 欧阳雄飞 / 欧玉阳 / 欧志惠 / 欧阳卫国 / 欧阳雄飞 / 欧玉阳 / 欧志惠 / 欧阳卫国 / 欧阳雄飞 /
惠 / 欧阳卫国 / 欧阳雄飞 / 欧玉阳 / 欧志惠 / 欧阳卫国 / 欧阳雄飞 / 欧玉阳 / 欧志惠 / 欧阳卫国 / 欧阳雄飞 / 欧
/ 欧阳卫国 / 欧阳雄飞 / 欧玉阳 / 欧志惠 / 欧阳卫国 / 欧阳雄飞 / 欧玉阳 / 欧志惠 / 欧阳卫国 / 欧阳雄飞 / 欧玉阳

O

A B C D E F G H J K L M N O P Q R S T W X Y Z

欧阳卫国

书名/责任者 | 社工视界：深圳市青少年社会工作实践/欧阳卫国主编；共青团深圳委员会编著
出版社 | 北京：经济日报出版社
出版年 | 2007
页码 | 225
ISBN | 978-7-80180-657-4
分类 | D432.6

欧阳雄飞

书名/责任者 | 现代行政决策学/欧阳雄飞编著
出版社 | 昆明：云南教育出版社
出版年 | 1988
页码 | 245
ISBN | 7-5415-0145-X
分类 | D035-43

书名/责任者 | 深圳市建设安全文明小区首届理论研讨会论文集/欧阳雄飞主编
出版社 | 广州：花城出版社
出版年 | 1999
页码 | 247
ISBN | 7-5360-3163-7
分类 | D631.41

书名/责任者 | 深圳市社区居民和外来工法制教育必读/欧阳雄飞主编
出版社 | 广州：广东经济出版社
出版年 | 2001
页码 | 552
ISBN | 7-80632-916-1
分类 | D927.653

书名/责任者 | 现代社区公民法律咨询指南/欧阳雄飞主编
出版社 | 广州：广东经济出版社
出版年 | 2001
页码 | 412
ISBN | 7-80632-916-1
分类 | D927.653

欧玉阳

书名/责任者 | 特区经济法概论/欧玉阳著
出版社 | 武汉：武汉大学出版社
出版年 | 1989
页码 | 274
ISBN | 7-307-00588-3
分类 | D922.299

书名/责任者 | 涉外经济法概论/邓钦荣，郭庆荪，欧玉阳编著
出版社 | 广州：广东教育出版社
出版年 | 1989
页码 | 274
ISBN | 7-5406-0786-6
分类 | D922.295.4

欧志惠

书名/责任者 | 深圳交通事故人身损害赔偿指南/欧志惠，韩旭编著
①
出版社 | 深圳：海天出版社
出版年 | 2007
页码 | 196
ISBN | 978-7-80697-947-1
分类 | D932-62
②
出版社 | 深圳：海天出版社
出版年 | 2008
页码 | 229
ISBN | 978-7-80747-288-9
分类 | D922.14-62

书名/责任者 | 交通事故人身损害赔偿指南/欧志惠，韩旭编著
出版社 | 深圳：海天出版社
出版年 | 2014
页码 | 180
ISBN | 978-7-5507-0097-0
分类 | D922.14-62

A
B
C
D
E
F
G
H
J
K
L
M
N
O
P
Q
R
S
T
W
X
Y
Z

强恩 / 彭勃 / 彭海斌 / 彭晋行 / 潘强恩 / 彭勃 / 彭海斌 / 彭晋行 / 潘强恩 / 彭勃 / 彭海斌 / 彭晋行 / 潘强恩 / 彭勃
彭晋行 / 潘强恩 / 彭勃 / 彭海斌 / 彭晋行 / 潘强恩 / 彭勃 / 彭海斌 / 彭晋行 / 潘强恩 / 彭勃 / 彭海斌 / 彭晋行 / 潘
/ 彭海斌 / 彭晋行 / 潘强恩 / 彭勃 / 彭海斌 / 彭晋行 / 潘强恩 / 彭勃 / 彭海斌 / 彭晋行 / 潘强恩 / 彭勃 / 彭海斌 /
强恩 / 彭勃 / 彭海斌 / 彭晋行 / 潘强恩 / 彭勃 / 彭海斌 / 彭晋行 / 潘强恩 / 彭勃 / 彭海斌 / 彭晋行 / 潘强恩 / 彭勃
彭晋行 / 潘强恩 / 彭勃 / 彭海斌 / 彭晋行 / 潘强恩 / 彭勃 / 彭海斌 / 彭晋行 / 潘强恩 / 彭勃 / 彭海斌 / 彭晋行 / 潘
/ 彭海斌 / 彭晋行 / 潘强恩 / 彭勃 / 彭海斌 / 彭晋行 / 潘强恩 / 彭勃 / 彭海斌 / 彭晋行 / 潘强恩 / 彭勃 / 彭海斌 /
强恩 / 彭勃 / 彭海斌 / 彭晋行 / 潘强恩 / 彭勃 / 彭海斌 / 彭晋行 / 潘强恩 / 彭勃 / 彭海斌 / 彭晋行 / 潘强恩 / 彭勃
彭晋行 / 潘强恩 / 彭勃 / 彭海斌 / 彭晋行 / 潘强恩 / 彭勃 / 彭海斌 / 彭晋行 / 潘强恩 / 彭勃 / 彭海斌 / 彭晋行 / 潘
/ 彭海斌 / 彭晋行 / 潘强恩 / 彭勃 / 彭海斌 / 彭晋行 / 潘强恩 / 彭勃 / 彭海斌 / 彭晋行 / 潘强恩 / 彭勃 / 彭海斌 /
强恩 / 彭勃 / 彭海斌 / 彭晋行 / 潘强恩 / 彭勃 / 彭海斌 / 彭晋行 / 潘强恩 / 彭勃 / 彭海斌 / 彭晋行 / 潘强恩 / 彭勃
彭晋行 / 潘强恩 / 彭勃 / 彭海斌 / 彭晋行 / 潘强恩 / 彭勃 / 彭海斌 / 彭晋行 / 潘强恩 / 彭勃 / 彭海斌 / 彭晋行 / 潘
/ 彭海斌 / 彭晋行 / 潘强恩 / 彭勃 / 彭海斌 / 彭晋行 / 潘强恩 / 彭勃 / 彭海斌 / 彭晋行 / 潘强恩 / 彭勃 / 彭海斌 /
强恩 / 彭勃 / 彭海斌 / 彭晋行 / 潘强恩 / 彭勃 / 彭海斌 / 彭晋行 / 潘强恩 / 彭勃 / 彭海斌 / 彭晋行 / 潘强恩 / 彭勃
彭晋行 / 潘强恩 / 彭勃 / 彭海斌 / 彭晋行 / 潘强恩 / 彭勃 / 彭海斌 / 彭晋行 / 潘强恩 / 彭勃 / 彭海斌 / 彭晋行 / 潘
/ 彭海斌 / 彭晋行 / 潘强恩 / 彭勃 / 彭海斌 / 彭晋行 / 潘强恩 / 彭勃 / 彭海斌 / 彭晋行 / 潘强恩 / 彭勃 / 彭海斌 /
强恩 / 彭勃 / 彭海斌 / 彭晋行 / 潘强恩 / 彭勃 / 彭海斌 / 彭晋行 / 潘强恩 / 彭勃 / 彭海斌 / 彭晋行 / 潘强恩 / 彭勃
彭晋行 / 潘强恩 / 彭勃 / 彭海斌 / 彭晋行 / 潘强恩 / 彭勃 / 彭海斌 / 彭晋行 / 潘强恩 / 彭勃 / 彭海斌 / 彭晋行 / 潘

P

A
B
C
D
E
F
G
H
J
K
L
M
N
O
P
Q
R
S
T
W
X
Y
Z

潘强恩

书名/责任者｜中国乡村都市化/潘强恩主编；周大鸣著
出版社｜广州：广东人民出版社
出版年｜1996
页码｜290
ISBN｜7-218-01826-2
分类｜D668

书名/责任者｜再创辉煌：香港百年回归500题/潘强恩主编
出版社｜延吉：延边人民出版社
出版年｜1997
页码｜308
ISBN｜7-80599-644-X
分类｜D676.58

书名/责任者｜政策论/潘强恩主编
出版社｜北京：西苑出版社
出版年｜1999
页码｜593
ISBN｜7-80108-238-9
分类｜D0

彭勃

书名/责任者｜日本刑事诉讼法通论/彭勃著
出版社｜北京：中国政法大学出版社
出版年｜2002
页码｜411
ISBN｜7-5620-1017-X
分类｜D931.352

书名/责任者｜房地产法学/黄远华主编；伍劲松，叶才勇，彭勃副主编
出版社｜广州：中山大学出版社
出版年｜2010
页码｜506
ISBN｜978-7-306-03768-8
分类｜D922.181.1

书名/责任者｜英美法概论：法律文化与法律传统/彭勃著
出版社｜北京：北京大学出版社
出版年｜2011
页码｜393
ISBN｜978-7-301-18137-9
分类｜D904.3

书名/责任者｜英国警察与刑事证据法规精要/彭勃编译
出版社｜厦门：厦门大学出版社
出版年｜2014
页码｜31
ISBN｜978-7-5615-5210-0
分类｜D956.121

彭海斌

书名/责任者｜竞争与公平交易的法律监控：澳大利亚的经验与启示/彭海斌编著
出版社｜深圳：海天出版社
出版年｜1999
页码｜180
ISBN｜7-80654-018-0
分类｜D961.112.29

彭晋行

书名/责任者｜共产党人的追求/彭晋行，林炽荣主编；刘书海，黄景秀副主编
出版社｜北京：党建读物出版社
出版年｜1994
页码｜231
ISBN｜7-80098-111-8
分类｜D263

A
B
C
D
E
F
G
H
J
K
L
M
N
O
P
Q
R
S
T
W
X
Y
Z

炳雨 / 齐砺杰 / 钱伟 / 乔远 / 乔智 / 秦文俊 / 秦文涛 / 邱戈龙 / 邱浩航 / 邱全东 / 齐炳雨 / 齐砺杰 / 钱伟 / 乔远 /
俊 / 秦文涛 / 邱戈龙 / 邱浩航 / 邱全东 / 齐炳雨 / 齐砺杰 / 钱伟 / 乔远 / 乔智 / 秦文俊 / 秦文涛 / 邱戈龙 / 邱浩航
齐炳雨 / 齐砺杰 / 钱伟 / 乔远 / 乔智 / 秦文俊 / 秦文涛 / 邱戈龙 / 邱浩航 / 邱全东 / 齐炳雨 / 齐砺杰 / 钱伟 / 乔远
文俊 / 秦文涛 / 邱戈龙 / 邱浩航 / 邱全东 / 齐炳雨 / 齐砺杰 / 钱伟 / 乔远 / 乔智 / 秦文俊 / 秦文涛 / 邱戈龙 / 邱浩
/ 齐炳雨 / 齐砺杰 / 钱伟 / 乔远 / 乔智 / 秦文俊 / 秦文涛 / 邱戈龙 / 邱浩航 / 邱全东 / 齐炳雨 / 齐砺杰 / 钱伟 / 乔
秦文俊 / 秦文涛 / 邱戈龙 / 邱浩航 / 邱全东 / 齐炳雨 / 齐砺杰 / 钱伟 / 乔远 / 乔智 / 秦文俊 / 秦文涛 / 邱戈龙 / 邱
东 / 齐炳雨 / 齐砺杰 / 钱伟 / 乔远 / 乔智 / 秦文俊 / 秦文涛 / 邱戈龙 / 邱浩航 / 邱全东 / 齐炳雨 / 齐砺杰 / 钱伟 /
/ 秦文俊 / 秦文涛 / 邱戈龙 / 邱浩航 / 邱全东 / 齐炳雨 / 齐砺杰 / 钱伟 / 乔远 / 乔智 / 秦文俊 / 秦文涛 / 邱戈龙 /
全东 / 齐炳雨 / 齐砺杰 / 钱伟 / 乔远 / 乔智 / 秦文俊 / 秦文涛 / 邱戈龙 / 邱浩航 / 邱全东 / 齐炳雨 / 齐砺杰 / 钱伟
智 / 秦文俊 / 秦文涛 / 邱戈龙 / 邱浩航 / 邱全东 / 齐炳雨 / 齐砺杰 / 钱伟 / 乔远 / 乔智 / 秦文俊 / 秦文涛 / 邱戈龙
邱全东 / 齐炳雨 / 齐砺杰 / 钱伟 / 乔远 / 乔智 / 秦文俊 / 秦文涛 / 邱戈龙 / 邱浩航 / 邱全东 / 齐炳雨 / 齐砺杰 / 钱
乔智 / 秦文俊 / 秦文涛 / 邱戈龙 / 邱浩航 / 邱全东 / 齐炳雨 / 齐砺杰 / 钱伟 / 乔远 / 乔智 / 秦文俊 / 秦文涛 / 邱戈
/ 邱全东 / 齐炳雨 / 齐砺杰 / 钱伟 / 乔远 / 乔智 / 秦文俊 / 秦文涛 / 邱戈龙 / 邱浩航 / 邱全东 / 齐炳雨 / 齐砺杰 /
/ 乔智 / 秦文俊 / 秦文涛 / 邱戈龙 / 邱浩航 / 邱全东 / 齐炳雨 / 齐砺杰 / 钱伟 / 乔远 / 乔智 / 秦文俊 / 秦文涛 / 邱
航 / 邱全东 / 齐炳雨 / 齐砺杰 / 钱伟 / 乔远 / 乔智 / 秦文俊 / 秦文涛 / 邱戈龙 / 邱浩航 / 邱全东 / 齐炳雨 / 齐砺
远 / 乔智 / 秦文俊 / 秦文涛 / 邱戈龙 / 邱浩航 / 邱全东 / 齐炳雨 / 齐砺杰 / 钱伟 / 乔远 / 乔智 / 秦文俊 / 秦文涛 /
浩航 / 邱全东 / 齐炳雨 / 齐砺杰 / 钱伟 / 乔远 / 乔智 / 秦文俊 / 秦文涛 / 邱戈龙 / 邱浩航 / 邱全东 / 齐炳雨 / 齐

A
B
C
D
E
F
G
H
J
K
L
M
N
O
P
Q
R
S
T
W
X
Y
Z

齐炳雨

书名/责任者｜深圳住宅业主必备33个法律知识/齐炳雨著
出版社｜深圳：深圳出版社
出版年｜2023
页码｜277
ISBN｜978-7-5507-3840-9
分类｜D927.653.238

齐砺杰

书名/责任者｜破产重整制度的比较研究：英美视野与中国图景/齐砺杰著
出版社｜北京：中国社会科学出版社
出版年｜2016
页码｜327
ISBN｜978-7-5161-8455-4
分类｜D922.291.924

钱伟

书名/责任者｜深圳政法年鉴.2013/钱伟，陈志新，梁增昌主编；《深圳政法年鉴》编辑委员会编
出版社｜深圳：海天出版社
出版年｜2014
页码｜241
ISBN｜978-7-5507-0819-8
分类｜D927.653-54

书名/责任者｜深圳政法年鉴.2014/钱伟，陈志新，梁增昌主编；《深圳政法年鉴》编辑委员会编
出版社｜深圳：海天出版社
出版年｜2015
页码｜228
ISBN｜978-7-5507-1361-1
分类｜D927.653-54

乔远

书名/责任者｜金融警戒线：证券刑事法律实务探析/乔远主编
出版社｜北京：法律出版社
出版年｜2018
页码｜290
ISBN｜978-7-5197-2850-2
分类｜D924.334

书名/责任者｜风险与管理：企业合规理论与实务/乔远著
出版社｜北京：法律出版社
出版年｜2023
页码｜267
ISBN｜978-7-5197-7594-0
分类｜D922.291.914

书名/责任者｜企业合规风险管理：原理实务案例/乔远著
出版社｜北京：法律出版社
出版年｜2023
页码｜366
ISBN｜978-7-5197-7488-2
分类｜D922.291.914

乔智

书名/责任者｜深圳政法年鉴.2015/梁增昌，邹从兵，乔智主编；深圳政法年鉴编委会编
出版社｜深圳：海天出版社
出版年｜2016
页码｜243
ISBN｜978-7-5507-1438-0
分类｜D927.653-54

秦文俊

书名/责任者｜深圳特区十年/秦文俊主编；深圳市委政策研究室编著
出版社｜深圳：海天出版社
出版年｜1990
页码｜423
ISBN｜7-80542-231-1
分类｜D619.653

秦文涛

书名/责任者 | 房屋租赁合同纠纷疑难案例解析/秦文涛编著
出版社 | 北京：法律出版社
出版年 | 2023
页码 | 309
ISBN | 978-7-5197-7301-4
分类 | D922.181.5

邱戈龙

书名/责任者 | 特殊型知识产权法律实务：专论商业秘密与软件著作权/邱戈龙，焦新聪主编
出版社 | 北京：法律出版社
出版年 | 2018
页码 | 175
ISBN | 978-7-5197-2021-6
分类 | D923.4

邱浩航

书名/责任者 | 公务员的职业道德修养之官德史鉴/朱迪俭，邱浩航主编
出版社 | 北京：中国商业出版社
出版年 | 2013
页码 | 271
ISBN | 978-7-5044-7955-6
分类 | D630.3

书名/责任者 | 传承创新：党代表大会常任制在盐田的实践探索/郭永航，邱浩航主编
出版社 | 深圳：海天出版社
出版年 | 2015
页码 | 308
ISBN | 978-7-5507-1292-8
分类 | D226.53

邱全东

书名/责任者 | 鱼尾狮的政治学：新加坡执政党的治国之道/吕元礼，黄锐波，邱全东，黄薇著
出版社 | 南昌：江西人民出版社
出版年 | 2007
页码 | 276
ISBN | 7-210-03517-6
分类 | D733.964

书名/责任者 | 鱼尾狮智慧：新加坡政治与治理/吕元礼，黄锐波，邱全东，黄薇著
出版社 | 北京：经济管理出版社
出版年 | 2010
页码 | 440
ISBN | 978-7-5096-0970-5
分类 | D733.9

A B C D E F G H J K L M N O P Q R S T W X Y Z

R

任宝根

书名/责任者｜用改革精神建设党：邓小平执政党建设的理论与实践/曹子镳，周其若，张小杰，任宝根著
出版社｜广州：广东人民出版社
出版年｜1995
页码｜295
ISBN｜7-218-02071-2
分类｜D26

书名/责任者｜特区党建札记/任宝根编著
出版社｜成都：天地出版社
出版年｜1997
页码｜328
ISBN｜7-80624-096-9
分类｜D26-53

书名/责任者｜在探索中前进：特区党建笔谈/任宝根著
出版社｜深圳：海天出版社
出版年｜1999
页码｜260
ISBN｜7-80654-020-2
分类｜D26

书名/责任者｜新世纪的脚步：特区建设演讲选/任宝根著
出版社｜北京：中国文联出版公司
出版年｜2002
页码｜366
ISBN｜7-5059-4068-6
分类｜D619.653-53

任国明

书名/责任者｜坚持与妥协：近距离看中日关系/任国明，于明山著
出版社｜广州：广东人民出版社
出版年｜2008
页码｜258
ISBN｜978-7-218-05963-1
分类｜D822.331.3

书名/责任者｜平视西方/袁宝成，任国明著于明山著
出版社｜深圳：海天出版社
出版年｜2011
页码｜243
ISBN｜978-7-5507-0172-4
分类｜D822

任松岭

书名/责任者｜提供权的国际立法在国内法中的转化与实施：若干新趋势对中国的启示/任松岭著
出版社｜北京：法律出版社
出版年｜2020
页码｜240
ISBN｜978-7-5197-3659-0
分类｜D923.414

阮宏梅

书名/责任者｜当代中国精神文明知识手册/阮宏梅等主编
出版社｜武汉工业大学出版社
出版年｜1990
页码｜329
ISBN｜7-5629-0398-0
分类｜D648

阮炜

书名/责任者｜不自由的希腊民主/阮炜著
出版社｜上海：上海三联书店
出版年｜2009
页码｜327
ISBN｜978-7-5426-3095-7
分类｜D754.59

书名/责任者｜论大国民主：关于非普选民主的几点思考/阮炜著
出版社｜上海：华东师范大学出版社
出版年｜2015
页码｜145

ISBN | 978-7-5675-3214-4
分类 | D621

书名 / 责任者 | 雅典的民主、僭政与帝国主义 / 阮炜编；何世健，王蕾译
出版社 | 上海：华东师范大学出版社
出版年 | 2022
页码 | 203
ISBN | 978-7-5760-3300-7
分类 | D754.59

强 / 邵汉青 / 沈杰 / 沈木珠 / 沈晓鸣（笔名：白小刺）/ 盛建明 / 宋城 / 宋海 / 宋继江 / 宋明 / 宋涛 / 宋小庄 / 宋
光 / 宋枝旺 / 苏海波 / 孙彪 / 孙大勇 / 尚强 / 邵汉青 / 沈杰 / 沈木珠 / 沈晓鸣（笔名：白小刺）/ 盛建明 / 宋城 /
江 / 宋明 / 宋涛 / 宋小庄 / 宋新宁 / 宋旭光 / 宋枝旺 / 苏海波 / 孙彪 / 孙大勇 / 尚强 / 邵汉青 / 沈杰 / 沈木珠 / 沈晓
小刺）/ 盛建明 / 宋城 / 宋海 / 宋继江 / 宋明 / 宋涛 / 宋小庄 / 宋新宁 / 宋旭光 / 宋枝旺 / 苏海波 / 孙彪 / 孙大
汉青 / 沈杰 / 沈木珠 / 沈晓鸣（笔名：白小刺）/ 盛建明 / 宋城 / 宋海 / 宋继江 / 宋明 / 宋涛 / 宋小庄 / 宋新宁 /
枝旺 / 苏海波 / 孙彪 / 孙大勇 / 尚强 / 邵汉青 / 沈杰 / 沈木珠 / 沈晓鸣（笔名：白小刺）/ 盛建明 / 宋城 / 宋海 /
明 / 宋涛 / 宋小庄 / 宋新宁 / 宋旭光 / 宋枝旺 / 苏海波 / 孙彪 / 孙大勇 / 尚强 / 邵汉青 / 沈杰 / 沈木珠 / 沈晓鸣（
刺）/ 盛建明 / 宋城 / 宋海 / 宋继江 / 宋明 / 宋涛 / 宋小庄 / 宋新宁 / 宋旭光 / 宋枝旺 / 苏海波 / 孙彪 / 孙大勇 /
青 / 沈杰 / 沈木珠 / 沈晓鸣（笔名：白小刺）/ 盛建明 / 宋城 / 宋海 / 宋继江 / 宋明 / 宋涛 / 宋小庄 / 宋新宁 / 宋
旺 / 苏海波 / 孙彪 / 孙大勇 / 尚强 / 邵汉青 / 沈杰 / 沈木珠 / 沈晓鸣（笔名：白小刺）/ 盛建明 / 宋城 / 宋海 / 宋
/ 宋涛 / 宋小庄 / 宋新宁 / 宋旭光 / 宋枝旺 / 苏海波 / 孙彪 / 孙大勇 / 尚强 / 邵汉青 / 沈杰 / 沈木珠 / 沈晓鸣（笔名：
盛建明 / 宋城 / 宋海 / 宋继江 / 宋明 / 宋涛 / 宋小庄 / 宋新宁 / 宋旭光 / 宋枝旺 / 苏海波 / 孙彪 / 孙大勇 / 尚强 /
杰 / 沈木珠 / 沈晓鸣（笔名：白小刺）/ 盛建明 / 宋城 / 宋海 / 宋继江 / 宋明 / 宋涛 / 宋小庄 / 宋新宁 / 宋旭光 /
海波 / 孙彪 / 孙大勇 / 尚强 / 邵汉青 / 沈杰 / 沈木珠 / 沈晓鸣（笔名：白小刺）/ 盛建明 / 宋城 / 宋海 / 宋继江 /
/ 宋小庄 / 宋新宁 / 宋旭光 / 宋枝旺 / 苏海波 / 孙彪 / 孙大勇 / 尚强 / 邵汉青 / 沈杰 / 沈木珠 / 沈晓鸣（笔名：
建明 / 宋城 / 宋海 / 宋继江 / 宋明 / 宋涛 / 宋小庄 / 宋新宁 / 宋旭光 / 宋枝旺 / 苏海波 / 孙彪 / 孙大勇 / 尚强 / 邵
/ 沈木珠 / 沈晓鸣（笔名：白小刺）/ 盛建明 / 宋城 / 宋海 / 宋继江 / 宋明 / 宋涛 / 宋小庄 / 宋新宁 / 宋旭光 / 宋

S

A B C D E F G H J K L M N O P Q R S T W X Y Z

尚强

书名/责任者｜深圳志愿服务青少年读本/吴华根，尚强主编
出版社｜深圳：海天出版社
出版年｜2013
页码｜118
ISBN｜978-7-5507-0643-9
分类｜D669.3

邵汉青

书名/责任者｜鹏城风华：深圳市社会发展成就文集/邵汉青主编；刘伟忠，辜晓进，陈淮涛，孙静编辑
出版社｜深圳：海天出版社
出版年｜1994
页码｜273
ISBN｜7-80615-079-X
分类｜D676.53-53

书名/责任者｜鹏城今昔：征文获奖作品选/邵汉青，黄新华主编
出版社｜深圳：海天出版社
出版年｜1996
页码｜168
ISBN｜7-80615-665-8
分类｜D676.53-53

书名/责任者｜两个文明建设的理论与实践/邵汉清著
出版社｜深圳：海天出版社
出版年｜1998
页码｜532
ISBN｜7-80615-772-7
分类｜D619

书名/责任者｜迈向现代都市：深圳农村城市化进程中的精神文明建设/邵汉青主编
出版社｜深圳：海天出版社
出版年｜1997
页码｜363
ISBN｜7-80615-721-2
分类｜D648

书名/责任者｜邓小平理论与深圳实践/邵汉青主编
出版社｜深圳：海天出版社
出版年｜1998
页码｜202
ISBN｜7-80615-741-7
分类｜D619.653

书名/责任者｜探索者之路/邵汉青主编
出版社｜北京：人民出版社
出版年｜1999
页码｜273
ISBN｜7-01-003078-2
分类｜D676.53

沈杰

书名/责任者｜深圳观念变革大事/沈杰主编
出版社｜深圳：海天出版社
出版年｜2008
页码｜354
ISBN｜978-7-80747-406-7
分类｜D676.53

沈木珠

书名/责任者｜海商法新论/沈木珠著
出版社｜北京：中国政法大学出版社
出版年｜1989
页码｜281
ISBN｜7-5620-0162-6
分类｜D996.1

书名/责任者｜中国涉外经济法概论/李泽沛主编；马鸿翔，王秋华，刘筱琳，沈木珠撰稿
出版社｜北京：法律出版社
出版年｜1989
页码｜462
ISBN｜7-5036-0558-8
分类｜D922.295

书名/责任者｜中国涉外经济法概论/袁

成第，沈木珠著
出版社 | 北京：中国政法大学出版社
出版年 | 1989
页码 | 363
ISBN | 7-5620-0368-8
分类 | D922.295D94

书名/责任者 | 中国涉外经济法/沈木珠著
出版社 | 北京：中国政法大学出版社
出版年 | 1993
页码 | 521
ISBN | 7-5620-0832-9
分类 | D922.295

书名/责任者 | 海商法比较研究/沈木珠著
出版社 | 北京：中国政法大学出版社
出版年 | 1998
页码 | 502
ISBN | 7-5620-1646-1
分类 | D996.1

书名/责任者 | 中国对外贸易法律/沈木珠著
出版社 | 北京：中国政法大学出版社
出版年 | 1989
页码 | 263
ISBN | 7-5620-0142-1
分类 | D922.29

书名/责任者 | WTO与中国法制/沈木珠著
出版社 | 北京：法律出版社
出版年 | 2002
页码 | 589
ISBN | 7-5036-3878-8
分类 | D920.0

书名/责任者 | 国际贸易法研究/沈木珠著
出版社 | 北京：法律出版社
出版年 | 2002
页码 | 561
ISBN | 7-5036-3800-1
分类 | D996.1

书名/责任者 | 国际经济法要论/沈木珠著
出版社 | 北京：法律出版社
出版年 | 2004
页码 | 760
ISBN | 7-5036-5134-2
分类 | D996

书名/责任者 | 国际法最新问题研究/沈木珠著
出版社 | 北京：法律出版社
出版年 | 2005
页码 | 762
ISBN | 7-5036-5204-7
分类 | D99

书名/责任者 | WTO规制下中国商贸法制的走向/沈木珠著
出版社 | 武汉：武汉大学出版社
出版年 | 2007
页码 | 518
ISBN | 978-7-307-05477-6
分类 | D922.295.4

书名/责任者 | 经济法要论/沈木珠，徐文超，张颖，李磊编著
出版社 | 北京：中国检察出版社
出版年 | 2008
页码 | 592
ISBN | 978-7-80185-969-3
分类 | D922.290.1

书名/责任者 | 国际贸易法研究/沈木珠著
出版社 | 北京：法律出版社
出版年 | 2010
页码 | 561
ISBN | 978-7-5118-0338-2
分类 | D996.1

沈晓鸣（笔名：白小刺）

书名/责任者 | 我住在这里.上/白小刺摄
出版社 | 深圳：深圳报业集团出版社
出版年 | 2007
页码 | 165
ISBN | 978-7-80709-080-9

分类 | D676.53-64

盛建明

书名/责任者 | 反倾销国际惯例/盛建明著
出版社 | 贵阳：贵州人民出版社
出版年 | 1994
页码 | 287
ISBN | 7-221-03503-2
分类 | D996.1

书名/责任者 | 美国证券评级机构的法律责任：状告“标准普尔们”的六大诉因/盛建明著
出版社 | 南京：南京大学出版社
出版年 | 2005
页码 | 242
ISBN | 7-305-04420-2
分类 | D971.222.8

书名/责任者 | 世界贸易组织法教程/沈四宝主编；边永民，石静霞，陈卫东，盛建明编著
①
出版社 | 北京：对外经济贸易大学出版社
出版年 | 2005
页码 | 424
ISBN | 7-81078-426-9
分类 | D996.1-43
②
出版社 | 北京：对外经济贸易大学出版社
出版年 | 2009
页码 | 431
ISBN | 978-7-81134-392-2
分类 | D996.1

书名/责任者 | 国家主权与WTO变化中的国际法基础/(美)杰克逊著；赵龙跃，左海聪，盛建明译
出版社 | 北京：社会科学文献出版社
出版年 | 2009
页码 | 328
ISBN | 978-7-5097-1075-3
分类 | D99

书名/责任者 | 国际经济法：英文版/盛建明编著
①
出版社 | 北京：对外经济贸易大学出版社
出版年 | 2011
页码 | 596
ISBN | 978-7-81134-976-4
分类 | D996
②
出版社 | 北京：对外经济贸易大学出版社
出版年 | 2017
页码 | 519
ISBN | 978-7-5663-1752-0
分类 | D996

宋城

书名/责任者 | 美哉，红马甲：深圳志愿者奉献与幸福/宋城摄、文
出版社 | 深圳：海天出版社
出版年 | 2015
页码 | 136
ISBN | 978-7-5507-1506-6
分类 | D669.3-64

宋海

书名/责任者 | 参政论/宋海，万安培著
出版社 | 北京：民主与建设出版社
出版年 | 2007
页码 | 554
ISBN | 978-7-80112-748-8
分类 | D665

宋继江

书名/责任者 | 深圳检察工作改革与借鉴/宋继江编著
出版社 | 深圳：海天出版社
出版年 | 1999
页码 | 204
ISBN | 7-80654-018-0
分类 | D926.32

宋明

书名/责任者 | 人民调解纠纷解决机制的法社会学研究/宋明著
出版社 | 北京：中国政法大学出版社
出版年 | 2013
页码 | 198
ISBN | 978-7-5620-4797-1
分类 | D925.04

宋涛

书名/责任者 | 职务犯罪的法律对策及治理/樊凤林，宋涛主编；王双荣，孙利，江英杰等撰
出版社 | 北京：中国人民公安大学出版社
出版年 | 1994
页码 | 646
ISBN | 7-81011-677-0
分类 | D96

书名/责任者 | 公共部门的社会问责：理念探讨及模式分析/宋涛译校；世界银行专家组著
出版社 | 北京：中国人民大学出版社
出版年 | 2007
页码 | 181
ISBN | 978-7-300-08435-0
分类 | D035.1

书名/责任者 | 社会规律属性与行政问责实践检验/宋涛著
出版社 | 北京：社会科学文献出版社
出版年 | 2010
页码 | 421
ISBN | 978-7-5097-1589-5
分类 | D922

书名/责任者 | 守护正义：西方司法之路/宋涛著
出版社 | 长春：长春出版社
出版年 | 2016
页码 | 250
ISBN | 978-7-5445-3851-0
分类 | D916

宋小庄

书名/责任者 | 论“一国两制”下中央和香港特区的关系/宋小庄著
出版社 | 北京：中国人民大学出版社
出版年 | 2003
页码 | 328
ISBN | 7-300-04617-7
分类 | D676.58

宋新宁

书名/责任者 | 当代国际政治百题解答/宋新宁主编；李宝俊编写
出版社 | 北京：华夏出版社
出版年 | 1989
页码 | 290
ISBN | 7-80053-530-4
分类 | D81-44

书名/责任者 | 国际政治概论/冯特君，宋新宁主编
出版社 | 北京：中国人民大学出版社
出版年 | 1992
页码 | 414
ISBN | 7-300-01208-6
分类 | D5

书名/责任者 | 国际政治学概论/宋新宁，陈岳著
出版社 | 北京：中国人民大学出版社

出版年 | 2000
页码 | 279
ISBN | 7-300-03368-7
分类 | D5

书名/责任者 | 欧洲化与冲突解决：关于欧洲边缘地带的个案研究/(比)考彼尔特斯主编；宋新宁，宋晓堃翻译
出版社 | 北京：法律出版社
出版年 | 2006
页码 | 258
ISBN | 7-5036-6502-5
分类 | D850.2

书名/责任者 | 世界政治中的战争与变革/(美)吉尔平著；宋新宁，杜建平译
①
出版社 | 上海：上海人民出版社
出版年 | 2007
页码 | 269
ISBN | 978-7-208-06679-3
分类 | D51
②
出版社 | 上海：上海人民出版社
出版年 | 2019
页码 | 202
ISBN | 978-7-208-15665-4
分类 | D51

书名/责任者 | 后危机时代的中国与欧洲：机遇与挑战/宋新宁，林甦主编
出版社 | 北京：中国政法大学出版社
出版年 | 2014
页码 | 415
ISBN | 978-7-5620-5627-0
分类 | D850.2-53

书名/责任者 | 中国——欧盟：互利共赢战略伙伴全面合作/宋新宁，丁韶彬撰稿；译谷翻译
出版社 | 北京：五洲传播出版社
出版年 | 2016
页码 | 218
ISBN | 978-7-5085-3268-4
分类 | D822.35

书名/责任者 | 中国欧盟关系40年：新型战略伙伴关系的建构/宋新宁，刘华主编
出版社 | 北京：中国政法大学出版社
出版年 | 2017
页码 | 307
ISBN | 978-7-5620-7273-7
分类 | D822.35-53

宋旭光

书名/责任者 | 当代德语法哲学/(美)赫格特著；宋旭光译
出版社 | 北京：中国政法大学出版社
出版年 | 2019
页码 | 350
ISBN | 978-7-5620-8956-8
分类 | D903

书名/责任者 | 作为合理性的理性：论法律证成/(芬)阿尔尼奥著；宋旭光译
出版社 | 北京：中国法制出版社
出版年 | 2020
页码 | 369
ISBN | 978-7-5216-1234-9
分类 | D90

宋枝旺

书名/责任者 | 辉煌的二十世纪新中国大纪录：深圳卷/宋枝旺主编
出版社 | 北京：中国言实出版社
出版年 | 2001
页码 | 790
ISBN | 7-80128-346-5
分类 | D619.653

苏海波

书名/责任者 | 政府采购法律实务与案例精析/卢然达，吕凡，杜恺，苏海波著；樊永强主编
出版社 | 北京：法律出版社

出版年 | 2018
页码 | 473
ISBN | 978-7-5197-2453-5
分类 | D922.204

孙彪

书名/责任者 | 深圳政法年鉴.2001/孙彪主编；林石喜主编；张政锦主编
出版社 | 深圳：海天出版社
出版年 | 2001
页码 | 235
ISBN | 7-80654-715-0
分类 | D927.653.61

书名/责任者 | 深圳政法年鉴.2003/孙彪，林石喜主编
出版社 | 深圳：海天出版社
出版年 | 2001
页码 | 208
ISBN | 7-80654-715-0
分类 | D67

书名/责任者 | 深圳政法年鉴.2002/孙彪主编
出版社 | 深圳：海天出版社
出版年 | 2002
页码 | 202
ISBN | 7-80654-715-0
分类 | D927.653.61-54

书名/责任者 | 深圳政法年鉴.2004/孙彪，林石喜主编
出版社 | 深圳：海天出版社
出版年 | 2004
页码 | 220
ISBN | 7-80697-083-5
分类 | D927.653-54

书名/责任者 | 温暖深圳/孙彪，王飞主编
出版社 | 广州：南方日报出版社
出版年 | 2005
页码 | 318
ISBN | 7-80652-425-8
分类 | D676.53

书名/责任者 | 深圳政法年鉴.2005/孙彪，林石喜主编
出版社 | 深圳：海天出版社
出版年 | 2005
页码 | 236
ISBN | 7-80697-799-6
分类 | D927.653-54

书名/责任者 | 深圳政法年鉴.2006/孙彪主编
出版社 | 深圳：海天出版社
出版年 | 2007
页码 | 234
ISBN | 978-7-80697-941-9
分类 | D927.653-54

书名/责任者 | 深圳政法年鉴.2007/孙彪主编
出版社 | 深圳：海天出版社
出版年 | 2008
页码 | 235
ISBN | 978-7-80747-194-3
分类 | D927.653-54

书名/责任者 | 深圳政法年鉴.2008/孙彪，陈志新，翟忠泰主编
出版社 | 深圳：海天出版社
出版年 | 2009
页码 | 238
ISBN | 978-7-80747-542-2
分类 | D927.653-54

书名/责任者 | 深圳政法年鉴.2009/孙彪，陈志新，翟忠泰主编；深圳政法年鉴编委会编
出版社 | 深圳：海天出版社
出版年 | 2010
页码 | 257
ISBN | 978-7-80747-839-3
分类 | D927.653-54

书名/责任者 | 深圳政法年鉴.2010/孙彪，陈志新，翟忠泰主编
出版社 | 深圳：海天出版社

出版年 | 2010
页码 | 228
ISBN | 978-7-80747-839-3
分类 | D927.653-54

孙大勇

书名/责任者 | 企业知识产权合规实务与指引/孙大勇主编；赵龙，王海风，张勇副主编
出版社 | 北京：法律出版社
出版年 | 2023
页码 | 337
ISBN | 978-7-5197-7496-7
分类 | D923.404

功荣 / 谭国籍 / 谭仲萱 / 汤丽霞 / 汤庭芬 / 唐冬眉 / 唐火照 / 唐娟 / 唐文方 / 唐毅 / 田启波 / 田彦群 / 涂成洲 / 谭
籍 / 谭仲萱 / 汤丽霞 / 汤庭芬 / 唐冬眉 / 唐火照 / 唐娟 / 唐文方 / 唐毅 / 田启波 / 田彦群 / 涂成洲 / 谭功荣 / 谭国
/ 汤丽霞 / 汤庭芬 / 唐冬眉 / 唐火照 / 唐娟 / 唐文方 / 唐毅 / 田启波 / 田彦群 / 涂成洲 / 谭功荣 / 谭国籍 / 谭仲萱
汤庭芬 / 唐冬眉 / 唐火照 / 唐娟 / 唐文方 / 唐毅 / 田启波 / 田彦群 / 涂成洲 / 谭功荣 / 谭国籍 / 谭仲萱 / 汤丽霞 /
冬眉 / 唐火照 / 唐娟 / 唐文方 / 唐毅 / 田启波 / 田彦群 / 涂成洲 / 谭功荣 / 谭国籍 / 谭仲萱 / 汤丽霞 / 汤庭芬 / 唐
照 / 唐娟 / 唐文方 / 唐毅 / 田启波 / 田彦群 / 涂成洲 / 谭功荣 / 谭国籍 / 谭仲萱 / 汤丽霞 / 汤庭芬 / 唐冬眉 / 唐
/ 唐文方 / 唐毅 / 田启波 / 田彦群 / 涂成洲 / 谭功荣 / 谭国籍 / 谭仲萱 / 汤丽霞 / 汤庭芬 / 唐冬眉 / 唐火照 / 唐娟
唐毅 / 田启波 / 田彦群 / 涂成洲 / 谭功荣 / 谭国籍 / 谭仲萱 / 汤丽霞 / 汤庭芬 / 唐冬眉 / 唐火照 / 唐娟 / 唐文方 /
波 / 田彦群 / 涂成洲 / 谭功荣 / 谭国籍 / 谭仲萱 / 汤丽霞 / 汤庭芬 / 唐冬眉 / 唐火照 / 唐娟 / 唐文方 / 唐毅 / 田启
/ 涂成洲 / 谭功荣 / 谭国籍 / 谭仲萱 / 汤丽霞 / 汤庭芬 / 唐冬眉 / 唐火照 / 唐娟 / 唐文方 / 唐毅 / 田启波 / 田彦群
谭功荣 / 谭国籍 / 谭仲萱 / 汤丽霞 / 汤庭芬 / 唐冬眉 / 唐火照 / 唐娟 / 唐文方 / 唐毅 / 田启波 / 田彦群 / 涂成洲 /
国籍 / 谭仲萱 / 汤丽霞 / 汤庭芬 / 唐冬眉 / 唐火照 / 唐娟 / 唐文方 / 唐毅 / 田启波 / 田彦群 / 涂成洲 / 谭功荣 / 谭
萱 / 汤丽霞 / 汤庭芬 / 唐冬眉 / 唐火照 / 唐娟 / 唐文方 / 唐毅 / 田启波 / 田彦群 / 涂成洲 / 谭功荣 / 谭国籍 / 谭仲
/ 汤庭芬 / 唐冬眉 / 唐火照 / 唐娟 / 唐文方 / 唐毅 / 田启波 / 田彦群 / 涂成洲 / 谭功荣 / 谭国籍 / 谭仲萱 / 汤丽霞
唐冬眉 / 唐火照 / 唐娟 / 唐文方 / 唐毅 / 田启波 / 田彦群 / 涂成洲 / 谭功荣 / 谭国籍 / 谭仲萱 / 汤丽霞 / 汤庭芬 /
火照 / 唐娟 / 唐文方 / 唐毅 / 田启波 / 田彦群 / 涂成洲 / 谭功荣 / 谭国籍 / 谭仲萱 / 汤丽霞 / 汤庭芬 / 唐冬眉 / 唐
/ 唐文方 / 唐毅 / 田启波 / 田彦群 / 涂成洲 / 谭功荣 / 谭国籍 / 谭仲萱 / 汤丽霞 / 汤庭芬 / 唐冬眉 / 唐火照 / 唐娟

T

A B C D E F G H J K L M N O P Q R S T W X Y Z

谭功荣

书名/责任者｜摒弃官僚制：政府再造的五项战略/(美)奥斯本，(美)普拉斯特里克著；谭功荣，刘霞译
出版社｜北京：中国人民大学出版社
出版年｜2002
页码｜415
ISBN｜7-300-03995-2
分类｜D035.1

书名/责任者｜公共部门：概念、模型与途径：第三版/(英)莱恩著；谭功荣，马蔡琛，凌岚，涂春光译
出版社｜北京：经济科学出版社
出版年｜2004
页码｜366
ISBN｜7-5058-3875-X
分类｜D035

书名/责任者｜政府改革手册：战略与工具/(美)奥斯本，(美)普拉斯特里克著；谭功荣，颜剑英，魏军妹，房艳译
出版社｜北京：中国人民大学出版社
出版年｜2004
页码｜666
ISBN｜7-300-05941-4
分类｜D523

书名/责任者｜公务员制度比较研究/谭功荣编著
出版社｜重庆：重庆出版社
出版年｜2007
页码｜498
ISBN｜978-7-5366-8433-1
分类｜D523.2

书名/责任者｜西方公共行政学思想与流派/谭功荣著
出版社｜北京：北京大学出版社
出版年｜2008
页码｜307
ISBN｜978-7-301-13745-1
分类｜D035

书名/责任者｜再造政府/(美)奥斯本，(美)普拉斯特里克著；谭功荣，刘霞译
出版社｜北京：中国人民大学出版社
出版年｜2010
页码｜293
ISBN｜978-7-300-12667-8
分类｜D035

书名/责任者｜再造政府：政府改革的五项战略/(美)奥斯本，(美)普拉斯特里克著；谭功荣，刘霞译
出版社｜北京：中国人民大学出版社
出版年｜2014-
页码｜367
ISBN｜978-7-300-19239-0
分类｜D771.231

谭国箱

书名/责任者｜深圳经济特区劳动法律法规适用指南/谭国箱主编
出版社｜深圳：海天出版社
出版年｜1996
页码｜443
ISBN｜7-80615-146-X
分类｜D922.5

书名/责任者｜给您一把金钥匙：深圳经济特区劳动法规实用问题读解/谭国箱，殷友国主编
出版社｜北京：中国劳动出版社
出版年｜1997
页码｜169
ISBN｜7-5045-2117-5
分类｜D927.653

书名/责任者｜深圳经济特区劳动法理论与实务/谭国箱主编；谢光永，隆仕明，辛向前，刘丽敏编著
出版社｜北京：中国社会出版社
出版年｜1997
页码｜540
ISBN｜7-80088-952-1
分类｜D922.5

书名/责任者｜沉浮与反思：1999-2004

年深圳市反腐败典型案例及点评．第三集／谭国箱主编
出版社｜深圳：海天出版社
出版年｜2004
页码｜294
ISBN｜7-80654-260-4
分类｜D924.393.5

书名／责任者｜廉政文化建设的理论与探索／谭国箱主编
出版社｜北京：中国方正出版社
出版年｜2005
页码｜309
ISBN｜7-80216-007-3
分类｜D676.53-53

书名／责任者｜深圳市反腐倡廉优秀论文集／谭国箱主编
出版社｜深圳：海天出版社
出版年｜2005
页码｜335
ISBN｜7-80697-286-2
分类｜D630.9-53

谭仲萱

书名／责任者｜刑辩七人行：有效辩护的智慧／黄云，方亮，谭仲萱，马成等著
出版社｜北京：法律出版社
出版年｜2022
页码｜281
ISBN｜978-7-5197-6832-4
分类｜D925.210.5

汤丽霞

书名／责任者｜人民政协与构建社会主义和谐社会／汤丽霞主编
出版社｜深圳：海天出版社
出版年｜2008
页码｜282
ISBN｜978-7-80747-302-2
分类｜D627

书名／责任者｜求索·务实·创新：庆祝人民政协成立60周年研究文集／汤丽霞主编
出版社｜深圳：海天出版社
出版年｜2010
页码｜368
ISBN｜978-7-80747-302-2
分类｜D628.65-53

书名／责任者｜共赢与发展：深圳外事与港澳工作新境界／汤丽霞主编
出版社｜深圳：海天出版社
出版年｜2015
页码｜248
ISBN｜978-7-5507-1290-4
分类｜D827.653

汤庭芬

书名／责任者｜基层民主与基层组织建设研究／汤庭芬主编
出版社｜北京：人民出版社
出版年｜2001
页码｜366
ISBN｜7-01-003354-4
分类｜D267-53

书名／责任者｜无政府主义思潮史话／汤庭芬著
出版社｜北京：社会科学文献出版社
出版年｜2011
页码｜161
ISBN｜978-7-5097-2054-7
分类｜D092.5

唐冬眉

书名／责任者｜守望合澜海：沙井蚝民口述史／陈太允口述；申晨，唐冬眉撰写
出版社｜广州：花城出版社
出版年｜2012
页码｜412
ISBN｜978-7-5360-6624-3
分类｜D422.7

书名/责任者｜水上见炊烟：沙井基围人口述史/赵灿荣口述；唐冬眉撰写
出版社｜广州：花城出版社
出版年｜2013
页码｜423
ISBN｜978-7-5360-6816-2
分类｜D422.7

唐火照

书名/责任者｜香港知识手册/刘文韶，唐火照主编；深圳市港澳经济研究会编著
出版社｜北京：中国金融出版社
出版年｜1993
页码｜704
ISBN｜7-5049-1154-3
分类｜D676.58

唐娟

书名/责任者｜2003年深圳竞选实录/唐娟，邹树彬主编
出版社｜西安：西北大学出版社
出版年｜2003
页码｜423
ISBN｜7-5604-1852-X
分类｜D624.653

书名/责任者｜政府治理论/唐娟著
出版社｜北京：中国社会科学出版社
出版年｜2006
页码｜444
ISBN｜7-5004-5458-9
分类｜D035.1

书名/责任者｜相互嵌入的政府、市场和社会：深圳市西乡街区治理改革的探索与思考/唐娟，陈文主编
出版社｜北京：中国社会出版社
出版年｜2010
页码｜259
ISBN｜978-7-5087-3270-1
分类｜D669.3

书名/责任者｜中国公共政策制定中的公民参与研究/王建军，王建容，唐娟著
出版社｜北京：中国社会科学出版社
出版年｜2018
页码｜201
ISBN｜978-7-5203-2645-2
分类｜D601

书名/责任者｜转型中国的基层选举民主发展研究/唐娟著
出版社｜上海：格致出版社：上海人民出版社
出版年｜2018
页码｜333
ISBN｜978-7-5432-2766-8
分类｜D621.4

唐文方

书名/责任者｜美国大学生看中国：英文本/唐文方主编
出版社｜北京：五洲传播出版社
出版年｜2007
页码｜147
ISBN｜978-7-5085-1204-4
分类｜D609.9

唐毅

书名/责任者｜调解复兴：深圳六约：一个村社的中国式调解/唐毅著
出版社｜广州：南方日报出版社
出版年｜2011
页码｜287
ISBN｜978-7-5491-0327-0
分类｜D925.114.4

田启波

书名/责任者｜马克思主义发展哲学与中国现代化/田启波著
出版社｜北京：中国社会科学出版社
出版年｜2003

页码 | 287
ISBN | 7-5004-4005-7
分类 | D61

书名/责任者 | 社会主义理论与实践的当代反思/关志钢，徐海波，樊秋莹，田启波著
出版社 | 北京：中央文献出版社
出版年 | 2004
页码 | 533
ISBN | 7-5073-1658-0
分类 | D0-0

书名/责任者 | 发展主义的反思与超越：当代中国发展哲学的替嬗与鼎新/田启波著
出版社 | 北京：社会科学文献出版社
出版年 | 2010
页码 | 253
ISBN | 978-7-5097-1692-2
分类 | D61

田彦群

书名/责任者 | 海关法/徐觉非，田彦群，周伟航，刘建三编著
出版社 | 北京：中国政法大学出版社
出版年 | 1989
页码 | 263
ISBN | 7-5620-0161-8
分类 | D922.22

书名/责任者 | 海关法学/徐觉非主编；周伟航，刘建三，田彦群，邹洪撰稿
出版社 | 北京：中国政法大学出版社
出版年 | 1995
页码 | 411
ISBN | 7-5620-0156-1
分类 | D922.22

书名/责任者 | 香港刑事法/田彦群著
出版社 | 深圳：海天出版社
出版年 | 1997
页码 | 426
ISBN | 7-80615-606-2
分类 | D927.658

书名/责任者 | 刑事辩护论/田彦群著
出版社 | 深圳：海天出版社
出版年 | 2006
页码 | 298
ISBN | 7-80697-580-2
分类 | D915.35

涂成洲

书名/责任者 | 创业板上市操作指引/涂成洲编著
出版社 | 北京：法律出版社
出版年 | 2009
页码 | 521
ISBN | 978-7-5036-9455-4
分类 | D922.280.4

书名/责任者 | 最新企业劳动合同管理实务与案例精解/涂成洲著
出版社 | 北京：法律出版社
出版年 | 2009
页码 | 393
ISBN | 978-7-5036-9403-5
分类 | D922.524

书名/责任者 | 创业板上市实战：操作流程与案例评析/涂成洲著
①
出版社 | 北京：法律出版社
出版年 | 2010
页码 | 705
ISBN | 978-7-5118-0345-0
分类 | D922.280.4
②
出版社 | 北京：法律出版社
出版年 | 2015
页码 | 626
ISBN | 978-7-5118-8440-4
分类 | D922.280.4

书名/责任者 | IPO 包装上市：揭秘中小企业上市之道/涂成洲著
出版社 | 北京：法律出版社

出版年 | 2016
页码 | 469
ISBN | 978-7-5118-3459-1
分类 | D922.280.4

书名/责任者 | 新三板挂牌实战：操作详解与实战要点/涂成洲著
出版社 | 北京：法律出版社
出版年 | 2018
页码 | 438
ISBN | 978-7-5197-2179-4
分类 | D922.280.4

万国营 / 汪传才 / 汪开国 / 汪腾锋 / 汪永成 / 王常营 / 王琛 / 王成义 / 王道隆 / 王刚 / 王建南 / 王京生 / 王凯 / 王理
/ 王茂祺 / 王敏 / 王璞 / 王千华 / 王秋华 / 王拓 / 王田良 / 王同信 / 王文渊 / 王熙远 / 王晓晔 / 王鑫 / 王燕军 / 王
王正明 / 王志强 / 王质战 / 王作辉 / 魏冰 / 魏赛娟 / 魏秀玲 / 温铭池 / 闻雁锋 / 翁惠娟 / 乌兰察夫 / 邬文辉 / 吴玢
/ 吴海燕 / 吴华根 / 吴俊忠 / 吴松营 / 吴学斌 / 吴亚林 / 吴燕妮 / 吴奕新 / 吴意诚 / 吴冉 / 吴忠 / 武小平 / 万国营
汪开国 / 汪腾锋 / 汪永成 / 王常营 / 王琛 / 王成义 / 王道隆 / 王刚 / 王建南 / 王京生 / 王凯 / 王理宗 / 王连喜 / 王
/ 王璞 / 王千华 / 王秋华 / 王拓 / 王田良 / 王同信 / 王文渊 / 王熙远 / 王晓晔 / 王鑫 / 王燕军 / 王瑜 / 王跃 / 王正
/ 王质战 / 王作辉 / 魏冰 / 魏赛娟 / 魏秀玲 / 温铭池 / 闻雁锋 / 翁惠娟 / 乌兰察夫 / 邬文辉 / 吴玢锋 / 吴定海 / 吴
根 / 吴俊忠 / 吴松营 / 吴学斌 / 吴亚林 / 吴燕妮 / 吴奕新 / 吴意诚 / 吴冉 / 吴忠 / 武小平 / 万国营 / 汪传才 / 汪开
/ 汪永成 / 王常营 / 王琛 / 王成义 / 王道隆 / 王刚 / 王建南 / 王京生 / 王凯 / 王理宗 / 王连喜 / 王茂祺 / 王敏 / 王
/ 王秋华 / 王拓 / 王田良 / 王同信 / 王文渊 / 王熙远 / 王晓晔 / 王鑫 / 王燕军 / 王瑜 / 王跃 / 王正明 / 王志强 / 王
辉 / 魏冰 / 魏赛娟 / 魏秀玲 / 温铭池 / 闻雁锋 / 翁惠娟 / 乌兰察夫 / 邬文辉 / 吴玢锋 / 吴定海 / 吴海燕 / 吴华根 /
松营 / 吴学斌 / 吴亚林 / 吴燕妮 / 吴奕新 / 吴意诚 / 吴冉 / 吴忠 / 武小平 / 万国营 / 汪传才 / 汪开国 / 汪腾锋 / 汪
营 / 王琛 / 王成义 / 王道隆 / 王刚 / 王建南 / 王京生 / 王凯 / 王理宗 / 王连喜 / 王茂祺 / 王敏 / 王璞 / 王千华 / 王
/ 王田良 / 王同信 / 王文渊 / 王熙远 / 王晓晔 / 王鑫 / 王燕军 / 王瑜 / 王跃 / 王正明 / 王志强 / 王质战 / 王作辉 /
娟 / 魏秀玲 / 温铭池 / 闻雁锋 / 翁惠娟 / 乌兰察夫 / 邬文辉 / 吴玢锋 / 吴定海 / 吴海燕 / 吴华根 / 吴俊忠 / 吴松营
吴亚林 / 吴燕妮 / 吴奕新 / 吴意诚 / 吴冉 / 吴忠 / 武小平 / 万国营 / 汪传才 / 汪开国 / 汪腾锋 / 汪永成 / 王常营 /
义 / 王道隆 / 王刚 / 王建南 / 王京生 / 王凯 / 王理宗 / 王连喜 / 王茂祺 / 王敏 / 王璞 / 王千华 / 王秋华 / 王拓 / 王

W

万国营

书名/责任者 | 法治政府建设与司法监督实践.三：深圳行政审判案例评析/万国营，胡建农主编
出版社 | 深圳：海天出版社
出版年 | 2015
页码 | 341
ISBN | 978-7-5507-0893-8
分类 | D927.653.531.85

书名/责任者 | 房屋租赁合同纠纷/万国营主编
出版社 | 北京：法律出版社
出版年 | 2015
页码 | 230
ISBN | 978-7-5118-8248-6
分类 | D925.104

书名/责任者 | 房屋买卖合同纠纷/万国营主编
出版社 | 北京：法律出版社
出版年 | 2015
页码 | 306
ISBN | 978-7-5118-8096-3
分类 | D925.104

书名/责任者 | 深圳司法报告/万国营主编
出版社 | 北京：法律出版社
出版年 | 2016
页码 | 353
ISBN | 978-7-5197-0070-6
分类 | D926.22

书名/责任者 | 法官的思维、经验与逻辑.1：刑事卷/万国营主编
出版社 | 北京：人民法院出版社
出版年 | 2018
页码 | 361
ISBN | 978-7-5109-2192-6
分类 | D926.204

书名/责任者 | 法官的思维、经验与逻辑.2：民商卷（上、下）/万国营主编
出版社 | 北京：人民法院出版社
出版年 | 2018
页码 | 949
ISBN | 978-7-5109-2194-0
分类 | D925.04-53

书名/责任者 | 法官的思维、经验与逻辑.3：行政、执行卷/万国营主编
出版社 | 北京：人民法院出版社
出版年 | 2018
页码 | 337
ISBN | 978-7-5109-2191-9
分类 | D926.204

书名/责任者 | 法官的思维、经验与逻辑.4：司法改革卷/万国营主编
出版社 | 北京：人民法院出版社
出版年 | 2018
页码 | 607
ISBN | 978-7-5109-2193-3
分类 | D925.04-53

书名/责任者 | 法官说法/万国营主编
出版社 | 北京：人民法院出版社
出版年 | 2018
页码 | 195
ISBN | 978-7-5109-2320-3
分类 | D920.5

书名/责任者 | 人民法院改革开放40周年成就展.深圳法院卷/万国营卷主编
出版社 | 北京：人民法院出版社
出版年 | 2018
页码 | 342
ISBN | 978-7-5109-2367-8
分类 | D926.22

书名/责任者 | 破产审判手册/万国营主编；深圳破产法庭编
出版社 | 北京：法律出版社
出版年 | 2019
页码 | 1210
ISBN | 978-7-5197-3518-0
分类 | D922.291.924

汪传才

书名/责任者 | 旅游景区法律风险控制机制的实证研究/汪传才著
出版社 | 北京：中国旅游出版社
出版年 | 2018
页码 | 425
ISBN | 978-7-5032-5981-4
分类 | D925.104

汪开国

书名/责任者 | 现代化与社会体制创新：走向现代化的深圳/汪开国主编
出版社 | 北京：中央编译出版社
出版年 | 2000
页码 | 395
ISBN | 7-80109-414-X
分类 | D676.53

书名/责任者 | 执政兴国的政治纲领："三个代表"重要思想研究文集/汪开国主编
出版社 | 深圳：海天出版社
出版年 | 2002
页码 | 469
ISBN | 7-80654-553-0
分类 | D261

书名/责任者 | 中国共产党干部工作中扩大民主问题研究/汪开国著
出版社 | 北京：人民出版社
出版年 | 2004
页码 | 156
ISBN | 7-01-004551-8
分类 | D262.3

书名/责任者 | 深圳九大阶层调查/汪开国主编
出版社 | 北京：社会科学文献出版社
出版年 | 2005
页码 | 340
ISBN | 7-80190-829-5
分类 | D663

书名/责任者 | 深圳调查：中共深圳市委党校调研报告集：2000-2005 年/汪开国主编
出版社 | 深圳：海天出版社
出版年 | 2006
页码 | 298
ISBN | 7-80697-858-5
分类 | D668

书名/责任者 | 深圳调查：中共深圳市委党校调研报告集：2006-2007 年/汪开国主编
出版社 | 深圳：海天出版社
出版年 | 2008
页码 | 318
ISBN | 978-7-80747-268-1
分类 | D668

汪腾锋

书名/责任者 | 律师智胜：艺术诉讼法经典案例解析/汪腾锋著
出版社 | 北京：人民法院出版社
出版年 | 2017
页码 | 288
ISBN | 978-7-5109-1937-4
分类 | D925.05

书名/责任者 | 深圳法律行业社会责任报告/汪腾锋主编；深圳市司法局，深圳市律师协会编
出版社 | 北京：法律出版社
出版年 | 2020
页码 | 117
ISBN | 978-7-5197-4119-8
分类 | D926.5

汪永成

书名/责任者 | 双重转型："九七"以来香港的行政改革与发展/汪永成著
出版社 | 北京：社会科学文献出版社
出版年 | 2002
页码 | 350
ISBN | 7-80149-738-4

分类｜D676.583.1

书名/责任者｜当代中国政治研究报告.Ⅱ/黄卫平，汪永成主编
出版社｜北京：社会科学文献出版社
出版年｜2003
页码｜404
ISBN｜7-80149-907-7
分类｜D62

书名/责任者｜当代中国政治研究报告.Ⅲ/黄卫平，汪永成主编；深圳大学当代中国政治研究所编
出版社｜北京：社会科学文献出版社
出版年｜2004
页码｜345
ISBN｜7-80149-959-X
分类｜D6-53

书名/责任者｜当代中国政治研究报告.Ⅳ/黄卫平，汪永成主编；深圳大学当代中国政治研究所编
出版社｜北京：社会科学文献出版社
出版年｜2005
页码｜418
ISBN｜7-80190-831-7
分类｜D6-53

书名/责任者｜经济全球化与中国政府能力现代化/汪永成著
出版社｜北京：人民出版社
出版年｜2006
页码｜289
ISBN｜7-01-005724-9
分类｜D630.1

书名/责任者｜当代中国政治研究报告.Ⅴ/黄卫平，汪永成主编；深圳大学编
出版社｜北京：社会科学文献出版社
出版年｜2007
页码｜437
ISBN｜978-7-80230-706-3
分类｜D6-53

书名/责任者｜公共问题研究与改善治理建言——深圳大学当代中国政治研究所咨询报告选/黄卫平，汪永成主编
出版社｜重庆：重庆出版社
出版年｜2007
页码｜350
ISBN｜978-7-5366-8898-8
分类｜D63

书名/责任者｜中国政治发展报告/黄卫平，汪永成主编；深圳大学编
出版社｜北京：社会科学文献出版社
出版年｜2008
页码｜389
ISBN｜978-7-5097-0467-7
分类｜D6-53

书名/责任者｜当代中国政治研究报告.Ⅵ/黄卫平，汪永成主编；深圳大学当代中国政治研究所编
出版社｜北京：社会科学文献出版社
出版年｜2009
页码｜361
ISBN｜978-7-5097-0568-1
分类｜D6-53

书名/责任者｜当代中国政治研究报告.第7辑/黄卫平，汪永成主编；深圳大学编
出版社｜北京：社会科学文献出版社
出版年｜2009
页码｜274
ISBN｜978-7-5097-1202-3
分类｜D6

书名/责任者｜香港特区公共管理模式研究/陈瑞莲，汪永成著
出版社｜北京：中国社会科学出版社
出版年｜2009
页码｜355
ISBN｜978-7-5004-7345-9
分类｜D627.658

书名/责任者｜当代中国政治研究报告.第8辑/黄卫平，汪永成主编；深圳大学编
出版社｜北京：社会科学文献出版社
出版年｜2010
页码｜282
ISBN｜978-7-5097-1999-2

分类 | D6-53

书名/责任者 | 当代中国政治研究报告.第9辑/黄卫平，汪永成主编；深圳大学编
出版社 | 北京：社会科学文献出版社
出版年 | 2012
页码 | 340
ISBN | 978-7-5097-3132-1
分类 | D6-53

书名/责任者 | 当代中国政治研究报告.第10辑/黄卫平，汪永成主编；深圳大学编
出版社 | 北京：社会科学文献出版社
出版年 | 2013
页码 | 341
ISBN | 978-7-5097-4218-1
分类 | D6

书名/责任者 | 当代中国政治研究报告.第11辑/黄卫平，汪永成主编；深圳大学编
出版社 | 北京：社会科学文献出版社
出版年 | 2013
页码 | 351
ISBN | 978-7-5097-5106-0
分类 | D62

书名/责任者 | 当代中国政治研究报告.第12辑/黄卫平，汪永成主编；深圳大学当代中国政治研究所编
出版社 | 北京：社会科学文献出版社
出版年 | 2014
页码 | 382
ISBN | 978-7-5097-5579-2
分类 | D62

书名/责任者 | 当代中国政治研究报告.第13辑/黄卫平，汪永成主编
出版社 | 北京：社会科学文献出版社
出版年 | 2015
页码 | 317
ISBN | 978-7-5097-7068-9
分类 | D62

书名/责任者 | 当代中国政治研究报告.第14辑/黄卫平，汪永成主编；深圳大学编
出版社 | 北京：社会科学文献出版社
出版年 | 2016
页码 | 254
ISBN | 978-7-5097-8698-7
分类 | D6-53

王常营

书名/责任者 | 深圳经济特区涉外经济合同司法实践/王常营主编
出版社 | 北京：中国政法大学出版社
出版年 | 1989
页码 | 344
ISBN | 7-5620-0261-4
分类 | D923.605

书名/责任者 | 深圳经济特区涉外涉港澳民事案例评析/王常营主编
出版社 | 北京：人民法院出版社
出版年 | 1990
页码 | 315
ISBN | 7-80056-090-2
分类 | D924.05

书名/责任者 | 深圳经济特区审判实践/王常营主编
出版社 | 北京：人民法院出版社
出版年 | 1990
页码 | 240
ISBN | 7-80056-076-7
分类 | D926.22

王琛

书名/责任者 | 漂移的时空：当代中国少数民族的经济生活/王琛著
出版社 | 北京：社会科学文献出版社
出版年 | 2012
页码 | 389
ISBN | 978-7-5097-3452-0
分类 | D633.3

王成义

书名/责任者｜深圳市法治政府建设指标体系（试行）解读/周成新，王成义主编
出版社｜深圳：海天出版社
出版年｜2009
页码｜362
ISBN｜978-7-80747-656-6
分类｜D676.53

书名/责任者｜深圳市建立法治政府研究/王成义著
出版社｜北京：中国法制出版社
出版年｜2010
页码｜414
ISBN｜978-7-5093-1923-9
分类｜D625.653

王道隆

书名/责任者｜社会主义精神文明的典范：陈观玉/王道隆，崔茂登主编
出版社｜深圳：海天出版社
出版年｜1997
页码｜225
ISBN｜7-80615-634-8
分类｜D442.62

王刚

书名/责任者｜行政审批制度改革探究/艾琳，王刚著
出版社｜北京：人民出版社
出版年｜2015
页码｜467
ISBN｜978-7-01-014750-5
分类｜D63

书名/责任者｜重塑面向公众的政务服务/艾琳，王刚著
出版社｜北京：社会科学文献出版社
出版年｜2015
页码｜373
ISBN｜978-7-5097-7213-3
分类｜D630.1

书名/责任者｜"放管服"改革：对秩序与自由的统合/艾琳，王刚著
出版社｜北京：中国社会科学出版社
出版年｜2020
页码｜278
ISBN｜978-7-5203-7297-8
分类｜D63

王建南

书名/责任者｜廉政公署的运作与借鉴/王建南著
出版社｜深圳：海天出版社
出版年｜1997
页码｜156
ISBN｜7-80654-018-0
分类｜D676.58

王京生

书名/责任者｜关爱·十年/王京生主编
出版社｜深圳：深圳报业集团出版社
出版年｜2014
页码｜291
ISBN｜978-7-80709-564-4
分类｜D632.1

王凯

书名/责任者｜深圳市事业单位职员制雇员制300问/王凯，尹少文，邓晓俊编写
出版社｜深圳：海天出版社
出版年｜2007
页码｜228
ISBN｜978-7-80697-946-4
分类｜D630.3-44

王理宗

书名/责任者｜美丽的手：翻越利己的高

峰/王理宗著
出版社 | 广州：广东人民出版社
出版年 | 2015
页码 | 192
ISBN | 978-7-218-10325-9
分类 | D632.1

王连喜

书名/责任者 | 现代化、城市化与农村基层民主：珠三角地区农村村民自治研究/王连喜，孟伟著，熊哲文著
出版社 | 北京：人民出版社
出版年 | 2001
页码 | 361
ISBN | 7-01-003476-1
分类 | D638

书名/责任者 | 转型期思想政治工作问题研究/孟伟，张岩鸿，王连喜著
出版社 | 北京：人民出版社
出版年 | 2004
页码 | 216
ISBN | 7-01-004549-6
分类 | D64

书名/责任者 | 演变后的俄罗斯/孟伟，熊震，王连喜编著
出版社 | 广州：海天出版社
出版年 | 2010
页码 | 362
ISBN | 978-7-80747-822-5
分类 | D751.2

王茂祺

书名/责任者 | 给付障碍体系比较研究/王茂祺著
出版社 | 北京：法律出版社
出版年 | 2007
页码 | 256
ISBN | 978-7-5036-6504-2
分类 | D913.04

王敏

书名/责任者 | 综合知识与职业能力测试/王敏主编
出版社 | 深圳：海天出版社
出版年 | 2006
页码 | 381
ISBN | 7-80697-784-8
分类 | D630.3

书名/责任者 | 深圳公职人员人事制度改革三十年/王敏主编
出版社 | 深圳：海天出版社
出版年 | 2014
页码 | 331
ISBN | 978-7-5507-0998-0
分类 | D630.3

王璞

书名/责任者 | 法治政府建设与司法监督实践：深圳行政审判案例评析 .2/霍敏，王璞主编
出版社 | 深圳：海天出版社
出版年 | 2014
页码 | 384
ISBN | 978-7-5507-0892-1
分类 | D927.653.531.825

王千华

书名/责任者 | 高新技术风险投资法律规则/王千华，林晖著
出版社 | 深圳：海天出版社
出版年 | 2001
页码 | 427
ISBN | 7-80654-469-0
分类 | D922.282.4

书名/责任者 | 论欧洲法院的司法能动性/王千华著
出版社 | 北京：北京大学出版社
出版年 | 2005
页码 | 197

ISBN | 7-301-08740-3
分类 | D950.62

书名/责任者 | 海商法：第二版/王千华，向明华主编
出版社 | 广州：中山大学出版社
出版年 | 2007
页码 | 386
ISBN | 978-7-306-02917-1
分类 | D922.294.1

书名/责任者 | 公共服务提供机构的改革：中国的任务和英国的经验/王千华，王军编著
出版社 | 北京：北京大学出版社
出版年 | 2010
页码 | 187
ISBN | 978-7-301-17190-5
分类 | D630.1

王秋华

书名/责任者 | 中国涉外经济法概论/李泽沛主编；马鸿翔，王秋华，刘筱琳，沈木珠撰稿
出版社 | 北京：法律出版社
出版年 | 1989
页码 | 462
ISBN | 7-5036-0558-8
分类 | D922.295

王拓

书名/责任者 | 爱国统一战线与深圳统战工作/王拓著
出版社 | 广州：广东科技出版社
出版年 | 1995
页码 | 263
ISBN | 7-5359-1592-2
分类 | D613

王田良

书名/责任者 | 走马鹏城看变化/王田良主编
出版社 | 深圳：深圳报业集团出版社
出版年 | 2007
页码 | 492
ISBN | 978-7-80709-088-5
分类 | D619.653

王同信

书名/责任者 | 深圳新生代农民工调查报告/王同信，翟玉娟主编
出版社 | 北京：中国法制出版社
出版年 | 2013
页码 | 304
ISBN | 978-7-5093-4571-9
分类 | D669.2

王文渊

书名/责任者 | 观澜：一位摄影记者眼中的改革开放/王文渊著
出版社 | 北京：中国画报出版社
出版年 | 2018
页码 | 307
ISBN | 978-7-5146-1697-2
分类 | D616-64

王熙远

书名/责任者 | 神巫毛拜陀/王熙远著
出版社 | 桂林：广西师范大学出版社
出版年 | 2011
页码 | 307
ISBN | 978-7-5633-8994-0
分类 | D422.7

王晓晔

书名/责任者 | 企业合并中的反垄断问题/

王晓晔著
出版社 | 北京：法律出版社
出版年 | 1996
页码 | 358
ISBN | 7-5036-1854-X
分类 | D912.290.1

书名 / 责任者 | 反垄断法与市场经济："中德反垄断法比较研讨会"论文集 / 王晓晔编
出版社 | 北京：法律出版社
出版年 | 1998
页码 | 307
ISBN | 7-5036-2519-8
分类 | D922.290.4

书名 / 责任者 | 竞争法研究 / 王晓晔著
出版社 | 北京：中国法制出版社
出版年 | 1999
页码 | 488
ISBN | 7-80083-631-2
分类 | D912.290.1

书名 / 责任者 | 反垄断法律与经济：英文本 / (美)吉尔霍恩，科瓦西克著；王晓晔注
出版社 | 北京：中国人民大学出版社
出版年 | 2001
页码 | 520
ISBN | 7-300-03645-7
分类 | D971.222.9

书名 / 责任者 | 欧共体竞争法 / 王晓晔著
出版社 | 北京：中国法制出版社
出版年 | 2001
页码 | 515
ISBN | 7-80083-786-6
分类 | D950.229

书名 / 责任者 | 德国民法通论（上、下）/ (德)拉伦茨著；王晓晔译
①
出版社 | 北京：法律出版社
出版年 | 2003
页码 | 1007
ISBN | 7-5036-3991-1
分类 | D951.63
②
出版社 | 北京：法律出版社
出版年 | 2013
页码 | 1008
ISBN | 978-7-5118-4599-3
分类 | D951.63

书名 / 责任者 | 竞争法与经济发展 / 王晓晔，(日)伊从宽主编
出版社 | 北京：社会科学文献出版社
出版年 | 2003
页码 | 329
ISBN | 7-80190-050-2
分类 | D912.290.4

书名 / 责任者 | 经济法学 / 王晓晔主编
出版社 | 北京：社会科学文献出版社
出版年 | 2005
页码 | 517
ISBN | 7-80190-820-1
分类 | D922.290.1

书名 / 责任者 | 经济全球化下竞争法的新发展 / 王晓晔主编
出版社 | 北京：社会科学文献出版社
出版年 | 2005
页码 | 389
ISBN | 7-80190-638-1
分类 | D912.290.4

书名 / 责任者 | 反垄断立法热点问题 / 王晓晔主编
出版社 | 北京：社会科学文献出版社
出版年 | 2007
页码 | 432
ISBN | 978-7-80230-930-2
分类 | D922.294.4

书名 / 责任者 | 竞争法学 / 王晓晔著
出版社 | 北京：社会科学文献出版社
出版年 | 2007
页码 | 467
ISBN | 978-7-80230-448-2
分类 | D912.290.1

书名/责任者 | 欧共体竞争法/王晓晔著
出版社 | 北京：中国社会科学出版社
出版年 | 2007
页码 | 398
ISBN | 978-7-5004-6054-1
分类 | D950.229

书名/责任者 | 经济法学的新发展/邱本，王晓晔主编
出版社 | 北京：中国社会科学出版社
出版年 | 2008
页码 | 402
ISBN | 978-7-5004-7286-5
分类 | D922.290.1

书名/责任者 | 中华人民共和国反垄断法详解/王晓晔主编
出版社 | 北京：知识产权出版社
出版年 | 2008
页码 | 322
ISBN | 978-7-80198-818-8
分类 | D922.294.5

书名/责任者 | 反垄断法实施中的重大问题/王晓晔主编
出版社 | 北京：社会科学文献出版社
出版年 | 2010
页码 | 544
ISBN | 978-7-5097-1437-9
分类 | D922.294.4

书名/责任者 | 经济法学/王晓晔主编
①
出版社 | 北京：社会科学文献出版社
出版年 | 2010
页码 | 429
ISBN | 978-7-5097-1277-1
分类 | D922.290.1
②
出版社 | 北京：中国社会科学出版社
出版年 | 2010
页码 | 410
ISBN | 978-7-5004-8781-4
分类 | D922.290.1

书名/责任者 | 王晓晔论反垄断法/王晓晔主编
出版社 | 北京：社会科学文献出版社
出版年 | 2010
页码 | 677
ISBN | 978-7-5097-1441-6
分类 | D922.294

书名/责任者 | 反垄断法/王晓晔著
出版社 | 北京：法律出版社
出版年 | 2011
页码 | 440
ISBN | 978-7-5118-1866-9
分类 | D912.290.1

书名/责任者 | 竞争执法能力建设/王晓晔主编
出版社 | 北京：社会科学文献出版社
出版年 | 2012
页码 | 443
ISBN | 978-7-5097-3292-2
分类 | D922.294.4

书名/责任者 | 反垄断法中的相关市场界定/王晓晔主编
出版社 | 北京：社会科学文献出版社
出版年 | 2014
页码 | 395
ISBN | 978-7-5097-6336-0
分类 | D912.294.04

书名/责任者 | 反垄断法的相关市场界定及其技术方法/王晓晔主编
出版社 | 北京：法律出版社
出版年 | 2019
页码 | 609
ISBN | 978-7-5197-3707-8
分类 | D922.294.4

书名/责任者 | 王晓晔论反垄断法：2011-2018/王晓晔著
出版社 | 北京：社会科学文献出版社
出版年 | 2019
页码 | 560
ISBN | 978-7-5201-4903-7
分类 | D922.294.4-53

王鑫

书名/责任者 | 深圳党的建设大事/王鑫主编
出版社 | 深圳：海天出版社
出版年 | 2008
页码 | 362
ISBN | 978-7-80747-406-7
分类 | D267

书名/责任者 | 深圳经济特区党的建设科学化的探索与实践/王鑫主编；中共深圳市委党校编
出版社 | 深圳：深圳报业集团出版社
出版年 | 2012
页码 | 305
ISBN | 978-7-80709-444-9
分类 | D26

王燕军

书名/责任者 | 中国经济特区的精神文明建设.深圳卷/陈宏在主笔；黄玲，曾凡益，吴金光，王燕军撰稿
出版社 | 北京：中共党史出版社
出版年 | 2003
页码 | 507
ISBN | 7-80136-868-1
分类 | D648

王瑜

书名/责任者 | 土地股份合作法律制度研究/王瑜著
出版社 | 北京：中国社会科学出版社
出版年 | 2020
页码 | 234
ISBN | 978-7-5203-7404-0
分类 | D922.304

王跃

书名/责任者 | 深圳经济特区文化市场管理手册：管理者、经营者和演职人员必读/王跃编著
出版社 | 北京：科学出版社
出版年 | 1995
页码 | 323
ISBN | 7-03-004924-1
分类 | D922.299

王正明

书名/责任者 | 特区现代化的保障：深圳法制建设的理论与实践/王正明主编
出版社 | 北京：红旗出版社
出版年 | 1994
页码 | 315
ISBN | 7-80068-558-6
分类 | D676.52-53

书名/责任者 | 深圳反贪启示录/王正明，庄潮主编
出版社 | 深圳：海天出版社
出版年 | 1996
页码 | 490
ISBN | 7-80615-416-7
分类 | D924.334

书名/责任者 | 深圳特区借鉴香港法制研究论集/王正明，周成新主编；深圳市市场经济法制研究会，深圳市法制研究所编
出版社 | 深圳：海天出版社
出版年 | 1996
页码 | 195
ISBN | 7-80615-548-1
分类 | D927.653-53

书名/责任者 | 迎接新的使命：深圳市检查机关学习和研究新刑诉法成果荟萃/王正明，杨志强主编
出版社 | 深圳：海天出版社
出版年 | 1996
页码 | 349
ISBN | 7-80615-621-6
分类 | D925.204

王志强

书名/责任者 | 建设工程纠纷诉讼实务指南/王志强主编；深圳市律师协会编
出版社 | 北京：法律出版社
出版年 | 2016
页码 | 370
ISBN | 978-7-5118-9255-3
分类 | D922.297.5

王质战

书名/责任者 | 走向一体化的东盟/杨刚勇，王质战，蔺蔚青，刘继国著
出版社 | 深圳：海天出版社
出版年 | 2010
页码 | 322
ISBN | 978-7-80747-821-8
分类 | D814.1

王作辉

书名/责任者 | 多边国际投资立法：经验、现状与展望/叶兴平，王作辉，闫洪师著
出版社 | 北京：光明日报出版社
出版年 | 2008
页码 | 201
ISBN | 978-7-80206-617-5
分类 | D996.4

魏冰

书名/责任者 | 行政案例分析/魏冰，李琪，孙荣编写
出版社 | 昆明：云南教育出版社
出版年 | 1988
页码 | 196
ISBN | 7-5415-0197-2
分类 | D925.3-43

魏赛娟

书名/责任者 | 行政法与行政诉讼法/魏赛娟编著
①
出版社 | 广州：中山大学出版社
出版年 | 1997
页码 | 335
ISBN | 978-7-306-01215-0
分类 | D912.1
②
出版社 | 广州：中山大学出版社
出版年 | 2000
页码 | 383
ISBN | 7-306-01215-0
分类 | D912.101

书名/责任者 | 新型经济犯罪研究/朱兴有，魏赛娟主编
出版社 | 北京：法律出版社
出版年 | 2000
页码 | 351
ISBN | 7-5036-3099-X
分类 | D924.304

魏秀玲

书名/责任者 | 中国房地产法热点问题研究/魏秀玲，杨承志，许奋飞著
出版社 | 长春：吉林人民出版社
出版年 | 2005
页码 | 228
ISBN | 7-206-04636-3
分类 | D922.181.4

书名/责任者 | 中国房地产法学概论/魏秀玲著
出版社 | 长春：吉林人民出版社
出版年 | 2005
页码 | 356
ISBN | 7-206-04635-5
分类 | D922.181.1

书名/责任者 | 中国地下空间使用权法律问题研究/魏秀玲著

出版社 | 厦门：厦门大学出版社
出版年 | 2011
页码 | 171
ISBN | 978-7-5615-3914-9
分类 | D922.297.4

书名/责任者 | 民法总论原理图解/魏秀玲编
出版社 | 厦门：厦门大学出版社
出版年 | 2012
页码 | 127
ISBN | 978-7-5615-4121-0
分类 | D923.04

温铭池

书名/责任者 | 固戍社区志/温铭池主编
出版社 | 深圳：深圳报业集团出版社
出版年 | 2017
页码 | 350
ISBN | 978-7-80709-819-5
分类 | D669.3

闻雁锋

书名/责任者 | 深圳经济特区40年知识产权经典案例汇览/闻雁锋主编；深圳市知识产权经典案例汇览项目组编著
出版社 | 北京：中国法制出版社
出版年 | 2019
页码 | 337
ISBN | 978-7-5216-0114-5
分类 | D927.653.340.5

翁惠娟

书名/责任者 | 百姓事罗湖情/金涌，翁惠娟著
出版社 | 深圳：深圳报业集团出版社
出版年 | 2007
页码 | 474
ISBN | 978-7-80709-124-0
分类 | D676.53

乌兰察夫

书名/责任者 | 中国深圳发展报告：深圳蓝皮书：2003/乐正，乌兰察夫主编
出版社 | 北京：社会科学文献出版社
出版年 | 2003
页码 | 364
ISBN | 7-80190-040-5
分类 | D668

邬文辉

书名/责任者 | 商事案件代理：思路·策略·技巧/邬文辉，黎小锋，刘洋等编著
出版社 | 北京：法律出版社
出版年 | 2009
页码 | 254
ISBN | 978-7-5036-9957-3
分类 | D923.994

吴玢锋

书名/责任者 | 党的政策运行过程研究：以党的理论、政策、实践的互动关系为视角/吴玢锋著
出版社 | 北京：中国广播电视出版社
出版年 | 2004
页码 | 242
ISBN | 7-5043-3758-7
分类 | D20

吴定海

书名/责任者 | 楚楚动人：深圳善行志/吴定海，丁时照编著
出版社 | 北京：清华大学出版社
出版年 | 2018
页码 | 231
ISBN | 978-7-302-50235-7
分类 | D648.3

书名/责任者 | 思想破冰：深圳观念创新的逻辑/吴定海，赵智奎主编

出版社 | 北京：中国社会科学出版社
出版年 | 2022
页码 | 390
ISBN | 978-7-5227-0323-7
分类 | D676.53

吴海燕

书名/责任者 | 重构与治理：基于“多中心”的中国城市社区研究/吴海燕著
出版社 | 北京：中央文献出版社
出版年 | 2006
页码 | 330
ISBN | 7-5073-2097-9
分类 | D669.3

书名/责任者 | 中国地方政府大部制改革模式研究：来自珠三角的调查/陈天祥，吴海燕著
出版社 | 北京：社会科学文献出版社
出版年 | 2017
页码 | 355
ISBN | 978-7-5201-0344-2
分类 | D625.65

吴华根

书名/责任者 | 深圳志愿服务青少年读本/吴华根，尚强主编
出版社 | 深圳：海天出版社
出版年 | 2013
页码 | 118
ISBN | 978-7-5507-0643-9
分类 | D669.3

吴俊忠

书名/责任者 | 读懂深圳：四十年四十个视点/吴俊忠编著
出版社 | 广州：中山大学出版社
出版年 | 2020
页码 | 271
ISBN | 978-7-306-06918-4
分类 | D619.653

吴松营

书名/责任者 | 深圳城乡社会主义教育百题问答/吴松营主编；深圳市委宣传部编
出版社 | 北京：解放军出版社
出版年 | 1991
页码 | 204
ISBN | 7-5065-1789-2
分类 | D651.7

书名/责任者 | 深圳特区党的建设/赵云献，吴松营，李统书主编
出版社 | 北京：人民出版社
出版年 | 1993
页码 | 360
ISBN | 7-01-001894-4
分类 | D26

书名/责任者 | 深圳精神文明建设：大事记/吴松营，段亚兵主编
出版社 | 深圳：海天出版社
出版年 | 1996
页码 | 259
ISBN | 7-80615-383-7
分类 | D676.53

书名/责任者 | 深圳精神文明建设：论文集/吴松营，段亚兵主编
出版社 | 深圳：海天出版社
出版年 | 1996
页码 | 503
ISBN | 7-80615-383-7
分类 | D676.53

书名/责任者 | 深圳精神文明建设：文件汇编/吴松营，段亚兵主编
出版社 | 深圳：海天出版社
出版年 | 1996
页码 | 689
ISBN | 7-80615-383-7
分类 | D676.53

书名/责任者 | 深圳精神文明建设的实践

与理论探索/吴松营著
出版社 | 深圳：海天出版社
出版年 | 1996
页码 | 208
ISBN | 7-80615-384-5
分类 | D676.53

吴学斌

书名/责任者 | 刑法适用方法的基本准则：构成要件符合性判断研究/吴学斌著
出版社 | 北京：中国人民公安大学出版社
出版年 | 2008
页码 | 270
ISBN | 978-7-81139-073-5
分类 | D924.05

书名/责任者 | 刑法新思潮：张明楷教授学术观点探究/李立众，吴学斌主编
出版社 | 北京：北京大学出版社
出版年 | 2008
页码 | 266
ISBN | 978-7-301-14049-9
分类 | D924.01

书名/责任者 | 现代社会与不作为犯罪/吴学斌著
出版社 | 北京：社会科学文献出版社
出版年 | 2019
页码 | 214
ISBN | 978-7-5201-4701-9
分类 | D917

吴亚林

书名/责任者 | 价值与教育/吴亚林著
出版社 | 北京：北京师范大学出版社
出版年 | 2009
页码 | 288
ISBN | 978-7-303-10187-0
分类 | D64

吴燕妮

书名/责任者 | 论冲突中和冲突后社会的法治：联合国的行动及中国的贡献/吴燕妮著
出版社 | 武汉：武汉大学出版社
出版年 | 2014
页码 | 337
ISBN | 978-7-307-12105-8
分类 | D902

书名/责任者 | 后冲突时代的国际法治及大国责任/吴燕妮著
出版社 | 北京：中国社会科学出版社
出版年 | 2018
页码 | 316
ISBN | 978-7-5203-2432-8
分类 | D99

书名/责任者 | 比较视野下的广东自贸区法治政府建设：现实挑战与发展路径/吴燕妮著
出版社 | 北京：社会科学文献出版社
出版年 | 2019
页码 | 130
ISBN | 978-7-5201-4218-2
分类 | D927.650.04

吴奕新

书名/责任者 | 政府的管理与服务：珠江三角洲的实践/吴奕新著
出版社 | 广州：广东人民出版社
出版年 | 1994
页码 | 272
ISBN | 7-218-01699-5
分类 | D625.65

书名/责任者 | 当代中国道德建设研究/吴奕新著
出版社 | 北京：中国社会科学出版社
出版年 | 2003
页码 | 336
ISBN | 7-5004-4339-0
分类 | D648.3

书名/责任者｜社会变革与观念变革：新时期广东观念变革实践的理性沉思/吴灿新，苟志效，吴奕新著
出版社｜北京：人民出版社
出版年｜2003
页码｜213
ISBN｜7-01-004004-4
分类｜D676.5

吴意诚

书名/责任者｜HR 应当知道的劳动法/周旻，何志杰，吴意诚著
出版社｜北京：法律出版社
出版年｜2017
页码｜228
ISBN｜978-7-5197-1290-7
分类｜D922.504

吴再

书名/责任者｜乌托邦：30 年现代化万花筒（上、中、下）/吴再著
出版社｜深圳：深圳报业集团出版社
出版年｜2010
页码｜1953
ISBN｜978-7-80709-305-3
分类｜D619.653

书名/责任者｜向中国共产党学习/吴再著
出版社｜深圳：海天出版社
出版年｜2010
页码｜283
ISBN｜978-7-80747-759-4
分类｜D25

书名/责任者｜向中国共产党学习：包容方略篇/吴再著
出版社｜深圳：海天出版社
出版年｜2011
页码｜329
ISBN｜978-7-5507-0103-8
分类｜D23

书名/责任者｜向中国共产党学习：成功策略篇/吴再著
出版社｜深圳：海天出版社
出版年｜2011
页码｜317
ISBN｜978-7-5507-0105-2
分类｜D23D23

书名/责任者｜向中国共产党学习：复兴战略篇/吴再著
出版社｜深圳：海天出版社
出版年｜2011
页码｜339
ISBN｜978-7-5507-0102-1
分类｜D23

书名/责任者｜向中国共产党学习：逆境谋略篇/吴再著
出版社｜深圳：海天出版社
出版年｜2011
页码｜376
ISBN｜978-7-5507-0104-5
分类｜D23

书名/责任者｜盛世箴言：十八大后中国亟须破解的 20 个难题和构筑的 20 项“工程”/吴再著
出版社｜北京：中共中央党校出版社
出版年｜2013
页码｜431
ISBN｜978-7-5035-5019-5
分类｜D616

吴忠

书名/责任者｜深圳社会发展报告 .2011/吴忠，余智晟主编
出版社｜北京：社会科学文献出版社
出版年｜2011
页码｜342
ISBN｜978-7-5097-2861-1
分类｜D676.53

武小平

书名/责任者 | 深圳房地产纠纷案例汇编/刘佳胜主编；李德选，刘萌，武小平，向勇编写
出版社 | 北京：中国大地出版社
出版年 | 1998
页码 | 268
ISBN | 7-80097-224-0
分类 | D922.181.5

洪跃 / 夏晋祥 / 夏林华 / 冼吉昌 / 肖宏开 / 肖杰安 / 肖文红 / 肖又贤 / 谢春红 / 谢建文 / 谢锦辉 / 谢圣远 / 谢志岿
熊瑛 / 熊哲文 / 熊震 / 徐道稳 / 徐海波 / 徐景安 / 徐静 / 徐利斌 / 徐友军 / 徐宇珊 / 许德森 / 许亮东 / 许明达 / 许
军 / 宣柱锡 / 薛波 / 薛庆予 / 夏洪跃 / 夏晋祥 / 夏林华 / 冼吉昌 / 肖宏开 / 肖杰安 / 肖文红 / 肖又贤 / 谢春红 / 谢
辉 / 谢圣远 / 谢志岿 / 熊秉元 / 熊瑛 / 熊哲文 / 熊震 / 徐道稳 / 徐海波 / 徐景安 / 徐静 / 徐利斌 / 徐友军 / 徐宇珊
许亮东 / 许明达 / 许石林 / 许永军 / 宣柱锡 / 薛波 / 薛庆予 / 夏洪跃 / 夏晋祥 / 夏林华 / 冼吉昌 / 肖宏开 / 肖杰安 /
又贤 / 谢春红 / 谢建文 / 谢锦辉 / 谢圣远 / 谢志岿 / 熊秉元 / 熊瑛 / 熊哲文 / 熊震 / 徐道稳 / 徐海波 / 徐景安 / 徐
/ 徐友军 / 徐宇珊 / 许德森 / 许亮东 / 许明达 / 许石林 / 许永军 / 宣柱锡 / 薛波 / 薛庆予 / 夏洪跃 / 夏晋祥 / 夏林
/ 肖宏开 / 肖杰安 / 肖文红 / 肖又贤 / 谢春红 / 谢建文 / 谢锦辉 / 谢圣远 / 谢志岿 / 熊秉元 / 熊瑛 / 熊哲文 / 熊震
徐海波 / 徐景安 / 徐静 / 徐利斌 / 徐友军 / 徐宇珊 / 许德森 / 许亮东 / 许明达 / 许石林 / 许永军 / 宣柱锡 / 薛波 /
洪跃 / 夏晋祥 / 夏林华 / 冼吉昌 / 肖宏开 / 肖杰安 / 肖文红 / 肖又贤 / 谢春红 / 谢建文 / 谢锦辉 / 谢圣远 / 谢志岿
熊瑛 / 熊哲文 / 熊震 / 徐道稳 / 徐海波 / 徐景安 / 徐静 / 徐利斌 / 徐友军 / 徐宇珊 / 许德森 / 许亮东 / 许明达 / 许
军 / 宣柱锡 / 薛波 / 薛庆予 / 夏洪跃 / 夏晋祥 / 夏林华 / 冼吉昌 / 肖宏开 / 肖杰安 / 肖文红 / 肖又贤 / 谢春红 / 谢
辉 / 谢圣远 / 谢志岿 / 熊秉元 / 熊瑛 / 熊哲文 / 熊震 / 徐道稳 / 徐海波 / 徐景安 / 徐静 / 徐利斌 / 徐友军 / 徐宇珊
许亮东 / 许明达 / 许石林 / 许永军 / 宣柱锡 / 薛波 / 薛庆予 / 夏洪跃 / 夏晋祥 / 夏林华 / 冼吉昌 / 肖宏开 / 肖杰安
肖又贤 / 谢春红 / 谢建文 / 谢锦辉 / 谢圣远 / 谢志岿 / 熊秉元 / 熊瑛 / 熊哲文 / 熊震 / 徐道稳 / 徐海波 / 徐景安 /
斌 / 徐友军 / 徐宇珊 / 许德森 / 许亮东 / 许明达 / 许石林 / 许永军 / 宣柱锡 / 薛波 / 薛庆予 / 夏洪跃 / 夏晋祥 / 夏
昌 / 肖宏开 / 肖杰安 / 肖文红 / 肖又贤 / 谢春红 / 谢建文 / 谢锦辉 / 谢圣远 / 谢志岿 / 熊秉元 / 熊瑛 / 熊哲文 / 熊

X

夏洪跃

书名/责任者｜党的执政能力与执政基础建设/夏洪跃著
出版社｜北京：党建读物出版社
出版年｜2005
页码｜245
ISBN｜7-80098-805-8
分类｜D25

书名/责任者｜系统工程：和谐社会视野中的执政能力建设——以深圳市盐田区为个案/夏洪跃
出版社｜北京：中共中央党校出版社
出版年｜2007
页码｜378
ISBN｜978-7-5035-3723-3
分类｜D25

夏晋祥

书名/责任者｜解读深圳：为什么深圳能创造一个世界奇迹/夏晋祥主编
出版社｜北京：电子工业出版社
出版年｜2017
页码｜163
ISBN｜978-7-121-32987-6
分类｜D619.653-53

书名/责任者｜从百色风云到特区开放：中国共产党人的初心及心路历程探索/夏晋祥，方连英，陈忠宁著
出版社｜上海：上海财经大学出版社
出版年｜2020
页码｜166
ISBN｜978-7-5642-3658-8
分类｜D261.42

书名/责任者｜深圳改革与发展的实践研究/夏晋祥，陈忠宁主编
出版社｜上海：上海财经大学出版社
出版年｜2021
页码｜243
ISBN｜978-7-5642-3772-1
分类｜D619.653

夏林华

书名/责任者｜不得援引国家豁免的诉讼：国家及其财产管辖豁免例外问题研究/夏林华著
出版社｜广州：暨南大学出版社
出版年｜2011
页码｜208
ISBN｜978-7-81135-908-4
分类｜D990

书名/责任者｜法学视野下的“深圳质量”：打造深圳质量的法制保障体系研究/夏林华著
出版社｜深圳：海天出版社
出版年｜2020
页码｜227
ISBN｜978-7-5507-3035-9
分类｜D927.653

书名/责任者｜外商投资深圳文化产业的法律环境问题研究/夏林华著
出版社｜北京：中国财富出版社有限公司
出版年｜2023
页码｜154
ISBN｜978-7-5047-7434-7
分类｜D922.295.4

冼吉昌

书名/责任者｜高校党建和思想政治教育研究/冼吉昌主编
出版社｜广州：华南理工大学出版社
出版年｜2009
页码｜234
ISBN｜978-7-5623-3171-1
分类｜D267.6-53

肖宏开

书名/责任者｜美国诉讼制度与我国司法改革/肖宏开著
出版社｜深圳：海天出版社

出版年 | 2003
页码 | 270
ISBN | 7-80654-018-0
分类 | D916

肖杰安

书名/责任者 | 深圳市知识产权局深圳市版权局年报.2004-2007/肖杰安主编；深圳市知识产权局年报编委会，深圳市版权局年报编委会编
出版社 | 深圳：深圳报业集团出版社
出版年 | 2008
页码 | 299
ISBN | 978-7-80709-021-2
分类 | D927.653.34-54

肖文红

书名/责任者 | 党建科学化的理论与盐田实践/庄保，肖文红，叶萍著
出版社 | 深圳：海天出版社
出版年 | 2017
页码 | 247
ISBN | 978-7-5507-1879-1
分类 | D267

肖又贤

书名/责任者 | 担保法案例评析/肖又贤编著
出版社 | 上海：汉语大词典出版社
出版年 | 2003
页码 | 359
ISBN | 7-5432-0812-1
分类 | D923.65

书名/责任者 | WTO 保障措施制度理论与争端解决实践研究/肖又贤著
出版社 | 北京：法律出版社
出版年 | 2004
页码 | 410
ISBN | 7-5036-5230-6
分类 | D996.1

谢春红

书名/责任者 | 当代中国共产党建设学习型政党研究/谢春红著
出版社 | 北京：人民出版社
出版年 | 2009
页码 | 254
ISBN | 978-7-01-007928-8
分类 | D26

书名/责任者 | 深圳十大观念解读：历史背景·文化内涵·时代价值/梁英平，谢春红著
出版社 | 广州：中山大学出版社
出版年 | 2012
页码 | 203
ISBN | 978-7-306-04247-7
分类 | D676.53

书名/责任者 | 建设马克思主义学习型政党新论/谢春红著
出版社 | 北京：人民出版社
出版年 | 2016
页码 | 271
ISBN | 978-7-01-015955-3
分类 | D26

谢建文

书名/责任者 | 行政执法监察/李海东，梁俊华，谢建文主编
出版社 | 太原：山西人民出版社
出版年 | 1990
页码 | 212
ISBN | 7-203-01709-5
分类 | D630.9

书名/责任者 | 深圳经济特区行政监察/梁俊华，谢建文主编
出版社 | 长沙：湖南出版社
出版年 | 1991
页码 | 390

ISBN｜7-5438-0222-8
分类｜D676.53

书名/责任者｜深圳廉政风云录/梁俊华，谢建文主编
出版社｜长沙：湖南出版社
出版年｜1991
页码｜227
ISBN｜7-5438-0220-1
分类｜D676.53

书名/责任者｜深圳行政监察理论与实践/梁俊华，谢建文主编
出版社｜长沙：湖南出版社
出版年｜1991
页码｜286
ISBN｜7-5438-0221-X
分类｜D630.9

书名/责任者｜行政执法监察概论/梁俊华，谢建文主编；王东文，邹立云，张春田，罗伟春编著
出版社｜长沙：湖南出版社
出版年｜1991
页码｜210
ISBN｜7-5438-0223-6
分类｜D630.9

谢锦辉

书名/责任者｜耕耘与收获：全国非公有制领域团建创新试点单位深圳福田区工作探索/曾锦森，谢锦辉主编；广东省青少年研究中心，共青团深圳市福田区委员会编
出版社｜深圳：海天出版社
出版年｜2005
页码｜307
ISBN｜7-80697-497-0
分类｜D432.865.3

谢圣远

书名/责任者｜社会保障发展史/谢圣远著
出版社｜北京：经济管理出版社
出版年｜2007
页码｜281
ISBN｜978-7-80207-993-9
分类｜D57

谢志岿

书名/责任者｜深圳社会建设之路/陈少兵，谢志岿著
出版社｜北京：中国社会科学出版社
出版年｜2018
页码｜376
ISBN｜978-7-5203-3143-2
分类｜D676.53

书名/责任者｜深圳社会治理与发展报告.2020/谢志岿主编
出版社｜北京：社会科学文献出版社·城市和绿色发展分社
出版年｜2020
页码｜363
ISBN｜978-7-5201-7175-5
分类｜D676.53

熊秉元

书名/责任者｜正义的成本：当法律遇上经济学/熊秉元著
出版社｜北京：东方出版社
出版年｜2014
页码｜260
ISBN｜978-7-5060-6772-0
分类｜D90-059

书名/责任者｜正义的成本.成本帝国/熊秉元著
出版社｜北京：东方出版社
出版年｜2015
页码｜281
ISBN｜978-7-5060-8026-2
分类｜D90-056

书名/责任者 | 正义的成本：理性之美/熊秉元著
出版社 | 北京：东方出版社
出版年 | 2015
页码 | 220
ISBN | 978-7-5060-8026-2
分类 | D90-056

书名/责任者 | 正义的成本：正义有价/熊秉元著
出版社 | 北京：东方出版社
出版年 | 2015
页码 | 260
ISBN | 978-7-5060-8026-2
分类 | D90-056

书名/责任者 | 正义的效益：一场法学与经济学的思辨之旅/熊秉元著
出版社 | 北京：东方出版社
出版年 | 2016
页码 | 268
ISBN | 978-7-5060-9103-9
分类 | D90-056

书名/责任者 | 法的经济解释：法律人的倚天屠龙/熊秉元著
出版社 | 北京：东方出版社
出版年 | 2017
页码 | 254
ISBN | 978-7-5060-9570-9
分类 | D912.290.4

书名/责任者 | 正义的效益：一场法学与经济学的思辨之旅/熊秉元著
出版社 | 北京：东方出版社
出版年 | 2018
页码 | 265
ISBN | 978-7-5060-9776-5
分类 | D90-059

书名/责任者 | 完美的正义：熊秉元谈法律经济学/熊秉元著
出版社 | 北京：东方出版社
出版年 | 2019
页码 | 287
ISBN | 978-7-5207-0388-8
分类 | D90-056

书名/责任者 | 法理的基因/熊秉元著
出版社 | 北京：东方出版社
出版年 | 2021
页码 | 374
ISBN | 978-7-5207-2243-8
分类 | D90

书名/责任者 | 疏离的眷恋/熊秉元著
出版社 | 北京：东方出版社
出版年 | 2021
页码 | 264
ISBN | 978-7-5207-1881-3
分类 | D90-056

熊瑛

书名/责任者 | 深圳社会治理与发展报告.2018/陈少兵，熊瑛主编
出版社 | 北京：社会科学文献出版社·区域发展出版中心
出版年 | 2018
页码 | 354
ISBN | 978-7-5201-2890-2
分类 | D676.5

熊哲文

书名/责任者 | 现代化、城市化与农村基层民主：珠三角地区农村村民自治研究/王连喜，孟伟，熊哲文著
出版社 | 北京：人民出版社
出版年 | 2001
页码 | 361
ISBN | 7-01-003476-1
分类 | D638

书名/责任者 | 法治视野中的经济特区：中国经济特区法治建设创新研究/熊哲文著
出版社 | 北京：法律出版社
出版年 | 2006
页码 | 373

ISBN | 7-5036-6356-1
分类 | D927

熊震

书名/责任者 | 演变后的俄罗斯/孟伟，熊震，王连喜编著
出版社 | 广州：海天出版社
出版年 | 2010
页码 | 362
ISBN | 978-7-80747-822-5
分类 | D751.2

徐道稳

书名/责任者 | 迈向发展型社会政策：中国社会政策转型研究/徐道稳著
出版社 | 北京：中国社会科学出版社
出版年 | 2008
页码 | 364
ISBN | 978-7-5004-6740-3
分类 | D601

书名/责任者 | 劳动合同法社会效果与应对策略研究/徐道稳，吴伟东著
出版社 | 北京：法律出版社
出版年 | 2013
页码 | 268
ISBN | 978-7-5118-4823-9
分类 | D922

书名/责任者 | 中国社会工作职业化制度体系研究/徐道稳，杨慧著
出版社 | 北京：中国社会出版社
出版年 | 2022
页码 | 300
ISBN | 978-7-5087-6825-0
分类 | D632

徐海波

书名/责任者 | 中国社会转型与意识形态问题/徐海波著
出版社 | 北京：中国社会科学出版社
出版年 | 2003
页码 | 241
ISBN | 7-5004-4007-3
分类 | D092.7

书名/责任者 | 社会主义理论与实践的当代反思/关志钢，徐海波，樊秋莹，田启波，项锷著
出版社 | 北京：中央文献出版社
出版年 | 2004
页码 | 533
ISBN | 7-5073-1658-0
分类 | D616

书名/责任者 | 中国特色社会主义和谐社会研究/赵小鸣，徐海波主编
出版社 | 北京：中央文献出版社
出版年 | 2005
页码 | 435
ISBN | 7-5073-1882-6
分类 | D616-53

书名/责任者 | 意识形态与大众文化/徐海波著
出版社 | 北京：人民出版社
出版年 | 2009
页码 | 246
ISBN | 978-7-01-007944-8
分类 | D092.7

书名/责任者 | 制度为本/徐海波著
出版社 | 深圳：海天出版社
出版年 | 2012
页码 | 410
ISBN | 978-7-5507-0522-7
分类 | D621

徐景安

书名/责任者 | 你的选择与中国的未来/徐景安著
出版社 | 北京：中国税务出版社
出版年 | 2004
页码 | 292

ISBN | 7-80117-702-9
分类 | D614

书名/责任者 | 中国未来与理念革命/徐景安著
出版社 | 北京：中国财政经济出版社
出版年 | 2007
页码 | 438
ISBN | 978-7-5095-0119-1
分类 | D61

徐静

书名/责任者 | 专利的申请、实施与诉讼/金永权，徐静编著
出版社 | 北京：科学出版社
出版年 | 1991
页码 | 263
ISBN | 7-03-002644-6
分类 | D922.174

徐利斌

书名/责任者 | 实践与思考：特区党的基层组织建设探索/徐利斌编著
出版社 | 深圳：海天出版社
出版年 | 1996
页码 | 275
ISBN | 7-80615-369-1
分类 | D26

徐友军

书名/责任者 | 比较刑事程序结构/徐友军著
出版社 | 北京：现代出版社
出版年 | 1992
页码 | 130
ISBN | 7-80028-132-9
分类 | D915.38-03

徐宇珊

书名/责任者 | 论基金会：中国基金会转型研究/徐宇珊著
出版社 | 北京：中国社会出版社
出版年 | 2010
页码 | 228
ISBN | 978-7-5087-3004-2
分类 | D632.1

书名/责任者 | 服务型治理：社区服务中心参与社区治理/徐宇珊著
出版社 | 北京：社会科学文献出版社
出版年 | 2016
页码 | 255
ISBN | 978-7-5097-9447-0
分类 | D669.3

许德森

书名/责任者 | 城市化进程中党的建设：深圳市龙岗区党的建设的探索与实践/许德森主编
出版社 | 广州：花城出版社
出版年 | 1995
页码 | 291
ISBN | 7-5360-2190-9
分类 | D26

书名/责任者 | 实施大环境战略构建和谐社会坚实基础：深圳市福田区“大环境”战略理论研讨会论文集/许德森，张礼铜主编
出版社 | 深圳：海天出版社
出版年 | 2006
页码 | 427
ISBN | 978-7-80697-663-9
分类 | D676.53-53

许亮东

书名/责任者 | 破产案件审理程序/许亮东主编
出版社 | 北京：人民法院出版社

出版年 | 1997
页码 | 429
ISBN | 978-7-80056-580-7
分类 | D922.292.4

书名/责任者 | 深圳特区审判新论/许亮东主编
出版社 | 北京：人民法院出版社
出版年 | 1998
页码 | 279
ISBN | 7-80056-674-9
分类 | D925.118.25-53

书名/责任者 | 行政审判的理论与实践'97全国计划单列市行政审判（深圳）研讨会论文集/许亮东主编
出版社 | 珠海：珠海出版社
出版年 | 1998
页码 | 255
ISBN | 7-80607-471-6
分类 | D925.34

许明达

书名/责任者 | 第三个台阶/许明达著
出版社 | 北京：社会科学文献出版社
出版年 | 2005
页码 | 413
ISBN | 7-80190-453-2
分类 | D0-0

许石林

书名/责任者 | 法治/许石林编注
出版社 | 深圳：深圳出版社
出版年 | 2023
页码 | 143
ISBN | 978-7-5507-3520-0
分类 | D616-49

书名/责任者 | 和谐/许石林编注
出版社 | 深圳：深圳出版社
出版年 | 2023
页码 | 107
ISBN | 978-7-5507-3487-6
分类 | D616-49

许永军

书名/责任者 | 蛇口梦开始的地方：致敬改革开放40年/许永军，刘伟主编
出版社 | 北京：人民日报出版社
出版年 | 2018
页码 | 351
ISBN | 978-7-5115-5515-1
分类 | D619.653

宣柱锡

书名/责任者 | 2005 SHENZHEN BASIC FACTS/宣柱锡主编
出版社 | 深圳：海天出版社
出版年 | 2005
页码 | 102
ISBN | 7-80697-576-4
分类 | D676.53

薛波

书名/责任者 | 民法典时代民商关系论/薛波著
出版社 | 上海：上海人民出版社
出版年 | 2021
页码 | 313
ISBN | 978-7-208-17314-9
分类 | D923.04

薛庆予

书名/责任者 | 企业法制面面观/薛庆予，黄士林著
出版社 | 北京：中国财政经济出版社
出版年 | 1989
页码 | 399
ISBN | 7-5005-0657-0
分类 | D922.292

书名/责任者 | 律师新业务/王欣新，薛庆予主编
出版社 | 北京：中国人民大学出版社
出版年 | 1990
页码 | 373
ISBN | 7-300-00846-1
分类 | D926.5

洪师 / 严韶 / 严书翔 / 严小明 / 杨柏 / 杨朝仁 / 杨成 / 杨春生 / 杨浩勃 / 杨刚勇 / 杨光 / 杨广慧 / 杨河 / 杨宏英 /
/ 杨剑 / 杨久莹 / 杨立勋 / 杨麻 / 杨耀林 / 杨永钢 / 杨勇 / 杨云彪 / 姚文胜 / 姚秀兰 / 叶海波 / 叶民辉 / 叶萍 / 叶
平 / 叶文冰 / 叶兴平 / 易定宏 / 易松国 / 殷友国 / 尹少文 / 尹玉海 / 应飞虎 / 尤乐 / 于常印 / 于秀峰 / 余晖鸿 / 余
晟 / 俞可平 / 袁宝成 / 袁长庚 / 袁成第 / 袁粮纲 / 袁钦 / 袁晓江 / 袁媛 / 岳修祥 / 闫洪师 / 严韶 / 严书翔 / 严小明
朝仁 / 杨成 / 杨春生 / 杨浩勃 / 杨刚勇 / 杨光 / 杨广慧 / 杨河 / 杨宏英 / 杨洪 / 杨建 / 杨剑 / 杨久莹 / 杨立勋 / 杨
/ 杨永钢 / 杨勇 / 杨云彪 / 姚文胜 / 姚秀兰 / 叶海波 / 叶民辉 / 叶萍 / 叶伟成 / 叶卫平 / 叶文冰 / 叶兴平 / 易定宏
殷友国 / 尹少文 / 尹玉海 / 应飞虎 / 尤乐 / 于常印 / 于秀峰 / 余晖鸿 / 余文烈 / 余智晟 / 俞可平 / 袁宝成 / 袁长庚
袁粮纲 / 袁钦 / 袁晓江 / 袁媛 / 岳修祥 / 闫洪师 / 严韶 / 严书翔 / 严小明 / 杨柏 / 杨朝仁 / 杨成 / 杨春生 / 杨浩勃 /
光 / 杨广慧 / 杨河 / 杨宏英 / 杨洪 / 杨建 / 杨剑 / 杨久莹 / 杨立勋 / 杨麻 / 杨耀林 / 杨永钢 / 杨勇 / 杨云彪 / 姚文
/ 叶海波 / 叶民辉 / 叶萍 / 叶伟成 / 叶卫平 / 叶文冰 / 叶兴平 / 易定宏 / 易松国 / 殷友国 / 尹少文 / 尹玉海 / 应飞
于常印 / 于秀峰 / 余晖鸿 / 余文烈 / 余智晟 / 俞可平 / 袁宝成 / 袁长庚 / 袁成第 / 袁粮纲 / 袁钦 / 袁晓江 / 袁媛 /
洪师 / 严韶 / 严书翔 / 严小明 / 杨柏 / 杨朝仁 / 杨成 / 杨春生 / 杨浩勃 / 杨刚勇 / 杨光 / 杨广慧 / 杨河 / 杨宏英 /
/ 杨剑 / 杨久莹 / 杨立勋 / 杨麻 / 杨耀林 / 杨永钢 / 杨勇 / 杨云彪 / 姚文胜 / 姚秀兰 / 叶海波 / 叶民辉 / 叶萍 / 叶
平 / 叶文冰 / 叶兴平 / 易定宏 / 易松国 / 殷友国 / 尹少文 / 尹玉海 / 应飞虎 / 尤乐 / 于常印 / 于秀峰 / 余晖鸿 / 余
晟 / 俞可平 / 袁宝成 / 袁长庚 / 袁成第 / 袁粮纲 / 袁钦 / 袁晓江 / 袁媛 / 岳修祥 / 闫洪师 / 严韶 / 严书翔 / 严小明
朝仁 / 杨成 / 杨春生 / 杨浩勃 / 杨刚勇 / 杨光 / 杨广慧 / 杨河 / 杨宏英 / 杨洪 / 杨建 / 杨剑 / 杨久莹 / 杨立勋 / 杨
/ 杨永钢 / 杨勇 / 杨云彪 / 姚文胜 / 姚秀兰 / 叶海波 / 叶民辉 / 叶萍 / 叶伟成 / 叶卫平 / 叶文冰 / 叶兴平 / 易定宏

Y

闫洪师

书名/责任者｜多边国际投资立法：经验、现状与展望/叶兴平，王作辉，闫洪师著
出版社｜北京：光明日报出版社
出版年｜2008
页码｜201
ISBN｜978-7-80206-617-5
分类｜D996.4

严韶

书名/责任者｜一个客家村落的都市化：深圳樟树布村改革开放 30 年的发展与变迁/程瑜，严韶，刘思霆著
出版社｜广州：广东人民出版社
出版年｜2010
页码｜278
ISBN｜978-7-218-06858-9
分类｜D619.655

严书翔

书名/责任者｜深圳社会工作实务 .I/严书翔主编
出版社｜北京：中国社会出版社
出版年｜2010
页码｜358
ISBN｜978-7-5087-3242-8
分类｜D632

严小明

书名/责任者｜深圳侨务史志/严小明主编；深圳市人民政府侨务办公室编著
出版社｜深圳：海天出版社
出版年｜2012
页码｜409
ISBN｜978-7-5507-0370-4
分类｜D634

杨柏

书名/责任者｜你说我说/杨柏著
出版社｜深圳：海天出版社
出版年｜2005
页码｜349
ISBN｜7-80697-022-3
分类｜D669-53

书名/责任者｜城市发现/杨柏著
出版社｜深圳：海天出版社
出版年｜2005
页码｜345
ISBN｜7-80697-022-3
分类｜D669-53

杨朝仁

书名/责任者｜行政学概论/梁仲桓，高国辉，杨朝仁编著
出版社｜深圳：海天出版社
出版年｜1993
页码｜285
ISBN｜7-80542-816-6
分类｜D035

书名/责任者｜中国干部人事管理/徐理明，杨朝仁主编
出版社｜北京：中国人事出版社
出版年｜1998
页码｜1647
ISBN｜7-80139-236-1
分类｜D630.3

书名/责任者｜公共职位选拔考试比较研究/杨朝仁，马欣川编著
出版社｜深圳：海天出版社
出版年｜2003
页码｜193
ISBN｜7-80697-083-5
分类｜D035.2

杨成

书名/责任者 | 资产为本视角下的社区社会工作本土化实践：基于正阳社工的实务经验/杨成主编；深圳市龙岗区正阳社会工作服务中心著
出版社 | 北京：中国社会出版社
出版年 | 2019
页码 | 256
ISBN | 978-7-5087-6180-0
分类 | D669.3

杨春生

书名/责任者 | 深圳援疆实录：2010—2020/杨春生，杨立勋主编
出版社 | 广州：华南理工大学出版社
出版年 | 2022
页码 | 284
ISBN | 978-7-5623-6969-1
分类 | D619.45

杨浩勃

书名/责任者 | 深圳养老服务蓝皮书：深圳养老服务发展报告.2022/杨浩勃主编；倪赤丹执行主编；赵冰，钟汉，房涛副主编
出版社 | 北京：社会科学文献出版社
出版年 | 2022
页码 | 330
ISBN | 978-7-5228-0011-0
分类 | D669.6

杨刚勇

书名/责任者 | 走向一体化的东盟/杨刚勇，王质战，蔺蔚青，刘继国著
出版社 | 深圳：海天出版社
出版年 | 2010
页码 | 322
ISBN | 978-7-80747-821-8
分类 | D814.1

杨光

书名/责任者 | 中华人民共和国最新会计法实务全书（上、中、下册）/杨光主编
出版社 | 北京：改革出版社
出版年 | 1999
页码 | 2060
ISBN | 7-80143-222-3
分类 | D922.264

杨广慧

书名/责任者 | 中华爱国主义大辞典/张永谦，朱通，杨广慧主编
出版社 | 北京：中国广播电视出版社
出版年 | 1992
页码 | 732
ISBN | 7-5043-1229-0
分类 | D647-61

书名/责任者 | 投向新视野：深圳宣传思想工作随感录/杨广慧著
出版社 | 北京：人民出版社
出版年 | 1995
页码 | 285
ISBN | 7-01-002373-5
分类 | D261.5

杨河

书名/责任者 | 社会主义和谐社会与意识形态/杨河主编
出版社 | 北京：北京大学出版社
出版年 | 2009
页码 | 288
ISBN | 978-7-301-15491-5
分类 | D616

书名/责任者 | 六个“为什么”理论思考与教学探讨/杨河，白雪秋主编
出版社 | 北京：北京大学出版社
出版年 | 2013
页码 | 454
ISBN | 978-7-301-22526-4

分类｜D616

书名/责任者｜当代中国意识形态研究/杨河著
出版社｜北京：北京大学出版社
出版年｜2015
页码｜412
ISBN｜978-7-301-20426-9
分类｜D092.7

书名/责任者｜中国道路与中国方案研究/杨河，杨伊佳著
出版社｜北京：人民出版社
出版年｜2022
页码｜553
ISBN｜978-7-01-024818-9
分类｜D616

杨宏英

书名/责任者｜婚姻物语：守望如诗的永恒爱情/杨宏英，胡小跃编辑
出版社｜深圳：海天出版社
出版年｜2004
页码｜183
ISBN｜7-80697-210-2
分类｜D669.1

杨洪

书名/责任者｜政府绩效评估200问/杨洪主编
出版社｜北京：人民出版社
出版年｜2007
页码｜210
ISBN｜978-7-01-006628-8
分类｜D035-44

书名/责任者｜深圳市行政监督与政府绩效研究论文集/杨洪主编
出版社｜深圳：海天出版社
出版年｜2009
页码｜208
ISBN｜978-7-80697-977-8
分类｜D676.53-53

书名/责任者｜政府绩效管理：深圳的探索与实践/杨洪编著
出版社｜北京：新华出版社
出版年｜2011
页码｜222
ISBN｜978-7-5011-9780-4
分类｜D630.1

杨建

书名/责任者｜西汉初期津关制度研究：附《津关令》简释/杨建著
出版社｜上海：上海古籍出版社
出版年｜2010
页码｜208
ISBN｜978-7-5325-5487-4
分类｜D929.341

杨剑

书名/责任者｜劳动官司/杨剑，许尚豪主编
出版社｜北京：中国法制出版社
出版年｜2006
页码｜323
ISBN｜7-80226-114-7
分类｜D922.505

书名/责任者｜最新破产法律解读与案例精析/杨剑主编；贾学胜撰稿
出版社｜北京：中国法制出版社
出版年｜2008
页码｜328
ISBN｜978-7-5093-0579-9
分类｜D922.291.925

杨久莹

书名/责任者｜证券虚假陈述风险及应对/韩国良，杨久莹，龙非主编
出版社｜北京：法律出版社

出版年 | 2023
页码 | 340
ISBN | 978-7-5197-7716-6
分类 | D922.287.5

杨立勋

书名/责任者 | 深圳改革开放实录．第三辑/杨立勋主编；深圳市史志办公室编
出版社 | 深圳：深圳报业集团出版社
出版年 | 2019
页码 | 367
ISBN | 978-7-80709-892-8
分类 | D619.653-53

书名/责任者 | 执政深圳．2017/杨立勋主编；中共深圳市委党史研究室，深圳市史志办公室编
出版社 | 深圳：中共党史出版社
出版年 | 2019
页码 | 880
ISBN | 978-7-5098-5096-1
分类 | D25

书名/责任者 | 执政深圳．2018/杨立勋主编
出版社 | 北京：中共党史出版社
出版年 | 2020
页码 | 936
ISBN | 978-7-5098-5426-6
分类 | D25

书名/责任者 | 深圳改革开放四十年/杨立勋主编
出版社 | 北京：中共党史出版社
出版年 | 2021
页码 | 472
ISBN | 978-7-5098-4863-0
分类 | D619.653

书名/责任者 | 深圳援疆实录：2010—2020/杨春生，杨立勋主编
出版社 | 广州：华南理工大学出版社
出版年 | 2022
页码 | 284
ISBN | 978-7-5623-6969-1
分类 | D619.45

书名/责任者 | 中国共产党深圳历史．第一卷：1924-1950年/张骁儒主编；杨立勋再版主编；中共深圳市委党史文献研究室著
出版社 | 北京：中共党史出版社
出版年 | 2023
页码 | 427
ISBN | 978-7-5098-6313-8
分类 | D235.653

书名/责任者 | 中国共产党深圳历史．第二卷：1949-1978年/张骁儒主编；杨立勋再版主编；中共深圳市委党史文献研究室著
出版社 | 北京：中共党史出版社
出版年 | 2023
页码 | 385
ISBN | 978-7-5098-6314-5
分类 | D235.653

杨麻

书名/责任者 | 党建党史教育辅导读本/骆金其，杨麻主编
出版社 | 深圳：海天出版社
出版年 | 1991
页码 | 201
ISBN | 7-80542-374-1
分类 | D26

书名/责任者 | 党员“三基本”教育问题解答/骆金其，杨麻，谢俊著
出版社 | 北京：中国铁道出版社
出版年 | 1991
页码 | 221
ISBN | 7-113-01069-5
分类 | D261.1

书名/责任者 | 权力的魔方/杨麻，吕元礼著
出版社 | 深圳：海天出版社
出版年 | 1994

页码 | 237
ISBN | 7-80615-005-6
分类 | D033

书名/责任者 | 走出“周期率”：关于腐败与反腐败的思考/彭文德，杨麻主编
出版社 | 北京：法律出版社
出版年 | 1995
页码 | 247
ISBN | 7-5036-1604-0
分类 | D630.1

书名/责任者 | 对中国发展的理论思考/杨麻主编
出版社 | 北京：中央编译出版社
出版年 | 2001
页码 | 270
ISBN | 7-80109-534-0
分类 | D61-53

书名/责任者 | 新时期党建若干问题的理论思考/杨麻，梁宏著
出版社 | 北京：中国财政经济出版社
出版年 | 2003
页码 | 223
ISBN | 7-5005-6554-2
分类 | D26

杨耀林

书名/责任者 | 深圳改革开放史/杨耀林主编；深圳博物馆编
出版社 | 北京：文物出版社
出版年 | 2010
页码 | 364
ISBN | 978-7-5010-2925-9
分类 | D619.653

杨永钢

书名/责任者 | 经典深圳：创业者风采.上/于常印，杨永钢主编
出版社 | 北京：中国友谊出版公司
出版年 | 2003
页码 | 568
ISBN | 7-5057-1821-5
分类 | D619.653

书名/责任者 | 经典深圳：创业者风采.下/于常印，杨永钢主编
出版社 | 北京：中国友谊出版公司
出版年 | 2003
页码 | 575
ISBN | 7-5057-1930-0
分类 | D619.653

书名/责任者 | 经典深圳.（A、B卷）/于常印，杨永钢主编
出版社 | 北京：中国友谊出版公司
出版年 | 2004
页码 | 447，447
ISBN | 7-5057-1930-0
分类 | D619.653

杨勇

书名/责任者 | 企业知识产权战略制定与规划/杨勇，马维野编著；广东省知识产权局组织，深圳市知识产权局组织，深圳市中彩联科技有限公司组织编写
出版社 | 北京：化学工业出版社
出版年 | 2016
页码 | 138
ISBN | 978-7-122-26481-7
分类 | D913.404

杨云彪

书名/责任者 | 公民的选举：一个公共选择话题/杨云彪著
出版社 | 北京：中国大百科全书出版社
出版年 | 2008
页码 | 353
ISBN | 978-7-5000-7944-6
分类 | D034.4

姚文胜

书名/责任者 | 政府采购法律制度研究/姚文胜著
出版社 | 北京：法律出版社
出版年 | 2009
页码 | 375
ISBN | 978-7-5036-9707-4
分类 | D922.204

书名/责任者 | 利益均衡：推进社会公平的路径建议/姚文胜著
出版社 | 北京：法律出版社
出版年 | 2012
页码 | 427
ISBN | 978-7-5118-4117-9
分类 | D081

书名/责任者 | 论利益均衡的法律调控/姚文胜著
出版社 | 北京：中国社会科学出版社
出版年 | 2017
页码 | 289
ISBN | 978-7-5161-9857-5
分类 | D920.4

书名/责任者 | 国家监察体制改革研究/姚文胜著
出版社 | 北京：中国社会科学出版社
出版年 | 2019
页码 | 240
ISBN | 978-7-5203-3884-4
分类 | D630.9

书名/责任者 | 监察法学原理/莫纪宏，姚文胜主编
出版社 | 北京：中国社会科学出版社
出版年 | 2022
页码 | 459
ISBN | 978-7-5227-0839-3
分类 | D922.114.1

姚秀兰

书名/责任者 | 户籍、身份与社会变迁：中国户籍法律史研究/姚秀兰著
出版社 | 北京：法律出版社
出版年 | 2004
页码 | 260
ISBN | 7-5036-5228-4
分类 | D922.14

叶海波

书名/责任者 | 社会主义宪政研究/秦前红，叶海波著
出版社 | 济南：山东人民出版社
出版年 | 2008
页码 | 422
ISBN | 978-7-209-04459-2
分类 | D921.04

书名/责任者 | 政党立宪研究/叶海波著
出版社 | 厦门：厦门大学出版社
出版年 | 2009
页码 | 233
ISBN | 978-7-5615-3100-6
分类 | D911.04

书名/责任者 | 国家监察制度改革研究/秦前红，叶海波著
出版社 | 北京：法律出版社
出版年 | 2018
页码 | 317
ISBN | 978-7-5197-1868-8
分类 | D630.9

书名/责任者 | 反海外腐败合规实践指引/叶海波主编
出版社 | 北京：法律出版社
出版年 | 2021
页码 | 310
ISBN | 978-7-5197-5523-2
分类 | D914.392.04

叶民辉

书名/责任者 | 深圳社会建设与发展报告.2014/张骁儒，叶民辉主编

出版社 | 北京：社会科学文献出版社
出版年 | 2014
页码 | 443
ISBN | 978-7-5097-6027-7
分类 | D676.53

叶萍

书名/责任者 | 党建科学化的理论与盐田实践/庄保，肖文红，叶萍著
出版社 | 深圳：海天出版社
出版年 | 2017
页码 | 247
ISBN | 978-7-5507-1879-1
分类 | D267

叶伟成

书名/责任者 | 经济特区法律咨询手册/唐琮瑶，叶伟成主编
出版社 | 北京：工商出版社
出版年 | 1985
页码 | 159
统一书号 | 4246.082
分类 | D922.29-62

书名/责任者 | 股票与法律/叶伟成主编
出版社 | 深圳：海天出版社
出版年 | 1991
页码 | 266
ISBN | 7-80542-376-8
分类 | D912.2

书名/责任者 | 股民法律保护手册/叶伟成编
出版社 | 深圳：海天出版社
出版年 | 1992
页码 | 485
ISBN | 7-80542-376-8
分类 | D923

叶卫平

书名/责任者 | 反垄断法价值问题研究/叶卫平著
出版社 | 北京：北京大学出版社
出版年 | 2012
页码 | 222
ISBN | 978-7-301-20333-0
分类 | D922.294.4

叶文冰

书名/责任者 | 罗湖桥头话九七/刘明主编；王健，卢裕，叶文冰，刘晓青撰稿
出版社 | 北京：人民出版社
出版年 | 1997
页码 | 265
ISBN | 7-01-002727-7
分类 | D676.58

叶兴平

书名/责任者 | 和平解决国际争端/叶兴平著
①
出版社 | 武汉：武汉测绘科技大学出版社
出版年 | 1994
页码 | 354
ISBN | 7-81030-307-4
分类 | D994
②
出版社 | 北京：法律出版社
出版年 | 2008
页码 | 357
ISBN | 978-7-5036-8230-8
分类 | D994

书名/责任者 | 国际争端解决机制的最新发展：北美自由贸易区的法律与实践/叶兴平著
出版社 | 北京：法律出版社
出版年 | 2006
页码 | 305

ISBN | 7-5036-6529-7
分类 | D996.4

书名/责任者 | 多边国际投资立法：经验、现状与展望/叶兴平，王作辉，闫洪师著
出版社 | 北京：光明日报出版社
出版年 | 2008
页码 | 201
ISBN | 978-7-80206-617-5
分类 | D996.4

书名/责任者 | 国际争端解决重要法律文献：中英文对照本/叶兴平主编
出版社 | 北京：法律出版社
出版年 | 2006
页码 | 1202
ISBN | 7-5036-6530-0
分类 | D99

易定宏

书名/责任者 | 综合知识与职业能力测试/易定宏编著
①
出版社 | 北京：京华出版社
出版年 | 2010
页码 | 435
ISBN | 978-7-80724-668-8
分类 | D630.3
②
出版社 | 北京：京华出版社
出版年 | 2011
页码 | 316
ISBN | 978-7-80724-668-8
分类 | D630.3

易松国

书名/责任者 | 社会福利社会化的理论与实践/易松国著
出版社 | 北京：中国社会科学出版社
出版年 | 2006
页码 | 449
ISBN | 7-5004-5622-0
分类 | D632.1

书名/责任者 | 高校教师创办社会工作机构口述史．第一卷/易松国主编
出版社 | 北京：中国社会出版社
出版年 | 2020
页码 | 344
ISBN | 978-7-5087-6434-4
分类 | D669

书名/责任者 | 高校教师创办社会工作机构口述史．第二卷/易松国主编
出版社 | 北京：中国社会出版社
出版年 | 2022
页码 | 360
ISBN | 978-7-5087-6826-7
分类 | D669

殷友国

书名/责任者 | 给您一把金钥匙：深圳经济特区劳动法规实用问题读解/谭国箱，殷友国主编
出版社 | 北京：中国劳动出版社
出版年 | 1997
页码 | 169
ISBN | 7-5045-2117-5
分类 | D927.653

尹少文

书名/责任者 | 深圳市事业单位职员制雇员制300问/王凯，尹少文，邓晓俊编写
出版社 | 深圳：海天出版社
出版年 | 2007
页码 | 228
ISBN | 978-7-80697-946-4
分类 | D630.3-44

尹玉海

书名/责任者 | 航天开发国际法律责任研究/尹玉海著

出版社 | 北京：法律出版社
出版年 | 2004
页码 | 296
ISBN | 7-5036-5197-0
分类 | D993.4

书名/责任者 | 国际空间立法概览/尹玉海主编
出版社 | 北京：中国民主法制出版社
出版年 | 2005
页码 | 587
ISBN | 7-80078-998-5
分类 | D999.1

书名/责任者 | 国际法原论/(苏)童金著；尹玉海译
出版社 | 北京：中国民主法制出版社
出版年 | 2006
页码 | 349
ISBN | 7-80219-057-6
分类 | D99

书名/责任者 | 国际空间法论/尹玉海著
出版社 | 北京：中国民主法制出版社
出版年 | 2006
页码 | 227
ISBN | 7-80219-145-9
分类 | D999.1

书名/责任者 | 美国空间法律问题研究/尹玉海主编
出版社 | 北京：中国民主法制出版社
出版年 | 2007
页码 | 433
ISBN | 978-7-80219-298-0
分类 | D999.1

书名/责任者 | 航天发射活动若干法律问题研究/尹玉海著
出版社 | 北京：中国民主法制出版社
出版年 | 2008
页码 | 343
ISBN | 978-7-80219-408-3
分类 | D999.1

书名/责任者 | 月球探索与开发的国际法律问题研究/尹玉海著
出版社 | 北京：中国民主法制出版社
出版年 | 2013
页码 | 260
ISBN | 978-7-5162-0350-7
分类 | D996.9

应飞虎

书名/责任者 | 信息失灵的制度克服研究/应飞虎著
出版社 | 北京：法律出版社
出版年 | 2004
页码 | 333
ISBN | 7-5036-5253-5
分类 | D922.290.4

书名/责任者 | 信息、权利与交易安全：消费者保护研究/应飞虎著
出版社 | 北京：北京大学出版社
出版年 | 2008
页码 | 320
ISBN | 978-7-301-14231-8
分类 | D923.84

尤乐

书名/责任者 | 行政资助法治化研究/尤乐著
出版社 | 北京：知识产权出版社
出版年 | 2015
页码 | 187
ISBN | 978-7-5130-2653-6
分类 | D922.104

于常印

书名/责任者 | 经典深圳：创业者风采.上/于常印，杨永钢主编
出版社 | 北京：中国友谊出版公司
出版年 | 2003
页码 | 568
ISBN | 7-5057-1821-5

分类 | D619.653

书名/责任者 | 经典深圳：创业者风采．下/于常印，杨永钢主编
出版社 | 北京：中国友谊出版公司
出版年 | 2003
页码 | 575
ISBN | 7-5057-1930-0
分类 | D619.653

书名/责任者 | 经典深圳．(A、B卷)/于常印，杨永钢主编
出版社 | 北京：中国友谊出版公司
出版年 | 2004
页码 | 447，447
ISBN | 7-5057-1930-0
分类 | D619.653

于秀峰

书名/责任者 | 证券犯罪经济学分析/于秀峰著
出版社 | 北京：法律出版社
出版年 | 2008
页码 | 226
ISBN | 978-7-5036-8245-2
分类 | D924.334

书名/责任者 | 刑事诉讼法/(日)田口守一著；张凌，于秀峰译
①
出版社 | 北京：中国政法大学出版社
出版年 | 2010
页码 | 421
ISBN | 978-7-5620-3674-6
分类 | D915.304
②
出版社 | 北京：法律出版社
出版年 | 2019
页码 | 682
ISBN | 978-7-5197-3144-1
分类 | D931.352

书名/责任者 | 日本司法制度法律规范总览/张凌，于秀峰编译
出版社 | 北京：人民法院出版社
出版年 | 2017
页码 | 614
ISBN | 978-7-5109-1675-5
分类 | D931.36

书名/责任者 | 日本刑法及特别刑法总览/张凌，于秀峰编译
出版社 | 北京：人民法院出版社
出版年 | 2017
页码 | 540
ISBN | 978-7-5109-1674-8
分类 | D931.34

余晖鸿

书名/责任者 | 就业指导/余晖鸿主编
出版社 | 北京：中国劳动出版社
出版年 | 1998
页码 | 167
ISBN | 7-5045-2154-X
分类 | D669.2

书名/责任者 | 劳动法制建设之路/余晖鸿主编；深圳市劳动局编
出版社 | 北京：中国劳动出版社
出版年 | 2000
页码 | 224
ISBN | 7-5045-2582-0
分类 | D922.5

余文烈

书名/责任者 | 社会主义的未来/(美)罗默著；余文烈译
出版社 | 重庆：重庆出版社
出版年 | 1997
页码 | 146
ISBN | 7-5366-3625-3
分类 | D033.4

书名/责任者 | 当代国外社会主义流派/余文烈主编
出版社 | 合肥：安徽人民出版社

出版年 | 2000
页码 | 600
ISBN | 7-212-01810-4
分类 | D091.6

余智晟

书名/责任者 | 深圳社会发展报告 .2011/吴忠，余智晟主编
出版社 | 北京：社会科学文献出版社
出版年 | 2011
页码 | 342
ISBN | 978-7-5097-2861-1
分类 | D676.53

书名/责任者 | 深圳社工先行先试路线图/余智晟主编
出版社 | 北京：中国社会出版社
出版年 | 2011
页码 | 286
ISBN | 978-7-5087-3763-8
分类 | D669

书名/责任者 | 改革慈善：现代慈善事业创新改革理论与实践/褚蓥，蔡建旺，余智晟著
出版社 | 北京：社会科学文献出版社
出版年 | 2016
页码 | 228
ISBN | 978-7-5097-9319-0
分类 | D632.1

书名/责任者 | 金融创新：问题分析与纠纷解决思维/余智晟主编；深圳市福田区法学会编
出版社 | 北京：法律出版社
出版年 | 2018
页码 | 253
ISBN | 978-7-5197-2000-1
分类 | D925.105

俞可平

书名/责任者 | 全球化的悖论：全球化与当代社会主义、资本主义/俞可平，黄卫平主编
出版社 | 北京：中央编译出版社
出版年 | 1998
页码 | 286
ISBN | 7-80109-284-8
分类 | D5-53

书名/责任者 | 论国家治理现代化/俞可平著
出版社 | 北京：社会科学文献出版社
出版年 | 2014
页码 | 283
ISBN | 978-7-5097-5677-5
分类 | D630.1

书名/责任者 | 中国如何治理？通向国家治理现代化的道路/俞可平主编
出版社 | 北京：外文出版社
出版年 | 2018
页码 | 185
ISBN | 978-7-119-11410-1
分类 | D630.1

书名/责任者 | 权力与权威：政治哲学若干重要问题/俞可平著
出版社 | 北京：商务印书馆
出版年 | 2020
页码 | 221
ISBN | 978-7-100-18043-6
分类 | D0-02

书名/责任者 | 政治通鉴第一卷/俞可平主编
出版社 | 北京：中国大百科全书出版社
出版年 | 2020
页码 | 466
ISBN | 978-7-5202-0760-7
分类 | D0

书名/责任者 | 国家研究第 1 辑：2022/俞可平编
出版社 | 北京：北京出版社
出版年 | 2022
页码 | 244
ISBN | 978-7-200-17529-5

分类 | D033-53

袁宝成

书名/责任者 | 青春的旋律：深圳青少年学习“三个代表”重要思想/袁宝成，张文，刘燕主编
出版社 | 深圳：海天出版社
出版年 | 2003
页码 | 270
ISBN | 7-80697-045-2
分类 | D261-49

书名/责任者 | 时代的歌谣：深圳青少年学习“三个代表”重要思想/袁宝成，张文，刘燕主编
出版社 | 深圳：海天出版社
出版年 | 2003
页码 | 100
ISBN | 7-80697-045-2
分类 | D261-49

书名/责任者 | 平视西方/袁宝成，任国明，于明山著
出版社 | 深圳：海天出版社
出版年 | 2011
页码 | 243
ISBN | 978-7-5507-0172-4
分类 | D822

袁长庚

书名/责任者 | 城市里的陌生人：中国流动人口的空间、权力与社会网络的重构/（美）张鹂著；袁长庚译
出版社 | 南京：江苏人民出版社
出版年 | 2014
页码 | 254
ISBN | 978-7-214-11256-9
分类 | D631.42

袁成第

书名/责任者 | 涉外法律适用原理/袁成第著
出版社 | 上海：同济大学出版社
出版年 | 1988
页码 | 252
ISBN | 7-5608-0199-4
分类 | D910

书名/责任者 | 中国涉外经济法概论/袁成第，沈木珠著
出版社 | 北京：中国政法大学出版社
出版年 | 1989
页码 | 363
ISBN | 7-5620-0368-8
分类 | D922.295

书名/责任者 | 国际私法原理/袁成第著
出版社 | 北京：法律出版社
出版年 | 2003
页码 | 391
ISBN | 7-5036-4442-7
分类 | D997

袁粮纲

书名/责任者 | 二十一世纪不属于美国/（法）比亚内斯著；袁粮纲译
出版社 | 深圳：海天出版社
出版年 | 1999
页码 | 284
ISBN | 7-80654-050-4
分类 | D5

袁钦

书名/责任者 | 中国共产党宝安地方史大事记：2001-2010/袁钦主编；深圳市宝安区史志办公室，深圳市宝安区档案局（馆）编
出版社 | 深圳：海天出版社
出版年 | 2011
页码 | 173

ISBN｜978-7-5507-0321-6
分类｜D235.653

袁晓江

书名/责任者｜新时代全面深化改革战略与深圳实践/袁晓江，宫正主编
出版社｜深圳：海天出版社
出版年｜2019
页码｜332
ISBN｜978-7-5507-2656-7
分类｜D676.53

书名/责任者｜深圳经济特区 40 年/袁晓江主编
出版社｜北京：中国社会科学出版社
出版年｜2020
页码｜317
ISBN｜978-7-5203-7222-0
分类｜D619.653

袁媛

书名/责任者｜刑事辩护策略、技术与案例 .2：经济犯罪辩护特辑/门金玲主编；袁媛副主编
出版社｜北京：法律出版社
出版年｜2020
页码｜238
ISBN｜978-7-5197-4363-5
分类｜D925.210.4

岳修祥

书名/责任者｜你，如何防止犯罪侵害：个人防范犯罪侵害最佳策略指南/岳修祥，蔡志明著
出版社｜深圳：海天出版社
出版年｜1996
页码｜222
ISBN｜7-80615-292-X
分类｜D917

A
B
C
D
E
F
G
H
J
K
L
M
N
O
P
Q
R
S
T
W
X
Y
Z

常青 / 曾传胜 / 曾共青 / 曾科 / 曾庆祥 / 曾新华 / 曾月英 / 查晓斌 / 张斌 / 张定淮 / 张定坤 / 张洪斌 / 张宏城 / 张
临 / 张丽 / 张培新 / 张思平 / 张涛 / 张伟雄 / 张文 / 张文婷 / 张西勇 / 张贤伟 / 张翔 / 张骁儒 / 张小也 / 张雪林 /
叶丰 / 张一莉 / 张悦华 / 张政锦 / 张中林 / 章必功 / 赵斌 / 赵飞 / 赵嘉 / 赵明听 / 赵文捷 / 赵小鸣 / 赵宇峰 / 郑维
/ 郑永年 / 郑育泉 / 钟澄 / 钟涣涛 / 钟俊瑾 / 钟明霞 / 钟仁和 / 钟晓渝 / 周成新 / 周建文 / 周锦涛 / 周理强 / 周
/ 周其若 / 周荣生 / 周少波 / 周卫 / 周文丽 / 周溪舞 / 周笑冰 / 周新铭 / 周娅 / 周应良 / 周永明 / 周裕琼 / 周长瑚
朱迪俭 / 朱兰春 / 朱谢群 / 朱兴有 / 朱衍强 / 朱毅 / 庄保 / 庄心一 / 邹从兵 / 邹平学 / 邹树彬 / 邹涛 / 邹小华 / 邹
琴 / 左德起 / 曾常青 / 曾传胜 / 曾共青 / 曾科 / 曾庆祥 / 曾新华 / 曾月英 / 查晓斌 / 张斌 / 张定淮 / 张定坤 / 张洪
/ 张建国 / 张涞临 / 张丽 / 张培新 / 张思平 / 张涛 / 张伟雄 / 张文 / 张文婷 / 张西勇 / 张贤伟 / 张翔 / 张骁儒 / 张
林 / 张岩鸿 / 张叶丰 / 张一莉 / 张悦华 / 张政锦 / 张中林 / 章必功 / 赵斌 / 赵飞 / 赵嘉 / 赵明听 / 赵文捷 / 赵小鸣
郑维东 / 郑秀丽 / 郑永年 / 郑育泉 / 钟澄 / 钟涣涛 / 钟俊瑾 / 钟明霞 / 钟仁和 / 钟晓渝 / 周成新 / 周建文 / 周锦涛
周林刚 / 周晏 / 周其若 / 周荣生 / 周少波 / 周卫 / 周文丽 / 周溪舞 / 周笑冰 / 周新铭 / 周娅 / 周应良 / 周永明 / 周
瑚 / 朱慈蕴 / 朱迪俭 / 朱兰春 / 朱谢群 / 朱兴有 / 朱衍强 / 朱毅 / 庄保 / 庄心一 / 邹从兵 / 邹平学 / 邹树彬 / 邹涛
邹旭东 / 祖玉琴 / 左德起 / 曾常青 / 曾传胜 / 曾共青 / 曾科 / 曾庆祥 / 曾新华 / 曾月英 / 查晓斌 / 张斌 / 张定淮 /
洪斌 / 张宏城 / 张建国 / 张涞临 / 张丽 / 张培新 / 张思平 / 张涛 / 张伟雄 / 张文 / 张文婷 / 张西勇 / 张贤伟 / 张翔
张小也 / 张雪林 / 张岩鸿 / 张叶丰 / 张一莉 / 张悦华 / 张政锦 / 张中林 / 章必功 / 赵斌 / 赵飞 / 赵嘉 / 赵明听 / 赵
鸣 / 赵宇峰 / 郑维东 / 郑秀丽 / 郑永年 / 郑育泉 / 钟澄 / 钟涣涛 / 钟俊瑾 / 钟明霞 / 钟仁和 / 钟晓渝 / 周成新 / 周
涛 / 周理强 / 周林刚 / 周晏 / 周其若 / 周荣生 / 周少波 / 周卫 / 周文丽 / 周溪舞 / 周笑冰 / 周新铭 / 周娅 / 周应良

Z

曾常青

书名/责任者｜生产制造企业诉讼实务与办案策略/曾常青著
出版社｜北京：法律出版社
出版年｜2018
页码｜238
ISBN｜978-7-5197-2856-4
分类｜D925.104

曾传胜

书名/责任者｜基层民主新篇章：城乡基层耕耘录/曾传胜编著
出版社｜深圳：海天出版社
出版年｜2000
页码｜307
ISBN｜7-80654-312-0
分类｜D267

曾共青

书名/责任者｜开放的视野：国家改革场景的民间观察/曾共青著
出版社｜北京：线装书局
出版年｜2011
页码｜288
ISBN｜978-7-5120-0386-6
分类｜D616-53

曾科

书名/责任者｜20 世纪 20 年代国家主义的理论建构研究：以思潮互动为研究视野/曾科著
出版社｜北京：九州出版社
出版年｜2017
页码｜163
ISBN｜978-7-5108-6040-9
分类｜D693.2

曾庆祥

书名/责任者｜亚洲虎日韩新/左建，曾庆祥，陈自元，周应良著
出版社｜深圳：海天出版社
出版年｜2010
页码｜359
ISBN｜978-7-80747-820-1
分类｜D731.3

曾新华

书名/责任者｜当代刑事司法制度史/曾新华著
出版社｜北京：中国检察出版社
出版年｜2012
页码｜290
ISBN｜978-7-5102-0665-8
分类｜D924.02

书名/责任者｜刑事一体化视野中的犯罪记录封存制度研究/曾新华著
出版社｜北京：中国检察出版社
出版年｜2019
页码｜193
ISBN｜978-7-5102-2366-2
分类｜D925.210.4

曾月英

书名/责任者｜公司、企业犯罪研究/曾月英著
出版社｜北京：中国方正出版社
出版年｜2000
页码｜300
ISBN｜7-80107-417-3
分类｜D924.334

书名/责任者｜金融票证犯罪研究/曾月英著
出版社｜北京：中国人民公安大学出版社
出版年｜2001
页码｜213

ISBN | 7-81059-789-2
分类 | D924.334

书名/责任者 | 票据法律规制/曾月英著
出版社 | 北京：中国检察出版社
出版年 | 2004
页码 | 325
ISBN | 7-80185-308-3
分类 | D922.287.4

查晓斌

书名/责任者 | 城市更新法律实务：拆除重建类城市更新操作指引/李建华，查晓斌主编
出版社 | 北京：北京大学出版社
出版年 | 2020
页码 | 374
ISBN | 978-7-301-31059-5
分类 | D927.653.229.74

张斌

书名/责任者 | 利益衡量论：以个体主义方法论为视角的现代立法研究/张斌著
出版社 | 深圳：海天出版社
出版年 | 2015
页码 | 308
ISBN | 978-7-5507-1294-2
分类 | D901

张定淮

书名/责任者 | 香港公营部门改革/张定淮著
出版社 | 北京：中央编译出版社
出版年 | 2000
页码 | 235
ISBN | 7-80109-404-2
分类 | D676.583.1

书名/责任者 | 控制官僚：制度制约的理论和实践/(美)韦斯特著；张定淮，白锐译
出版社 | 重庆：重庆出版社
出版年 | 2001
页码 | 286
ISBN | 7-5366-5613-0
分类 | D771.22

书名/责任者 | 公共部门标杆管理：突破政府绩效的瓶颈/(美)基利，(美)梅德林，(美)麦克布赖德，(美)朗迈尔著；张定淮译校
出版社 | 北京：中国人民大学出版社
出版年 | 2002
页码 | 248
ISBN | 7-300-04117-5
分类 | D035

书名/责任者 | 政治学导论/(美)杰弗里·庞顿，(美)彼得·吉尔著；张定淮等译
出版社 | 北京：社会科学文献出版社
出版年 | 2003
页码 | 342
ISBN | 7-80149-995-6
分类 | D0

书名/责任者 | 原则政治，而非利益政治：通向非歧视性民主/(美)布坎南，(美)康格尔顿著；张定淮，何志平译
出版社 | 北京：社会科学文献出版社
出版年 | 2004
页码 | 257
ISBN | 7-80190-163-0
分类 | D0

书名/责任者 | 欧洲联盟：体制与对外行为能力/张定淮著
出版社 | 重庆：重庆出版社
出版年 | 2011
页码 | 200
ISBN | 978-7-229-03451-1
分类 | D814.1

张定坤

书名/责任者 | 工蜂印痕.上/张定坤著
出版社 | 深圳：海天出版社
出版年 | 2010
页码 | 317
ISBN | 978-7-80747-829-4
分类 | D630.9-53

书名/责任者 | 工蜂印痕.下/张定坤著
出版社 | 深圳：海天出版社
出版年 | 2016
页码 | 429
ISBN | 978-7-5507-1786-2
分类 | D630.9-53

张洪斌

书名/责任者 | 中国经济特区和对外经济法规.第二集：1986.4-1987.4/张洪斌主编
出版社 | 深圳：海天出版社
出版年 | 1988
页码 | 506
ISBN | 7-80542-099-8
分类 | D922.290.9

张宏城

书名/责任者 | 未成年人检察工作 3.0 版新模式/深圳市福田区法学会，张宏城主编；深圳市福田区人民检察院编
出版社 | 北京：法律出版社
出版年 | 2018
页码 | 324
ISBN | 978-7-5197-1968-5
分类 | D926.8

张建国

书名/责任者 | 深圳经济特区法规规章全书：1992.7-1996.12/张建国，郝珠江主编；深圳市法制局编
出版社 | 深圳：海天出版社
出版年 | 1997
页码 | 1434
ISBN | 7-80615-697-6
分类 | D927.653

书名/责任者 | 深圳经济特区市场经济立法的理论与实践/张建国，周成新主编
出版社 | 北京：群众出版社
出版年 | 1999
页码 | 686
ISBN | 7-5014-1935-3
分类 | D927.653

书名/责任者 | 国有企业领导干部法律教育读本/张建国主编
出版社 | 深圳：海天出版社
出版年 | 2000
页码 | 319
ISBN | 7-80654-207-8
分类 | D920.5

张涞临

书名/责任者 | 追寻理想：深圳市 2016 年国家奖学金获奖学生风采录/张涞临主编；深圳市教育事务和学生资助中心编
出版社 | 深圳：深圳报业集团出版社
出版年 | 2017
页码 | 258
ISBN | 978-7-80709-837-9
分类 | D432.62

书名/责任者 | 追寻理想：深圳市 2017 年国家奖学金获奖学生风采录/张涞临主编；深圳市教育事务和学生资助中心编
出版社 | 深圳：深圳报业集团出版社
出版年 | 2018
页码 | 217
ISBN | 978-7-80709-864-5
分类 | D432.62

张丽

书名/责任者 | 专利保护攻防实战手册/丁建春，张丽主编
出版社 | 北京：法律出版社
出版年 | 2020
页码 | 289
ISBN | 978-7-5197-4380-2
分类 | D923.424

张培新

书名/责任者 | 建筑工程法规：第二版/张培新主编；薛雷，李海全，高一飞编写
出版社 | 北京：中国电力出版社
出版年 | 2008
页码 | 367
ISBN | 978-7-5083-7623-3
分类 | D922.297

张思平

书名/责任者 | 深圳百村——南山：中国农村城市化的伟大启程/张思平主编
出版社 | 深圳：海天出版社
出版年 | 1994
页码 | 128
ISBN | 7-80542-971-5
分类 | D676.53

书名/责任者 | 深圳奇迹：深圳与中国改革开放四十年/张思平著
出版社 | 北京：中信出版社
出版年 | 2019
页码 | 363
ISBN | 978-7-5217-0182-1
分类 | D619.653

张涛

书名/责任者 | 中国城市基层直接选举研究/张涛，王向民，陈文新著
出版社 | 重庆：重庆出版社
出版年 | 2008
页码 | 293
ISBN | 978-7-5366-9576-4
分类 | D621.4

张伟雄

书名/责任者 | 深圳市公务员廉洁从政读本/张伟雄主编；深圳市监察局编
出版社 | 深圳：海天出版社
出版年 | 2002
页码 | 362
ISBN | 7-80654-786-X
分类 | D630.9

张文

书名/责任者 | 深圳共青团工作实践与探索/张文主编；共青团深圳市委员会主编
出版社 | 深圳：海天出版社
出版年 | 2002
页码 | 277
ISBN | 7-80654-553-0
分类 | D297-53

书名/责任者 | 青春的旋律：深圳青少年学习“三个代表”重要思想/袁宝成，张文，刘燕主编
出版社 | 深圳：海天出版社
出版年 | 2003
页码 | 270
ISBN | 7-80697-045-2
分类 | D261-49

书名/责任者 | 时代的歌谣：深圳青少年学习“三个代表”重要思想/袁宝成，张文，刘燕主编
出版社 | 深圳：海天出版社
出版年 | 2003
页码 | 100
ISBN | 7-80697-045-2
分类 | D261-49

张文婷

书名/责任者｜可持续和负责任投资的全球法治化/张文婷著
出版社｜深圳：海天出版社
出版年｜2019
页码｜340
ISBN｜978-7-5507-2821-9
分类｜D996.4

张西勇

书名/责任者｜半公营机构：趋势、原因、结果/（荷）蒂尔著；汪洋，何志平，张西勇译
出版社｜北京：社会科学文献出版社
出版年｜2008
页码｜318
ISBN｜978-7-5097-0263-5
分类｜D523

书名/责任者｜公共行政学/杨福禄主编；孙士玲，张西勇，霍雨慧副主编
出版社｜济南：山东人民出版社
出版年｜2011
页码｜391
ISBN｜7-209-05767-7
分类｜D035

书名/责任者｜异体行政问责法制完善研究/张成立，张西勇著
出版社｜北京：中国社会科学出版社
出版年｜2017
页码｜310
ISBN｜978-7-5203-0106-0
分类｜D922.104

张贤伟

书名/责任者｜海上货物运输保险赔偿制度研究/张贤伟著
出版社｜北京：法律出版社
出版年｜2009
页码｜307
ISBN｜978-7-5036-9568-1
分类｜D912.280.4

张翔

书名/责任者｜上市公司法律风险防控实务/张翔著
出版社｜北京：法律出版社
出版年｜2018
页码｜262
ISBN｜978-7-5197-1989-0
分类｜D922.291.914

张骁儒

书名/责任者｜中国共产党深圳历史 . 第一卷：1924-1950 年/张骁儒主编；深圳市史志办公室著
出版社｜北京：中共党史出版社
出版年｜2007
页码｜311
ISBN｜978-7-80199-713-5
分类｜D235.653

书名/责任者｜中国共产党深圳历史 . 第二卷：1949-1978 年/张骁儒主编；深圳市史志办公室著
出版社｜北京：中共党史出版社
出版年｜2012
页码｜345
ISBN｜978-7-5098-1336-2
分类｜D235.653

书名/责任者｜深圳社会发展报告 .2012-2013/张骁儒主编
出版社｜北京：社会科学文献出版社
出版年｜2013
页码｜388
ISBN｜978-7-5097-4607-3
分类｜D676.53

书名/责任者｜深圳社会建设与发展报告 .2014/张骁儒，叶民辉主编
出版社｜北京：社会科学文献出版社

出版年 | 2014
页码 | 443
ISBN | 978-7-5097-6027-7
分类 | D676.53

书名/责任者 | 深圳法治发展报告.2015/张骁儒主编
出版社 | 北京：社会科学文献出版社
出版年 | 2015
页码 | 289
ISBN | 978-7-5097-7508-0
分类 | D927.653.00

书名/责任者 | 深圳社会建设与发展报告.2015/张骁儒，陈东平主编
出版社 | 北京：社会科学文献出版社
出版年 | 2015
页码 | 317
ISBN | 978-7-5097-7651-3
分类 | D676.53

书名/责任者 | 深圳法治发展报告.2016/张骁儒主编
出版社 | 北京：社会科学文献出版社
出版年 | 2016
页码 | 289
ISBN | 978-7-5097-9295-7
分类 | D927.653.00

书名/责任者 | 深圳社会建设与发展报告.2016/张骁儒，陈东平主编
出版社 | 北京：社会科学文献出版社
出版年 | 2016
页码 | 364
ISBN | 978-7-5097-9399-2
分类 | D676.53

书名/责任者 | 深圳法治发展报告.2017/张骁儒主编
出版社 | 北京：社会科学文献出版社
出版年 | 2017
页码 | 318
ISBN | 978-7-5201-0860-7
分类 | D927.653.00

书名/责任者 | 深圳社会治理与发展报告.2017/张骁儒，邹从兵主编
出版社 | 北京：社会科学文献出版社
出版年 | 2017
页码 | 388
ISBN | 978-7-5201-0859-1
分类 | D676.53

书名/责任者 | 中国共产党深圳历史.第一卷：1924-1950年/张骁儒主编；杨立勋再版主编；中共深圳市委党史文献研究室著
出版社 | 北京：中共党史出版社
出版年 | 2023
页码 | 427
ISBN | 978-7-5098-6313-8
分类 | D235.653

书名/责任者 | 中国共产党深圳历史.第二卷：1949-1978年/张骁儒主编；杨立勋再版主编；中共深圳市委党史文献研究室著
出版社 | 北京：中共党史出版社
出版年 | 2023
页码 | 385
ISBN | 978-7-5098-6314-5
分类 | D235.653

张小也

书名/责任者 | 官、民与法：明清国家与基层社会/张小也著
出版社 | 北京：中华书局
出版年 | 2007
页码 | 281
ISBN | 978-7-101-05867-3
分类 | D925.102

张雪林

书名/责任者 | 刑事赔偿的原理与执法实务/张雪林，向泽选，张长江，廖名宗著
出版社 | 北京：北京大学出版社
出版年 | 2003
页码 | 387

ISBN | 7-301-06196-X
分类 | D922.114

张岩鸿

书名/责任者 | 转型期思想政治工作问题研究/孟伟，张岩鸿，王连喜著
出版社 | 北京：人民出版社
出版年 | 2004
页码 | 216
ISBN | 7-01-004549-6
分类 | D64

张叶丰

书名/责任者 | 元宇宙法律实务/黄斌，张叶丰编
出版社 | 北京：法律出版社
出版年 | 2023
页码 | 245
ISBN | 978-7-5197-7571-1
分类 | D922.290.4

张一莉

书名/责任者 | 改革开放 40 年深圳建设成就巡礼：城市设计篇/张一莉主编
出版社 | 北京：中国建筑工业出版社
出版年 | 2018
页码 | 320
ISBN | 978-7-112-22625-2
分类 | D619.653

书名/责任者 | 改革开放 40 年深圳建设成就巡礼：建设成果篇/张一莉主编
出版社 | 北京：中国建筑工业出版社
出版年 | 2018
页码 | 395
ISBN | 978-7-112-22449-4
分类 | D619.653

书名/责任者 | 改革开放 40 年深圳建设成就巡礼：杰出人物篇/张一莉主编
出版社 | 北京：中国建筑工业出版社
出版年 | 2018
页码 | 423
ISBN | 978-7-112-22479-1
分类 | D619.653

张悦华

书名/责任者 | 一带一路知识手册.2/张悦华主编；盈科律师事务所编著
出版社 | 深圳：深圳报业集团出版社
出版年 | 2016
页码 | 139
ISBN | 978-7-80709-784-6
分类 | D910.4

张政锦

书名/责任者 | 深圳政法年鉴.1997/梁仲桓，张政锦主编
出版社 | 深圳：海天出版社
出版年 | 1997
页码 | 246
ISBN | 7-80615-745-X
分类 | D927.653-54

书名/责任者 | 深圳政法年鉴.1998/张政锦，刘傅海主编
出版社 | 深圳：海天出版社
出版年 | 1998
页码 | 276
ISBN | 7-80615-964-9
分类 | D927.653-54

书名/责任者 | 深圳政法年鉴.1999/张政锦，刘傅海主编
出版社 | 深圳：海天出版社
出版年 | 1999
页码 | 265
ISBN | 7-80654-171-3
分类 | D927.653-54

书名/责任者 | 深圳政法年鉴.2000/张政锦，刘傅海主编

出版社 | 深圳：海天出版社
出版年 | 2001
页码 | 257
ISBN | 7-80654-459-3
分类 | D927.653-54

书名/责任者 | 深圳政法年鉴.2001/孙彪，林石喜，张政锦主编
出版社 | 深圳：海天出版社
出版年 | 2001
页码 | 235
ISBN | 7-80654-715-0
分类 | D927.653.61

书名/责任者 | 深圳政法年鉴.2002/孙彪，林石喜，张政锦主编
出版社 | 深圳：海天出版社
出版年 | 2002
页码 | 202
ISBN | 7-80654-715-0
分类 | D927.653-54

张中林

书名/责任者 | 深圳经济特区国家公务员制度概要/张中林，梁仲桓主编
出版社 | 深圳：海天出版社
出版年 | 1989
页码 | 287
ISBN | 7-80542-234-6
分类 | D630.1

书名/责任者 | 特区党建研讨文选 1991/《特区党建研讨文选》编辑组编；张中林等著
出版社 | 深圳：海天出版社
出版年 | 1992
页码 | 283
ISBN | 7-80542-438-1
分类 | D26

章必功

书名/责任者 | 意识形态的时代：近代政治思想简史/(美)华特金斯，(美)克拉莫尼克著；章必功译
出版社 | 上海：同济大学出版社
出版年 | 2006
页码 | 145
ISBN | 7-5608-0274-5
分类 | D097.12

书名/责任者 | 移民文化新论/章必功，傅腾霄主编
出版社 | 北京：人民出版社
出版年 | 2010
页码 | 381
ISBN | 978-7-01-009591-2
分类 | D632.4

赵斌

书名/责任者 | 坪山街道年鉴.2017/赵斌主编；深圳市坪山区坪山街道办事处编
出版社 | 哈尔滨：北方文艺出版社
出版年 | 2017
页码 | 178
ISBN | 7-5317-4106-0
分类 | D625.655-54

赵飞

书名/责任者 | 深圳市户籍制度改革研究/王见敏，赵飞著
出版社 | 北京：中国社会科学出版社
出版年 | 2019
页码 | 197
ISBN | 978-7-5203-5088-4
分类 | D631.42

赵嘉

书名/责任者 | 廉洁城市何以可能：华人社会的实践与探索/陈章联，赵嘉，吕元礼主编
出版社 | 北京：中国方正出版社
出版年 | 2013

A B C D E F G H J K L M N O P Q R S T W X Y Z

页码 | 237
ISBN | 978-7-80216-906-7
分类 | D523.4

赵明昕

书名/责任者 | 中国信用保险法律制度的反思与重构：以债权人的信用利益保障为中心/赵明昕著
出版社 | 北京：法律出版社
出版年 | 2010
页码 | 265
ISBN | 978-7-5118-0829-5
分类 | D922.284.4

书名/责任者 | 中国道路交通事故社会救助基金制度研究/赵明昕著
出版社 | 北京：法律出版社
出版年 | 2014
页码 | 275
ISBN | 978-7-5118-6441-3
分类 | D922.144

赵文捷

书名/责任者 | “套路贷”涉刑案件辩护实务/陈旭明，赵文捷主编；庄洁萍，井丽娟等副主编
出版社 | 北京：法律出版社
出版年 | 2022
页码 | 234
ISBN | 978-7-5197-6102-8
分类 | D924.334

赵小鸣

书名/责任者 | 中国特色社会主义和谐社会研究/赵小鸣，徐海波主编
出版社 | 北京：中央文献出版社
出版年 | 2005
页码 | 435
ISBN | 7-5073-1882-6
分类 | D616-53

赵宇峰

书名/责任者 | 现代政府公共关系概论/赵宇峰编著
出版社 | 哈尔滨：黑龙江教育出版社
出版年 | 1998
页码 | 273
ISBN | 7-5316-3455-4
分类 | D035.1

书名/责任者 | 当代国家与社会关系研究/赵宇峰著
出版社 | 哈尔滨：黑龙江教育出版社
出版年 | 2004
页码 | 348
ISBN | 7-5316-4227-1
分类 | D03

书名/责任者 | 政府公共关系策略/赵宇峰编著
出版社 | 北京：高等教育出版社
出版年 | 2012
页码 | 220
ISBN | 7-04-036262-6
分类 | D035.1

书名/责任者 | 中国协商民主的逻辑/林尚立，赵宇峰著
出版社 | 上海：上海人民出版社
出版年 | 2016
页码 | 223
ISBN | 978-7-208-13686-1
分类 | D621

郑维东

书名/责任者 | 求实与探索/郑维东编
出版社 | 西安：西北工业大学出版社
出版年 | 1993
页码 | 238
ISBN | 7-5612-0385-3
分类 | D602

郑秀丽

书名/责任者 | 行政合同过程研究/郑秀丽著
出版社 | 北京：法律出版社
出版年 | 2016
页码 | 251
ISBN | 978-7-5118-9763-3
分类 | D922.104

郑永年

书名/责任者 | 保卫社会/郑永年著
出版社 | 杭州：浙江人民出版社
出版年 | 2022
页码 | 396
ISBN | 978-7-213-10383-4
分类 | D669-53

书名/责任者 | 大汇合与大分流：大变局下的中国现代化/郑永年著
出版社 | 杭州：浙江人民出版社
出版年 | 2023
页码 | 246
ISBN | 978-7-213-10994-2
分类 | D61

书名/责任者 | 开放中国：新时代新格局/郑永年著
出版社 | 北京：外文出版社
出版年 | 2023
页码 | 218
ISBN | 978-7-119-13222-8
分类 | D61

书名/责任者 | 开放中国：新时代新格局/郑永年著
出版社 | 北京：外文出版社
出版年 | 2023
页码 | 218
ISBN | 978-7-119-13220-4
分类 | D61

郑育泉

书名/责任者 | 干部法制教育读本：深圳市"三五"普法系列教材/郑育泉，傅伦博，周成新主编
出版社 | 深圳：海天出版社
出版年 | 1998
页码 | 253
ISBN | 7-80615-817-0
分类 | D920.5

钟澄

书名/责任者 | 房地产法律与诉讼仲裁实务/林一飞主编；钟澄副主编
出版社 | 北京：对外经济贸易大学出版社
出版年 | 2012
页码 | 442
ISBN | 978-7-5663-0581-7
分类 | D925.04

书名/责任者 | 国际商事仲裁中的弃权规则研究/钟澄著
出版社 | 北京：法律出版社
出版年 | 2012
页码 | 304
ISBN | 978-7-5118-2762-3
分类 | D997.4

书名/责任者 | 建设工程法律与诉讼仲裁实务/林一飞主编；钟澄副主编
出版社 | 北京：对外经济贸易大学出版社
出版年 | 2013
页码 | 253
ISBN | 978-7-5663-0707-1
分类 | D922.297.4

书名/责任者 | 深圳市农村城市化历史遗留违法建筑沿革、现状与对策研究/钟澄，黄建新编
出版社 | 北京：中国政法大学出版社
出版年 | 2013
页码 | 271

ISBN | 978-7-5620-4914-2
分类 | D927.653.229.74

书名/责任者 | 香港城市更新土地强制售卖制度及对内地启示研究/钟澄著
出版社 | 北京：法律出版社
出版年 | 2016
页码 | 303
ISBN | 978-7-5118-8930-0
分类 | D927.658.230.4

书名/责任者 | 深圳医患纠纷仲裁研究/钟澄，邹长林著
出版社 | 北京：社会科学文献出版社
出版年 | 2017
页码 | 183
ISBN | 978-7-5201-0473-9
分类 | D927.653.216.4

书名/责任者 | 深圳市城市更新政策研究/钟澄，贺倩明著
出版社 | 北京：中国社会科学出版社
出版年 | 2019
页码 | 278
ISBN | 978-7-5203-4492-0
分类 | D927.653.229.74

书名/责任者 | 国有土地上房屋征收理论与实务研究基于司法案例和深圳实践/钟澄，王勇飞，黄俊峰，陈泓宇作
出版社 | 北京：法律出版社
出版年 | 2022
页码 | 255
ISBN | 978-7-5197-6502-6
分类 | D922.394

钟涣涛

书名/责任者 | 走向法治的新深圳——普法专辑（上、下）/钟涣涛，马华平主编；深圳市普法办公室，走向法治的新深圳编委会编
出版社 | 北京：新华出版社
出版年 | 2003
页码 | 609
ISBN | 7-5011-6088-0
分类 | D927.653.4

钟俊瑾

书名/责任者 | 援藏那一年/钟俊瑾著
出版社 | 北京：当代中国出版社
出版年 | 2023
页码 | 443
ISBN | 978-7-5154-1255-9
分类 | D926

钟明霞

书名/责任者 | 民法知识/钟明霞编著
出版社 | 广州：中山大学出版社
出版年 | 1994
页码 | 288
ISBN | 7-306-00858-7
分类 | D923.01

书名/责任者 | 公司法律制度新论/钟明霞著
出版社 | 广州：中山大学出版社
出版年 | 2003
页码 | 373
ISBN | 7-306-02070-6
分类 | D912.290.4

书名/责任者 | 新编法学概论/钟明霞主编
出版社 | 广州：中山大学出版社
出版年 | 2003
页码 | 440
ISBN | 7-306-02101-X
分类 | D90

书名/责任者 | 最新证券法解读与案例精析/钟明霞，蒋华撰稿
出版社 | 北京：中国法制出版社
出版年 | 2008
页码 | 345
ISBN | 978-7-5093-0573-7
分类 | D922.287.5

钟仁和

书名/责任者 | 深圳经济特区纳税人权利/钟仁和主编
出版社 | 深圳：海天出版社
出版年 | 2000
页码 | 340
ISBN | 7-80654-176-4
分类 | D922.220.4

钟晓渝

书名/责任者 | 司法行政管理学/钟晓渝主编；雷天蓉，廖申科副主编
出版社 | 成都：西南财经大学出版社
出版年 | 1992
页码 | 300
ISBN | 7-81017-439-8
分类 | D981

书名/责任者 | 公务员依法行政教程/周成新，钟晓渝主编
出版社 | 北京：中国法制出版社
出版年 | 2003
页码 | 466
ISBN | 7-80182-136-X
分类 | D922.114

周成新

书名/责任者 | 国际投资争议的解决方法/周成新著
出版社 | 北京：中国政法大学出版社
出版年 | 1989
页码 | 306
ISBN | 7-5620-0264-9
分类 | D996.4

书名/责任者 | 中外合作经营企业法概论/刘丰名，周成新，易礼贤，姚文萍著
出版社 | 武汉：武汉大学出版社
出版年 | 1992
页码 | 253
ISBN | 7-307-01233-2
分类 | D922.29

书名/责任者 | 深圳特区借鉴香港法制研究论集/王正明，周成新主编；深圳市市场经济法制研究会，深圳市法制研究所编
出版社 | 深圳：海天出版社
出版年 | 1996
页码 | 195
ISBN | 7-80615-548-1
分类 | D927.653-53

书名/责任者 | 干部法制教育读本深圳市"三五"普法系列教材/郑育泉，傅伦博，周成新主编
出版社 | 深圳：海天出版社
出版年 | 1998
页码 | 254
ISBN | 7-80615-817-0
分类 | D920.5

书名/责任者 | 深圳经济特区立法权与立法规划研究/周成新主编
出版社 | 北京：中国法制出版社
出版年 | 2001
页码 | 262
ISBN | 7-80083-374-7
分类 | D927.653

书名/责任者 | 公务员依法行政教程/周成新，钟晓渝主编
出版社 | 北京：中国法制出版社
出版年 | 2003
页码 | 466
ISBN | 7-80182-136-X
分类 | D922.114

书名/责任者 | 深圳市行政许可实施办法汇编：2006年审定本/周成新主编；深圳市法制研究所，深圳市人民政府法制办公室编
出版社 | 深圳：海天出版社
出版年 | 2007
页码 | 1272
ISBN | 978-7-80697-905-1
分类 | D927.653.211

书名/责任者｜深圳市法治政府建设指标体系（试行）解读/周成新，王成义主编
出版社｜深圳：海天出版社
出版年｜2009
页码｜362
ISBN｜978-7-80747-656-6
分类｜D676.53

书名/责任者｜深圳法规规章第3辑：英文版/周成新主编
出版社｜深圳：海天出版社
出版年｜2012
页码｜450
ISBN｜978-7-5507-0377-3
分类｜D927.653.09

书名/责任者｜深圳法规规章第4辑：英文版/周成新主编
出版社｜深圳：海天出版社
出版年｜2012
页码｜466
ISBN｜978-7-5507-0376-6
分类｜D927.653.09

书名/责任者｜国际投资法/余劲松主编；周成新副主编
出版社｜北京：法律出版社
出版年｜2014
页码｜426
ISBN｜978-7-5118-7067-4
分类｜D996.4

周建文

书名/责任者｜深圳市罗湖区青年工作发展报告/周建文主编；共青团深圳市罗湖区委员会编
出版社｜深圳：海天出版社
出版年｜2005
页码｜370
ISBN｜7-80697-632-9
分类｜D432.865.3

周锦涛

书名/责任者｜报考深圳市国家公务员指南/周锦涛，陈开多编著
出版社｜深圳：海天出版社
出版年｜1996
页码｜194
ISBN｜7-80615-501-5
分类｜D630.1

周理强

书名/责任者｜治安管理热点问题研究/周理强著
出版社｜深圳：海天出版社
出版年｜2001
页码｜312
ISBN｜7-80654-604-9
分类｜D631.4-53

周林刚

书名/责任者｜关注弱势：城市残疾人群体研究/蔡禾，周林刚著
出版社｜北京：社会科学文献出版社
出版年｜2008
页码｜305
ISBN｜978-7-5097-0321-2
分类｜D669.69

书名/责任者｜社会支持与激发权能：以城市残障人福利实践为视角/周林刚著
出版社｜北京：社会科学文献出版社
出版年｜2009
页码｜299
ISBN｜978-7-5097-0553-7
分类｜D669.69

书名/责任者｜他们九位残障者的故事/周林刚主编
出版社｜广州：南方日报出版社
出版年｜2018
页码｜153
ISBN｜978-7-5491-1931-8

分类 | D669.69

周旻

书名/责任者 | HR应当知道的劳动法/周旻，何志杰，吴意诚著
出版社 | 北京：法律出版社
出版年 | 2017
页码 | 228
ISBN | 978-7-5197-1290-7
分类 | D922.504

书名/责任者 | 劳资博弈解除劳动合同的17种常见情形/周旻，郭含笑著
出版社 | 北京：法律出版社
出版年 | 2021
页码 | 213
ISBN | 978-7-5197-5719-9
分类 | D922.524

周其若

书名/责任者 | 新时期企业党的建设10题/周其若主编
出版社 | 上海：上海人民出版社
出版年 | 1990
页码 | 362
ISBN | 7-208-01116-8
分类 | D267.1

书名/责任者 | 市场经济与特区党的建设/周其若主编；深圳党建研究会编
出版社 | 深圳：海天出版社
出版年 | 1993
页码 | 244
ISBN | 7-80542-096-3
分类 | D26

书名/责任者 | 用改革精神建设党邓小平执政党建设的理论与实践/曹子镳，周其若，张小杰等著
出版社 | 广州：广东人民出版社
出版年 | 1995
页码 | 295
ISBN | 7-218-02071-2
分类 | D26

书名/责任者 | 中国共产党深圳市组织史资料：1987.10-1995.4/周其若，陈威主编；中共深圳市委组织部，深圳市史志办编
出版社 | 深圳：海天出版社
出版年 | 1997
页码 | 233
ISBN | 7-80615-682-8
分类 | D235.653

周荣生

书名/责任者 | 贿赂罪的理论与实践/刘光显，周荣生著
出版社 | 北京：人民法院出版社
出版年 | 1993
页码 | 198
ISBN | 7-80056-216-6
分类 | D914.01

周少波

书名/责任者 | 和深圳一起成长：纪念南山区人民检察院建院20周年人物访谈录/周少波主编
出版社 | 北京：中国检察出版社
出版年 | 2010
页码 | 305
ISBN | 978-7-5102-0363-3
分类 | D926.3-53

周卫

书名/责任者 | 环境规制与裁量理性/周卫著
出版社 | 厦门：厦门大学出版社
出版年 | 2015
页码 | 207
ISBN | 978-7-5615-5734-1
分类 | D922.680.4

周文丽

书名/责任者｜营商环境微视角：商事登记首代谈/周文丽著
出版社｜深圳：海天出版社
出版年｜2020
页码｜290
ISBN｜978-7-5507-2765-6
分类｜D922.291.915

周溪舞

书名/责任者｜学习与探索：新时期人民政协理论研讨会论文选/周溪舞，卞晋平主编
出版社｜北京：中国文史出版社
出版年｜1995
页码｜299
ISBN｜7-5034-0750-6
分类｜D664-53

周笑冰

书名/责任者｜没有“主义”的北欧/刘琳，刘晓玲，周笑冰，路云辉著
出版社｜深圳：海天出版社
出版年｜2010
页码｜363
ISBN｜978-7-80747-818-8
分类｜D753

周新铭

书名/责任者｜学点宪法知识/周新铭等
出版社｜北京：群众出版社
出版年｜1982
页码｜242
统一书号｜6067.25
分类｜D911.01

书名/责任者｜法学概论/刘升平，周新铭，唐琮瑶
出版社｜兰州：甘肃人民出版社
出版年｜1983
页码｜542
统一书号｜6096.18
分类｜D90

书名/责任者｜学点行政学和行政法学/王礼明，周新铭编著
出版社｜北京：群众出版社
出版年｜1984
页码｜162
统一书号｜3067.239
分类｜D035

书名/责任者｜香港法律概述/李泽沛，李忠武，周新铭编
出版社｜北京：法律出版社
出版年｜1987
页码｜265
ISBN｜7-5036-0270-8
分类｜D927.658

书名/责任者｜法律百科知识手册/谢邦宇，周新铭主编
出版社｜兰州：甘肃人民出版社
出版年｜1987
页码｜723
统一书号｜6096.18
分类｜D9-62

书名/责任者｜青年法律知识手册/射邦宁，周新铭主编
出版社｜兰州：甘肃人民出版社
出版年｜1987
页码｜723
统一书号｜6096.18
分类｜D9-62

书名/责任者｜行政法/周新铭编著
出版社｜广州：广东高等教育出版社
出版年｜1988
页码｜270
ISBN｜7-5361-0226-7
分类｜D912.1-43

书名/责任者｜行政法概述/周新铭，刘兆兴编著

出版社 | 昆明：云南教育出版社
出版年 | 1988
页码 | 187
ISBN | 7-5415-0131-X
分类 | D922.101

书名/责任者 | 行政学简编/王礼明，周新铭著
出版社 | 兰州：甘肃人民出版社
出版年 | 1988
页码 | 383
ISBN | 7-226-00074-1
分类 | D035

周娅

书名/责任者 | 加入《联合国打击跨国有组织犯罪公约》对我国的影响/莫洪宪主编；皮勇，周娅等撰稿
出版社 | 中国人民公安大学出版社
出版年 | 2005
页码 | 329
ISBN | 7-81109-020-1
分类 | D924.04

书名/责任者 | 短期自由刑研究/周娅著
出版社 | 北京：法律出版社
出版年 | 2006
页码 | 232
ISBN | 7-5036-6538-6
分类 | D924.04

周应良

书名/责任者 | 亚洲虎日韩新/左建，曾庆祥，陈自元，周应良著
出版社 | 深圳：海天出版社
出版年 | 2010
页码 | 359
ISBN | 978-7-80747-820-1
分类 | D731.3

周永明

书名/责任者 | 20世纪中国禁毒史：民族主义、历史和国家建构/周永明著；石琳译
出版社 | 北京：商务印书馆
出版年 | 2016
页码 | 247
ISBN | 978-7-100-12098-2
分类 | D669.8

周裕琼

书名/责任者 | 当代中国社会的网络谣言研究/周裕琼著
出版社 | 北京：商务印书馆
出版年 | 2012
页码 | 277
ISBN | 978-7-100-09197-8
分类 | D669.4

周长瑚

书名/责任者 | 体验感悟寻真知：周长瑚文集/周长瑚著
出版社 | 广州：广东经济出版社
出版年 | 2012
页码 | 339
ISBN | 978-7-5454-1448-6
分类 | D61

朱慈蕴

书名/责任者 | 公司法人格否认法理研究/朱慈蕴著
出版社 | 北京：法律出版社
出版年 | 1998
页码 | 397
ISBN | 7-5036-2538-4
分类 | D922.292.1

书名/责任者 | 经济法律教程/朱慈蕴主编

①
出版社 | 北京：中国财政经济出版社
出版年 | 1999
页码 | 472
ISBN | 7-5005-4045-0
分类 | D922.290.1
②
出版社 | 北京：中国财政经济出版社
出版年 | 2002
页码 | 509
ISBN | 7-5005-6186-5
分类 | D922.290.1

书名/责任者 | 公司法人格否认制度理论与实践/朱慈蕴著
出版社 | 北京：人民法院出版社
出版年 | 2009
页码 | 381
ISBN | 978-7-80217-814-4
分类 | D922.291.915

书名/责任者 | 公司法原论/朱慈蕴著
出版社 | 北京：清华大学出版社
出版年 | 2011
页码 | 401
ISBN | 978-7-302-26219-0
分类 | D922.291.911

书名/责任者 | 全球化与本土化互动中的公司制度演进/朱慈蕴著
出版社 | 北京：法律出版社
出版年 | 2015
页码 | 406
ISBN | 978-7-5118-7649-2
分类 | D913.991.04

朱迪俭

书名/责任者 | 公务员的职业道德修养之官德史鉴/朱迪俭，邱浩航主编
出版社 | 北京：中国商业出版社
出版年 | 2013
页码 | 271
ISBN | 978-7-5044-7955-6
分类 | D630.3

朱兰春

书名/责任者 | 最高人民法院民事审判思维实证研究：以四元结构为中心：1985-2014/朱兰春著
出版社 | 北京：中国法制出版社
出版年 | 2015
页码 | 576
ISBN | 978-7-5093-6386-7
分类 | D925.118.24

书名/责任者 | 法官如何裁判：最高人民法院民事审判要旨与思维/朱兰春著
①
出版社 | 北京：中国法制出版社
出版年 | 2017
页码 | 439
ISBN | 7-5093-6383-6
分类 | D925.118.24
②
出版社 | 北京：中国法制出版社
出版年 | 2021
页码 | 677
ISBN | 978-7-5216-1845-7
分类 | D925.118.24

朱谢群

书名/责任者 | 创新性智力成果与知识产权/朱谢群著
出版社 | 北京：法律出版社
出版年 | 2004
页码 | 233
ISBN | 7-5036-5229-2
分类 | D913.04

书名/责任者 | 我国知识产权发展战略与实施的法律问题研究/朱谢群著
出版社 | 北京：中国人民大学出版社
出版年 | 2008
页码 | 239
ISBN | 978-7-300-09835-7
分类 | D923.404

书名/责任者 | 知识产权法新论/齐爱民，

朱谢群主编
出版社 | 北京：北京大学出版社
出版年 | 2008
页码 | 520
ISBN | 978-7-301-13397-2
分类 | D923.401

书名/责任者 | 郑成思知识产权文集：基本理论卷/朱谢群编
出版社 | 北京：知识产权出版社
出版年 | 2017
页码 | 582
ISBN | 978-7-5130-4641-1
分类 | D923.404-53

朱兴有

书名/责任者 | 行政诉讼法学/朱兴有，杨小君，吴明童等著
出版社 | 北京：中国人民公安大学出版社
出版年 | 1989
页码 | 314
ISBN | 7-81011-174-4
分类 | D925.304

书名/责任者 | 日本民事审判程序/（日）羽鸟高秋，汉德森著；朱兴有译
出版社 | 西安：陕西人民出版社
出版年 | 1991
页码 | 117
ISBN | 7-224-01870-8
分类 | D931.351

书名/责任者 | 新型经济犯罪研究/朱兴有，魏赛娟主编
出版社 | 北京：法律出版社
出版年 | 2000
页码 | 351
ISBN | 7-5036-3099-X
分类 | D924.304

书名/责任者 | 香港的法制建设/朱兴有主编
出版社 | 深圳：海天出版社
出版年 | 2004
页码 | 374
ISBN | 7-80697-289-7
分类 | D927.658

书名/责任者 | 预防职务犯罪问题研究/朱兴有著
出版社 | 北京：中国检察出版社
出版年 | 2004
页码 | 482
ISBN | 7-80185-225-7
分类 | D924.393.4

书名/责任者 | 税务稽查疑难案例法理评析.1/郝硕博，朱兴有主编；北京市地方税务局，北京市地方税务学会编
出版社 | 北京：中国税务出版社
出版年 | 2007
页码 | 282
ISBN | 978-7-80117-973-9
分类 | D922.220.5

书名/责任者 | 变革中的越南朝鲜古巴/梁宏，朱兴有，金玲等编著
出版社 | 深圳：海天出版社
出版年 | 2010
页码 | 336
ISBN | 978-7-80747-825-6
分类 | D733.3

朱衍强

书名/责任者 | 中国地方政府绩效管理研究：以深圳的实践为例/朱衍强著
出版社 | 北京：经济管理出版社
出版年 | 2013
页码 | 347
ISBN | 978-7-5096-2479-1
分类 | D625.653

朱毅

书名/责任者 | 美国社会问题/(美)艾岑，（美）金，（美）史密斯著；郑丽菁，朱

毅译
出版社｜北京：电子工业出版社
出版年｜2016
页码｜607
ISBN｜978-7-121-27740-5
分类｜D771.28

庄保

书名/责任者｜党建科学化的理论与盐田实践/庄保，肖文红，叶萍著
出版社｜深圳：海天出版社
出版年｜2017
页码｜247
ISBN｜978-7-5507-1879-1
分类｜D267

庄心一

书名/责任者｜中国资本市场法制发展报告.2011/庄心一主编
出版社｜北京：法律出版社
出版年｜2012
页码｜867
ISBN｜978-7-5118-4203-9
分类｜D922.287.4

书名/责任者｜中国资本市场法制发展报告.2012/庄心一主编
出版社｜北京：法律出版社
出版年｜2013
页码｜1010
ISBN｜978-7-5118-4890-1
分类｜D922.287.4

书名/责任者｜中国资本市场法制发展报告.2013/庄心一主编
出版社｜北京：法律出版社
出版年｜2014
页码｜961
ISBN｜978-7-5118-6799-5
分类｜D922.287.4

书名/责任者｜中国资本市场法制发展报告.2014/庄心一，姜洋主编
出版社｜北京：法律出版社
出版年｜2015
页码｜1213
ISBN｜978-7-5118-8622-4
分类｜D922.287.4

邹从兵

书名/责任者｜深圳政法年鉴.2015/梁增昌，邹从兵，乔智主编；深圳政法年鉴编委会编
出版社｜深圳：海天出版社
出版年｜2016
页码｜243
ISBN｜978-7-5507-1438-0
分类｜D927.653-54

书名/责任者｜深圳社会治理与发展报告2017/张骁儒，邹从兵主编
出版社｜北京：社会科学文献出版社
出版年｜2017
页码｜388
ISBN｜978-7-5201-0859-1
分类｜D676.53

书名/责任者｜深圳社会治理与发展报告2018/张骁儒，邹从兵主编
出版社｜北京：社会科学文献出版社
出版年｜2018
页码｜359
ISBN｜978-7-5201-2890-2
分类｜D676.53

书名/责任者｜深圳社会治理与发展报告.2021/张骁儒，邹从兵主编
出版社｜北京：社会科学文献出版
出版年｜2021
页码｜351
ISBN｜978-7-5201-8936-1
分类｜D676.53

邹平学

书名/责任者 | 中国代表制度改革的实证研究/邹平学著
出版社 | 重庆：重庆出版社
出版年 | 2005
页码 | 234
ISBN | 7-5366-7304-3
分类 | D621

书名/责任者 | 宪法学/费春，邹平学主编
出版社 | 北京：中国民主法制出版社
出版年 | 2005
页码 | 411
ISBN | 7-80078-944-6
分类 | D921.01

书名/责任者 | 两岸及港澳法制研究论丛.第一辑：纪念澳门基本法实施十周年学术研讨会暨中国宪法学研究会两岸及港澳法制研究专业委员会第一次全体会议论文集/周叶中，邹平学主编；纪念澳门基本法实施十周年学术研讨会，中国宪法学研究会编
出版社 | 厦门：厦门大学出版社
出版年 | 2010
页码 | 440
ISBN | 978-7-5615-3690-2
分类 | D920.4-53

书名/责任者 | 香港基本法实践问题研究/邹平学著
出版社 | 北京：社会科学文献出版社
出版年 | 2014
页码 | 918
ISBN | 978-7-5097-6634-7
分类 | D921.94

书名/责任者 | 港澳基本法实施评论.2014年卷·总第1卷/邹平学主编
出版社 | 北京：法律出版社
出版年 | 2015
页码 | 271
ISBN | 978-7-5118-6938-8
分类 | D921.94

书名/责任者 | 港澳基本法实施评论.2015年卷·总第2卷/邹平学主编
出版社 | 北京：法律出版社
出版年 | 2016
页码 | 266
ISBN | 978-7-5118-9199-0
分类 | D921.94-53

书名/责任者 | 港澳基本法实施评论.2016年卷·总第3卷/邹平学主编
出版社 | 北京：法律出版社
出版年 | 2018
页码 | 267
ISBN | 978-7-5197-2446-7
分类 | D921.94-53

书名/责任者 | 香港“一国两制”演变的法治节奏/田飞龙作；邹平学总主编
出版社 | 北京：时事出版社
出版年 | 2020
页码 | 289
ISBN | 978-7-5195-0383-3
分类 | D618

邹树彬

书名/责任者 | 2003年深圳竞选实录/唐娟，邹树彬主编
出版社 | 西安：西北大学出版社
出版年 | 2003
页码 | 423
ISBN | 7-5604-1852-X
分类 | D624.653

书名/责任者 | 乡镇长选举方式改革：案例研究/黄卫平，邹树彬主编
出版社 | 北京：社会科学文献出版社
出版年 | 2003
页码 | 313
ISBN | 7-80149-832-1
分类 | D625

书名/责任者 | 2003年北京市区县人大代表竞选实录/邹树彬主编
出版社 | 西安：西北大学出版社

出版年 | 2004
页码 | 277
ISBN | 7-5604-1979-8
分类 | D624.1

书名/责任者 | 构建和谐社区：深圳市月亮湾片区“人大代表工作站”个案研究/邹树彬主编
出版社 | 重庆：重庆出版社
出版年 | 2007
页码 | 262
ISBN | 978-7-5366-8430-0
分类 | D669.3

邹涛

书名/责任者 | 工程监理的法律责任与风险管理/王家远，邹涛著
出版社 | 北京：中国建筑工业出版社
出版年 | 2009
页码 | 156
ISBN | 978-7-112-10788-9
分类 | D922.297.4

邹小辛

书名/责任者 | 最后的“珍珠”：深圳大鹏东山村调查/吕十立，邹小辛著
出版社 | 深圳：深圳报业集团出版社
出版年 | 2021
页码 | 267
ISBN | 978-7-80709-970-3
分类 | D668

邹旭东

书名/责任者 | 实践与思考：深圳司法行政系统学习党的十五大精神研讨论文集/邹旭东主编
出版社 | 深圳：海天出版社
出版年 | 1998
页码 | 251
ISBN | 7-80615-817-0
分类 | D926

祖玉琴

书名/责任者 | 民政情缘/祖玉琴著
出版社 | 深圳：深圳报业集团出版社
出版年 | 2009
页码 | 183
ISBN | 978-7-80709-272-8
分类 | D632-53

书名/责任者 | 深圳社会发展报告 .2010/乐正，祖玉琴主编
出版社 | 北京：社会科学文献出版社
出版年 | 2010
页码 | 468
ISBN | 978-7-5097-1498-0
分类 | D676.53

左德起

书名/责任者 | 消费损害赔偿计算标准/左德起主编
出版社 | 北京：中国法制出版社
出版年 | 2004
页码 | 308
ISBN | 7-80182-314-1
分类 | D922.54

书名/责任者 | 职务犯罪侦查问题研究/左德起著
出版社 | 北京：法律出版社
出版年 | 2005
页码 | 241
ISBN | 7-5036-5840-1
分类 | D924.304

书名/责任者 | 刑事司法诚信问题研究/左德起著
出版社 | 北京：法律出版社
出版年 | 2011
页码 | 229
ISBN | 978-7-5118-2120-1
分类 | D924.04

K 历史·地理

B

卞仁海

书名/责任者 | 中国避讳学史/卞仁海著
出版社 | 北京：中国社会科学出版社
出版年 | 2017
页码 | 357
ISBN | 978-7-5161-9852-0
分类 | K892.98

书名/责任者 | 深港地名文化比较研究/卞仁海著
出版社 | 北京：中国社会科学出版社
出版年 | 2019
页码 | 198
ISBN | 978-7-5203-4483-8
分类 | K926.53

书名/责任者 | 汉字与避讳/卞仁海著
出版社 | 广州：暨南大学出版社
出版年 | 2017
页码 | 227
ISBN | 978-7-5668-2250-5
分类 | K892.98

保中 / 蔡炳仁 / 蔡德麟 / 蔡枫 / 蔡惠尧 / 蔡培茂 / 蔡秀文 / 曹兆兰 / 产耀东 / 陈安仁 / 陈炳华 / 陈炳培 / 陈广源 /
宏在 / 陈吉庆 / 陈家喜 / 陈建平 / 陈金海 / 陈俊开 / 陈荣光 / 陈少雄 / 陈太允 / 陈威 / 陈武远 / 陈寅 / 陈志荣 / 成
/ 程立达 / 崔建明 / 蔡保中 / 蔡炳仁 / 蔡德麟 / 蔡枫 / 蔡惠尧 / 蔡培茂 / 蔡秀文 / 曹兆兰 / 产耀东 / 陈安仁 / 陈炳
/ 陈广源 / 陈海滨 / 陈宏在 / 陈吉庆 / 陈家喜 / 陈建平 / 陈金海 / 陈俊开 / 陈荣光 / 陈少雄 / 陈太允 / 陈威 / 陈武
陈志荣 / 成君忆 / 程建 / 程立达 / 崔建明 / 蔡保中 / 蔡炳仁 / 蔡德麟 / 蔡枫 / 蔡惠尧 / 蔡培茂 / 蔡秀文 / 曹兆兰 /
安仁 / 陈炳华 / 陈炳培 / 陈广源 / 陈海滨 / 陈宏在 / 陈吉庆 / 陈家喜 / 陈建平 / 陈金海 / 陈俊开 / 陈荣光 / 陈少雄
陈威 / 陈武远 / 陈寅 / 陈志荣 / 成君忆 / 程建 / 程立达 / 崔建明 / 蔡保中 / 蔡炳仁 / 蔡德麟 / 蔡枫 / 蔡惠尧 / 蔡培
/ 曹兆兰 / 产耀东 / 陈安仁 / 陈炳华 / 陈炳培 / 陈广源 / 陈海滨 / 陈宏在 / 陈吉庆 / 陈家喜 / 陈建平 / 陈金海 / 陈
光 / 陈少雄 / 陈太允 / 陈威 / 陈武远 / 陈寅 / 陈志荣 / 成君忆 / 程建 / 程立达 / 崔建明 / 蔡保中 / 蔡炳仁 / 蔡德麟
惠尧 / 蔡培茂 / 蔡秀文 / 曹兆兰 / 产耀东 / 陈安仁 / 陈炳华 / 陈炳培 / 陈广源 / 陈海滨 / 陈宏在 / 陈吉庆 / 陈家喜
陈金海 / 陈俊开 / 陈荣光 / 陈少雄 / 陈太允 / 陈威 / 陈武远 / 陈寅 / 陈志荣 / 成君忆 / 程建 / 程立达 / 崔建明 / 蔡
仁 / 蔡德麟 / 蔡枫 / 蔡惠尧 / 蔡培茂 / 蔡秀文 / 曹兆兰 / 产耀东 / 陈安仁 / 陈炳华 / 陈炳培 / 陈广源 / 陈海滨 / 陈
庆 / 陈家喜 / 陈建平 / 陈金海 / 陈俊开 / 陈荣光 / 陈少雄 / 陈太允 / 陈威 / 陈武远 / 陈寅 / 陈志荣 / 成君忆 / 程建
崔建明 / 蔡保中 / 蔡炳仁 / 蔡德麟 / 蔡枫 / 蔡惠尧 / 蔡培茂 / 蔡秀文 / 曹兆兰 / 产耀东 / 陈安仁 / 陈炳华 / 陈炳培 /
海滨 / 陈宏在 / 陈吉庆 / 陈家喜 / 陈建平 / 陈金海 / 陈俊开 / 陈荣光 / 陈少雄 / 陈太允 / 陈威 / 陈武远 / 陈寅 / 陈
忆 / 程建 / 程立达 / 崔建明 / 蔡保中 / 蔡炳仁 / 蔡德麟 / 蔡枫 / 蔡惠尧 / 蔡培茂 / 蔡秀文 / 曹兆兰 / 产耀东 / 陈安
/ 陈炳培 / 陈广源 / 陈海滨 / 陈宏在 / 陈吉庆 / 陈家喜 / 陈建平 / 陈金海 / 陈俊开 / 陈荣光 / 陈少雄 / 陈太允 / 陈

C

蔡保中

书名 / 责任者 | 清《新安县志》里的深港村落 / 蔡保中著
出版社 | 北京：团结出版社
出版年 | 2020
页码 | 247
ISBN | 978-7-5126-7996-2
分类 | K296.55

蔡炳仁

书名 / 责任者 | 深圳上木古村志 / 蔡炳仁主编；《深圳上木古村志》编纂委员会编
出版社 | 南昌：江西科学技术出版社
出版年 | 2020
页码 | 348
ISBN | 978-7-5390-7173-2
分类 | K296.55

蔡德麟

书名 / 责任者 | 深港关系史话 / 蔡德麟主编
出版社 | 深圳：海天出版社
出版年 | 1997
页码 | 473
ISBN | 7-80615-461-2
分类 | K296.5

书名 / 责任者 | 东方智慧之光：池田大作研究论纲 / 蔡德麟著
出版社 | 北京：清华大学出版社
出版年 | 2003
页码 | 183
ISBN | 7-302-07068-7
分类 | K833.137=6

蔡枫

书名 / 责任者 | 跬步集：深圳大学印度学研究文选 / 蔡枫，黄蓉主编；刘彦峰英文译校
出版社 | 北京：北京大学出版社
出版年 | 2011
页码 | 420
ISBN | 978-7-301-18721-0
分类 | K351.07

蔡惠尧

书名 / 责任者 | 近代深圳 / 蔡惠尧主编
出版社 | 北京：文物出版社
出版年 | 2010
页码 | 192
ISBN | 978-7-5010-2926-6
分类 | K296.53

书名 / 责任者 | 辛亥革命在广东：纪念辛亥革命 100 周年展览图录 / 蔡惠尧主编；深圳博物馆编
出版社 | 北京：文物出版社
出版年 | 2011
页码 | 241
ISBN | 978-7-5010-3298-3
分类 | K257.06

书名 / 责任者 | 家在深圳：老物件里的光阴故事 / 深圳博物馆编；蔡惠尧主编
出版社 | 北京：文物出版社
出版年 | 2022
页码 | 158
ISBN | 978-7-5010-7841-7
分类 | K296.53

书名 / 责任者 | 金木交辉：岭南金漆木雕、描金漆绘精品展图录 / 深圳博物馆，广东民间工艺博物馆编；蔡惠尧，黄海妍主编
出版社 | 北京：文物出版社
出版年 | 2022
页码 | 203
ISBN | 978-7-5010-7502-7
分类 | K879.32

蔡培茂

书名 / 责任者 | 深圳市地名志 / 蔡培茂

主编
出版社 | 广州：科学普及出版社广州分社
出版年 | 1987
页码 | 290
ISBN | 17051·6059
分类 | K926.53

蔡秀文

书名/责任者 | 福田好故事：正能量就在身边/秦锦屏，王振文，钟二毛，蔡秀文著
出版社 | 海口：南海出版公司
出版年 | 2016
页码 | 246
ISBN | 978-7-5442-8357-1
分类 | K820.865.4

曹兆兰

书名/责任者 | 金文通释选译/(日)白川静通释；曹兆兰选译
出版社 | 武汉：武汉大学出版社
出版年 | 2000
页码 | 244
ISBN | 7-307-02815-8
分类 | K877.34

书名/责任者 | 图释甲骨文/曹兆兰著
出版社 | 北京：光明日报出版社
出版年 | 2013
页码 | 259
ISBN | 978-7-5112-3766-8
分类 | K877.12

书名/责任者 | 图释青铜器铭文/曹兆兰，马婧如著
出版社 | 北京：光明日报出版社
出版年 | 2014
页码 | 341
ISBN | 978-7-5112-5244-9
分类 | K877.32

产耀东

书名/责任者 | 深圳市西乡街道志/产耀东主编；西乡街道志编辑部编
出版社 | 北京：中国文史出版社
出版年 | 2009
页码 | 678
ISBN | 978-7-5034-2524-0
分类 | K296.53

陈安仁

书名/责任者 | 深圳市高级职称人员传略．续集/陈安仁主编
出版社 | 深圳：海天出版社
出版年 | 1999
页码 | 334
ISBN | 7-80615-963-0
分类 | K820.865.3-61

陈炳华

书名/责任者 | 中国古今书画名人大辞典/陈炳华主编
出版社 | 天津：天津古籍出版社
出版年 | 1998
页码 | 839
ISBN | 7-80504-633-6
分类 | K825.72-61

书名/责任者 | 中国近现当代书画家辞典（上、下卷）：十九世纪——二十一世纪/陈炳华主编
出版社 | 西安：三秦出版社
出版年 | 2015
页码 | 1307
ISBN | 978-7-5518-1123-1
分类 | K825.72=5

陈炳培

书名/责任者 | 站在高岗上：沙井农民口述史/陈炳培口述；潘惠茹撰写

A B C D E F G H J K L M N O P Q R S T W X Y Z

出版社｜广州：花城出版社
出版年｜2014
页码｜448
ISBN｜978-7-5360-7240-4
分类｜K296.55

陈广源

书名/责任者｜神奇的宝安/陈广源，刘迅主编
出版社｜广州：广东人民出版社
出版年｜2002
页码｜162
ISBN｜7-218-03965-0
分类｜K296.53

陈海滨

书名/责任者｜深圳近代史（上、下）：普及本/陈海滨著
出版社｜深圳：深圳报业集团出版社
出版年｜2015
页码｜516
ISBN｜978-7-80709-646-7
分类｜K296.53

陈宏在

书名/责任者｜深圳市志：教科文卫卷/陈宏在，黄玲执行总纂；莫金鸣分卷纂；深圳市地方志编纂委员会编
出版社｜北京：方志出版社
出版年｜2004
页码｜678
ISBN｜7-80192-448-7
分类｜K296.53

陈吉庆

书名/责任者｜胡经之美学生涯/陈吉庆著
出版社｜深圳：海天出版社
出版年｜2007
页码｜339
ISBN｜978-7-80747-032-8
分类｜K825.6=76

陈家喜

书名/责任者｜新加坡研究.2013卷/吕元礼，陈家喜主编
出版社｜北京：社会科学文献出版社
出版年｜2014
页码｜350
ISBN｜978-7-5097-5266-1
分类｜K339.07

书名/责任者｜新加坡研究.2016卷/吕元礼，陈家喜，张万坤主编
出版社｜北京：社会科学文献出版社
出版年｜2017
页码｜327
ISBN｜978-7-5201-0027-4
分类｜K339.07

陈建平

书名/责任者｜面孔：平湖人的家族往事与珍存/陈建平，黎衡，张帆采编
出版社｜北京：中国文史出版社
出版年｜2018
页码｜226
ISBN｜978-7-5205-0477-5
分类｜K820.9

书名/责任者｜世纪：百年平湖的记忆荣光/陈建平，黎衡，唐毅采编
出版社｜北京：中国文史出版社
出版年｜2018
页码｜300
ISBN｜978-7-5205-0477-5
分类｜K296.55

书名/责任者｜影志：平湖的追忆记录与想象/黎衡文字撰写；陈建平，陈俊超图片统筹

出版社 | 北京：中国文史出版社
出版年 | 2018
页码 | 242
ISBN | 978-7-5205-0477-5
分类 | K296.55-64

陈金海

书名/责任者 | 文化深圳.2016/陈金海，杨世国主编
出版社 | 北京：人民日报出版社
出版年 | 2017
页码 | 290
ISBN | 978-7-5115-4645-6
分类 | K296.53-53

陈俊开

书名/责任者 | 梧桐烟云：梧桐山史料与传说/陈俊开主编；深圳市梧桐山风景区管理处编
出版社 | 深圳：深圳报业集团出版社
出版年 | 2010
页码 | 211
ISBN | 978-7-80709-161-5
分类 | K928.3

陈荣光

书名/责任者 | 深圳市长梁湘/朱崇山，陈荣光著
出版社 | 广州：花城出版社
出版年 | 2011
页码 | 234
ISBN | 978-7-5360-6199-6
分类 | K827=75

陈少雄

书名/责任者 | 龙岗记忆：献给23岁的龙岗：1993-2016/陈少雄主编
出版社 | 北京：中国华侨出版社
出版年 | 2016
页码 | 577
ISBN | 978-7-89422-550-4
分类 | K297.54

陈太允

书名/责任者 | 守望合澜海：沙井蚝民口述史/陈太允口述；申晨，唐冬眉撰写
出版社 | 广州：花城出版社
出版年 | 2012
页码 | 412
ISBN | 978-7-5360-6624-3
分类 | K296.55

陈威

书名/责任者 | 深圳7000年：深圳出土文物图录/陈威主编；深圳市文物管理委员会办公室，深圳博物馆，深圳市文物考古鉴定所编
出版社 | 北京：文物出版社
出版年 | 2006
页码 | 146
ISBN | 7-5010-1933-9
分类 | K873.653

陈武远

书名/责任者 | 九社印象：广东省大埔县光德镇九社村/陈武远著
出版社 | 深圳：海天出版社
出版年 | 2014
页码 | 186
ISBN | 978-7-5507-1239-3
分类 | K926.55

陈寅

书名/责任者 | 先导：影响中国近现代化的岭南著名人物（上、中、下）/陈寅主编

出版社 | 深圳：深圳报业集团出版社
出版年 | 2008
页码 | 1352
ISBN | 978-7-80709-211-7
分类 | K820.865

书名/责任者 | 深圳会客厅：百名外国政要名流访谈录/陈寅，汤丽霞主编
出版社 | 深圳：深圳报业集团出版社
出版年 | 2011
页码 | 331
ISBN | 978-7-80709-375-6
分类 | K812.5

书名/责任者 | 通往国际名城之路：60位世界知名城市市长访谈录/汤丽霞，陈寅主编，胡恒芳主编
出版社 | 深圳：深圳报业集团出版社
出版年 | 2014
页码 | 489
ISBN | 978-7-80709-617-7
分类 | K915

书名/责任者 | 世界知名大学校长访谈/陈寅主编
出版社 | 广州：暨南大学出版社
出版年 | 2015
页码 | 427
ISBN | 978-7-5668-1616-0
分类 | K815.46=6

书名/责任者 | 寻访抗日大战场/陈寅，宣柱锡主编；寻访抗日大战场采访组著
出版社 | 深圳：深圳报业集团出版社
出版年 | 2017
页码 | 161
ISBN | 978-7-80709-729-7
分类 | K265.09

陈志荣

书名/责任者 | 为梦想点赞/陈志荣主编
出版社 | 深圳：深圳报业集团出版社
出版年 | 2015
页码 | 209
ISBN | 978-7-80709-661-0
分类 | K820.76

成君忆

书名/责任者 | 千里走三国/成君忆著
出版社 | 深圳：深圳报业集团出版社
出版年 | 2009
页码 | 235
ISBN | 978-7-80709-233-9
分类 | K236.07

书名/责任者 | 中国历史周期律：朝代更迭中的管理变革/成君忆著
出版社 | 北京：北京理工大学出版社
出版年 | 2013
页码 | 150
ISBN | 978-7-5640-7544-6
分类 | K209

书名/责任者 | 少年读三国 . 曹魏风烟/成君忆著
出版社 | 青岛：青岛出版社
出版年 | 2022
页码 | 200
ISBN | 978-7-5552-1847-0
分类 | K236.09

书名/责任者 | 少年读三国 . 东吴鲸波/成君忆著
出版社 | 青岛：青岛出版社
出版年 | 2022
页码 | 183
ISBN | 978-7-5552-2106-7
分类 | K236.09

书名/责任者 | 少年读三国 . 汉宫落日/成君忆著
出版社 | 青岛：青岛出版社
出版年 | 2022
页码 | 192
ISBN | 978-7-5552-1430-4
分类 | K236.09

书名/责任者 | 少年读三国 . 蜀汉旌鼓/成

君忆著
出版社 | 青岛：青岛出版社
出版年 | 2022
页码 | 182
ISBN | 978-7-5552-1434-2
分类 | K236.09

程建

书名/责任者 | 京口文化/严其林，程建著
出版社 | 南京：南京大学出版社
出版年 | 2001
页码 | 333
ISBN | 7-305-02264-0
分类 | K295.33

书名/责任者 | 阅读宝安：新安县志读书札记/程建著；深圳市宝安区档案局(馆)，深圳市宝安区史志办公室编
出版社 | 北京：新华出版社
出版年 | 2006
页码 | 250
ISBN | 7-5011-7447-4
分类 | K296.53

书名/责任者 | 沙井旅游/郭培源，程建编著
出版社 | 北京：中国文史出版社
出版年 | 2007
页码 | 185
ISBN | 7-5034-1664-3
分类 | K928.965.3

书名/责任者 | 深圳风物志.第二辑：村落往事卷/程建编著；许佳兴绘
出版社 | 深圳：海天出版社
出版年 | 2020
页码 | 233
ISBN | 978-7-5507-2812-7
分类 | K296.53

书名/责任者 | 深圳风物志.第二辑：地名密码卷/程建编著；肖惠方绘
出版社 | 深圳：海天出版社
出版年 | 2020
页码 | 222
ISBN | 978-7-5507-2811-0
分类 | K296.53

书名/责任者 | 深圳风物志.第二辑：家族记忆卷/程建编著；许佳兴绘
出版社 | 深圳：海天出版社
出版年 | 2020
页码 | 196
ISBN | 978-7-5507-2813-4
分类 | K296.53

程立达

书名/责任者 | 港澳工运史话/蒋永清，程立达著
出版社 | 北京：中国工人出版社
出版年 | 2000
页码 | 164
ISBN | 7-5008-2427-0
分类 | K296.58

崔建明

书名/责任者 | 色色百年传承与李建成/崔建明著
出版社 | 北京：东方出版社
出版年 | 2008
页码 | 247
ISBN | 978-7-5060-3354-1
分类 | K825.38=76

北方 / 邓少玲 / 丁力 / 丁时照 / 董小明 / 董秀 / 杜如彬 / 段钢 / 段亚兵 / 戴北方 / 邓少玲 / 丁力 / 丁时照 / 董小明
如彬 / 段钢 / 段亚兵 / 戴北方 / 邓少玲 / 丁力 / 丁时照 / 董小明 / 董秀 / 杜如彬 / 段钢 / 段亚兵 / 戴北方 / 邓少玲
时照 / 董小明 / 董秀 / 杜如彬 / 段钢 / 段亚兵 / 戴北方 / 邓少玲 / 丁力 / 丁时照 / 董小明 / 董秀 / 杜如彬 / 段钢 /
北方 / 邓少玲 / 丁力 / 丁时照 / 董小明 / 董秀 / 杜如彬 / 段钢 / 段亚兵 / 戴北方 / 邓少玲 / 丁力 / 丁时照 / 董小明
如彬 / 段钢 / 段亚兵 / 戴北方 / 邓少玲 / 丁力 / 丁时照 / 董小明 / 董秀 / 杜如彬 / 段钢 / 段亚兵 / 戴北方 / 邓少玲
时照 / 董小明 / 董秀 / 杜如彬 / 段钢 / 段亚兵 / 戴北方 / 邓少玲 / 丁力 / 丁时照 / 董小明 / 董秀 / 杜如彬 / 段钢 /
北方 / 邓少玲 / 丁力 / 丁时照 / 董小明 / 董秀 / 杜如彬 / 段钢 / 段亚兵 / 戴北方 / 邓少玲 / 丁力 / 丁时照 / 董小明
如彬 / 段钢 / 段亚兵 / 戴北方 / 邓少玲 / 丁力 / 丁时照 / 董小明 / 董秀 / 杜如彬 / 段钢 / 段亚兵 / 戴北方 / 邓少玲
时照 / 董小明 / 董秀 / 杜如彬 / 段钢 / 段亚兵 / 戴北方 / 邓少玲 / 丁力 / 丁时照 / 董小明 / 董秀 / 杜如彬 / 段钢 /
北方 / 邓少玲 / 丁力 / 丁时照 / 董小明 / 董秀 / 杜如彬 / 段钢 / 段亚兵 / 戴北方 / 邓少玲 / 丁力 / 丁时照 / 董小明
如彬 / 段钢 / 段亚兵 / 戴北方 / 邓少玲 / 丁力 / 丁时照 / 董小明 / 董秀 / 杜如彬 / 段钢 / 段亚兵 / 戴北方 / 邓少玲
时照 / 董小明 / 董秀 / 杜如彬 / 段钢 / 段亚兵 / 戴北方 / 邓少玲 / 丁力 / 丁时照 / 董小明 / 董秀 / 杜如彬 / 段钢 /
北方 / 邓少玲 / 丁力 / 丁时照 / 董小明 / 董秀 / 杜如彬 / 段钢 / 段亚兵 / 戴北方 / 邓少玲 / 丁力 / 丁时照 / 董小明
如彬 / 段钢 / 段亚兵 / 戴北方 / 邓少玲 / 丁力 / 丁时照 / 董小明 / 董秀 / 杜如彬 / 段钢 / 段亚兵 / 戴北方 / 邓少玲
时照 / 董小明 / 董秀 / 杜如彬 / 段钢 / 段亚兵 / 戴北方 / 邓少玲 / 丁力 / 丁时照 / 董小明 / 董秀 / 杜如彬 / 段钢 /
北方 / 邓少玲 / 丁力 / 丁时照 / 董小明 / 董秀 / 杜如彬 / 段钢 / 段亚兵 / 戴北方 / 邓少玲 / 丁力 / 丁时照 / 董小明
如彬 / 段钢 / 段亚兵 / 戴北方 / 邓少玲 / 丁力 / 丁时照 / 董小明 / 董秀 / 杜如彬 / 段钢 / 段亚兵 / 戴北方 / 邓少

D

戴北方

书名/责任者｜深圳口述史：1992-2002. 上卷/戴北方主编
出版社｜深圳：海天出版社
出版年｜2017
页码｜415
ISBN｜978-7-5507-1964-4
分类｜K296.53

书名/责任者｜深圳口述史：1992-2002. 中卷/戴北方主编
出版社｜深圳：海天出版社
出版年｜2017
页码｜409
ISBN｜978-7-5507-1965-1
分类｜K296.53

书名/责任者｜深圳口述史：1992-2002. 下卷/戴北方主编
出版社｜深圳：海天出版社
出版年｜2017
页码｜417
ISBN｜978-7-5507-2045-9
分类｜K296.53

书名/责任者｜深圳口述史：2002-2012. 上卷/戴北方，林洁主编
出版社｜深圳：海天出版社
出版年｜2020
页码｜362
ISBN｜978-7-5507-2967-4
分类｜K296.53

书名/责任者｜深圳口述史：2002-2012. 中卷/戴北方，林洁主编
出版社｜深圳：海天出版社
出版年｜2020
页码｜338
ISBN｜978-7-5507-2968-1
分类｜K296.53

书名/责任者｜深圳口述史：2002-2012. 下卷/戴北方，林洁主编
出版社｜深圳：海天出版社
出版年｜2020
页码｜344
ISBN｜978-7-5507-2969-8
分类｜K296.53

邓少玲

书名/责任者｜宝安历史纪事/邓少玲主编；深圳市宝安区文体旅游局编
出版社｜郑州：中州古籍出版社
出版年｜2015
页码｜262
ISBN｜978-7-5348-5124-7
分类｜K296.53

书名/责任者｜宝安历史人物/邓少玲主编；深圳市宝安区文体旅游局编
出版社｜郑州：中州古籍出版社
出版年｜2015
页码｜321
ISBN｜978-7-5348-5124-7
分类｜K820.865.3

书名/责任者｜宝安历史建筑．碉楼/邓少玲主编
出版社｜郑州：中州古籍出版社
出版年｜2016
页码｜142
ISBN｜978-7-5348-6821-4
分类｜K928.716.54

书名/责任者｜宝安区不可移动文物名录/邓少玲主编
出版社｜郑州：中州古籍出版社
出版年｜2016
页码｜313
ISBN｜978-7-5348-7024-8
分类｜K872.654-62

书名/责任者｜宝安历史文选．近现代文献辑要/邓少玲主编
出版社｜郑州：中州古籍出版社
出版年｜2017
页码｜318
ISBN｜978-7-5348-7187-0
分类｜K296.54

书名/责任者 | 宝安区可移动文物名录/邓少玲主编
出版社 | 郑州：中州古籍出版社
出版年 | 2017
页码 | 212
ISBN | 978-7-5348-7528-1
分类 | K872.654-62

书名/责任者 | 宝安古墓葬/邓少玲主编
出版社 | 郑州：中州古籍出版社
出版年 | 2018
页码 | 227
ISBN | 978-7-5348-7448-2
分类 | K878.8

丁力

书名/责任者 | 大老板是怎样炼成的/丁力著
出版社 | 深圳：海天出版社
出版年 | 2006
页码 | 176
ISBN | 7-80697-833-X
分类 | K825.38

丁时照

书名/责任者 | 现代夸父/丁时照编著
出版社 | 北京：经济日报出版社
出版年 | 2004
页码 | 323
ISBN | 7-80180-367-1
分类 | K825.38=7

书名/责任者 | 鹏友遍天下：深圳国际友城图志/汤丽霞，丁时照主编
出版社 | 深圳：海天出版社
出版年 | 2016
页码 | 312
ISBN | 978-7-5507-1728-2
分类 | K915

董小明

书名/责任者 | 石破天惊：敦煌的发现与20世纪中国美术史观的变化和美术语言的发展专题展/董小明主编；关山月美术馆编
出版社 | 南宁：广西美术出版社
出版年 | 2005
页码 | 179
ISBN | 7-80674-721-4
分类 | K879.214

书名/责任者 | 深圳文物志/董小明主编
出版社 | 北京：文物出版社
出版年 | 2005
页码 | 336
ISBN | 7-5010-1653-4
分类 | K872.653

书名/责任者 | 中国历史文化名城．景德镇/董小明主编
出版社 | 北京：中国铁道出版社
出版年 | 2005
页码 | 111
ISBN | 7-113-06290-3
分类 | K928.5-64

董秀

书名/责任者 | 深圳村落概览．第二辑：罗湖盐田卷/黄玲，杨立勋，唐汉隆，董秀卷主编；深圳市史志办公室编
出版社 | 广州：华南理工大学出版社
出版年 | 2020
页码 | 293
ISBN | 978-7-5623-6576-1
分类 | K926.55

杜如彬

书名/责任者 | 张衡与仪器仪表/杜如彬编著
出版社 | 深圳：海天出版社
出版年 | 2009

页码 | 304
ISBN | 978-7-80747-724-2
分类 | K826.1=342

段钢

书名/责任者 | 纳西族：丽江黄山乡白华村/段钢，代春强主编
出版社 | 昆明：云南大学出版社
出版年 | 2001
页码 | 182
ISBN | 7-81068-240-7
分类 | K285.7

段亚兵

书名/责任者 | 开放之窗深圳/吴松营，段亚兵，马导明，肖振利编
出版社 | 北京：中国青年出版社
出版年 | 1985
页码 | 122
统一书号 | 12009.81
分类 | K928.5

书名/责任者 | 深圳人手册/段亚兵主编；深圳市精神文明建设办公室，深圳经纬商务咨询公司编
出版社 | 深圳：海天出版社
出版年 | 1995
页码 | 345
ISBN | 7-80615-220-2
分类 | K928.5

书名/责任者 | 文明纵横谈/段亚兵著
①
出版社 | 北京：社会科学文献出版社
出版年 | 2006
页码 | 321
ISBN | 7-80230-095-9
分类 | K103
②
出版社 | 北京：社会科学文献出版社
出版年 | 2011
页码 | 330
ISBN | 978-7-5097-2688-4
分类 | K103

樊纲 / 范坤 / 方乃纯 / 冯景 / 付莹 / 傅曾阳

F

A
B
C
D
E
F
G
H
J
K
L
M
N
O
P
Q
R
S
T
W
X
Y
Z

樊纲

书名/责任者｜经济人生/樊纲著
出版社｜广州：广东经济出版社
出版年｜1999
页码｜326
ISBN｜7-80632-500-X
分类｜K821

范坤

书名/责任者｜尊荣与洗礼：2016 年深圳市“年度教师”活动纪实/范坤主编
出版社｜深圳：海天出版社
出版年｜2018
页码｜301
ISBN｜978-7-5507-2340-5
分类｜K825.46=76

方乃纯

书名/责任者｜黄埔师生与抗日战争/方乃纯主编
出版社｜北京：华文出版社
出版年｜2017
页码｜861
ISBN｜978-7-5075-4650-7
分类｜K825.2=6

冯景

书名/责任者｜牛眼风景/冯景文；牛群图
出版社｜深圳：海天出版社
出版年｜2002
页码｜127
ISBN｜7-80654-590-5
分类｜K825.7=7

书名/责任者｜名人汇谭：晶报八年人物访谈精选/冯景主编
出版社｜深圳：深圳报业集团出版社
出版年｜2009
页码｜329
ISBN｜978-7-80709-276-6
分类｜K820.76

付莹

书名/责任者｜深圳经济特区管理线（二线）历史变迁研究/叶杨，付莹主编；深圳博物馆编著
出版社｜深圳：海天出版社
出版年｜2019
页码｜183
ISBN｜978-7-5507-2417-4
分类｜K296.51

傅曾阳

书名/责任者｜深圳市志：第三产业卷/黄玲执行总纂；傅曾阳本卷主纂；深圳市地方志编纂委员会编
出版社｜北京：方志出版社
出版年｜2011
页码｜941
ISBN｜978-7-5144-0117-2
分类｜K296.53

兴烈 / 高振怀 / 龚伟 / 苟骅 / 谷更军 / 关万维 / 关志钢 / 管林根 / 管新平 / 郭宝昌 / 郭杰 / 郭良原 / 郭培源 / 郭
雷 / 高兴烈 / 高振怀 / 龚伟 / 苟骅 / 谷更军 / 关万维 / 关志钢 / 管林根 / 管新平 / 郭宝昌 / 郭杰 / 郭良原 / 郭培
/ 郭学雷 / 高兴烈 / 高振怀 / 龚伟 / 苟骅 / 谷更军 / 关万维 / 关志钢 / 管林根 / 管新平 / 郭宝昌 / 郭杰 / 郭良原
郭祥焰 / 郭学雷 / 高兴烈 / 高振怀 / 龚伟 / 苟骅 / 谷更军 / 关万维 / 关志钢 / 管林根 / 管新平 / 郭宝昌 / 郭杰 /
培源 / 郭祥焰 / 郭学雷 / 高兴烈 / 高振怀 / 龚伟 / 苟骅 / 谷更军 / 关万维 / 关志钢 / 管林根 / 管新平 / 郭宝昌 /
原 / 郭培源 / 郭祥焰 / 郭学雷 / 高兴烈 / 高振怀 / 龚伟 / 苟骅 / 谷更军 / 关万维 / 关志钢 / 管林根 / 管新平 / 郭
/ 郭良原 / 郭培源 / 郭祥焰 / 郭学雷 / 高兴烈 / 高振怀 / 龚伟 / 苟骅 / 谷更军 / 关万维 / 关志钢 / 管林根 / 管新
/ 郭杰 / 郭良原 / 郭培源 / 郭祥焰 / 郭学雷 / 高兴烈 / 高振怀 / 龚伟 / 苟骅 / 谷更军 / 关万维 / 关志钢 / 管林根
郭宝昌 / 郭杰 / 郭良原 / 郭培源 / 郭祥焰 / 郭学雷 / 高兴烈 / 高振怀 / 龚伟 / 苟骅 / 谷更军 / 关万维 / 关志钢 /
新平 / 郭宝昌 / 郭杰 / 郭良原 / 郭培源 / 郭祥焰 / 郭学雷 / 高兴烈 / 高振怀 / 龚伟 / 苟骅 / 谷更军 / 关万维 / 关
根 / 管新平 / 郭宝昌 / 郭杰 / 郭良原 / 郭培源 / 郭祥焰 / 郭学雷 / 高兴烈 / 高振怀 / 龚伟 / 苟骅 / 谷更军 / 关万
/ 管林根 / 管新平 / 郭宝昌 / 郭杰 / 郭良原 / 郭培源 / 郭祥焰 / 郭学雷 / 高兴烈 / 高振怀 / 龚伟 / 苟骅 / 谷更军
关志钢 / 管林根 / 管新平 / 郭宝昌 / 郭杰 / 郭良原 / 郭培源 / 郭祥焰 / 郭学雷 / 高兴烈 / 高振怀 / 龚伟 / 苟骅 /
万维 / 关志钢 / 管林根 / 管新平 / 郭宝昌 / 郭杰 / 郭良原 / 郭培源 / 郭祥焰 / 郭学雷 / 高兴烈 / 高振怀 / 龚伟 /
军 / 关万维 / 关志钢 / 管林根 / 管新平 / 郭宝昌 / 郭杰 / 郭良原 / 郭培源 / 郭祥焰 / 郭学雷 / 高兴烈 / 高振怀 /
/ 谷更军 / 关万维 / 关志钢 / 管林根 / 管新平 / 郭宝昌 / 郭杰 / 郭良原 / 郭培源 / 郭祥焰 / 郭学雷 / 高兴烈 / 高
/ 苟骅 / 谷更军 / 关万维 / 关志钢 / 管林根 / 管新平 / 郭宝昌 / 郭杰 / 郭良原 / 郭培源 / 郭祥焰 / 郭学雷 / 高兴

G

高兴烈

书名/责任者｜吕厚民摄影作品集：1950-1964：公仆颂/吕厚民摄；高兴烈主编
出版社｜哈尔滨：黑龙江美术出版社
出版年｜1997
页码｜60
ISBN｜7-5318-0466-2
分类｜K820.7-64

高振怀

书名/责任者｜深圳让我成才/高振怀主编
出版社｜深圳：海天出版社
出版年｜2014
页码｜242
ISBN｜978-7-5507-1020-7
分类｜K820.865.3

龚伟

书名/责任者｜雕母祖钱鉴赏/龚伟著
出版社｜深圳：海天出版社
出版年｜2009
页码｜86
ISBN｜978-7-80747-715-0
分类｜K875.64

书名/责任者｜历代瓷器鉴赏/龚伟著
出版社｜深圳：海天出版社
出版年｜2010
页码｜195
ISBN｜978-7-80747-838-6
分类｜K876.34

书名/责任者｜历代玉器鉴赏/龚伟著
出版社｜深圳：海天出版社
出版年｜2010
页码｜100
ISBN｜978-7-80747-681-8
分类｜K876.84

书名/责任者｜钱币藏珍鉴赏/龚伟著
出版社｜深圳：海天出版社
出版年｜2010
页码｜117
ISBN｜978-7-80747-768-6
分类｜K875.64

苟骅

书名/责任者｜深港关系四百年/苟骅，亚牛，樊卿，谢江涛主编；南方都市报编著
出版社｜深圳：海天出版社
出版年｜2007
页码｜348
ISBN｜978-7-80747-021-2
分类｜K296.53

谷更军

书名/责任者｜深圳市龙岗区革命老区发展史/谷更军主编
出版社｜广州：广东人民出版社
出版年｜2021
页码｜262
ISBN｜978-7-218-14653-9
分类｜K296.54

关万维

书名/责任者｜琼州文化/关万维
出版社｜沈阳：辽宁教育出版社
出版年｜1998
页码｜307
ISBN｜7-5382-4802-1
分类｜K296.6

关志钢

书名/责任者｜新生活运动研究/关志钢著
出版社｜深圳：海天出版社

出版年 | 1999
页码 | 323
ISBN | 7-80615-959-2
分类 | K258.05

管林根

书名/责任者 | 客家与龙岗/管林根主编
出版社 | 广州：花城出版社
出版年 | 2002
页码 | 419
ISBN | 7-5360-3708-2
分类 | K296.53

书名/责任者 | 汗洒鹏城爱满鹏城：第二届深圳市优秀外地来深建设者和外地来深建设者之家事迹汇编/张文，管林根，黄杨略主编；深圳特区报，深圳市劳动和社会保障局编
出版社 | 深圳：深圳报业集团出版社
出版年 | 2005
页码 | 295
ISBN | 7-80709-005-7
分类 | K820.865.3

管新平

书名/责任者 | 初心/管新平著
出版社 | 广州：华南理工大学出版社
出版年 | 2020
页码 | 629
ISBN | 978-7-5623-6128-2
分类 | K825.46=76

郭宝昌

书名/责任者 | 说点您不知道的/郭宝昌著
出版社 | 北京：中国戏剧出版社
出版年 | 2004
页码 | 186
ISBN | 7-104-01845-X
分类 | K825.78=7

郭杰

书名/责任者 | 屈原新论：增订本/郭杰著
出版社 | 长春：吉林大学出版社
出版年 | 2006
页码 | 342
ISBN | 7-5601-1590-X
分类 | K825.6=31

书名/责任者 | 岭南文化研究/郭杰，左鹏军主编
出版社 | 北京：清华大学出版社
出版年 | 2015
页码 | 353
ISBN | 978-7-302-39947-6
分类 | K296.5-53

书名/责任者 | 白居易小传/郭杰著
出版社 | 济南：山东人民出版社
出版年 | 2017
页码 | 186
ISBN | 978-7-209-10918-5
分类 | K825.6=424

郭良原

书名/责任者 | 开始：我的六十年/郭良原著
出版社 | 武汉：武汉出版社
出版年 | 2020
页码 | 223
ISBN | 978-7-5582-2738-7
分类 | K825.5

郭培源

书名/责任者 | 福永古文化考略/郭培源著
出版社 | 广州：花城出版社
出版年 | 2002
页码 | 218
ISBN | 7-5360-3706-6
分类 | K296.55

书名/责任者 | 广东省地方志：福永镇志/

郭培源主编
出版社｜合肥：合肥工业大学出版社
出版年｜2006
页码｜650
ISBN｜7-81093-358-2
分类｜K296.55

书名/责任者｜沙井旅游/郭培源，程建编著；深圳市宝安区沙井街道办事处编
出版社｜北京：中国文史出版社
出版年｜2007
页码｜185
ISBN｜7-5034-1664-3
分类｜K928.965.3

郭祥焰

书名/责任者｜深圳文史．第3辑/郭祥焰主编
出版社｜深圳：海天出版社
出版年｜2001
页码｜322
ISBN｜7-80654-372-4
分类｜K296.53

书名/责任者｜深圳文史．第4辑/郭祥焰主编；深圳市政协文史资料委员会编
出版社｜深圳：海天出版社
出版年｜2002
页码｜401
ISBN｜7-80654-675-8
分类｜K296.53

书名/责任者｜深圳文史．第5辑/郭祥焰主编；深圳市政协文史资料委员会编
出版社｜深圳：海天出版社
出版年｜2002
页码｜264
ISBN｜7-80654-079-2
分类｜K296.53

书名/责任者｜深圳文史．第6辑/郭祥焰主编；深圳市政协文史资料委员会编
出版社｜深圳：海天出版社
出版年｜2002
页码｜190
ISBN｜7-80654-079-2
分类｜K296.53

书名/责任者｜深圳文史．第7辑/郭祥焰主编；深圳市政协文史资料委员会编
出版社｜深圳：海天出版社
出版年｜2005
页码｜267
ISBN｜7-80654-079-2
分类｜K296.53

郭学雷

书名/责任者｜明代磁州窑瓷器/郭学雷著
出版社｜北京：文物出版社
出版年｜2005
页码｜167
ISBN｜7-5010-1714-X
分类｜K876.34

书名/责任者｜中国红绿彩瓷器专题学术研讨会论文集/郭学雷主编；深圳博物馆编
出版社｜北京：文物出版社
出版年｜2011
页码｜264
ISBN｜978-7-5010-3183-2
分类｜K876.34

书名/责任者｜禅风与儒韵：宋元时代的吉州窑瓷器/郭学雷主编；深圳博物馆，深圳市文物管理办公室，深圳市文物考古鉴定所编
出版社｜北京：文物出版社
出版年｜2012
页码｜243
ISBN｜978-7-5010-3402-4
分类｜K876.32

书名/责任者｜玄色之美：中国历代黑釉瓷器珍品/郭学雷主编；深圳博物馆，深圳市文物管理办公室，深圳市文物考古鉴定所编

出版社 | 北京：文物出版社
出版年 | 2012
页码 | 225
ISBN | 978-7-5010-3403-1
分类 | K876.32

书名/责任者 | 煌煌·巨唐：七至九世纪的唐代物质与器用/叶杨，郭学雷，阎焰主编；深圳博物馆，深圳望野博物馆编著
出版社 | 北京：文物出版社
出版年 | 2019
页码 | 194
ISBN | 978-7-5010-6218-8
分类 | K875.02

书名/责任者 | 中国古代黑釉瓷器暨吉州窑国际学术研讨会论文集/郭学雷主编
出版社 | 北京：文物出版社
出版年 | 2019
页码 | 294
ISBN | 978-7-5010-5674-3
分类 | K876.34

书名/责任者 | 明瓷聚真：山西民间藏瓷精粹/郭学雷，孔繁珠编著
出版社 | 北京：文物出版社
出版年 | 2008
页码 | 232
ISBN | 978-7-5010-2338-7
分类 | K876.32

书名/责任者 | 中西交融：彩华堂藏纹章瓷选粹/郭学雷编著
出版社 | 北京：文物出版社
出版年 | 2016
页码 | 283
ISBN | 978-7-5010-4575-4
分类 | K885.063.2

书名/责任者 | 大明宫瓷：十五世纪的明代宫廷用瓷/深圳博物馆编；郭学雷主编
出版社 | 北京：文物出版社
出版年 | 2022
页码 | 321
ISBN | 978-7-5010-7107-4
分类 | K876.32

书名/责任者 | 紫泥清韵：香港中文大学文物馆藏紫砂精品/深圳博物馆编；郭学雷主编
出版社 | 北京：文物出版社
出版年 | 2022
页码 | 219
ISBN | 978-7-5010-7821-9
分类 | K876.3

韩荡 / 何道宽 / 何建佳 / 何文 / 何有添 / 洪海 / 洪远 / 胡爱民 / 胡冰 / 胡恒芳 / 胡洪侠 / 胡小跃 / 黄崇岳 / 黄达龙 /

黄发玉 / 黄国兴 / 黄海华 / 黄慧锋 / 黄乐平 / 黄力强 / 黄立敏 / 黄玲 / 黄漫娥 / 黄蓉 / 黄珽 / 黄伟祥 / 黄小华 / 黄晓

略 / 黄阳兴 / 黄宇慧 / 黄中和 / 惠西成 / 韩荡 / 何道宽 / 何建佳 / 何文 / 何有添 / 洪海 / 洪远 / 胡爱民 / 胡冰 / 胡恒

侠 / 胡小跃 / 黄崇岳 / 黄达龙 / 黄峒胜 / 黄发玉 / 黄国兴 / 黄海华 / 黄慧锋 / 黄乐平 / 黄力强 / 黄立敏 / 黄玲 / 黄漫

黄珽 / 黄伟祥 / 黄小华 / 黄晓东 / 黄扬略 / 黄阳兴 / 黄宇慧 / 黄中和 / 惠西成 / 韩荡 / 何道宽 / 何建佳 / 何文 / 何

海 / 洪远 / 胡爱民 / 胡冰 / 胡恒芳 / 胡洪侠 / 胡小跃 / 黄崇岳 / 黄达龙 / 黄峒胜 / 黄发玉 / 黄国兴 / 黄海华 / 黄慧锋

黄力强 / 黄立敏 / 黄玲 / 黄漫娥 / 黄蓉 / 黄珽 / 黄伟祥 / 黄小华 / 黄晓东 / 黄扬略 / 黄阳兴 / 黄宇慧 / 黄中和 / 惠

荡 / 何道宽 / 何建佳 / 何文 / 何有添 / 洪海 / 洪远 / 胡爱民 / 胡冰 / 胡恒芳 / 胡洪侠 / 胡小跃 / 黄崇岳 / 黄达龙 / 黄

玉 / 黄国兴 / 黄海华 / 黄慧锋 / 黄乐平 / 黄力强 / 黄立敏 / 黄玲 / 黄漫娥 / 黄蓉 / 黄珽 / 黄伟祥 / 黄小华 / 黄晓东

黄阳兴 / 黄宇慧 / 黄中和 / 惠西成 / 韩荡 / 何道宽 / 何建佳 / 何文 / 何有添 / 洪海 / 洪远 / 胡爱民 / 胡冰 / 胡恒芳 /

小跃 / 黄崇岳 / 黄达龙 / 黄峒胜 / 黄发玉 / 黄国兴 / 黄海华 / 黄慧锋 / 黄乐平 / 黄力强 / 黄立敏 / 黄玲 / 黄漫娥 /

珽 / 黄伟祥 / 黄小华 / 黄晓东 / 黄扬略 / 黄阳兴 / 黄宇慧 / 黄中和 / 惠西成 / 韩荡 / 何道宽 / 何建佳 / 何文 / 何有添

洪远 / 胡爱民 / 胡冰 / 胡恒芳 / 胡洪侠 / 胡小跃 / 黄崇岳 / 黄达龙 / 黄峒胜 / 黄发玉 / 黄国兴 / 黄海华 / 黄慧锋 / 黄

强 / 黄立敏 / 黄玲 / 黄漫娥 / 黄蓉 / 黄珽 / 黄伟祥 / 黄小华 / 黄晓东 / 黄扬略 / 黄阳兴 / 黄宇慧 / 黄中和 / 惠西成

何道宽 / 何建佳 / 何文 / 何有添 / 洪海 / 洪远 / 胡爱民 / 胡冰 / 胡恒芳 / 胡洪侠 / 胡小跃 / 黄崇岳 / 黄达龙 / 黄峒胜

黄国兴 / 黄海华 / 黄慧锋 / 黄乐平 / 黄力强 / 黄立敏 / 黄玲 / 黄漫娥 / 黄蓉 / 黄珽 / 黄伟祥 / 黄小华 / 黄晓东 / 黄

兴 / 黄宇慧 / 黄中和 / 惠西成 / 韩荡 / 何道宽 / 何建佳 / 何文 / 何有添 / 洪海 / 洪远 / 胡爱民 / 胡冰 / 胡恒芳 / 胡

H

A B C D E F G H J K L M N O P Q R S T W X Y Z

韩荡

书名/责任者 | 深圳市龙华区革命老区发展史/韩荡主编
出版社 | 广州：广东人民出版社
出版年 | 2020
页码 | 278
ISBN | 978-7-218-14757-4
分类 | K296.54

何道宽

书名/责任者 | 文化树：世界文化简史/(美)林顿著；何道宽译
①
出版社 | 重庆：重庆出版社
出版年 | 1989
页码 | 342
ISBN | 7-5366-0808-X
分类 | K103
②
出版社 | 北京：北京师范大学出版社
出版年 | 2017
页码 | 305
ISBN | 978-7-303-21388-7
分类 | K103

书名/责任者 | 麦克卢汉：媒介及信使/(加)马尔尚著；何道宽译
出版社 | 北京：中国人民大学出版社
出版年 | 2003
页码 | 333
ISBN | 7-300-04548-0
分类 | K837.125.42

书名/责任者 | 麦克卢汉书简/(加)麦克卢汉著，(加)莫利纳罗编，(加)麦克卢汉编，(加)托伊编；何道宽，仲冬译
出版社 | 北京：中国人民大学出版社
出版年 | 2005
页码 | 670
ISBN | 7-300-05189-8
分类 | K837.115.42=535

书名/责任者 | 麦克卢汉如是说：理解我/(加)麦克卢汉著；(加)麦克卢汉，(加)斯坦斯编；何道宽译
①
出版社 | 北京：中国人民大学出版社
出版年 | 2006
页码 | 224
ISBN | 7-300-07674-2
分类 | K837.115.42=535
②
出版社 | 北京：中国大百科全书出版社
出版年 | 2023
页码 | 322
ISBN | 978-7-5202-1318-9
分类 | K837.115.42

书名/责任者 | 中世纪的秋天：14世纪和15世纪法国与荷兰的生活、思想与艺术/(荷)赫伊津哈著；何道宽译
①
出版社 | 桂林：广西师范大学出版社
出版年 | 2008
页码 | 421
ISBN | 978-7-5633-7647-6
分类 | K503
②
出版社 | 广州：花城出版社
出版年 | 2017
页码 | 446
ISBN | 978-7-5360-8201-4
分类 | K565.03

书名/责任者 | 17世纪的荷兰文明/(荷)赫伊津哈著；何道宽译
①
出版社 | 广州：花城出版社
出版年 | 2010
页码 | 253
ISBN | 978-7-5360-5915-3
分类 | K563.41
②
出版社 | 广州：花城出版社
出版年 | 2017
页码 | 253
ISBN | 978-7-5360-8205-2
分类 | K563.41

书名/责任者 | 菊与刀：日本文化模式论/（美）本尼迪克特著；何道宽译
出版社 | 北京：北京大学出版社
出版年 | 2013
页码 | 293
ISBN | 978-7-301-21835-8
分类 | K313.03

书名/责任者 | 麦克卢汉传：媒介及信使/（加）马尔尚著；何道宽译
出版社 | 北京：中国人民大学出版社
出版年 | 2015
页码 | 295
ISBN | 978-7-300-20317-1
分类 | K837.115.42=535

何建佳

书名/责任者 | 深圳福田革命斗争史/何建佳主编；深圳市福田区史志办公室编
出版社 | 深圳：海天出版社
出版年 | 2011
页码 | 241
ISBN | 978-7-5507-0151-9
分类 | K296.53

书名/责任者 | 沧海福田：深圳市福田区三十年摄影集/何建佳，王永苗主编
出版社 | 深圳：海天出版社
出版年 | 2012
页码 | 109
ISBN | 978-7-5507-0358-2
分类 | K926.53-64

书名/责任者 | 福田溯源/何建佳主编
出版社 | 深圳：海天出版社
出版年 | 2012
页码 | 213
ISBN | 978-7-5507-0359-9
分类 | K296.54

何文

书名/责任者 | 深圳村落概览．第二辑：福田南山卷/黄玲，杨立勋，何文，田新舟卷主编；深圳市史志办公室编
出版社 | 广州：华南理工大学出版社
出版年 | 2020
页码 | 327
ISBN | 978-7-5623-6576-1
分类 | K926.55

何有添

书名/责任者 | Hello，南头/朱土福文；何有添绘
出版社 | 广州：广东人民出版社
出版年 | 2018
页码 | 137
ISBN | 978-7-218-12451-3
分类 | K926.55-64

洪海（时代纪录创办人）

书名/责任者 | 深圳记忆/洪海主编
出版社 | 深圳：海天出版社
出版年 | 2007
页码 | 294
ISBN | 978-7-80697-886-3
分类 | K928.79

书名/责任者 | 王石说：影响我人生的进与退/王石口述；时代纪录整理
出版社 | 杭州：浙江大学出版社
出版年 | 2012
页码 | 203
ISBN | 978-7-308-10236-0
分类 | K825.38=76

书名/责任者 | 王石说：我的成功是别人不再需要我/王石口述；时代纪录整理
出版社 | 杭州：浙江大学出版社
出版年 | 2013
页码 | 222
ISBN | 978-7-308-10597-2
分类 | K825.38=76

书名/责任者 | 褚时健说：生活总会给我

们留下希望 / 时代纪录编著
出版社 | 北京：新世界出版社
出版年 | 2016
页码 | 190
ISBN | 978-7-5104-5904-7
分类 | K825.38=76

书名 / 责任者 | 哈佛中国人 / 洪海著
出版社 | 北京：华夏出版社
出版年 | 2018
页码 | 365
ISBN | 978-7-5080-9357-4
分类 | K820.76

书名 / 责任者 | 时代纪录 .2 / 洪海主编
出版社 | 上海：格致出版社：上海人民出版社
出版年 | 2022
页码 | 231
ISBN | 978-7-5432-3375-1
分类 | K820.76

洪远

书名 / 责任者 | 深圳市民手册 / 洪远著
出版社 | 广州：广东人民出版社
出版年 | 2006
页码 | 528
ISBN | 7-218-05227-4
分类 | K926.53-62

书名 / 责任者 | 特区人物志：深圳卷 . Ⅰ / 洪远主编
出版社 | 深圳：海天出版社
出版年 | 2008
页码 | 502
ISBN | 978-7-80747-354-1
分类 | K820.865.3

书名 / 责任者 | 特区人物志：深圳卷 . Ⅰ / 洪远主编
出版社 | 广州：广东人民出版社
出版年 | 2009
页码 | 740
ISBN | 978-7-218-06330-0
分类 | K820.865.3

书名 / 责任者 | 特区人物志：深圳卷 . Ⅱ / 洪远主编
出版社 | 广州：广东人民出版社
出版年 | 2009
页码 | 769
ISBN | 978-7-218-06779-7
分类 | K820.865.3

书名 / 责任者 | 特区人物志：深圳卷 . Ⅲ / 洪远主编
出版社 | 广州：广东人民出版社
出版年 | 2011
页码 | 752
ISBN | 7-218-07308-8
分类 | K820.865.3

书名 / 责任者 | 特区人物志：深圳卷 . Ⅳ / 洪远主编
出版社 | 广东人民出版社
出版年 | 2012
页码 | 739
ISBN | 978-7-218-08459-6
分类 | K820.865.3

胡爱民

书名 / 责任者 | 湖贝村村史 / 胡爱民主编
出版社 | 北京：团结出版社
出版年 | 2016
页码 | 225
ISBN | 978-7-5126-4667-4
分类 | K296.55

书名 / 责任者 | 坑梓自然村落历史人文 / 潘洪斌，胡爱民主编
出版社 | 北京：团结出版社
出版年 | 2016
页码 | 412260
ISBN | 978-7-5126-4298-0
分类 | K296.55

书名 / 责任者 | 莲塘村史 / 胡爱民主编
出版社 | 北京：中国文史出版社

出版年 | 2016
页码 | 399
ISBN | 978-7-5034-7618-1
分类 | K296.55

书名/责任者 | 南澳老村/蓝建好，胡爱民主编
出版社 | 北京：团结出版社
出版年 | 2016
页码 | 416
ISBN | 978-7-5126-4298-0
分类 | K296.55

书名/责任者 | 南山老村/胡爱民主编
出版社 | 北京：团结出版社
出版年 | 2016
页码 | 429
ISBN | 978-7-5126-4298-0
分类 | K296.55

书名/责任者 | 鹏化图南地知行本合一：明代岭海巨儒钟芳/郑力乔，胡爱民，杨兹举著
出版社 | 海口：南方出版社
出版年 | 2019
页码 | 182
ISBN | 978-7-5501-2610-7
分类 | K827=48

书名/责任者 | 渔民村志/胡爱民主编
出版社 | 北京：团结出版社
出版年 | 2020
页码 | 249
ISBN | 978-7-5126-8457-7
分类 | K296.55

胡冰

书名/责任者 | 深港思想文化比较研究/曾昭乐，胡冰著
出版社 | 深圳：海天出版社
出版年 | 1998
页码 | 268
ISBN | 7-80615-817-0
分类 | K203

胡恒芳

书名/责任者 | 伶仃岛：心灵的憩地/胡恒芳著
出版社 | 深圳：海天出版社
出版年 | 2011
页码 | 120
ISBN | 978-7-5507-0090-1
分类 | K928.44

书名/责任者 | 通往国际名城之路：60位世界知名城市市长访谈录/汤丽霞，陈寅，胡恒芳主编
出版社 | 深圳：深圳报业集团出版社
出版年 | 2014
页码 | 489
ISBN | 978-7-80709-617-7
分类 | K915

胡洪侠

书名/责任者 | 杨争光：文字岁月/杨争光，胡洪侠主编
出版社 | 深圳：深圳报业集团出版社
出版年 | 2016
页码 | 287
ISBN | 978-7-80709-753-2
分类 | K825.6=72

书名/责任者 | 百年百词/胡洪侠著
出版社 | 沈阳：辽宁人民出版社
出版年 | 2001
页码 | 270
ISBN | 7-205-05107-X
分类 | K15

胡小跃

书名/责任者 | 闺中女友/芒索著；胡小跃译
出版社 | 桂林：漓江出版社
出版年 | 1999
页码 | 234
ISBN | 7-5407-2389-0

分类 | K835.655.6

书名/责任者 | 莎乐美：一个自由的女人/(法)纪荷著；胡小跃译
出版社 | 郑州：河南人民出版社
出版年 | 2005
页码 | 122
ISBN | 7-215-05710-0
分类 | K835.165.6=51

书名/责任者 | 第二性：波伏瓦/(法)蒙泰伊著；胡小跃译
出版社 | 北京：作家出版社
出版年 | 2006
页码 | 135
ISBN | 7-5063-3788-6
分类 | K835.655.6

书名/责任者 | 玛格丽特·杜拉斯：真相与传奇：杜拉斯唯一的传记影集/(法)维尔贡德莱著；胡小跃译
出版社 | 北京：作家出版社
出版年 | 2007
页码 | 235
ISBN | 978-7-5063-3790-8
分类 | K835.655.6=536

书名/责任者 | 女友杜拉斯/(法)芒梭著；胡小跃译
出版社 | 北京：作家出版社
出版年 | 2007
页码 | 205
ISBN | 978-7-5063-3878-3
分类 | K835.655.6=536

书名/责任者 | 情人杜拉斯/(法)安德烈亚著；胡小跃译
出版社 | 北京：作家出版社
出版年 | 2007
页码 | 205
ISBN | 978-7-5063-3875-2
分类 | K835.655.6=536

书名/责任者 | 阿尔班·米歇尔：一个出版人的传奇/(法)艾曼著；胡小跃译
出版社 | 北京：人民文学出版社
出版年 | 2010
页码 | 227
ISBN | 978-7-02-007964-3
分类 | K835.655.42=52

书名/责任者 | 加斯东·伽利玛：半个世纪的法国出版史/(法)阿苏里著；胡小跃译
出版社 | 北京：人民文学出版社
出版年 | 2010
页码 | 426
ISBN | 978-7-02-007820-2
分类 | K835.655.42=534

书名/责任者 | 天才的童年：落后生成长记/(法)布洛什，(法)普伊著；胡小跃译；(法)布朗夏尔主编
出版社 | 北京：作家出版社
出版年 | 2010
页码 | 166
ISBN | 978-7-5063-5409-7
分类 | K811

书名/责任者 | 杜拉斯传：一个世纪的穿越/(法)阿德莱尔著；胡小跃，伍倩译
出版社 | 南京：江苏凤凰文艺出版社
出版年 | 2017
页码 | 444
ISBN | 978-7-5399-9780-3
分类 | K835.655.6=536

黄崇岳

书名/责任者 | 广东省县域历史文化资源：深圳卷/深圳市文物管理办公室，周军，吴曾德，黄崇岳主编
出版社 | 北京：文物出版社
出版年 | 2009
页码 | 383
ISBN | 978-7-5010-2649-4
分类 | K296.5

黄达龙

书名 / 责任者 | 甲岸村志 / 黄达龙主编
出版社 | 哈尔滨：北方文艺出版社
出版年 | 2017
页码 | 218
ISBN | 978-7-5317-4042-1
分类 | K296.55

黄峒胜

书名 / 责任者 | 宝安文献志 . 卷一 / 周英雄，黄峒胜编著
出版社 | 北京：中国文史出版社
出版年 | 2007
页码 | 362
ISBN | 7-5034-1664-7
分类 | K296.53

黄发玉

书名 / 责任者 | 宗炳评传 / 黄发玉著
出版社 | 北京：中国社会科学出版社
出版年 | 2022
页码 | 307
ISBN | 978-7-5227-0047-2
分类 | K825.72=39

黄国兴

书名 / 责任者 | 上合村志 / 黄国兴主编
出版社 | 哈尔滨：北方文艺出版社
出版年 | 2017
页码 | 218
ISBN | 7-5317-4042-1
分类 | K296.55

黄海华

书名 / 责任者 | 创业之星：深圳自主创新型先锋城区（南山）90 位企业家专访 / 黄海华著
出版社 | 深圳：海天出版社
出版年 | 2008
页码 | 360
ISBN | 978-7-80747-349-7
分类 | K825.38=7

黄慧锋

书名 / 责任者 | 深圳村落概览 . 第一辑：宝安卷 / 黄玲，杨立勋，黄慧锋卷主编；深圳市史志办公室编
出版社 | 广州：华南理工大学出版社
出版年 | 2020
页码 | 445
ISBN | 978-7-5623-5833-6
分类 | K926.55

黄乐平

书名 / 责任者 | 深圳村落概览 . 第二辑：龙岗卷 / 黄玲，杨立勋，詹冰，黄乐平卷主编；深圳市史志办公室编
出版社 | 广州：华南理工大学出版社
出版年 | 2020
页码 | 987
ISBN | 978-7-5623-6576-1
分类 | K926.55

黄力强

书名 / 责任者 | 庙后山：东北第一人的故乡 / 黄力强编著
出版社 | 沈阳：辽宁民族出版社
出版年 | 2013
页码 | 144
ISBN | 978-7-5497-0674-7
分类 | K878.04

黄立敏

书名 / 责任者 | 玩转龙华 / 黄立敏，肖岳山主编

出版社｜广州：广东旅游出版社
出版年｜2021
页码｜284
ISBN｜978-7-5570-2398-0
分类｜K926.54

黄玲

书名/责任者｜深圳市志：教科文卫卷/陈宏在，黄玲执行总纂；莫金鸣分卷纂；深圳市地方志编纂委员会编
出版社｜北京：方志出版社
出版年｜2004
页码｜678
ISBN｜7-80192-448-7
分类｜K296.53

书名/责任者｜深圳市志：法制政务卷/黄玲执行总纂；黄小华本卷总纂；深圳市地方志编纂委员会编
出版社｜北京：方志出版社
出版年｜2006
页码｜479
ISBN｜7-80192-914-4
分类｜K296.53

书名/责任者｜深圳市志：经济管理卷/黄玲执行总纂；周华本卷主纂；深圳市地方志编纂委员会编
出版社｜北京：方志出版社
出版年｜2007
页码｜578
ISBN｜978-7-80238-202-2
分类｜K296.53

书名/责任者｜深圳红色史迹寻踪/黄玲主编；深圳市史志办公室编
出版社｜深圳：海天出版社
出版年｜2007
页码｜236
ISBN｜978-7-80747-131-8
分类｜K878.2

书名/责任者｜深圳市志：第一二产业卷/黄玲执行总纂；赵辉本卷主纂；深圳市地方志编纂委员会编
出版社｜北京：方志出版社
出版年｜2008
页码｜825
ISBN｜978-7-5144-1216-1
分类｜K296.53

书名/责任者｜深圳市志：政党政权卷/黄玲执行总纂；黄小华卷总纂；深圳市地方志编纂委员会编
出版社｜北京：方志出版社
出版年｜2009
页码｜552
ISBN｜978-7-80238-593-1
分类｜K296.53

书名/责任者｜定格红色：深圳地区革命历史图集/黄玲主编
出版社｜北京：中共党史出版社
出版年｜2010
页码｜314
ISBN｜978-7-5098-0626-5
分类｜K296.53-64

书名/责任者｜广东省深圳市抗战时期人口伤亡和财产损失/黄玲主编
出版社｜北京：中共党史出版社
出版年｜2010
页码｜366
ISBN｜978-7-5098-0825-2
分类｜K265.07

书名/责任者｜深圳市志：第三产业卷/黄玲执行总纂；傅曾阳本卷主纂；深圳市地方志编纂委员会编
出版社｜北京：方志出版社
出版年｜2011
页码｜941
ISBN｜978-7-5144-0117-2
分类｜K296.53

书名/责任者｜广东省革命遗址通览．第3册：深圳市/李忠杰主编；黄玲册主编；中共广东省委党史研究室，深圳市史志办公室编
出版社｜广州：广东人民出版社

出版年 | 2013
页码 | 160
ISBN | 978-7-218-07289-0
分类 | K928.726.5

书名/责任者 | 老宝安不是“文化沙漠”：1949-1979年宝安县文化人口述实录/黄玲主编；深圳市史志办公室采编
出版社 | 深圳：深圳报业集团出版社
出版年 | 2014
页码 | 321
ISBN | 978-7-80709-602-3
分类 | K825.41=76

书名/责任者 | 民国时期深圳历史资料选编/黄玲主编；深圳市史志办公室编
出版社 | 深圳：深圳报业集团出版社
出版年 | 2014
页码 | 336
ISBN | 978-7-80709-586-6
分类 | K296.53

书名/责任者 | 深圳市志：改革开放卷/黄玲执行总纂；黄玲，毛剑峰，周华本卷主纂；深圳市地方志编纂委员会编
出版社 | 北京：方志出版社
出版年 | 2014
页码 | 812
ISBN | 978-7-5144-1216-1
分类 | K296.53

书名/责任者 | 深圳市志：基础建设卷/黄玲执行总纂；黄玲本卷主纂；深圳市地方志编纂委员会编
出版社 | 北京：方志出版社
出版年 | 2014
页码 | 902
ISBN | 978-7-5144-1216-1
分类 | K296.53

书名/责任者 | 深圳市志：社会风俗卷/黄玲执行总纂；莫金鸣分卷纂；深圳市地方志编纂委员会编
出版社 | 北京：方志出版社
出版年 | 2014
页码 | 920
ISBN | 978-7-5144-1232-1
分类 | K296.53

书名/责任者 | 深圳史志纪事/黄玲主编
出版社 | 深圳：深圳报业集团出版社
出版年 | 2015
页码 | 813
ISBN | 978-7-80709-708-2
分类 | K296.53

书名/责任者 | 深圳英烈：1900-1950/黄玲主编；深圳市史志办公室编
出版社 | 深圳：深圳报业集团出版社
出版年 | 2016
页码 | 195
ISBN | 978-7-80709-750-1
分类 | K820

书名/责任者 | 全粤村情：深圳市宝安区卷/黄玲，杨立勋主编；广东省人民政府地方志办公室编
出版社 | 广州：华南理工大学出版社
出版年 | 2019
页码 | 645
ISBN | 978-7-5623-5611-0
分类 | K926.55

书名/责任者 | 深圳村落概览 . 第一辑：宝安卷/黄玲，杨立勋，黄慧锋卷主编；深圳市史志办公室编
出版社 | 广州：华南理工大学出版社
出版年 | 2020
页码 | 445
ISBN | 978-7-5623-5833-6
分类 | K926.55

书名/责任者 | 深圳村落概览 . 第一辑：光明龙华卷/黄玲，杨立勋，周子友，黎建卷主编；深圳市史志办公室编
出版社 | 广州：华南理工大学出版社
出版年 | 2020
页码 | 624
ISBN | 978-7-5623-5833-6
分类 | K926.55

书名/责任者 | 深圳村落概览 . 第二辑：

大鹏卷/黄玲，杨立勋，冷和明卷主编；深圳市史志办公室编
出版社｜广州：华南理工大学出版社
出版年｜2020
页码｜375
ISBN｜978-7-5623-6576-1
分类｜K926.55

书名/责任者｜深圳村落概览．第二辑：福田南山卷/黄玲，杨立勋，何文，田新舟卷主编；深圳市史志办公室编
出版社｜广州：华南理工大学出版社
出版年｜2020
页码｜327
ISBN｜978-7-5623-6576-1
分类｜K926.55

书名/责任者｜深圳村落概览．第二辑：龙岗卷/黄玲，杨立勋，詹冰，黄乐平卷主编；深圳市史志办公室编
出版社｜广州：华南理工大学出版社
出版年｜2020
页码｜987
ISBN｜978-7-5623-6576-1
分类｜K926.55

书名/责任者｜深圳村落概览．第二辑：罗湖盐田卷/黄玲，杨立勋，唐汉隆，董秀卷主编；深圳市史志办公室编
出版社｜广州：华南理工大学出版社
出版年｜2020
页码｜293
ISBN｜978-7-5623-6576-1
分类｜K926.55

书名/责任者｜深圳村落概览．第二辑：坪山卷/黄玲，杨立勋，王伟雄卷主编；深圳市史志办公室编
出版社｜广州：华南理工大学出版社
出版年｜2020
页码｜546
ISBN｜978-7-5623-6576-1
分类｜K926.55

书名/责任者｜黄学增与中国革命学术研讨会论文集/黄玲主编
出版社｜深圳：深圳报业集团出版社
出版年｜2021
页码｜244
ISBN｜978-7-80709-956-7
分类｜K827=6

黄漫娥

书名/责任者｜追梦深圳：深圳口述史精编（上、中、下）/黄漫娥，柳光敏主编；深圳市政协文化文史和学习委员会编
出版社｜北京：中国文史出版社
出版年｜2020
页码｜354，331，335
ISBN｜978-7-5205-1886-4
分类｜K296.53

黄蓉

书名/责任者｜跬步集：深圳大学印度学研究文选/蔡枫，黄蓉主编；刘彦峰英文译校
出版社｜北京：北京大学出版社
出版年｜2011
页码｜420
ISBN｜978-7-301-18721-0
分类｜K351.07

黄珽

书名/责任者｜深圳城市指南图/黄珽，深圳市国土资源和房产管理局主编；深圳市易图资讯开发中心编制
出版社｜武汉：武汉大学出版社
出版年｜2008
页码｜1 幅
ISBN｜7-307-05085-4
分类｜K928.965.3

黄伟祥

书名/责任者｜宝安县志/黄伟祥，马松

林主编
出版社 | 广州：广东人民出版社
出版年 | 1997
页码 | 881
ISBN | 7-218-02381-9
分类 | K296.54

黄小华

书名/责任者 | 深圳市志：法制政务卷/黄玲执行总纂；黄小华本卷总纂；深圳市地方志编纂委员会编
出版社 | 北京：方志出版社
出版年 | 2006
页码 | 479
ISBN | 7-80192-914-4
分类 | K296.53

书名/责任者 | 深圳市志：政党政权卷/黄玲执行总纂；黄小华卷总纂；深圳市地方志编纂委员会编
出版社 | 北京：方志出版社
出版年 | 2009
页码 | 552
ISBN | 978-7-80238-593-1
分类 | K296.53

黄晓东

书名/责任者 | 容闳传/刘中国，黄晓东著
出版社 | 珠海：珠海出版社
出版年 | 2003
页码 | 568
ISBN | 7-80689-075-0
分类 | K825.46=49

书名/责任者 | 近代中国留学生之父：容闳/刘中国，黄晓东著
出版社 | 广州：广东人民出版社
出版年 | 2005
页码 | 192
ISBN | 7-218-04947-8
分类 | K825.46=49

书名/责任者 | 中国留学之父容闳：1828-1912/刘中国，黄晓东著
出版社 | 珠海：珠海出版社
出版年 | 2006
页码 | 224
ISBN | 7-80689-428-4
分类 | K827=6

书名/责任者 | 历史的足迹：珠海历史文化图集（上、下）/黄晓东主编
出版社 | 珠海：珠海出版社
出版年 | 2010
页码 | 92115
ISBN | 978-7-5453-0423-7
分类 | K296.53-64

书名/责任者 | 珠海简史/黄晓东主编
出版社 | 北京：社会科学文献出版社
出版年 | 2011
页码 | 295
ISBN | 978-7-5097-2560-3
分类 | K296.53

黄扬略

书名/责任者 | 汗洒鹏城爱满鹏城：第二届深圳市优秀外地来深建设者和外地来深建设者之家事迹汇编/张文，管林根，黄杨略主编
出版社 | 深圳：深圳报业集团出版社
出版年 | 2005
页码 | 295
ISBN | 7-80709-005-7
分类 | K820.865.3

黄阳兴

书名/责任者 | 祥云托起珠穆朗玛：藏传佛教艺术精品/黄阳兴主编；刘珢，黄宗晞，蔡晓明翻译；深圳博物馆编
出版社 | 北京：文物出版社
出版年 | 2017
页码 | 291
ISBN | 978-7-5010-5088-8

分类 | K870.2

书名/责任者 | 星龛奕奕翠微边：洛阳龙门石窟魏唐造像艺术/深圳博物馆编；黄阳兴编著
出版社 | 北京：生活·读书·新知三联书店
出版年 | 2023
页码 | 233
ISBN | 978-7-108-07177-7
分类 | K879.232

黄宇慧

书名/责任者 | 同胜客家/黄宇慧，吴伟胜主编
出版社 | 厦门：厦门大学出版社
出版年 | 2017
页码 | 143
ISBN | 978-7-5615-6554-4
分类 | K281.1

黄中和

书名/责任者 | 深圳市文物保护单位概览/黄中和主编；深圳市文物管理委员会编
出版社 | 北京：中国科学技术出版社
出版年 | 2008
页码 | 188
ISBN | 978-7-5046-5125-9
分类 | K928.706.53

惠西成

书名/责任者 | 中国民俗大观（上、下）/惠西成，石子编
①
出版社 | 广州：广东旅游出版社
出版年 | 1988
页码 | 477，461
ISBN | 7-80521-014-4
分类 | K892

②
出版社 | 广州：广东旅游出版社
出版年 | 1997
页码 | 535，464
ISBN | 7-80521-811-0
分类 | K892

书名/责任者 | 中国民俗大观/惠西成，石子编
出版社 | 广州：广东旅游出版社
出版年 | 2011
页码 | 724
ISBN | 978-7-80766-271-6
分类 | K892

A
B
C
D
E
F
G
H
J
K
L
M
N
O
P
Q
R
S
T
W
X
Y
Z

小明 / 暨远志 / 贾非 / 贾少强 / 贾志刚 / 江波 / 姜广华 / 姜智红 / 蒋平 / 蒋荣耀 / 纪小明 / 暨远志 / 贾非 / 贾少强
江波 / 姜广华 / 姜智红 / 蒋平 / 蒋荣耀 / 纪小明 / 暨远志 / 贾非 / 贾少强 / 贾志刚 / 江波 / 姜广华 / 姜智红 / 蒋平 /
小明 / 暨远志 / 贾非 / 贾少强 / 贾志刚 / 江波 / 姜广华 / 姜智红 / 蒋平 / 蒋荣耀 / 纪小明 / 暨远志 / 贾非 / 贾少强
江波 / 姜广华 / 姜智红 / 蒋平 / 蒋荣耀 / 纪小明 / 暨远志 / 贾非 / 贾少强 / 贾志刚 / 江波 / 姜广华 / 姜智红 / 蒋平 /
小明 / 暨远志 / 贾非 / 贾少强 / 贾志刚 / 江波 / 姜广华 / 姜智红 / 蒋平 / 蒋荣耀 / 纪小明 / 暨远志 / 贾非 / 贾少强
江波 / 姜广华 / 姜智红 / 蒋平 / 蒋荣耀 / 纪小明 / 暨远志 / 贾非 / 贾少强 / 贾志刚 / 江波 / 姜广华 / 姜智红 / 蒋平
纪小明 / 暨远志 / 贾非 / 贾少强 / 贾志刚 / 江波 / 姜广华 / 姜智红 / 蒋平 / 蒋荣耀 / 纪小明 / 暨远志 / 贾非 / 贾少
/ 江波 / 姜广华 / 姜智红 / 蒋平 / 蒋荣耀 / 纪小明 / 暨远志 / 贾非 / 贾少强 / 贾志刚 / 江波 / 姜广华 / 姜智红 / 蒋
/ 纪小明 / 暨远志 / 贾非 / 贾少强 / 贾志刚 / 江波 / 姜广华 / 姜智红 / 蒋平 / 蒋荣耀 / 纪小明 / 暨远志 / 贾非 / 贾
刚 / 江波 / 姜广华 / 姜智红 / 蒋平 / 蒋荣耀 / 纪小明 / 暨远志 / 贾非 / 贾少强 / 贾志刚 / 江波 / 姜广华 / 姜智红 /
耀 / 纪小明 / 暨远志 / 贾非 / 贾少强 / 贾志刚 / 江波 / 姜广华 / 姜智红 / 蒋平 / 蒋荣耀 / 纪小明 / 暨远志 / 贾非 /
志刚 / 江波 / 姜广华 / 姜智红 / 蒋平 / 蒋荣耀 / 纪小明 / 暨远志 / 贾非 / 贾少强 / 贾志刚 / 江波 / 姜广华 / 姜智红
荣耀 / 纪小明 / 暨远志 / 贾非 / 贾少强 / 贾志刚 / 江波 / 姜广华 / 姜智红 / 蒋平 / 蒋荣耀 / 纪小明 / 暨远志 / 贾非
贾志刚 / 江波 / 姜广华 / 姜智红 / 蒋平 / 蒋荣耀 / 纪小明 / 暨远志 / 贾非 / 贾少强 / 贾志刚 / 江波 / 姜广华 / 姜智
蒋荣耀 / 纪小明 / 暨远志 / 贾非 / 贾少强 / 贾志刚 / 江波 / 姜广华 / 姜智红 / 蒋平 / 蒋荣耀 / 纪小明 / 暨远志 / 贾
/ 贾志刚 / 江波 / 姜广华 / 姜智红 / 蒋平 / 蒋荣耀 / 纪小明 / 暨远志 / 贾非 / 贾少强 / 贾志刚 / 江波 / 姜广华 / 姜
/ 蒋荣耀 / 纪小明 / 暨远志 / 贾非 / 贾少强 / 贾志刚 / 江波 / 姜广华 / 姜智红 / 蒋平 / 蒋荣耀 / 纪小明 / 暨远志 /

J

纪小明

书名/责任者 | 龙岗历史大事记：1993-2012/纪小明主编
出版社 | 深圳：海天出版社
出版年 | 2012
页码 | 179
ISBN | 978-7-5507-0584-5
分类 | K296.54

书名/责任者 | 深圳市龙岗区志：1993-2003年（上、下）/纪小明著；深圳市龙岗区地方志编纂委员会编
出版社 | 北京：方志出版社
出版年 | 2012
页码 | 1202
ISBN | 978-7-5144-0475-3
分类 | K296.5

暨远志

书名/责任者 | 香港，让历史告诉未来/莫小培，暨远志执笔
出版社 | 深圳：海天出版社
出版年 | 1997
页码 | 372
ISBN | 7-80615-678-X
分类 | K296.58

贾非

书名/责任者 | 中国文化大百科全书.教育卷/高占祥主编；贾非，陈旭远卷主编
出版社 | 长春：长春出版社
出版年 | 1994
页码 | 806
ISBN | 7-80573-879-3
分类 | K203-49

贾少强

书名/责任者 | 发现龙岗/贾少强著
出版社 | 深圳：海天出版社
出版年 | 2008
页码 | 183
ISBN | 978-7-80747-076-2
分类 | K296.53

书名/责任者 | 发现盐田/贾少强著
出版社 | 深圳：海天出版社
出版年 | 2011
页码 | 187
ISBN | 978-7-80747-950-5
分类 | K926.53

书名/责任者 | 追忆中英街/贾少强著
出版社 | 深圳：海天出版社
出版年 | 2018
页码 | 186
ISBN | 978-7-5507-2540-9
分类 | K926.53

贾志刚

书名/责任者 | 原来这才是春秋.壹：称霸/贾志刚著
出版社 | 广州：花城出版社
出版年 | 2008
页码 | 327
ISBN | 978-7-5360-5486-8
分类 | K225.09

书名/责任者 | 话说陕西.4：隋唐五代卷（公元581年至公元960年）：唐月照关河：陕西史册上辉煌靓丽的篇章/黄留珠总主编；贾志刚主编
①
出版社 | 西安：西北大学出版社
出版年 | 2009
页码 | 233
ISBN | 978-7-5604-2585-6
分类 | K294.1
②
出版社 | 西安：西北大学出版社
出版年 | 2009
页码 | 233
ISBN | 978-7-5604-2734-8
分类 | K294.1

书名/责任者 | 说春秋．一：齐楚崛起/贾志刚著
出版社 | 桂林：广西师范大学出版社
出版年 | 2009
页码 | 308
ISBN | 978-7-5633-8338-2
分类 | K225.09

书名/责任者 | 说春秋．二：秦晋恩怨/贾志刚著
出版社 | 桂林：广西师范大学出版社
出版年 | 2009
页码 | 312
ISBN | 978-7-5633-8326-9
分类 | K225.09

书名/责任者 | 说春秋．三：晋楚争雄/贾志刚著
出版社 | 桂林：广西师范大学出版社
出版年 | 2009
页码 | 328
ISBN | 978-7-5633-9024-3
分类 | K225.09

书名/责任者 | 原来这才是春秋．贰：争霸/贾志刚著
出版社 | 广州：花城出版社
出版年 | 2009
页码 | 327
ISBN | 978-7-5360-5615-2
分类 | K225.09

书名/责任者 | 说春秋．四：天下大乱/贾志刚著
出版社 | 桂林：广西师范大学出版社
出版年 | 2010
页码 | 301
ISBN | 978-7-5633-9293-3
分类 | K225.09

书名/责任者 | 说春秋．五：吴越兴亡/贾志刚著
出版社 | 桂林：广西师范大学出版社
出版年 | 2010
页码 | 320
ISBN | 978-7-5633-9846-1
分类 | K225.09

书名/责任者 | 说春秋．六：圣贤本色/贾志刚著
出版社 | 桂林：广西师范大学出版社
出版年 | 2011
页码 | 324
ISBN | 978-7-5495-0229-5
分类 | K225.09

书名/责任者 | 说春秋．七：孔子世家/贾志刚著
出版社 | 桂林：广西师范大学出版社
出版年 | 2011
页码 | 347
ISBN | 978-7-5495-0503-6
分类 | K225.09

书名/责任者 | 西安通史．第三卷/黄留珠主编；贾志刚本卷主编
出版社 | 西安：陕西人民出版社
出版年 | 2016
页码 | 344
ISBN | 978-7-224-11978-7
分类 | K294.11

书名/责任者 | 说战国．一：变法图强/贾志刚著
出版社 | 桂林：广西师范大学出版社
出版年 | 2016
页码 | 364
ISBN | 978-7-5495-8489-5
分类 | K231

书名/责任者 | 气象万千/贾志刚著
出版社 | 西安：西安出版社
出版年 | 2017
页码 | 312
ISBN | 978-7-5541-1909-9
分类 | K242

书名/责任者 | 说战国．二：合纵连横/贾志刚著
出版社 | 桂林：广西师范大学出版社
出版年 | 2017
页码 | 312

ISBN | 978-7-5495-9592-1
分类 | K231

书名 / 责任者 | 说战国 . 三：破齐残楚 / 贾志刚著
出版社 | 桂林：广西师范大学出版社
出版年 | 2018
页码 | 320
ISBN | 978-7-5598-1322-0
分类 | K231.09

书名 / 责任者 | 话说陕西：唐月照关河：618AD-907AD / 贾志刚主编；吉文凯翻译
出版社 | 西安：西北大学出版社
出版年 | 2019
页码 | 293
ISBN | 978-7-5604-4452-9
分类 | K294.1

书名 / 责任者 | 说战国 . 四：天下归秦 / 贾志刚著
出版社 | 桂林：广西师范大学出版社
出版年 | 2019
页码 | 323
ISBN | 978-7-5598-1323-7
分类 | K231.09

书名 / 责任者 | 说战国 . 五：四大宗师 / 贾志刚著
出版社 | 桂林：广西师范大学出版社
出版年 | 2019
页码 | 316
ISBN | 978-7-5598-1324-4
分类 | K231.09

书名 / 责任者 | 了不起的春秋 .1：烽烟四起 / 贾志刚著
出版社 | 北京：中国水利水电出版社
出版年 | 2022
页码 | 268
ISBN | 978-7-5226-0648-4
分类 | K225.09

书名 / 责任者 | 了不起的春秋 .2：尊王攘夷 / 贾志刚著
出版社 | 北京：中国水利水电出版社
出版年 | 2022
页码 | 298
ISBN | 978-7-5226-0648-4
分类 | K225.09

书名 / 责任者 | 了不起的春秋 .3：晋楚更霸 / 贾志刚著
出版社 | 北京：中国水利水电出版社
出版年 | 2022
页码 | 291
ISBN | 978-7-5226-0648-4
分类 | K225.09

书名 / 责任者 | 了不起的春秋 .4：多事之秋 / 贾志刚著
出版社 | 北京：中国水利水电出版社
出版年 | 2022
页码 | 291
ISBN | 978-7-5226-0648-4
分类 | K225.09

书名 / 责任者 | 了不起的春秋 .5：吴越争霸 / 贾志刚著
出版社 | 北京：中国水利水电出版社
出版年 | 2022
页码 | 268
ISBN | 978-7-5226-0648-4
分类 | K225.09

书名 / 责任者 | 了不起的春秋 .6：风流人物 / 贾志刚著
出版社 | 北京：中国水利水电出版社
出版年 | 2022
页码 | 258
ISBN | 978-7-5226-0648-4
分类 | K225.09

江波

书名 / 责任者 | 江海波涛：情系招商局 / 江波著
出版社 | 北京：中国大地出版社
出版年 | 2008
页码 | 326

ISBN | 978-7-80246-172-7
分类 | K825.38=76

姜广华

书名/责任者 | 从南山寻找海上丝绸之路踪迹/姜广华主编
出版社 | 深圳：海天出版社
出版年 | 2019
页码 | 177
ISBN | 978-7-5507-2817-2
分类 | K203

姜智红

书名/责任者 | 文明多样性的当代解读/姜智红著
出版社 | 北京：国家行政学院出版社
出版年 | 2012
页码 | 182
ISBN | 978-7-5150-0560-7
分类 | K103

蒋平 2

书名/责任者 | 张梁：我在地球边缘/蒋平著
出版社 | 深圳：海天出版社
出版年 | 2020
页码 | 335
ISBN | 978-7-5507-2944-5
分类 | K825.47=76

蒋荣耀

书名/责任者 | 岁月山河：百年深圳历史影像纪/蒋荣耀撰文；南兆旭辑图
①
出版社 | 深圳：海天出版社
出版年 | 2019
页码 | 337
ISBN | 978-7-5507-2803-5
分类 | K296.53-64
②
出版社 | 深圳：海天出版社
出版年 | 2019
页码 | 301
ISBN | 978-7-5507-2804-2
分类 | K296.53-64

K

孔晓冰

书名/责任者 | 我与敦煌：饶宗颐敦煌学艺集/孔晓冰，邓伟雄编
出版社 | 深圳：海天出版社
出版年 | 2009
页码 | 130
ISBN | 978-7-80747-516-3
分类 | K870.6-53

L

赖建华

书名/责任者 | 深圳市罗湖区革命老区发展史/赖建华主编；深圳市罗湖区革命老区发展史编委会编
出版社 | 广州：广东人民出版社
出版年 | 2021
页码 | 340
ISBN | 978-7-218-14581-5
分类 | K296.53

赖为杰

书名/责任者 | 沙井镇志/赖为杰主编
出版社 | 长春：吉林摄影出版社
出版年 | 2002
页码 | 929
ISBN | 7-80606-436-2
分类 | K296.53

书名/责任者 | 和平村志/赖为杰主编
出版社 | 北京：中国文史出版社
出版年 | 2007
页码 | 536
ISBN | 978-7-5034-1712-7
分类 | K296.53

书名/责任者 | 怀德村志/赖为杰主编
出版社 | 北京：中国文史出版社
出版年 | 2007
页码 | 621
ISBN | 978-7-5034-1712-8
分类 | K296.53

书名/责任者 | 桥头村志/赖为杰主编
出版社 | 北京：中国文史出版社
出版年 | 2007
页码 | 533
ISBN | 978-7-5034-1712-X
分类 | K296.53

书名/责任者 | 兴围村志/赖为杰主编
出版社 | 北京：中国文史出版社
出版年 | 2007
页码 | 428
ISBN | 978-7-5034-1712-9
分类 | K296.53

书名/责任者 | 福永志/赖为杰主编
出版社 | 济南：黄河出版社
出版年 | 2010
页码 | 547
ISBN | 978-7-5460-0138-8
分类 | K296.53

书名/责任者 | 白石厦村志/赖为杰主编
出版社 | 济南：黄河出版社
出版年 | 2011
页码 | 443
ISBN | 978-7-5460-0223-1
分类 | K296.53

书名/责任者 | 凤凰村志/赖为杰主编
出版社 | 济南：黄河出版社
出版年 | 2011
页码 | 467
ISBN | 978-7-5460-0223-1
分类 | K296.53

书名/责任者 | 福永村志/赖为杰主编
出版社 | 济南：黄河出版社
出版年 | 2011
页码 | 440
ISBN | 978-7-5460-0223-1
分类 | K296.53

书名/责任者 | 塘尾村志/赖为杰主编
出版社 | 济南：黄河出版社
出版年 | 2011
页码 | 432
ISBN | 978-7-5460-0223-1
分类 | K296.53

冷和明

书名/责任者 | 深圳市坪山区革命老区发展史/冷和明主编；深圳市坪山区革命老区发展史编委会编
出版社 | 广州：广东人民出版社
出版年 | 2020

页码 | 248
ISBN | 978-7-218-14492-4
分类 | K296.3

书名/责任者 | 深圳村落概览．第二辑：大鹏卷/黄玲，杨立勋，冷和明卷主编；深圳市史志办公室编
出版社 | 广州：华南理工大学出版社
出版年 | 2020
页码 | 375
ISBN | 978-7-5623-6576-1
分类 | K926.55

黎衡

书名/责任者 | 面孔：平湖人的家族往事与珍存/陈建平，黎衡，张帆采编
出版社 | 北京：中国文史出版社
出版年 | 2018
页码 | 226
ISBN | 978-7-5205-0477-5
分类 | K820.9

书名/责任者 | 世纪：百年平湖的记忆荣光/陈建平，黎衡，唐毅采编
出版社 | 北京：中国文史出版社
出版年 | 2018
页码 | 300
ISBN | 978-7-5205-0477-5
分类 | K296.55

书名/责任者 | 影志：平湖的追忆记录与想象/黎衡文字撰写；陈建平，陈俊超图片统筹
出版社 | 北京：中国文史出版社
出版年 | 2018
页码 | 242
ISBN | 978-7-5205-0477-5
分类 | K296.55-64

黎建

书名/责任者 | 深圳村落概览．第一辑：光明龙华卷/黄玲，杨立勋，周子友，黎建卷主编；深圳市史志办公室编
出版社 | 广州：华南理工大学出版社
出版年 | 2020
页码 | 624
ISBN | 978-7-5623-5833-6
分类 | K926.55

黎业明

书名/责任者 | 湛若水年谱/黎业明撰
出版社 | 上海：上海古籍出版社
出版年 | 2009
页码 | 406
ISBN | 978-7-5325-5346-4
分类 | K825.1

李辰

书名/责任者 | 古代铜镜的哲学观念与艺术想象/李辰著
出版社 | 郑州：河南美术出版社
出版年 | 2017
页码 | 183
ISBN | 978-7-5401-3788-5
分类 | K875.24

李德成

书名/责任者 | 中国优秀企业家：2010年度中国优秀企业家事迹/李德成主编
出版社 | 北京：企业管理出版社
出版年 | 2011
页码 | 549
ISBN | 978-7-80255-949-3
分类 | K825.38=76

书名/责任者 | 中国优秀企业家：2013-2014/李德成主编
出版社 | 北京：企业管理出版社
出版年 | 2014
页码 | 531
ISBN | 978-7-5164-0814-8
分类 | K825.38=76

书名/责任者｜中国优秀企业家.2015-2016/李德成主编
出版社｜北京：企业管理出版社
出版年｜2016
页码｜571
ISBN｜978-7-5164-1283-1
分类｜K825.38=76

李飞

书名/责任者｜三国鼎立/李飞编著
出版社｜济南：山东科学技术出版社
出版年｜2017
页码｜93
ISBN｜978-7-5331-8778-1
分类｜K109

书名/责任者｜夏商周时代/李飞编著
出版社｜济南：山东科学技术出版社
出版年｜2017
页码｜101
ISBN｜978-7-5331-8767-5
分类｜K109

书名/责任者｜市场、观念与国家：近代中国文物保护制度的形成 1840-1934/李飞著
出版社｜北京：科学出版社
出版年｜2021
页码｜326
ISBN｜978-7-03-069231-3
分类｜K870.4

李建国

书名/责任者｜从东江纵队到粤赣湘边纵队/李建国编著
出版社｜广州：广东人民出版社
出版年｜2015
页码｜431
ISBN｜978-7-218-10273-3
分类｜K266.06

李健

书名/责任者｜胡经之评传/李健著
出版社｜合肥：黄山书社
出版年｜2016
页码｜253
ISBN｜978-7-5461-4126-8
分类｜K825.6=76

李景维

书名/责任者｜宝安红色史迹/李景维主编；深圳市宝安区文物管理所，深圳市宝安区史志办公室编
出版社｜郑州：中州古籍出版社
出版年｜2013
页码｜161
ISBN｜978-7-5348-4157-6
分类｜K878.23

书名/责任者｜宝安历史地名/李景维主编
出版社｜郑州：中州古籍出版社
出版年｜2019
页码｜168
ISBN｜978-7-5348-8715-4
分类｜K928.6

李兰妮

书名/责任者｜辛亥颂歌/李兰妮，胡建雄，蔡丽双，陈浩主编
出版社｜北京：北京艺术与科学电子出版社
出版年｜2011
页码｜288
ISBN｜978-7-900272-96-6
分类｜K257.06

李蕾蕾

书名/责任者｜德国工业旅游与工业遗产保护/刘会远，李蕾蕾著

出版社 | 北京：商务印书馆
出版年 | 2007
页码 | 304
ISBN | 978-7-100-05734-9
分类 | K951.69

李立

书名/责任者 | 汉墓神画研究：神话与神话艺术精神的考察与分析/李立著 -
出版社 | 上海：上海古籍出版社
出版年 | 2004
页码 | 319
ISBN | 7-5325-3930-X
分类 | K879.41

书名/责任者 | 在学者与村民之间的文化遗产：村落知识生产的经验研究、话语分析与反思/李立著
出版社 | 北京：人民出版社
出版年 | 2010
页码 | 266
ISBN | 978-7-01-009020-7
分类 | K297.33

书名/责任者 | 汉画像的叙述：汉画像的图像叙事学研究/李立著
出版社 | 北京：中国社会科学出版社
出版年 | 2016
页码 | 337
ISBN | 978-7-5161-8147-8
分类 | K879.424

书名/责任者 | 清代云南“夷人图说”研究/李立著
出版社 | 北京：中华书局
出版年 | 2021
页码 | 324
ISBN | 978-7-101-15335-4
分类 | K280.74-64

李龙章

书名/责任者 | 岭南地区出土青铜器研究/李龙章著；深圳博物馆编
出版社 | 北京：文物出版社
出版年 | 2006
页码 | 315
ISBN | 7-5010-2018-3
分类 | K876.414

李罗力

书名/责任者 | 中华历史通鉴.第一部：政治史卷、经济史卷、法制史卷、军事史卷/李罗力，唐惠建，南兆旭，崔雪编撰
出版社 | 北京：国际文化出版社
出版年 | 1997
页码 | 1322
ISBN | 7-80105-570-5
分类 | K20

书名/责任者 | 中华历史通鉴.第二部：民族与民族文化史卷、民俗史卷、教育史卷、中外文化交流史卷/李罗力，唐惠建，南兆旭，崔雪编撰
出版社 | 北京：国际文化出版社
出版年 | 1997
页码 | 1325 ~ 2290
ISBN | 7-80105-570-5
分类 | K20

书名/责任者 | 中华历史通鉴.第三部：学术思想卷、文学史卷、宗教史卷、戏曲史卷/李罗力，唐惠建，南兆旭，崔雪编撰
出版社 | 北京：国际文化出版社
出版年 | 1997
页码 | 2293 ~ 3459
ISBN | 7-80105-570-5
分类 | K20

书名/责任者 | 中华历史通鉴.第四部：自然科学卷、农业史卷、医学史卷、建筑史卷/李罗力，唐惠建，南兆旭，崔雪编撰
出版社 | 北京：国际文化出版社
出版年 | 1997
页码 | 3463 ~ 4332

ISBN | 7-80105-570-5
分类 | K20

李瑞琦

书名/责任者 | 文化深圳.2013/李瑞琦，杨世国主编
出版社 | 北京：人民日报出版社
出版年 | 2014
页码 | 288
ISBN | 978-7-5115-2630-4
分类 | K296.53-53

书名/责任者 | 文化深圳.2014/李瑞琦，杨世国主编
出版社 | 北京：人民日报出版社
出版年 | 2015
页码 | 298
ISBN | 978-7-5115-3174-2
分类 | K296.53-53

书名/责任者 | 文化深圳.2015/李瑞琦，杨世国主编
出版社 | 北京：人民日报出版社
出版年 | 2016
页码 | 286
ISBN | 978-7-5115-3633-4
分类 | K296.53-53

李威

书名/责任者 | 风雨归乡人：深圳沙河归国华侨纪实/李威主编
出版社 | 北京：经济日报出版社
出版年 | 2021
页码 | 292
ISBN | 978-7-5196-0885-9
分类 | K828.8=76

李小甘

书名/责任者 | 发现深圳之美：深圳最值得推荐的100个去处/李小甘主编；深圳市旅游局编著
出版社 | 深圳：深圳报业集团出版社
出版年 | 2008
页码 | 167
ISBN | 978-7-80709-197-4
分类 | K928.965.3

李英

书名/责任者 | 宝安历史地理文献珍录：宝安图书馆馆藏精萃/周英雄，李英主编
出版社 | 深圳：中国文史出版社
出版年 | 2016
页码 | 129
ISBN | 978-7-5034-7503-0
分类 | K926.54

李振河

书名/责任者 | 深圳文史.第8辑/李振河主编；深圳市政协文史和学习委员会编
出版社 | 深圳：海天出版社
出版年 | 2006
页码 | 287
ISBN | 7-80697-663-9
分类 | K296.53

书名/责任者 | 南方大学校友在深圳/李振河主编；深圳市政协文史和学习委员会，南方大学深圳校友会编
出版社 | 深圳：海天出版社
出版年 | 2007
页码 | 160
ISBN | 978-7-80747-009-0
分类 | K820.7

书名/责任者 | 深圳文史.第9辑/李振河主编；深圳市档案馆，深圳市政协文史和学习委员会编
出版社 | 深圳：海天出版社
出版年 | 2007
页码 | 222
ISBN | 978-7-80697-904-4
分类 | K296.53

书名/责任者 | 南方大学校友在深圳．续/李振河主编；南方大学深圳校友会，深圳市档案馆，深圳市政协文史和学习委员会编
出版社 | 深圳：海天出版社
出版年 | 2008
页码 | 133
ISBN | 978-7-80747-354-1
分类 | K820.7

书名/责任者 | 深圳文史．第12辑/李振河主编；深圳市政协文史和学习委员会，深圳市档案馆编
出版社 | 深圳：海天出版社
出版年 | 2010
页码 | 338
ISBN | 978-7-80747-354-1
分类 | K296.53

李志东

书名/责任者 | 东莞市黄江镇志/叶锦锐，叶沃昌，李志东主编
出版社 | 北京：中华书局
出版年 | 2016
页码 | 915
ISBN | 978-7-101-11727-1
分类 | K296.55

梁二平

书名/责任者 | 谁在地球的另一边/梁二平著
出版社 | 广州：花城出版社
出版年 | 2009
页码 | 267
ISBN | 978-7-5360-5742-5
分类 | K109

书名/责任者 | 谁在世界的中央：古代中国的天下观/梁二平著
①
出版社 | 广州：花城出版社
出版年 | 2010
页码 | 276
ISBN | 978-7-5360-5980-1
分类 | K209
②
出版社 | 上海：上海交通大学出版社
出版年 | 2018
页码 | 352
ISBN | 978-7-313-18114-5
分类 | K220.9

书名/责任者 | 海上丝绸之路2000年/梁二平著
出版社 | 上海：上海交通大学出版社
出版年 | 2016
页码 | 357
ISBN | 978-7-313-14664-9
分类 | K203

书名/责任者 | 谁在地球的另一边：从古代海图看世界/梁二平著
出版社 | 北京：生活·读书·新知三联书店
出版年 | 2017
页码 | 378
ISBN | 978-7-108-05830-0
分类 | K109

梁克虎

书名/责任者 | 创业者之歌：深圳高级知识分子风采录/梁克虎主编；深港台出版交流中心编撰
出版社 | 深圳：海天出版社
出版年 | 1996
页码 | 310
ISBN | 7-80615-396-9
分类 | K820.865.3

梁展鹏

书名/责任者 | 长河逐浪：古今荣耻人物/梁展鹏主编
出版社 | 广州：广东教育出版社
出版年 | 2007

页码 | 310
ISBN | 978-7-5406-6524-1
分类 | K820

梁树兴

书名/责任者 | 安乐村志/梁树兴主编
出版社 | 哈尔滨：北方文艺出版社
出版年 | 2017
页码 | 195
ISBN | 978-7-5317-4042-1
分类 | K296.55

廖虹雷

书名/责任者 | 深圳民俗寻踪/廖虹雷著
出版社 | 深圳：海天出版社
出版年 | 2008
页码 | 348
ISBN | 978-7-80747-197-4
分类 | K892.465.3

书名/责任者 | 深圳民间节俗/廖虹雷著
出版社 | 深圳：深圳报业集团出版社
出版年 | 2015
页码 | 363
ISBN | 978-7-80709-686-3
分类 | K892.465.3

书名/责任者 | 深圳风物志 . 第一辑：传统建筑卷/廖虹雷主编；张一兵主编著
出版社 | 深圳：海天出版社
出版年 | 2016
页码 | 346
ISBN | 978-7-5507-1673-5
分类 | K296.53

书名/责任者 | 深圳风物志 . 第一辑：风土人情卷/廖虹雷著
出版社 | 深圳：海天出版社
出版年 | 2016
页码 | 353
ISBN | 978-7-5507-1668-1
分类 | K296.53

书名/责任者 | 深圳风物志 . 第一辑：民间美味卷/廖虹雷著
出版社 | 深圳：海天出版社
出版年 | 2016
页码 | 287
ISBN | 978-7-5507-1669-8
分类 | K296.53

书名/责任者 | 宝安历史文化民俗/廖虹雷，彭全民著；深圳市宝安区文体旅游局编
出版社 | 北京：现代出版社
出版年 | 2019
页码 | 264
ISBN | 978-7-5143-8044-6
分类 | K892.465.4

廖金泽

书名/责任者 | 礼仪万事通/廖金泽著
出版社 | 深圳：海天出版社
出版年 | 2006
页码 | 404
ISBN | 7-80697-623-X
分类 | K891.26

林超金

书名/责任者 | 深圳市南山区志（上、下册）/林超金总纂；深圳市南山区区志编委会办公室编
出版社 | 北京：方志出版社
出版年 | 2012
页码 | 1335
ISBN | 978-7-5144-0457-9
分类 | K296.53

林华新

书名/责任者 | 林华新文集 . 第一卷/林华新著
出版社 | 北京：社会科学文献出版社
出版年 | 2002

页码 | 291
ISBN | 7-80050-121-9
分类 | K260.6

林慧

书名/责任者 | 港商风云人物图传/林慧，李军主编
出版社 | 深圳：海天出版社
出版年 | 2008
页码 | 171
ISBN | 978-7-80747-289-6
分类 | K825.3=7

书名/责任者 | 深商风云人物图传/林慧，李军著
出版社 | 深圳：海天出版社
出版年 | 2010
页码 | 305
ISBN | 978-7-5507-0049-9
分类 | K825.38-64

林洁

书名/责任者 | 深圳口述史：2002-2012. 上卷/戴北方，林洁主编
出版社 | 深圳：海天出版社
出版年 | 2020
页码 | 362
ISBN | 978-7-5507-2967-4
分类 | K296.53

书名/责任者 | 深圳口述史：2002-2012. 中卷/戴北方，林洁主编
出版社 | 深圳：海天出版社
出版年 | 2020
页码 | 338
ISBN | 978-7-5507-2968-1
分类 | K296.53

书名/责任者 | 深圳口述史：2002-2012. 下卷/戴北方，林洁主编
出版社 | 深圳：海天出版社
出版年 | 2020
页码 | 344
ISBN | 978-7-5507-2969-8
分类 | K296.53

林祥

书名/责任者 | 世纪老人的话．任继愈卷/林祥主编
出版社 | 沈阳：辽宁教育出版社
出版年 | 1999
页码 | 146
ISBN | 7-5382-5510-9
分类 | K820.7

书名/责任者 | 世纪老人的话．严济慈卷/林祥主编
出版社 | 沈阳：辽宁教育出版社
出版年 | 1999
页码 | 250
ISBN | 7-5382-5473-0
分类 | K820.7

书名/责任者 | 世纪老人的话．张岱年卷/林祥主编；吴琼采访人
出版社 | 沈阳：辽宁教育出版社
出版年 | 1999
页码 | 129
ISBN | 7-5382-5508-7
分类 | K820.76

书名/责任者 | 世纪老人的话．钟敬文卷/林祥主编
出版社 | 沈阳：辽宁教育出版社
出版年 | 1999
页码 | 183
ISBN | 7-5382-5502-8
分类 | K820.7

书名/责任者 | 世纪老人的话．季羡林卷/林祥主编
出版社 | 沈阳：辽宁教育出版社
出版年 | 2000
页码 | 190
ISBN | 7-5382-5509-5
分类 | K820.7

书名/责任者｜世纪老人的话．贾兰坡卷/林祥主编；李鸣生采访
出版社｜沈阳：辽宁教育出版社
出版年｜2000
页码｜167
ISBN｜7-5382-5734-9
分类｜K820.76

书名/责任者｜世纪老人的话．王大珩卷/林祥主编；李鸣生采访
出版社｜沈阳：辽宁教育出版社
出版年｜2000
页码｜176
ISBN｜7-5382-5731-4
分类｜K820.7

书名/责任者｜世纪老人的话．吴祖光卷/林祥主编；李文慧采访
出版社｜沈阳：辽宁教育出版社
出版年｜2000
页码｜169
ISBN｜7-5382-5730-6
分类｜K820.7

书名/责任者｜世纪老人的话．臧克家卷/林祥主编；运河采访
出版社｜沈阳：辽宁教育出版社
出版年｜2000
页码｜215
ISBN｜7-5382-5732-2
分类｜K820.7

书名/责任者｜世纪老人的话．张中行卷/林祥主编；张吉霞采访
出版社｜沈阳：辽宁教育出版社
出版年｜2000
页码｜129
ISBN｜7-5382-5733-0
分类｜K820.76

书名/责任者｜世纪老人的话．方成卷/林祥主编；吉霞采访
出版社｜沈阳：辽宁教育出版社
出版年｜2003
页码｜120
ISBN｜7-5382-6238-5
分类｜K820=6

书名/责任者｜世纪老人的话．费孝通卷/林祥主编；张冠生采
出版社｜沈阳：辽宁教育出版社
出版年｜2003
页码｜211
ISBN｜7-5382-6159-1
分类｜K820.76

书名/责任者｜世纪老人的话．冯亦代卷/林祥主编；李鸣生采访
出版社｜沈阳：辽宁教育出版社
出版年｜2003
页码｜142
ISBN｜7-5382-6158-3
分类｜K820.76

书名/责任者｜世纪老人的话．贾植芳卷/林祥主编；贾植芳述；沈建中采访
出版社｜沈阳：辽宁教育出版社
出版年｜2003
页码｜345
ISBN｜7-5382-6595-3
分类｜K820.7

书名/责任者｜世纪老人的话．施蛰存卷/林祥主编；沈建中采访
出版社｜沈阳：辽宁教育出版社
出版年｜2003
页码｜279
ISBN｜7-5382-6157-5
分类｜K820.76

书名/责任者｜世纪老人的话．袁世海卷/林祥主编；袁世海述；那媛采访
出版社｜沈阳：辽宁教育出版社
出版年｜2003
页码｜225
ISBN｜7-5382-6594-5
分类｜K820.7

林一飞

书名/责任者｜约翰·马歇尔·哈伦：沃

伦法院伟大的异议者/(美)亚布洛著；徐爱国，林一飞译
出版社 | 北京：法律出版社
出版年 | 2004
页码 | 534
ISBN | 7-5036-4591-1
分类 | K837.125.19=43

林英男

书名/责任者 | 开放与封闭：中国传统社会价值取向及其当前流变/封祖盛，林英男著
出版社 | 石家庄：河北人民出版社
出版年 | 1987
页码 | 385
ISBN | 7-202-00007-5
分类 | K203

林雨如

书名/责任者 | 新方志编纂问答/林雨如主编
出版社 | 深圳：海天出版社
出版年 | 1986
页码 | 156
统一书号 | 7382.001
分类 | K290

书名/责任者 | 中国经济特区简志/林雨如主编
出版社 | 广州：广东人民出版社
出版年 | 1990
页码 | 673
ISBN | 7-218-00490-3
分类 | K296

书名/责任者 | 新方志编纂理论与实践/林雨如主编
出版社 | 广州：广东人民出版社
出版年 | 1993
页码 | 336
ISBN | 7-218-01348-1
分类 | K290

林祖基

书名/责任者 | 域外采撷/林祖基著
出版社 | 深圳：海天出版社
出版年 | 2001
页码 | 169
ISBN | 7-80654-144-6
分类 | K928.9

刘朝辉

书名/责任者 | 一本书读懂胡雪岩/刘朝辉著
出版社 | 哈尔滨：黑龙江科学技术出版社
出版年 | 2012
页码 | 194
ISBN | 978-7-5388-7155-5
分类 | K825.3=52

刘高涵

书名/责任者 | 中华文明颂/刘高涵编著
出版社 | 深圳：海天出版社
出版年 | 2003
页码 | 392
ISBN | 7-80654-572-7
分类 | K203

刘广阳

书名/责任者 | 红旗漫卷浪激鹏湾：深圳大鹏红色革命口述史/刘广阳主编
出版社 | 深圳：深圳出版社
出版年 | 2023
页码 | 367
ISBN | 978-7-5507-3726-6
分类 | K296.54

刘国威

书名/责任者 | 村城记：美丽梅林/刘国

威著
出版社 | 深圳：海天出版社
出版年 | 2017
页码 | 156
ISBN | 978-7-5507-1929-3
分类 | K296.55

刘洪一

书名/责任者 | 犹太名人传：文学家卷/刘洪一主编
出版社 | 郑州：河南文艺出版社
出版年 | 2002
页码 | 574
ISBN | 7-80623-290-7
分类 | K818.7

书名/责任者 | 犹太名人传：艺术家卷/刘洪一主编；董友忱本卷主编
出版社 | 郑州：河南文艺出版社
出版年 | 2002
页码 | 518
ISBN | 7-80623-334-2
分类 | K818.7

书名/责任者 | 犹太名人传．科学家卷/刘洪一主编；董本建主编
出版社 | 郑州：河南文艺出版社
出版年 | 2002
页码 | 520
ISBN | 7-80623-333-4
分类 | K818.7

书名/责任者 | 犹太名人传．商业家卷/刘洪一主编；刘中民主编
出版社 | 郑州：河南文艺出版社
出版年 | 2002
页码 | 504
ISBN | 7-80623-331-8
分类 | K818.7

书名/责任者 | 犹太名人传．思想家卷/刘洪一主编；傅有德卷主编
出版社 | 郑州：河南文艺出版社
出版年 | 2002
页码 | 619
ISBN | 7-80623-291-5
分类 | K818.7

书名/责任者 | 犹太名人传．政治家卷/刘洪一主编；肖宪主编
出版社 | 郑州：河南文艺出版社
出版年 | 2002
页码 | 550
ISBN | 7-80623-332-6
分类 | K818.7

书名/责任者 | 犹太文化要义/刘洪一著
出版社 | 北京：商务印书馆
出版年 | 2004
页码 | 437
ISBN | 7-100-04140-6
分类 | K18

书名/责任者 | 饶宗颐纪念文集/刘洪一主编
出版社 | 深圳：海天出版社
出版年 | 2018
页码 | 311
ISBN | 978-7-5507-2539-3
分类 | K825.41=76

书名/责任者 | 犹太文化要义/刘洪一著
出版社 | 北京：商务印书馆
出版年 | 2021
页码 | 304
ISBN | 978-7-100-19483-9
分类 | K18

刘会远

书名/责任者 | 黄河明清故道考察研究/刘会远主编
出版社 | 南京：河海大学出版社
出版年 | 1998
页码 | 385
ISBN | 7-5630-1278-8
分类 | K928.42-53

书名/责任者 | 德国工业旅游与工业遗产

保护 / 刘会远，李蕾蕾著
出版社 | 北京：商务印书馆
出版年 | 2007
页码 | 304
ISBN | 978-7-100-05734-9
分类 | K951.69

书名 / 责任者 | 谷牧画传 / 刘会远著
①
出版社 | 北京：人民出版社
出版年 | 2014
页码 | 338
ISBN | 978-7-01-013900-5
分类 | K827=76
②
出版社 | 北京：人民出版社
出版年 | 2018
页码 | 338
ISBN | 978-7-01-019847-7
分类 | K827=76

刘琨

书名 / 责任者 | 刘大钧传 / 刘琨，李群著
出版社 | 北京：中国农业出版社
出版年 | 2021
页码 | 240
ISBN | 978-7-109-28411-1
分类 | K826.3=76

刘丽川

书名 / 责任者 | 民俗学与民俗旅游 / 刘丽川编著
出版社 | 上海：同济大学出版社
出版年 | 1990
页码 | 214
ISBN | 7-5608-0569-8
分类 | K890

书名 / 责任者 | 深圳客家研究 / 刘丽川著
①
出版社 | 海口：南方出版社
出版年 | 2002
页码 | 323
ISBN | 7-80660-340-9
分类 | K281.1
②
出版社 | 深圳：海天出版社
出版年 | 2013
页码 | 437
ISBN | 978-7-5507-0736-8
分类 | K281.1

书名 / 责任者 | 赖际熙与客家学：赖际熙专题学术研讨会论文集 / 张卫东，刘丽川主编
出版社 | 广州：广东人民出版社
出版年 | 2018
页码 | 258
ISBN | 978-7-218-12734-7
分类 | K281.1-53

刘满衡

书名 / 责任者 | 塔山瑶寨 / 刘满衡编著
出版社 | 深圳：海天出版社
出版年 | 2005
页码 | 243
ISBN | 7-80697-497-0
分类 | K892.2

书名 / 责任者 | 连南排瑶 / 刘满衡，李春益编著；周顺斌，孙慧伶摄影
出版社 | 深圳：海天出版社
出版年 | 2007
页码 | 264
ISBN | 978-7-80697-965-5
分类 | K296.54

刘深

书名 / 责任者 | 谁说深圳是小渔村 / 刘深著
出版社 | 深圳：深圳报业集团出版社
出版年 | 2010
页码 | 289
ISBN | 978-7-80709-362-6

分类 | K296.53

书名/责任者 | 葛庭燧传/刘深著
出版社 | 北京：科学出版社
出版年 | 2010
页码 | 274
ISBN | 978-7-03-029292-6
分类 | K826.11=76

书名/责任者 | 戈与荷：葛庭燧何怡贞传/刘深著
出版社 | 北京：清华大学出版社
出版年 | 2011
页码 | 387
ISBN | 978-7-302-25220-7
分类 | K826.11=76

书名/责任者 | 香港大沦陷：1941.12—1945.8/刘深著
出版社 | 北京：人民日报出版社
出版年 | 2013
页码 | 225
ISBN | 978-7-5115-1831-6
分类 | K296.58

书名/责任者 | 逃出生天：美军“飞虎队”克尔中尉香港历险记/刘深，苏润菁著
出版社 | 北京：人民出版社
出版年 | 2015
页码 | 190
ISBN | 978-7-01-015003-1
分类 | K152

书名/责任者 | 寻找沙飞：一个战地记者的影像战争/刘深著
出版社 | 北京：人民出版社
出版年 | 2017
页码 | 341
ISBN | 978-7-01-016650-6
分类 | K825.72=71

书名/责任者 | 人民科学家钟扬/刘深著
出版社 | 北京：人民出版社
出版年 | 2018
页码 | 370
ISBN | 978-7-01-019587-2
分类 | K826.15=76

书名/责任者 | 师昌绪传/刘深，郝红全著
出版社 | 北京：人民出版社
出版年 | 2018
页码 | 420
ISBN | 978-7-01-019511-7
分类 | K826.16=76

刘水

书名/责任者 | 北大人在深圳．第一辑/吴云东，刘水主编
出版社 | 深圳：海天出版社
出版年 | 2018
页码 | 336
ISBN | 978-7-5507-2378-8
分类 | K820.7

刘涛

书名/责任者 | 宋辽金纪年瓷器/刘涛著
出版社 | 北京：文物出版社
出版年 | 2004
页码 | 257
ISBN | 7-5010-1595-3
分类 | K876.34

书名/责任者 | 宋瓷笔记/刘涛著
出版社 | 北京：生活·读书·新知三联书店
出版年 | 2014
页码 | 343
ISBN | 978-7-108-04858-5
分类 | K876.34

书名/责任者 | 新编宋瓷笔记/刘涛著
出版社 | 北京：生活·读书·新知三联书店
出版年 | 2022
页码 | 557
ISBN | 978-7-108-07104-0
分类 | K876.34

刘申宁

书名/责任者 | 中国古代兵器/刘申宁著
出版社 | 济南：山东教育出版社
出版年 | 1988
页码 | 120
ISBN | 7-5328-0253-1
分类 | K875.8

书名/责任者 | 评说李鸿章/刘申宁著
出版社 | 合肥：安徽人民出版社
出版年 | 2008
页码 | 153
ISBN | 978-7-212-03359-0
分类 | K827=52

书名/责任者 | 洪武到成化：明代前期官窑瓷器/刘申宁著
出版社 | 桂林：广西师范大学出版社
出版年 | 2022
页码 | 1014
ISBN | 978-7-5598-4960-1
分类 | K876.34

刘学强

书名/责任者 | 走进罗湖/刘学强，彭桂华主编
出版社 | 成都：四川人民出版社
出版年 | 1999
页码 | 79
ISBN | 7-220-04626-X
分类 | K926.53

刘迅

书名/责任者 | 神奇的宝安/陈广源，刘迅主编
出版社 | 广州：广东人民出版社
出版年 | 2002
页码 | 162
ISBN | 7-218-03965-0
分类 | K296.53

刘彦峰

书名/责任者 | 跬步集：深圳大学印度学研究文选/蔡枫，黄蓉主编；刘彦峰英文译校
出版社 | 北京：北京大学出版社
出版年 | 2011
页码 | 420
ISBN | 978-7-301-18721-0
分类 | K351.07

书名/责任者 | 查理二世：斯图亚特王朝复辟与开明统治：全景插图版/(美)阿伯特著；刘彦峰译
出版社 | 北京：华文出版社
出版年 | 2018
页码 | 298
ISBN | 978-7-5075-4886-0
分类 | K835.617=332

刘振金

书名/责任者 | 人在深圳/刘振金著
出版社 | 深圳：深圳报业集团出版社
出版年 | 2016
页码 | 289
ISBN | 978-7-80709-719-8
分类 | K820.865.3

书名/责任者 | 人在深圳.2/刘振金，刘振全著
出版社 | 深圳：深圳报业集团出版社
出版年 | 2017
页码 | 291
ISBN | 978-7-80709-789-1
分类 | K820.865.3=76

刘中国

书名/责任者 | 大鹏所城：深港六百年/汪开国，刘中国著
出版社 | 深圳：海天出版社
出版年 | 1997
页码 | 338

ISBN｜7-80615-460-4
分类｜K296.5

书名/责任者｜容闳传/刘中国，黄晓东著
出版社｜珠海：珠海出版社
出版年｜2003
页码｜568
ISBN｜7-80689-075-0
分类｜K825.46=49

书名/责任者｜近代中国留学生之父：容闳/刘中国，黄晓东著
出版社｜广州：广东人民出版社
出版年｜2005
页码｜192
ISBN｜7-218-04947-8
分类｜K825.46=49

书名/责任者｜纪事：深圳经济特区25年/刘中国主编
出版社｜深圳：海天出版社
出版年｜2006
页码｜494
ISBN｜7-80697-767-8
分类｜K296.53

书名/责任者｜大鹏所城：深港六百年/汪开国，刘中国著
出版社｜广州：花城出版社
出版年｜2007
页码｜480
ISBN｜978-7-5360-5073-0
分类｜K296.53

书名/责任者｜白石龙文钞/刘中国编
出版社｜广州：花城出版社
出版年｜2015
页码｜301
ISBN｜978-7-5360-7740-9
分类｜K265.06

书名/责任者｜白石龙大营救文献/刘中国，余俊杰编
出版社｜广州：花城出版社
出版年｜2015
页码｜297
ISBN｜978-7-5360-7738-6
分类｜K265.06

书名/责任者｜刘铸伯传/刘中国，余俊杰著
出版社｜广州：花城出版社
出版年｜2017
页码｜434
ISBN｜978-7-5360-8188-8
分类｜K827=6

书名/责任者｜来自中国的少女：郑毓秀自述/郑毓秀口述；（法）沃斯特笔录；刘中国，柳江南译
出版社｜广州：广东经济出版社
出版年｜2020
页码｜348
ISBN｜978-7-5454-6575-4
分类｜K825.19=5

书名/责任者｜我的革命岁月：郑毓秀自传/郑毓秀著；刘中国，柳江南译
出版社｜广州：广东经济出版社
出版年｜2020
页码｜336
ISBN｜978-7-5454-6567-9
分类｜K825.19=5

柳光敏

书名/责任者｜追梦深圳：深圳口述史精编（上、中、下）/黄漫娥，柳光敏主编；深圳市政协文化文史和学习委员会编
出版社｜北京：中国文史出版社
出版年｜2020
页码｜354，331，335
ISBN｜978-7-5205-1886-4
分类｜K296.53

卢桂环

书名/责任者｜翻身村志/卢桂环主编
出版社｜哈尔滨：北方文艺出版社

出版年 | 2017
页码 | 195
ISBN | 978-7-5317-4042-1
分类 | K296.55

陆泽洪

书名/责任者 | 约见资本人：58 家上市公司创始人亲述创业之路/陆泽洪主编
出版社 | 长沙：湖南科学技术出版社
出版年 | 2017
页码 | 466
ISBN | 978-7-5357-9597-7
分类 | K825.38=76

书名/责任者 | 约见资本人．Ⅱ：从企业家精神到中国梦/陆泽洪主编；深圳市全景网络公司著
出版社 | 深圳：海天出版社
出版年 | 2019
页码 | 384
ISBN | 978-7-5507-2725-0
分类 | K825.38=76

罗尔

书名/责任者 | 那些义盖云天的人儿/罗尔著
出版社 | 深圳：海天出版社
出版年 | 2017
页码 | 322
ISBN | 978-7-5507-1845-6
分类 | K827=2

罗烈杰

书名/责任者 | 深圳概览：2002/罗烈杰主编；深圳市人民政府新闻办公室编
出版社 | 深圳：海天出版社
出版年 | 2002
页码 | 116
ISBN | 7-80654-210-8
分类 | K926.53

书名/责任者 | 深圳图片检索册/罗烈杰主编；深圳市人民政府新闻办公室，深圳市对外文化交流协会编
出版社 | 深圳：海天出版社
出版年 | 2002
页码 | 157
ISBN | 7-80654-106-3
分类 | K296.53

书名/责任者 | 公务礼仪/罗烈杰著
出版社 | 深圳：海天出版社
出版年 | 2003
页码 | 189
ISBN | 7-80654-845-9
分类 | K892.26

罗敏军

书名/责任者 | 远渡加勒比：彼岸的祖父/罗敏军著
出版社 | 深圳：深圳报业集团出版社
出版年 | 2016
页码 | 271
ISBN | 978-7-80709-760-0
分类 | K281.1

吕元礼

书名/责任者 | 新加坡研究．第 1 卷/吕元礼主编
出版社 | 重庆：重庆出版社
出版年 | 2009
页码 | 5,375
ISBN | 978-7-229-01289-2
分类 | K339.07

书名/责任者 | 新加坡研究 .2013 卷/吕元礼，陈家喜主编
出版社 | 北京：社会科学文献出版社
出版年 | 2014
页码 | 350
ISBN | 978-7-5097-5266-1
分类 | K339.07

书名/责任者｜新加坡研究 .2016 卷/吕元礼，陈家喜，张万坤主编
出版社｜北京：社会科学文献出版社
出版年｜2017
页码｜327
ISBN｜978-7-5201-0027-4
分类｜K339.07

明哲 / 马松林 / 麦敏华 / 毛剑峰 / 梅毅（笔名：赫连勃勃大王）/ 苗瀚文 / 莫金鸣 / 莫世祥 / 莫小培 / 莫稚 / 慕德钧
/ 马松林 / 麦敏华 / 毛剑峰 / 梅毅（笔名：赫连勃勃大王）/ 苗瀚文 / 莫金鸣 / 莫世祥 / 莫小培 / 莫稚 / 慕德钧 /
松林 / 麦敏华 / 毛剑峰 / 梅毅（笔名：赫连勃勃大王）/ 苗瀚文 / 莫金鸣 / 莫世祥 / 莫小培 / 莫稚 / 慕德钧 / 马明哲
/ 麦敏华 / 毛剑峰 / 梅毅（笔名：赫连勃勃大王）/ 苗瀚文 / 莫金鸣 / 莫世祥 / 莫小培 / 莫稚 / 慕德钧 / 马明哲 /
敏华 / 毛剑峰 / 梅毅（笔名：赫连勃勃大王）/ 苗瀚文 / 莫金鸣 / 莫世祥 / 莫小培 / 莫稚 / 慕德钧 / 马明哲 / 马松林
/ 毛剑峰 / 梅毅（笔名：赫连勃勃大王）/ 苗瀚文 / 莫金鸣 / 莫世祥 / 莫小培 / 莫稚 / 慕德钧 / 马明哲 / 马松林 /
剑峰 / 梅毅（笔名：赫连勃勃大王）/ 苗瀚文 / 莫金鸣 / 莫世祥 / 莫小培 / 莫稚 / 慕德钧 / 马明哲 / 马松林 / 麦敏华
/ 梅毅（笔名：赫连勃勃大王）/ 苗瀚文 / 莫金鸣 / 莫世祥 / 莫小培 / 莫稚 / 慕德钧 / 马明哲 / 马松林 / 麦敏华 /
毅（笔名：赫连勃勃大王）/ 苗瀚文 / 莫金鸣 / 莫世祥 / 莫小培 / 莫稚 / 慕德钧 / 马明哲 / 马松林 / 麦敏华 / 毛剑峰 / 梅毅
连勃勃大王）/ 苗瀚文 / 莫金鸣 / 莫世祥 / 莫小培 / 莫稚 / 慕德钧 / 马明哲 / 马松林 / 麦敏华 / 毛剑峰 / 梅毅（笔
勃大王）/ 苗瀚文 / 莫金鸣 / 莫世祥 / 莫小培 / 莫稚 / 慕德钧 / 马明哲 / 马松林 / 麦敏华 / 毛剑峰 / 梅毅（笔名：
王）/ 苗瀚文 / 莫金鸣 / 莫世祥 / 莫小培 / 莫稚 / 慕德钧 / 马明哲 / 马松林 / 麦敏华 / 毛剑峰 / 梅毅（笔名：赫连勃
苗瀚文 / 莫金鸣 / 莫世祥 / 莫小培 / 莫稚 / 慕德钧 / 马明哲 / 马松林 / 麦敏华 / 毛剑峰 / 梅毅（笔名：赫连勃勃大
文 / 莫金鸣 / 莫世祥 / 莫小培 / 莫稚 / 慕德钧 / 马明哲 / 马松林 / 麦敏华 / 毛剑峰 / 梅毅（笔名：赫连勃勃大王）
莫金鸣 / 莫世祥 / 莫小培 / 莫稚 / 慕德钧 / 马明哲 / 马松林 / 麦敏华 / 毛剑峰 / 梅毅（笔名：赫连勃勃大王）/ 苗
鸣 / 莫世祥 / 莫小培 / 莫稚 / 慕德钧 / 马明哲 / 马松林 / 麦敏华 / 毛剑峰 / 梅毅（笔名：赫连勃勃大王）/ 苗瀚文
莫世祥 / 莫小培 / 莫稚 / 慕德钧 / 马明哲 / 马松林 / 麦敏华 / 毛剑峰 / 梅毅（笔名：赫连勃勃大王）/ 苗瀚文 / 莫

M

A B C D E F G H J K L M N O P Q R S T W X Y Z

马明哲

书名/责任者｜平安故事/马明哲主编
出版社｜北京：商务印书馆
出版年｜2000
页码｜308
ISBN｜7-100-03101-X
分类｜K825.3

马松林

书名/责任者｜宝安县志/黄伟祥，马松林主编
出版社｜广州：广东人民出版社
出版年｜1997
页码｜881
ISBN｜7-218-02381-9
分类｜K296.54

麦敏华

书名/责任者｜宝安文献志．卷二/周英雄主编麦敏华主编
出版社｜北京：中国文史出版社
出版年｜2008
页码｜233
ISBN｜978-7-5034-2336-9
分类｜K296.53

毛剑峰

书名/责任者｜深圳市志：改革开放卷/黄玲执行总纂；黄玲，毛剑峰，周华本卷主纂；深圳市地方志编纂委员会编
出版社｜北京：方志出版社
出版年｜2014
页码｜812
ISBN｜978-7-5144-1216-1
分类｜K296.53

梅毅（笔名：赫连勃勃大王）

书名/责任者｜游遍江西500问/吴文峰，梅毅编著
出版社｜江西人民出版社
出版年｜2002
页码｜392
ISBN｜7-210-02540-5
分类｜K928.956

书名/责任者｜隐蔽的历史：帝王将相的博弈真相/赫连勃勃大王（梅毅）著
出版社｜北京：中国社会出版社
出版年｜2004
页码｜334
ISBN｜7-5087-0084-8
分类｜K820.2

书名/责任者｜华丽血时代：两晋南北朝的另类历史/赫连勃勃大王（梅毅）著
出版社｜西安：陕西师范大学出版社
出版年｜2005
页码｜469
ISBN｜7-5613-3240-8
分类｜K235.09

书名/责任者｜历史的人性：混乱年代的悲喜英雄/赫连勃勃大王（梅毅）著
出版社｜北京：当代世界出版社
出版年｜2005
页码｜319
ISBN｜7-80115-856-3
分类｜K220.9

书名/责任者｜刀锋上的文明：宋辽金西夏的另类历史/梅毅（赫连勃勃大王）著
出版社｜北京：中国海关出版社
出版年｜2006
页码｜427
ISBN｜7-80165-352-1
分类｜K244.09

书名/责任者｜历史总是叫人惦记：小怜玉体横陈夜/梅毅（赫连勃勃大王）著
出版社｜西安：陕西师范大学出版社
出版年｜2006

页码｜309
ISBN｜7-5613-3484-2
分类｜K820.2

书名/责任者｜大明朝的另类史：欲望膨胀时代的人性表演/赫连勃勃大王（梅毅）著
出版社｜西安：陕西师范大学出版社
出版年｜2007
页码｜449
ISBN｜978-7-5613-3392-1
分类｜K248.07

书名/责任者｜亡天下：南明痛史/赫连勃勃大王（梅毅）著
①
出版社｜上海：上海人民出版社
出版年｜2007
页码｜326
ISBN｜978-7-208-07369-2
分类｜K248.409
②
出版社｜北京：华艺出版社
出版年｜2008
页码｜259
ISBN｜978-7-80252-029-5
分类｜K248.409

书名/责任者｜刀锋上的文明：宋辽金西夏的另类历史/赫连勃勃大王（梅毅）著
出版社｜北京：华艺出版社
出版年｜2008
页码｜355
ISBN｜978-7-80252-028-8
分类｜K244.09

书名/责任者｜帝国的正午：隋唐五代的另类历史/赫连勃勃大王（梅毅）著
出版社｜北京：华艺出版社
出版年｜2008
页码｜390
ISBN｜978-7-80252-026-4
分类｜K241.09

书名/责任者｜帝国如风：元朝的另类历史/赫连勃勃大王（梅毅）著
出版社｜北京：华艺出版社
出版年｜2008
页码｜323
ISBN｜978-7-80252-024-0
分类｜K247.09

书名/责任者｜华丽血时代：两晋南北朝的另类历史/赫连勃勃大王（梅毅）著
①
出版社｜北京：华艺出版社
出版年｜2008
页码｜461
ISBN｜978-7-80252-027-1
分类｜K235.09
②
出版社｜北京：华艺出版社
出版年｜2008
页码｜208
ISBN｜978-7-80252-025-7
分类｜K254.09

书名/责任者｜极乐诱惑：太平天国的兴亡/赫连勃勃大王（梅毅）著
出版社｜北京：同心出版社
出版年｜2008
页码｜380
ISBN｜978-7-80716-640-5
分类｜K254.09

书名/责任者｜铁血华年：辛亥革命那一枪/赫连勃勃大王（梅毅）著
出版社｜北京：华艺出版社
出版年｜2008
页码｜208
ISBN｜978-7-80252-031-8
分类｜K257.09

书名/责任者｜纵欲时代：大明朝的另类历史/赫连勃勃大王（梅毅）著
出版社｜北京：华艺出版社
出版年｜2008
页码｜397
ISBN｜978-7-80252-030-1
分类｜K248.09

书名/责任者｜梅毅话英雄：隋唐英雄志/

梅毅著
出版社｜南昌：江西人民出版社
出版年｜2011
页码｜257
ISBN｜978-7-210-04874-9
分类｜K209

书名/责任者｜梅毅话英雄：鲜为人知的杨家将/梅毅著
出版社｜南昌：江西人民出版社
出版年｜2011
页码｜219
ISBN｜978-7-210-04808-4
分类｜K209

书名/责任者｜帝国大涅槃：两晋南北朝真史/梅毅著
出版社｜深圳：海天出版社
出版年｜2012
页码｜424
ISBN｜978-7-5507-0363-6
分类｜K235.09

书名/责任者｜帝国灰飞：辛亥革命真史/梅毅著
出版社｜深圳：海天出版社
出版年｜2012
页码｜232
ISBN｜978-7-5507-0362-9
分类｜K257.09

书名/责任者｜帝国回光：清朝真史/梅毅著
出版社｜深圳：海天出版社
出版年｜2012
页码｜316
ISBN｜978-7-5507-0531-9
分类｜K249.09

书名/责任者｜帝国龙亢：隋唐真史/梅毅著
出版社｜深圳：海天出版社
出版年｜2012
页码｜353
ISBN｜978-7-5507-0364-3
分类｜K240.9

书名/责任者｜帝国明辉：明朝真史/梅毅著
出版社｜深圳：海天出版社
出版年｜2012
页码｜364
ISBN｜978-7-5507-0361-2
分类｜K248.09

书名/责任者｜帝国乾元：元朝真史/梅毅著
出版社｜深圳：海天出版社
出版年｜2012
页码｜215
ISBN｜978-7-5507-0367-4
分类｜K247.09

书名/责任者｜帝国斜阳：南明真史/梅毅著
出版社｜深圳：海天出版社
出版年｜2012
页码｜243
ISBN｜978-7-5507-0366-7
分类｜K248.409

书名/责任者｜帝国旭日：秦汉真史/梅毅著
出版社｜深圳：海天出版社
出版年｜2012
页码｜368
ISBN｜978-7-5507-0459-6
分类｜K234.09

书名/责任者｜帝国殃咎：太平天国真史/梅毅著
出版社｜深圳：海天出版社
出版年｜2012
页码｜230
ISBN｜978-7-5507-0365-0
分类｜K254.09

书名/责任者｜帝国玉碎：宋辽金夏真史/梅毅著
出版社｜深圳：海天出版社
出版年｜2012
页码｜337
ISBN｜978-7-5507-0360-5

分类 | K244.09

书名/责任者 | 两晋南北朝：迷乱狂欢三百年/梅毅著
出版社 | 成都：天地出版社
出版年 | 2018
页码 | 697
ISBN | 978-7-5455-3167-1
分类 | K235.09

书名/责任者 | 明：繁华与崩溃/梅毅著
出版社 | 成都：天地出版社
出版年 | 2018
页码 | 618
ISBN | 978-7-5455-3170-1
分类 | K248.09

书名/责任者 | 南明：流亡的悲歌/梅毅著
出版社 | 成都：天地出版社
出版年 | 2018
页码 | 397
ISBN | 978-7-5455-3171-8
分类 | K248.409

书名/责任者 | 秦汉：帝国的崩溃与新生/梅毅著
出版社 | 成都：天地出版社
出版年 | 2018
页码 | 588
ISBN | 978-7-5455-3174-9
分类 | K232.09

书名/责任者 | 清：矛盾重重的王朝/梅毅著
出版社 | 成都：天地出版社
出版年 | 2018
页码 | 476
ISBN | 978-7-5455-3175-6
分类 | K249.09

书名/责任者 | 宋辽金夏：刀锋上的文明/梅毅著
出版社 | 成都：天地出版社
出版年 | 2018
页码 | 548
ISBN | 978-7-5455-3168-8
分类 | K246.09

书名/责任者 | 隋唐：盛极而衰的黄金时代/梅毅著
出版社 | 成都：天地出版社
出版年 | 2018
页码 | 588
ISBN | 978-7-5455-3176-3
分类 | K240.9

书名/责任者 | 太平天国：理想的幻梦/梅毅著
出版社 | 成都：天地出版社
出版年 | 2018
页码 | 413
ISBN | 978-7-5455-3172-5
分类 | K254.09

书名/责任者 | 辛亥革命：启蒙、光荣与梦想/梅毅著
出版社 | 成都：天地出版社
出版年 | 2018
页码 | 422
ISBN | 978-7-5455-3173-2
分类 | K257.09

书名/责任者 | 元：铁血、杀戮与融合/梅毅著
出版社 | 成都：天地出版社
出版年 | 2018
页码 | 360
ISBN | 978-7-5455-3169-5
分类 | K247.09

苗瀚文

书名/责任者 | 深圳室内设计师群研究/苗瀚文著
出版社 | 武汉：湖北美术出版社
出版年 | 2021
页码 | 161
ISBN | 978-7-5712-0507-2
分类 | K825.72=76

莫金鸣

书名/责任者｜深圳市志：教科文卫卷/陈宏在，黄玲执行总纂；莫金鸣分卷纂；深圳市地方志编纂委员会编
出版社｜北京：方志出版社
出版年｜2004
页码｜678
ISBN｜7-80192-448-7
分类｜K296.53

书名/责任者｜深圳市志：社会风俗卷/黄玲执行总纂；莫金鸣分卷纂；深圳市地方志编纂委员会编
出版社｜北京：方志出版社
出版年｜2014
页码｜920
ISBN｜978-7-5144-1232-1
分类｜K296.53

莫世祥

书名/责任者｜香港杂记：外二种/陈鏸勋撰；莫世祥校注
出版社｜广州：暨南大学出版社
出版年｜1996
页码｜243
ISBN｜7-81029-526-8
分类｜K204

书名/责任者｜接合与更替/莫世祥著
出版社｜广东人民出版社
出版年｜1997
页码｜442
ISBN｜7-218-02316-9
分类｜K250.7

书名/责任者｜日落香江：香港对日作战纪实/莫世祥，陈红著
出版社｜广州：广州出版社
出版年｜1997
页码｜349
ISBN｜7-80592-767-7
分类｜K265.06

书名/责任者｜澳门大辞典/黎小江，莫世祥主编
出版社｜广州：广州出版社
出版年｜1999
页码｜928
ISBN｜7-80592-975-0
分类｜K926.59-61

书名/责任者｜日落香江：香港对日作战纪实：修订版/陈红，莫世祥著
出版社｜广州：广东人民出版社
出版年｜2015
页码｜299
ISBN｜978-7-218-10286-3
分类｜K265.06

莫小培

书名/责任者｜香港，让历史告诉未来/莫小培，暨远志执笔
出版社｜深圳：海天出版社
出版年｜1997
页码｜372
ISBN｜7-80615-678-X
分类｜K296.58

书名/责任者｜盖博：美国影星：1901-1960/莫小培编著
出版社｜深圳：海天出版社
出版年｜1997
页码｜133
ISBN｜7-80615-652-6
分类｜K837.125.7

书名/责任者｜拿破仑：1769-1821：法国军事统帅/莫小培编著
出版社｜深圳：海天出版社
出版年｜1997
页码｜131
ISBN｜7-80615-648-8
分类｜K835.657.4

书名/责任者｜亚历山大：马其顿军事统帅：前356-前323/莫小培编著
出版社｜深圳：海天出版社

出版年 | 1997
页码 | 128
ISBN | 7-80615-648-8
分类 | K835.407.2

书名/责任者 | 莱特兄弟/刘东力，莫小培编著
出版社 | 沈阳：辽海出版社
出版年 | 1998
页码 | 219
ISBN | 7-80638-874-5
分类 | K837.126.1=4

书名/责任者 | 深圳特区史/王璧，莫小培主编；深圳博物馆编
出版社 | 北京：人民出版社
出版年 | 1999
页码 | 684
ISBN | 7-01-003089-8
分类 | K296.53

书名/责任者 | 宝安三十年史：1949-1979年/叶杨，莫小培主编；深圳博物馆编著
出版社 | 北京：文物出版社
出版年 | 2014
页码 | 448
ISBN | 978-7-5010-3881-7
分类 | K296.53

莫稚

书名/责任者 | 南粤文物考古集：1955-2002/莫稚著
出版社 | 北京：文物出版社
出版年 | 2003
页码 | 527
ISBN | 7-5010-1495-7
分类 | K872.65-53

慕德钧

书名/责任者 | 仰天长啸：慕容王朝史事/慕德钧编著
出版社 | 深圳：海天出版社
出版年 | 2018
页码 | 354
ISBN | 978-7-5507-1543-1
分类 | K238.09

兆旭 / 牛鹏涛 / 南兆旭 / 牛鹏涛 / 南兆旭 / 牛鹏涛 / 南兆旭 / 牛鹏涛 / 南兆旭 / 牛鹏涛 / 南兆旭 / 牛鹏涛 / 南兆旭 /
南兆旭 / 牛鹏涛 / 南兆旭 / 牛鹏涛 / 南兆旭 / 牛鹏涛 / 南兆旭 / 牛鹏涛 / 南兆旭 / 牛鹏涛 / 南兆旭 / 牛鹏涛 / 南兆旭
/ 南兆旭 / 牛鹏涛 / 南兆旭 / 牛鹏涛 / 南兆旭 / 牛鹏涛 / 南兆旭 / 牛鹏涛 / 南兆旭 / 牛鹏涛 / 南兆旭 / 牛鹏涛 / 南兆
涛 / 南兆旭 / 牛鹏涛 / 南兆旭 / 牛鹏涛 / 南兆旭 / 牛鹏涛 / 南兆旭 / 牛鹏涛 / 南兆旭 / 牛鹏涛 / 南兆旭 / 牛鹏涛 / 南
鹏涛 / 南兆旭 / 牛鹏涛 / 南兆旭 / 牛鹏涛 / 南兆旭 / 牛鹏涛 / 南兆旭 / 牛鹏涛 / 南兆旭 / 牛鹏涛 / 南兆旭 / 牛鹏涛 /
牛鹏涛 / 南兆旭 / 牛鹏涛 / 南兆旭 / 牛鹏涛 / 南兆旭 / 牛鹏涛 / 南兆旭 / 牛鹏涛 / 南兆旭 / 牛鹏涛 / 南兆旭 / 牛鹏涛
/ 牛鹏涛 / 南兆旭 / 牛鹏涛 / 南兆旭 / 牛鹏涛 / 南兆旭 / 牛鹏涛 / 南兆旭 / 牛鹏涛 / 南兆旭 / 牛鹏涛 / 南兆旭 / 牛
旭 / 牛鹏涛 / 南兆旭 / 牛鹏涛 / 南兆旭 / 牛鹏涛 / 南兆旭 / 牛鹏涛 / 南兆旭 / 牛鹏涛 / 南兆旭 / 牛鹏涛 / 南兆旭 /
兆旭 / 牛鹏涛 / 南兆旭 / 牛鹏涛 / 南兆旭 / 牛鹏涛 / 南兆旭 / 牛鹏涛 / 南兆旭 / 牛鹏涛 / 南兆旭 / 牛鹏涛 / 南兆旭 /
南兆旭 / 牛鹏涛 / 南兆旭 / 牛鹏涛 / 南兆旭 / 牛鹏涛 / 南兆旭 / 牛鹏涛 / 南兆旭 / 牛鹏涛 / 南兆旭 / 牛鹏涛 / 南兆旭
/ 南兆旭 / 牛鹏涛 / 南兆旭 / 牛鹏涛 / 南兆旭 / 牛鹏涛 / 南兆旭 / 牛鹏涛 / 南兆旭 / 牛鹏涛 / 南兆旭 / 牛鹏涛 / 南兆
涛 / 南兆旭 / 牛鹏涛 / 南兆旭 / 牛鹏涛 / 南兆旭 / 牛鹏涛 / 南兆旭 / 牛鹏涛 / 南兆旭 / 牛鹏涛 / 南兆旭 / 牛鹏涛 / 南
鹏涛 / 南兆旭 / 牛鹏涛 / 南兆旭 / 牛鹏涛 / 南兆旭 / 牛鹏涛 / 南兆旭 / 牛鹏涛 / 南兆旭 / 牛鹏涛 / 南兆旭 / 牛鹏涛 /
牛鹏涛 / 南兆旭 / 牛鹏涛 / 南兆旭 / 牛鹏涛 / 南兆旭 / 牛鹏涛 / 南兆旭 / 牛鹏涛 / 南兆旭 / 牛鹏涛 / 南兆旭 / 牛鹏涛
/ 牛鹏涛 / 南兆旭 / 牛鹏涛 / 南兆旭 / 牛鹏涛 / 南兆旭 / 牛鹏涛 / 南兆旭 / 牛鹏涛 / 南兆旭 / 牛鹏涛 / 南兆旭 / 牛
旭 / 牛鹏涛 / 南兆旭 / 牛鹏涛 / 南兆旭 / 牛鹏涛 / 南兆旭 / 牛鹏涛 / 南兆旭 / 牛鹏涛 / 南兆旭 / 牛鹏涛 / 南兆旭 /
兆旭 / 牛鹏涛 / 南兆旭 / 牛鹏涛 / 南兆旭 / 牛鹏涛 / 南兆旭 / 牛鹏涛 / 南兆旭 / 牛鹏涛 / 南兆旭 / 牛鹏涛 / 南兆旭 /

A B C D E F G H J K L M N O P Q R S T W X Y Z

N

南兆旭

书名/责任者 | 中华历史通鉴．第一部：政治史卷、经济史卷、法制史卷、军事史卷/李罗力，唐惠建，南兆旭，崔雪编撰
出版社 | 北京：国际文化出版社
出版年 | 1997
页码 | 1322
ISBN | 7-80105-570-5
分类 | K20

书名/责任者 | 中华历史通鉴．第二部：民族与民族文化史卷、民俗史卷、教育史卷、中外文化交流史卷/李罗力，唐惠建，南兆旭，崔雪编撰
出版社 | 北京：国际文化出版社
出版年 | 1997
页码 | 1325 ~ 2290
ISBN | 7-80105-570-5
分类 | K20

书名/责任者 | 中华历史通鉴．第三部：学术思想卷、文学史卷、宗教史卷、戏曲史卷/李罗力，唐惠建，南兆旭，崔雪编撰
出版社 | 北京：国际文化出版社
出版年 | 1997
页码 | 2293 ~ 3459
ISBN | 7-80105-570-5
分类 | K20

书名/责任者 | 中华历史通鉴．第四部：自然科学卷、农业史卷、医学史卷、建筑史卷/李罗力，唐惠建，南兆旭，崔雪编撰
出版社 | 北京：国际文化出版社
出版年 | 1997
页码 | 3463 ~ 4332
ISBN | 7-80105-570-5
分类 | K20

书名/责任者 | 老照片：20世纪中国图志：1900A.D.-1997A.D.（全三册）/南兆旭，姬仲鸣主编
出版社 | 北京：台海出版社
出版年 | 1998
页码 | 2059
ISBN | 7-80141-031-9
分类 | K257.06

书名/责任者 | 龙的历程：二十六史图鉴/南兆旭主编
出版社 | 北京：中国文联出版公司
出版年 | 1999
页码 | 929
ISBN | 7-5059-3218-7
分类 | K209

书名/责任者 | 解密深圳档案/南兆旭著
出版社 | 深圳：海天出版社
出版年 | 2010
页码 | 247
ISBN | 978-7-80747-878-2
分类 | K296.53

书名/责任者 | 岁月山河：百年深圳历史影像纪/蒋荣耀撰文；南兆旭辑图
①
出版社 | 深圳：海天出版社
出版年 | 2019
页码 | 337
ISBN | 978-7-5507-2803-5
分类 | K296.53-64
②
出版社 | 深圳：海天出版社
出版年 | 2019
页码 | 301
ISBN | 978-7-5507-2804-2
分类 | K296.53-64

牛鹏涛

书名/责任者 | 中国古代文明研究论集/牛鹏涛，苏辉编
出版社 | 北京：科学出版社
出版年 | 2018
页码 | 380
ISBN | 978-7-03-056205-0
分类 | K220.3-53

海东 / 潘惠茹 / 潘芸 / 彭桂华 / 彭庆元 / 彭全民 / 彭荣德 / 潘海东 / 潘惠茹 / 潘芸 / 彭桂华 / 彭庆元 / 彭全民 / 彭
东 / 潘惠茹 / 潘芸 / 彭桂华 / 彭庆元 / 彭全民 / 彭荣德 / 潘海东 / 潘惠茹 / 潘芸 / 彭桂华 / 彭庆元 / 彭全民 / 彭荣
/ 潘惠茹 / 潘芸 / 彭桂华 / 彭庆元 / 彭全民 / 彭荣德 / 潘海东 / 潘惠茹 / 潘芸 / 彭桂华 / 彭庆元 / 彭全民 / 彭荣德 /
惠茹 / 潘芸 / 彭桂华 / 彭庆元 / 彭全民 / 彭荣德 / 潘海东 / 潘惠茹 / 潘芸 / 彭桂华 / 彭庆元 / 彭全民 / 彭荣德 / 潘
茹 / 潘芸 / 彭桂华 / 彭庆元 / 彭全民 / 彭荣德 / 潘海东 / 潘惠茹 / 潘芸 / 彭桂华 / 彭庆元 / 彭全民 / 彭荣德 / 潘海
/ 潘芸 / 彭桂华 / 彭庆元 / 彭全民 / 彭荣德 / 潘海东 / 潘惠茹 / 潘芸 / 彭桂华 / 彭庆元 / 彭全民 / 彭荣德 / 潘海东 /
潘芸 / 彭桂华 / 彭庆元 / 彭全民 / 彭荣德 / 潘海东 / 潘惠茹 / 潘芸 / 彭桂华 / 彭庆元 / 彭全民 / 彭荣德 / 潘海东 /
芸 / 彭桂华 / 彭庆元 / 彭全民 / 彭荣德 / 潘海东 / 潘惠茹 / 潘芸 / 彭桂华 / 彭庆元 / 彭全民 / 彭荣德 / 潘海东 / 潘惠
/ 彭桂华 / 彭庆元 / 彭全民 / 彭荣德 / 潘海东 / 潘惠茹 / 潘芸 / 彭桂华 / 彭庆元 / 彭全民 / 彭荣德 / 潘海东 / 潘惠
彭桂华 / 彭庆元 / 彭全民 / 彭荣德 / 潘海东 / 潘惠茹 / 潘芸 / 彭桂华 / 彭庆元 / 彭全民 / 彭荣德 / 潘海东 / 潘惠茹
桂华 / 彭庆元 / 彭全民 / 彭荣德 / 潘海东 / 潘惠茹 / 潘芸 / 彭桂华 / 彭庆元 / 彭全民 / 彭荣德 / 潘海东 / 潘惠茹 /
华 / 彭庆元 / 彭全民 / 彭荣德 / 潘海东 / 潘惠茹 / 潘芸 / 彭桂华 / 彭庆元 / 彭全民 / 彭荣德 / 潘海东 / 潘惠茹 / 潘
/ 彭庆元 / 彭全民 / 彭荣德 / 潘海东 / 潘惠茹 / 潘芸 / 彭桂华 / 彭庆元 / 彭全民 / 彭荣德 / 潘海东 / 潘惠茹 / 潘芸 /
庆元 / 彭全民 / 彭荣德 / 潘海东 / 潘惠茹 / 潘芸 / 彭桂华 / 彭庆元 / 彭全民 / 彭荣德 / 潘海东 / 潘惠茹 / 潘芸 /
庆元 / 彭全民 / 彭荣德 / 潘海东 / 潘惠茹 / 潘芸 / 彭桂华 / 彭庆元 / 彭全民 / 彭荣德 / 潘海东 / 潘惠茹 / 潘芸 / 彭
元 / 彭全民 / 彭荣德 / 潘海东 / 潘惠茹 / 潘芸 / 彭桂华 / 彭庆元 / 彭全民 / 彭荣德 / 潘海东 / 潘惠茹 / 潘芸 / 彭桂
/ 彭全民 / 彭荣德 / 潘海东 / 潘惠茹 / 潘芸 / 彭桂华 / 彭庆元 / 彭全民 / 彭荣德 / 潘海东 / 潘惠茹 / 潘芸 / 彭桂华

P

A
B
C
D
E
F
G
H
J
K
L
M
N
O
P
Q
R
S
T
W
X
Y
Z

潘海东

书名/责任者｜我这三十年：罗湖文艺访谈录/潘海东，郑刚坚主编
出版社｜深圳：深圳报业集团出版社
出版年｜2008
页码｜242
ISBN｜978-7-80709-236-0
分类｜K825.6=76

潘惠茹

书名/责任者｜站在高岗上：沙井农民口述史/陈炳培口述；潘惠茹撰写
出版社｜广州：花城出版社
出版年｜2014
页码｜448
ISBN｜978-7-5360-7240-4
分类｜K296.55

书名/责任者｜何处是家乡：沙井墟镇居民口述史/李良镜等口述；潘惠茹撰写
出版社｜广州：花城出版社
出版年｜2016
页码｜434
ISBN｜978-7-5360-7903-8
分类｜K296.55

潘芸

书名/责任者｜大浪文物图志/潘芸主编；深圳市宝安区大浪街道办事处，深圳市文物考古鉴定所编
出版社｜北京：中国大百科全书出版社
出版年｜2009
页码｜199
ISBN｜978-7-5000-8247-7
分类｜K872.653

彭桂华

书名/责任者｜走进罗湖/刘学强，彭桂华主编
出版社｜成都：四川人民出版社
出版年｜1999
页码｜79
ISBN｜7-220-04626-X
分类｜K926.53

彭庆元

书名/责任者｜南山寻根之旅/彭庆元，周保民编著
出版社｜北京：五洲传播出版社
出版年｜2000
页码｜97
ISBN｜7-80113-714-0
分类｜K928.706.5

书名/责任者｜南山村史：乡土北头/彭庆元著
出版社｜深圳：海天出版社
出版年｜2016
页码｜165
ISBN｜978-7-5507-1482-3
分类｜K296.55

彭全民

书名/责任者｜万丰村潘氏家族谱/彭全民主编
出版社｜深圳：海天出版社
出版年｜2004
页码｜596
ISBN｜7-80697-216-1
分类｜K820.9

书名/责任者｜荷坳厚德堂陈氏族谱/彭全民主编
出版社｜深圳：海天出版社
出版年｜2011
页码｜585
ISBN｜978-7-5507-0075-8
分类｜K820.9

书名/责任者｜深圳宝安德邻堂燕川陈氏族谱/彭全民主编

出版社 | 深圳：深圳报业集团出版社
出版年 | 2013
页码 | 684
ISBN | 978-7-80709-567-5
分类 | K820.9

书名/责任者 | 深圳掌故漫谈/彭全民著
出版社 | 深圳：深圳报业集团出版社
出版年 | 2015
页码 | 319
ISBN | 978-7-80709-686-3
分类 | K296.53

书名/责任者 | 宝安历史文化民俗/廖虹雷，彭全民著；深圳市宝安区文体旅游局编
出版社 | 北京：现代出版社
出版年 | 2019
页码 | 264
ISBN | 978-7-5143-8044-6
分类 | K892.465.4

书名/责任者 | 深圳黄贝岭村张氏族谱/彭全民主编
出版社 | 深圳：海天出版社
出版年 | 2019
页码 | 750
ISBN | 978-7-5507-2363-4
分类 | K820.9

彭荣德

书名/责任者 | 苗族婚姻礼词．一/(苗)张应和，彭荣德整理译释；湖南省少数民族古籍办公室主编
出版社 | 长沙：岳麓书社
出版年 | 1987
页码 | 221
ISBN | 7-80520-097-1
分类 | K892.316

书名/责任者 | 土家族仪式歌漫谈/金述富，彭荣德编著
出版社 | 北京：中国民间文艺出版社
出版年 | 1989
页码 | 370
ISBN | 7-5040-0375-1
分类 | K892.373

书名/责任者 | 土家女儿做新娘/彭荣德编著
出版社 | 北京：中国民间文艺出版社
出版年 | 1989
页码 | 369
ISBN | 7-5040-0374-1
分类 | K892

书名/责任者 | 土家族土司史录/王承尧，罗午，彭荣德辑录选注；湖南省少数民族古籍办公室主编
出版社 | 长沙：岳麓书社
出版年 | 1991
页码 | 353
ISBN | 7-80520-286-9
分类 | K287.3

鑫 / 齐凤阁 / 钱飞鸣 / 钱国华 / 乔文杰 / 秦锦屏 / 秦清运 / 邱志明 / 曲文 / 戚鑫 / 齐凤阁 / 钱飞鸣 / 钱国华 / 乔文杰
/ 秦清运 / 邱志明 / 曲文 / 戚鑫 / 齐凤阁 / 钱飞鸣 / 钱国华 / 乔文杰 / 秦锦屏 / 秦清运 / 邱志明 / 曲文 / 戚鑫 / 齐
鸣 / 钱国华 / 乔文杰 / 秦锦屏 / 秦清运 / 邱志明 / 曲文 / 戚鑫 / 齐凤阁 / 钱飞鸣 / 钱国华 / 乔文杰 / 秦锦屏 / 秦清运
/ 曲文 / 戚鑫 / 齐凤阁 / 钱飞鸣 / 钱国华 / 乔文杰 / 秦锦屏 / 秦清运 / 邱志明 / 曲文 / 戚鑫 / 齐凤阁 / 钱飞鸣 / 钱
杰 / 秦锦屏 / 秦清运 / 邱志明 / 曲文 / 戚鑫 / 齐凤阁 / 钱飞鸣 / 钱国华 / 乔文杰 / 秦锦屏 / 秦清运 / 邱志明 / 曲文
凤阁 / 钱飞鸣 / 钱国华 / 乔文杰 / 秦锦屏 / 秦清运 / 邱志明 / 曲文 / 戚鑫 / 齐凤阁 / 钱飞鸣 / 钱国华 / 乔文杰 / 秦
运 / 邱志明 / 曲文 / 戚鑫 / 齐凤阁 / 钱飞鸣 / 钱国华 / 乔文杰 / 秦锦屏 / 秦清运 / 邱志明 / 曲文 / 戚鑫 / 齐凤阁
国华 / 乔文杰 / 秦锦屏 / 秦清运 / 邱志明 / 曲文 / 戚鑫 / 齐凤阁 / 钱飞鸣 / 钱国华 / 乔文杰 / 秦锦屏 / 秦清运 / 邱
/ 戚鑫 / 齐凤阁 / 钱飞鸣 / 钱国华 / 乔文杰 / 秦锦屏 / 秦清运 / 邱志明 / 曲文 / 戚鑫 / 齐凤阁 / 钱飞鸣 / 钱国华 /
锦屏 / 秦清运 / 邱志明 / 曲文 / 戚鑫 / 齐凤阁 / 钱飞鸣 / 钱国华 / 乔文杰 / 秦锦屏 / 秦清运 / 邱志明 / 曲文 / 戚鑫
钱飞鸣 / 钱国华 / 乔文杰 / 秦锦屏 / 秦清运 / 邱志明 / 曲文 / 戚鑫 / 齐凤阁 / 钱飞鸣 / 钱国华 / 乔文杰 / 秦锦屏 /
志明 / 曲文 / 戚鑫 / 齐凤阁 / 钱飞鸣 / 钱国华 / 乔文杰 / 秦锦屏 / 秦清运 / 邱志明 / 曲文 / 戚鑫 / 齐凤阁 / 钱飞鸣
乔文杰 / 秦锦屏 / 秦清运 / 邱志明 / 曲文 / 戚鑫 / 齐凤阁 / 钱飞鸣 / 钱国华 / 乔文杰 / 秦锦屏 / 秦清运 / 邱志明 /
/ 齐凤阁 / 钱飞鸣 / 钱国华 / 乔文杰 / 秦锦屏 / 秦清运 / 邱志明 / 曲文 / 戚鑫 / 齐凤阁 / 钱飞鸣 / 钱国华 / 乔文杰
秦清运 / 邱志明 / 曲文 / 戚鑫 / 齐凤阁 / 钱飞鸣 / 钱国华 / 乔文杰 / 秦锦屏 / 秦清运 / 邱志明 / 曲文 / 戚鑫 / 齐凤
/ 钱国华 / 乔文杰 / 秦锦屏 / 秦清运 / 邱志明 / 曲文 / 戚鑫 / 齐凤阁 / 钱飞鸣 / 钱国华 / 乔文杰 / 秦锦屏 / 秦清运 /
文 / 戚鑫 / 齐凤阁 / 钱飞鸣 / 钱国华 / 乔文杰 / 秦锦屏 / 秦清运 / 邱志明 / 曲文 / 戚鑫 / 齐凤阁 / 钱飞鸣 / 钱国华

Q

戚鑫

书名/责任者｜南山博物馆藏古越族青铜兵器研究/戚鑫主编
出版社｜北京：文物出版社
出版年｜2017
页码｜293
ISBN｜978-7-5010-5254-7
分类｜K875.82

书名/责任者｜大象中原：河南古代文明之光/马萧林，戚鑫主编；河南博物院，深圳市南山博物馆编
出版社｜北京：文物出版社
出版年｜2019
页码｜258
ISBN｜978-7-5010-6158-7
分类｜K872.610.2

书名/责任者｜南有嘉鱼：荆州出土楚汉文物展/戚鑫主编；深圳市南山博物馆，荆州博物馆编
出版社｜北京：文物出版社
出版年｜2020
页码｜242
ISBN｜978-7-5010-6645-2
分类｜K873.633.2

书名/责任者｜三国志文化展/戚鑫主编；深圳市南山博物馆编
出版社｜北京：文物出版社
出版年｜2020
页码｜241
ISBN｜978-7-5010-6801-2
分类｜K871.422

书名/责任者｜西出阳关：新疆文物精品展/戚鑫，何嘉主编；深圳市南山博物馆编
出版社｜北京：文物出版社
出版年｜2020
页码｜259
ISBN｜978-7-5010-6846-3
分类｜K873.452

齐凤阁

书名/责任者｜力群传/齐凤阁编著
出版社｜长春：吉林美术出版社
出版年｜1991
页码｜165
ISBN｜7-5386-0224-0
分类｜K825.72=76

钱飞鸣

书名/责任者｜深圳河：水纪/钱飞鸣著
出版社｜深圳：深圳报业集团出版社
出版年｜2021
页码｜277
ISBN｜978-7-80709-951-2
分类｜K928.42

钱国华

书名/责任者｜走进香港名女人/钱国华著
出版社｜北京：海峡文艺出版社
出版年｜1999
页码｜288
ISBN｜7-80640-277-2
分类｜K820.7

乔文杰

书名/责任者｜封邦建霸：山西翼城大河口墓地出土西周霸国文物珍品/深圳博物馆，山西省考古研究所，山西博物院编；乔文杰执行主编
出版社｜北京：文物出版社
出版年｜2016
页码｜207
ISBN｜978-7-5010-4533-4
分类｜K878.82

书名/责任者｜吉金铸史：青铜器里的古代中国/深圳博物馆，中国国家博物馆编；乔文杰主编

出版社 | 北京：文物出版社
出版年 | 2019
页码 | 293
ISBN | 978-7-5010-6282-9
分类 | K876.414

秦锦屏

书名/责任者 | 福田好故事：正能量就在身边/秦锦屏，王振文，钟二毛，蔡秀文著
出版社 | 海口：南海出版公司
出版年 | 2016
页码 | 246
ISBN | 978-7-5442-8357-1
分类 | K820.865.4

秦清运

书名/责任者 | 在深圳的山东人/秦清运主编
出版社 | 兰州：甘肃文化出版社
出版年 | 2000
页码 | 108
ISBN | 7-80608-431-2
分类 | K820.852

邱志明

书名/责任者 | 鹏城街话：讲述深圳地名文化.一/邱志明，黄征宇主编；深圳市规划和国土资源委员会编
出版社 | 广州：岭南美术出版社
出版年 | 2014
页码 | 96
ISBN | 978-7-5362-5408-4
分类 | K926.53

书名/责任者 | 鹏城街话：讲述深圳地名文化.二/邱志明，黄征宇主编；深圳市规划和国土资源委员会（市海洋局），广州永远影视策划有限公司编著
出版社 | 广州：岭南美术出版社
出版年 | 2015
页码 | 295
ISBN | 978-7-5362-5799-3
分类 | K926.53

书名/责任者 | 鹏城街话：讲述深圳地名文化.三/邱志明，黄征宇主编；深圳市规划和国土资源委员会（市海洋局），广州永远影视策划有限公司编著
出版社 | 广州：岭南美术出版社
出版年 | 2015
页码 | 297
ISBN | 978-7-5362-5799-3
分类 | K926.53

书名/责任者 | 鹏城街话：讲述深圳地名文化.一/邱志明，黄征宇主编；深圳市规划和国土资源委员会（市海洋局），广州永远影视策划有限公司编著
出版社 | 广州：岭南美术出版社
出版年 | 2015
页码 | 249
ISBN | 978-7-5362-5799-3
分类 | K926.53

曲文

书名/责任者 | 深圳炮楼探秘/张一兵，曲文著
出版社 | 深圳：深圳报业集团出版社
出版年 | 2015
页码 | 212
ISBN | 978-7-80709-686-3
分类 | K928.79

任宝根 / 任艳春 / 容达贤 / 阮炜 / 任宝根 / 任艳春 / 容达贤 / 阮炜 / 任宝根 / 任艳春 / 容达贤 / 阮炜 / 任宝根 / 任艳
贤 / 阮炜 / 任宝根 / 任艳春 / 容达贤 / 阮炜 / 任宝根 / 任艳春 / 容达贤 / 阮炜 / 任宝根 / 任艳春 / 容达贤 / 阮炜 / 任
艳春 / 容达贤 / 阮炜 / 任宝根 / 任艳春 / 容达贤 / 阮炜 / 任宝根 / 任艳春 / 容达贤 / 阮炜 / 任宝根 / 任艳春 / 容达贤
任宝根 / 任艳春 / 容达贤 / 阮炜 / 任宝根 / 任艳春 / 容达贤 / 阮炜 / 任宝根 / 任艳春 / 容达贤 / 阮炜 / 任宝根 / 任艳
贤 / 阮炜 / 任宝根 / 任艳春 / 容达贤 / 阮炜 / 任宝根 / 任艳春 / 容达贤 / 阮炜 / 任宝根 / 任艳春 / 容达贤 / 阮炜 / 任
艳春 / 容达贤 / 阮炜 / 任宝根 / 任艳春 / 容达贤 / 阮炜 / 任宝根 / 任艳春 / 容达贤 / 阮炜 / 任宝根 / 任艳春 / 容达贤
任宝根 / 任艳春 / 容达贤 / 阮炜 / 任宝根 / 任艳春 / 容达贤 / 阮炜 / 任宝根 / 任艳春 / 容达贤 / 阮炜 / 任宝根 / 任艳
贤 / 阮炜 / 任宝根 / 任艳春 / 容达贤 / 阮炜 / 任宝根 / 任艳春 / 容达贤 / 阮炜 / 任宝根 / 任艳春 / 容达贤 / 阮炜 / 任
艳春 / 容达贤 / 阮炜 / 任宝根 / 任艳春 / 容达贤 / 阮炜 / 任宝根 / 任艳春 / 容达贤 / 阮炜 / 任宝根 / 任艳春 / 容达贤
任宝根 / 任艳春 / 容达贤 / 阮炜 / 任宝根 / 任艳春 / 容达贤 / 阮炜 / 任宝根 / 任艳春 / 容达贤 / 阮炜 / 任宝根 / 任艳
贤 / 阮炜 / 任宝根 / 任艳春 / 容达贤 / 阮炜 / 任宝根 / 任艳春 / 容达贤 / 阮炜 / 任宝根 / 任艳春 / 容达贤 / 阮炜 / 任
艳春 / 容达贤 / 阮炜 / 任宝根 / 任艳春 / 容达贤 / 阮炜 / 任宝根 / 任艳春 / 容达贤 / 阮炜 / 任宝根 / 任艳春 / 容达贤
任宝根 / 任艳春 / 容达贤 / 阮炜 / 任宝根 / 任艳春 / 容达贤 / 阮炜 / 任宝根 / 任艳春 / 容达贤 / 阮炜 / 任宝根 / 任艳
贤 / 阮炜 / 任宝根 / 任艳春 / 容达贤 / 阮炜 / 任宝根 / 任艳春 / 容达贤 / 阮炜 / 任宝根 / 任艳春 / 容达贤 / 阮炜 / 任
艳春 / 容达贤 / 阮炜 / 任宝根 / 任艳春 / 容达贤 / 阮炜 / 任宝根 / 任艳春 / 容达贤 / 阮炜 / 任宝根 / 任艳春 / 容达贤
任宝根 / 任艳春 / 容达贤 / 阮炜 / 任宝根 / 任艳春 / 容达贤 / 阮炜 / 任宝根 / 任艳春 / 容达贤 / 阮炜 / 任宝根 / 任艳
贤 / 阮炜 / 任宝根 / 任艳春 / 容达贤 / 阮炜 / 任宝根 / 任艳春 / 容达贤 / 阮炜 / 任宝根 / 任艳春 / 容达贤 / 阮炜 / 任

R

A
B
C
D
E
F
G
H
J
K
L
M
N
O
P
Q
R
S
T
W
X
Y
Z

任宝根

书名/责任者 | 抗战八百英烈/任宝根编著
出版社 | 北京：中国文史出版社
出版年 | 2007
页码 | 381
ISBN | 978-7-5034-1728-5
分类 | K825.2=6

书名/责任者 | 中国抗战名将名战/任宝根编著
出版社 | 北京：中国文联出版社
出版年 | 2008
页码 | 843
ISBN | 978-7-5059-4920-7
分类 | K825.2=6

书名/责任者 | 中国抗战大写真/任宝根编著
出版社 | 北京：中国文史出版社
出版年 | 2009
页码 | 502
ISBN | 978-7-5034-1789-7
分类 | K265.06

书名/责任者 | 铁军英烈：新四军著名抗日烈士/任宝根主编
出版社 | 北京：中国文史出版社
出版年 | 2013
页码 | 457
ISBN | 978-7-5034-1996-2
分类 | K825.2=6

任艳春

书名/责任者 | 闽商传奇之蔡清楚/王璞，李军，任艳春编著
出版社 | 深圳：海天出版社
出版年 | 2008
页码 | 205
ISBN | 978-7-80747-255-4
分类 | K825.38=76

书名/责任者 | 深圳底蕴：一个自由作家眼里的深圳人物/任艳春著
出版社 | 深圳：海天出版社
出版年 | 2009
页码 | 168
ISBN | 978-7-80747-289-6
分类 | K820.865.3

容达贤

书名/责任者 | 古代深圳/容达贤主编；深圳博物馆编
出版社 | 北京：文物出版社
出版年 | 2010
页码 | 174
ISBN | 978-7-5010-2927-3
分类 | K296.53

阮炜

书名/责任者 | 文明的表现：对5000年人类文明的评估/阮炜著
出版社 | 北京：北京大学出版社
出版年 | 2001
页码 | 385
ISBN | 7-301-05227-8
分类 | K103

书名/责任者 | 中外文明十五论/阮炜著
出版社 | 北京：北京大学出版社
出版年 | 2008
页码 | 307
ISBN | 978-7-301-13114-5
分类 | K103

书名/责任者 | 另一个希腊/阮炜著
①
出版社 | 上海：上海三联书店
出版年 | 2010
页码 | 299
ISBN | 978-7-5426-3296-8
分类 | K954.5
②
出版社 | 上海：上海三联书店
出版年 | 2014

页码 | 299
ISBN | 978-7-5426-4326-1
分类 | K954.5

书名/责任者 | 文明理论/阮炜著
出版社 | 上海：上海三联书店
出版年 | 2021
页码 | 255
ISBN | 978-7-5426-7583-5
分类 | K103

焕玉 / 申晨 / 沈晓鸣（笔名：白小刺）/ 石泰康 / 石新荣 / 舒国雄 / 苏东天 / 孙慧伶 / 孙曙光 / 孙霄 / 孙晓莹 / 孙

玉 / 申晨 / 沈晓鸣（笔名：白小刺）/ 石泰康 / 石新荣 / 舒国雄 / 苏东天 / 孙慧伶 / 孙曙光 / 孙霄 / 孙晓莹 / 孙雅

/ 申晨 / 沈晓鸣（笔名：白小刺）/ 石泰康 / 石新荣 / 舒国雄 / 苏东天 / 孙慧伶 / 孙曙光 / 孙霄 / 孙晓莹 / 孙雅荣 /

晨 / 沈晓鸣（笔名：白小刺）/ 石泰康 / 石新荣 / 舒国雄 / 苏东天 / 孙慧伶 / 孙曙光 / 孙霄 / 孙晓莹 / 孙雅荣 / 沙

/ 沈晓鸣（笔名：白小刺）/ 石泰康 / 石新荣 / 舒国雄 / 苏东天 / 孙慧伶 / 孙曙光 / 孙霄 / 孙晓莹 / 孙雅荣 / 沙焕

沈晓鸣（笔名：白小刺）/ 石泰康 / 石新荣 / 舒国雄 / 苏东天 / 孙慧伶 / 孙曙光 / 孙霄 / 孙晓莹 / 孙雅荣 / 沙焕玉

晓鸣（笔名：白小刺）/ 石泰康 / 石新荣 / 舒国雄 / 苏东天 / 孙慧伶 / 孙曙光 / 孙霄 / 孙晓莹 / 孙雅荣 / 沙焕玉 /

鸣（笔名：白小刺）/ 石泰康 / 石新荣 / 舒国雄 / 苏东天 / 孙慧伶 / 孙曙光 / 孙霄 / 孙晓莹 / 孙雅荣 / 沙焕玉 / 申

（笔名：白小刺）/ 石泰康 / 石新荣 / 舒国雄 / 苏东天 / 孙慧伶 / 孙曙光 / 孙霄 / 孙晓莹 / 孙雅荣 / 沙焕玉 / 申晨 / 沈晓

小刺）/ 石泰康 / 石新荣 / 舒国雄 / 苏东天 / 孙慧伶 / 孙曙光 / 孙霄 / 孙晓莹 / 孙雅荣 / 沙焕玉 / 申晨 / 沈晓鸣（

刺）/ 石泰康 / 石新荣 / 舒国雄 / 苏东天 / 孙慧伶 / 孙曙光 / 孙霄 / 孙晓莹 / 孙雅荣 / 沙焕玉 / 申晨 / 沈晓鸣（笔名：

石泰康 / 石新荣 / 舒国雄 / 苏东天 / 孙慧伶 / 孙曙光 / 孙霄 / 孙晓莹 / 孙雅荣 / 沙焕玉 / 申晨 / 沈晓鸣（笔名：白

泰康 / 石新荣 / 舒国雄 / 苏东天 / 孙慧伶 / 孙曙光 / 孙霄 / 孙晓莹 / 孙雅荣 / 沙焕玉 / 申晨 / 沈晓鸣（笔名：白小

康 / 石新荣 / 舒国雄 / 苏东天 / 孙慧伶 / 孙曙光 / 孙霄 / 孙晓莹 / 孙雅荣 / 沙焕玉 / 申晨 / 沈晓鸣（笔名：白小刺

/ 石新荣 / 舒国雄 / 苏东天 / 孙慧伶 / 孙曙光 / 孙霄 / 孙晓莹 / 孙雅荣 / 沙焕玉 / 申晨 / 沈晓鸣（笔名：白小刺）/

石新荣 / 舒国雄 / 苏东天 / 孙慧伶 / 孙曙光 / 孙霄 / 孙晓莹 / 孙雅荣 / 沙焕玉 / 申晨 / 沈晓鸣（笔名：白小刺）/

新荣 / 舒国雄 / 苏东天 / 孙慧伶 / 孙曙光 / 孙霄 / 孙晓莹 / 孙雅荣 / 沙焕玉 / 申晨 / 沈晓鸣（笔名：白小刺）/ 石

S

A
B
C
D
E
F
G
H
J
K
L
M
N
O
P
Q
R
S
T
W
X
Y
Z

沙焕玉

书名/责任者｜奔走：改革开放三十年一个工会干部的人生足迹：修订版/沙焕玉著
出版社｜北京：中国工人出版社
出版年｜2008
页码｜151
ISBN｜978-7-5008-4146-3
分类｜K827=76

申晨

书名/责任者｜寻根宝安/申晨著
出版社｜北京：作家出版社
出版年｜2006
页码｜245
ISBN｜7-5063-3222-1
分类｜K820.9

书名/责任者｜世纪同行：宝安统一战线纪实/唐冬眉，申晨执笔；中共深圳市宝安区委统战部编
出版社｜北京：中国文史出版社
出版年｜2007
页码｜247
ISBN｜978-7-5034-2236-X
分类｜K296.53

书名/责任者｜远去的家园：宝安古村落记/唐冬眉，申晨编著
出版社｜北京：中国文史出版社
出版年｜2007
页码｜211
ISBN｜978-7-5034-2236-X
分类｜K926.53

书名/责任者｜见证宝安/唐冬眉，申晨著
出版社｜北京：中国文史出版社
出版年｜2008
页码｜297
ISBN｜978-7-5034-2018-4
分类｜K296.65

书名/责任者｜守望合澜海：沙井蚝民口述史/陈太允口述；申晨，唐冬眉撰写
出版社｜广州：花城出版社
出版年｜2012
页码｜412
ISBN｜978-7-5360-6624-3
分类｜K296.55

沈晓鸣（笔名：白小刺）

书名/责任者｜漫步华侨城：深圳华侨城地图绘本/白小刺著
出版社｜厦门：厦门大学出版社
出版年｜2015
页码｜151
ISBN｜978-7-5615-5661-0
分类｜K928.965.3

石泰康

书名/责任者｜宝安往事：追溯宝安历史文化遗存/石泰康著；深圳市宝安区档案局（馆），深圳市宝安区史志办公室编
出版社｜北京：中国文联出版社
出版年｜2007
页码｜170
ISBN｜978-7-5059-5512-7
分类｜K928.7

石新荣

书名/责任者｜从心站起：我的行走笔记/石新荣著
出版社｜北京：人民日报出版社
出版年｜2010
页码｜229
ISBN｜978-7-5115-0136-3
分类｜K828.6=76

舒国雄

书名/责任者｜明清两朝深圳档案文献演

绎.（一、二、三、四卷）/舒国雄主编；深圳市档案馆编
出版社 | 广州：花城出版社
出版年 | 2000
页码 | 2134
ISBN | 7-5360-3367-2
分类 | K296.53

书名/责任者 | 民国时期深圳档案文献演绎.（一、二、三、四卷）/舒国雄主编；深圳市档案馆编
出版社 | 广州：花城出版社
出版年 | 2001
页码 | 2738
ISBN | 7-5360-3691-4
分类 | K296.53

书名/责任者 | 建国卅年深圳档案文献演绎.（一、二、三、四卷）/舒国雄主编；深圳市档案馆编
出版社 | 广州：花城出版社
出版年 | 2005
页码 | 3140
ISBN | 7-5360-4502-6
分类 | K296.53

苏东天

书名/责任者 | 徐渭书画艺术/苏东天著
出版社 | 天津：天津人民美术出版社
出版年 | 1991
页码 | 67,60
ISBN | 7-5305-0118-6
分类 | K825.7

孙慧伶

书名/责任者 | 连南排瑶/刘满衡，李春益编著；周顺斌，孙慧伶摄影
出版社 | 深圳：海天出版社
出版年 | 2007
页码 | 264
ISBN | 978-7-80697-965-5
分类 | K296.54

孙曙光

书名/责任者 | 锦绣中华/孙曙光编著
出版社 | 成都：四川辞书出版社
出版年 | 1995
页码 | 110
ISBN | 7-80543-504-9
分类 | K928.7

孙霄

书名/责任者 | 中英街：中英街历史博物馆/孙霄主编
出版社 | 深圳：海天出版社
出版年 | 2002
页码 | 69
ISBN | 7-80654-372-4
分类 | K296.53

书名/责任者 | 中英街的形成与变迁：从封闭走向开放/孙霄著
出版社 | 深圳：深圳报业集团出版社
出版年 | 2008
页码 | 274
ISBN | 978-7-80709-224-7
分类 | K296.53

书名/责任者 | 中英街往事：特区中的“特区”/孙霄著
出版社 | 深圳：深圳报业集团出版社
出版年 | 2018
页码 | 339
ISBN | 978-7-80709-838-6
分类 | K296.53

孙晓莹

书名/责任者 | 雍正帝：中国的独裁君主/（日）宫崎市定著；孙晓莹译
出版社 | 北京：社会科学文献出版社
出版年 | 2016
页码 | 219
ISBN | 978-7-5097-9463-0
分类 | K827=49

孙雅荣

书名/责任者｜深圳市博物馆文物精华/
深圳市博物馆，孙雅荣，庄嘉怡编
出版社｜北京：文物出版社
出版年｜1998
页码｜203
ISBN｜7-5010-0520-6
分类｜K872.653.2

权 / 汤丽霞 / 汤敏 / 唐冬眉 / 唐汉隆 / 唐际根 / 唐毅 / 陶一桃 / 滕叙兖 / 田启波 / 田新舟 / 童尽一 / 涂俏 / 谭权 / 汤
敏 / 唐冬眉 / 唐汉隆 / 唐际根 / 唐毅 / 陶一桃 / 滕叙兖 / 田启波 / 田新舟 / 童尽一 / 涂俏 / 谭权 / 汤丽霞 / 汤敏 / 唐
汉隆 / 唐际根 / 唐毅 / 陶一桃 / 滕叙兖 / 田启波 / 田新舟 / 童尽一 / 涂俏 / 谭权 / 汤丽霞 / 汤敏 / 唐冬眉 / 唐汉隆 /
唐毅 / 陶一桃 / 滕叙兖 / 田启波 / 田新舟 / 童尽一 / 涂俏 / 谭权 / 汤丽霞 / 汤敏 / 唐冬眉 / 唐汉隆 / 唐际根 / 唐毅 / 陶
叙兖 / 田启波 / 田新舟 / 童尽一 / 涂俏 / 谭权 / 汤丽霞 / 汤敏 / 唐冬眉 / 唐汉隆 / 唐际根 / 唐毅 / 陶一桃 / 滕叙兖 /
田新舟 / 童尽一 / 涂俏 / 谭权 / 汤丽霞 / 汤敏 / 唐冬眉 / 唐汉隆 / 唐际根 / 唐毅 / 陶一桃 / 滕叙兖 / 田启波 / 田新舟
/ 涂俏 / 谭权 / 汤丽霞 / 汤敏 / 唐冬眉 / 唐汉隆 / 唐际根 / 唐毅 / 陶一桃 / 滕叙兖 / 田启波 / 田新舟 / 童尽一 / 涂俏
汤丽霞 / 汤敏 / 唐冬眉 / 唐汉隆 / 唐际根 / 唐毅 / 陶一桃 / 滕叙兖 / 田启波 / 田新舟 / 童尽一 / 涂俏 / 谭权 / 汤丽霞
冬眉 / 唐汉隆 / 唐际根 / 唐毅 / 陶一桃 / 滕叙兖 / 田启波 / 田新舟 / 童尽一 / 涂俏 / 谭权 / 汤丽霞 / 汤敏 / 唐冬眉 /
唐际根 / 唐毅 / 陶一桃 / 滕叙兖 / 田启波 / 田新舟 / 童尽一 / 涂俏 / 谭权 / 汤丽霞 / 汤敏 / 唐冬眉 / 唐汉隆 / 唐际根
一桃 / 滕叙兖 / 田启波 / 田新舟 / 童尽一 / 涂俏 / 谭权 / 汤丽霞 / 汤敏 / 唐冬眉 / 唐汉隆 / 唐际根 / 唐毅 / 陶一桃 /
田启波 / 田新舟 / 童尽一 / 涂俏 / 谭权 / 汤丽霞 / 汤敏 / 唐冬眉 / 唐汉隆 / 唐际根 / 唐毅 / 陶一桃 / 滕叙兖 / 田启波
/ 童尽一 / 涂俏 / 谭权 / 汤丽霞 / 汤敏 / 唐冬眉 / 唐汉隆 / 唐际根 / 唐毅 / 陶一桃 / 滕叙兖 / 田启波 / 田新舟 / 童尽
/ 谭权 / 汤丽霞 / 汤敏 / 唐冬眉 / 唐汉隆 / 唐际根 / 唐毅 / 陶一桃 / 滕叙兖 / 田启波 / 田新舟 / 童尽一 / 涂俏 / 谭权
/ 汤敏 / 唐冬眉 / 唐汉隆 / 唐际根 / 唐毅 / 陶一桃 / 滕叙兖 / 田启波 / 田新舟 / 童尽一 / 涂俏 / 谭权 / 汤丽霞 / 汤敏
/ 唐汉隆 / 唐际根 / 唐毅 / 陶一桃 / 滕叙兖 / 田启波 / 田新舟 / 童尽一 / 涂俏 / 谭权 / 汤丽霞 / 汤敏 / 唐冬眉 / 唐
根 / 唐毅 / 陶一桃 / 滕叙兖 / 田启波 / 田新舟 / 童尽一 / 涂俏 / 谭权 / 汤丽霞 / 汤敏 / 唐冬眉 / 唐汉隆 / 唐际根 / 唐

T

谭权

书名/责任者 | 深圳市标准地名词典/谭权主编；深圳市规划和自然资源局编
出版社 | 太原：山西人民出版社
出版年 | 2020
页码 | 524
ISBN | 978-7-203-11533-5
分类 | K926.53-61

汤丽霞

书名/责任者 | 深圳会客厅：百名外国政要名流访谈录/陈寅，汤丽霞主编
出版社 | 深圳：深圳报业集团出版社
出版年 | 2011
页码 | 331
ISBN | 978-7-80709-375-6
分类 | K812.5

书名/责任者 | 通往国际名城之路：60位世界知名城市市长访谈录/汤丽霞，陈寅，胡恒芳主编
出版社 | 深圳：深圳报业集团出版社
出版年 | 2014
页码 | 489
ISBN | 978-7-80709-617-7
分类 | K915

书名/责任者 | 鹏友遍天下：深圳国际友城图志/汤丽霞，丁时照主编
出版社 | 深圳：海天出版社
出版年 | 2016
页码 | 312
ISBN | 978-7-5507-1728-2
分类 | K915

汤敏

书名/责任者 | 巴蜀传统村落/吴必虎，罗德胤，张晓虹，汤敏主编
出版社 | 深圳：海天出版社
出版年 | 2020
页码 | 226
ISBN | 978-7-5507-3033-5
分类 | K928.5

书名/责任者 | 滨海传统村落/吴必虎，罗德胤，张晓虹，汤敏主编
出版社 | 深圳：海天出版社
出版年 | 2020
页码 | 228
ISBN | 978-7-5507-2987-2
分类 | K928.5

书名/责任者 | 藏蒙传统村落/吴必虎，罗德胤，张晓虹，汤敏主编
出版社 | 深圳：海天出版社
出版年 | 2020
页码 | 315
ISBN | 978-7-5507-3075-5
分类 | K928.5

书名/责任者 | 东南传统村落/吴必虎，罗德胤，张晓虹，汤敏主编
出版社 | 深圳：海天出版社
出版年 | 2020
页码 | 390
ISBN | 978-7-5507-2986-5
分类 | K928.5

书名/责任者 | 关东传统村落/吴必虎，罗德胤，张晓虹，汤敏主编
出版社 | 深圳：海天出版社
出版年 | 2020
页码 | 235
ISBN | 978-7-5507-3000-7
分类 | K928.5

书名/责任者 | 黄淮海传统村落/吴必虎，罗德胤，张晓虹，汤敏主编
出版社 | 深圳：海天出版社
出版年 | 2020
页码 | 245
ISBN | 978-7-5507-2977-3
分类 | K928.5

书名/责任者 | 徽州传统村落/吴必虎，罗德胤，张晓虹，汤敏主编
出版社 | 深圳：海天出版社

出版年 | 2020
页码 | 285
ISBN | 978-7-5507-3007-6
分类 | K928.5

书名/责任者 | 江淮传统村落/吴必虎，罗德胤，张晓虹，汤敏主编
出版社 | 深圳：海天出版社
出版年 | 2020
页码 | 222
ISBN | 978-7-5507-3037-3
分类 | K928.5

书名/责任者 | 荆楚传统村落/吴必虎，罗德胤，张晓虹，汤敏主编
出版社 | 深圳：海天出版社
出版年 | 2020
页码 | 406
ISBN | 978-7-5507-2983-4
分类 | K928.5

书名/责任者 | 客家传统村落/吴必虎，罗德胤，张晓虹，汤敏主编
出版社 | 深圳：海天出版社
出版年 | 2020
页码 | 347
ISBN | 978-7-5507-3008-3
分类 | K928.5

书名/责任者 | 吴越传统村落/吴必虎，罗德胤，张晓虹，汤敏主编
出版社 | 深圳：海天出版社
出版年 | 2020
页码 | 251
ISBN | 978-7-5507-2996-4
分类 | K928.5

书名/责任者 | 西北传统村落/吴必虎，罗德胤，张晓虹，汤敏主编
出版社 | 深圳：海天出版社
出版年 | 2020
页码 | 219
ISBN | 978-7-5507-3018-2
分类 | K928.5

书名/责任者 | 西南传统村落/吴必虎，罗德胤，张晓虹，汤敏主编
出版社 | 深圳：海天出版社
出版年 | 2020
页码 | 245
ISBN | 978-7-5507-3034-2
分类 | K928.5

书名/责任者 | 中国传统村落/吴必虎，罗德胤，张晓虹，汤敏主编
出版社 | 深圳：海天出版社
出版年 | 2020
页码 | 346
ISBN | 978-7-5507-2984-1
分类 | K928.5

书名/责任者 | 中原传统村落/吴必虎，罗德胤，张晓虹，汤敏主编
出版社 | 深圳：海天出版社
出版年 | 2020
页码 | 314
ISBN | 978-7-5507-3030-4
分类 | K928.5

唐冬眉

书名/责任者 | 穿越世纪苍茫：郑毓秀传/唐冬眉著
出版社 | 北京：中国社会出版社
出版年 | 2003
页码 | 373
ISBN | 7-80146-762-1
分类 | K825.19=5

书名/责任者 | 远去的家园：宝安古村落记/唐冬眉，申晨编著
出版社 | 北京：中国文史出版社
出版年 | 2007
页码 | 211
ISBN | 978-7-5034-2236-X
分类 | K926.53

书名/责任者 | 大抗战：广东军民抗战纪事/唐冬眉，倪晓洁编著
出版社 | 广州：花城出版社
出版年 | 2015

页码 | 333
ISBN | 978-7-5360-7652-5
分类 | K265.06

唐汉隆

书名/责任者 | 深圳村落概览.第二辑：罗湖盐田卷/黄玲，杨立勋，唐汉隆，董秀卷主编；深圳市史志办公室编
出版社 | 广州：华南理工大学出版社
出版年 | 2020
页码 | 293
ISBN | 978-7-5623-6576-1
分类 | K926.55

唐际根

书名/责任者 | 安阳殷墟出土玉器：英汉对照/唐际根主编
出版社 | 北京：科学出版社
出版年 | 2005
页码 | 211
ISBN | 7-03-016104-1
分类 | K876.82

书名/责任者 | 多维视域：商王朝与中国早期文明研究/荆志淳，唐际根，高嶋谦一编
出版社 | 北京：科学出版社
出版年 | 2008
页码 | 290
ISBN | 978-7-03-023120-8
分类 | K223.03

书名/责任者 | 考古与文化遗产论集/唐际根著
出版社 | 北京：科学出版社
出版年 | 2008
页码 | 393
ISBN | 978-7-03-022994-6
分类 | K870.4

书名/责任者 | 另一种古史：青铜器纹饰、图形文字与图像铭文的解读/(美)杨晓能著；唐际根，孙亚冰译
①
出版社 | 北京：生活·读书·新知三联书店
出版年 | 2008
页码 | 499
ISBN | 978-7-108-02866-2
分类 | K876.414
②
出版社 | 北京：生活·读书·新知三联书店
出版年 | 2017
页码 | 499
ISBN | 978-7-108-06035-8
分类 | K876.414

书名/责任者 | 殷墟：一个王朝的背影/唐际根著
出版社 | 北京：科学出版社
出版年 | 2009
页码 | 228
ISBN | 978-7-03-023171-0
分类 | K878.04

书名/责任者 | 殷墟与商文化：殷墟科学发掘80周年纪念文集/唐际根，岳洪彬主编
出版社 | 北京：科学出版社
出版年 | 2011
页码 | 660
ISBN | 978-7-03-032879-3
分类 | K878.04

书名/责任者 | 商王朝文物存萃：甲骨·青铜·玉器/唐际根主编
出版社 | 北京：科学出版社
出版年 | 2013
页码 | 120
ISBN | 978-7-03-038652-6
分类 | K877.12

书名/责任者 | 殷墟九十年考古人与事：1928-2018/唐际根，巩文主编
出版社 | 北京：社会科学文献出版社
出版年 | 2018
页码 | 242

ISBN | 978-7-5201-3427-9
分类 | K878.35

书名/责任者 | 此处葬曹操/唐际根著
出版社 | 北京：中信出版社
出版年 | 2023
页码 | 261
ISBN | 978-7-5217-5625-8
分类 | K878.84

唐毅

书名/责任者 | 世纪：百年平湖的记忆荣光/陈建平，黎衡，唐毅采编
出版社 | 北京：中国文史出版社
出版年 | 2018
页码 | 300
ISBN | 978-7-5205-0477-5
分类 | K296.55

陶一桃

书名/责任者 | 深圳经济特区年谱：1978-2007/陶一桃主编
出版社 | 北京：中国经济出版社
出版年 | 2008
页码 | 581
ISBN | 978-7-5017-8667-1
分类 | K296.53

书名/责任者 | 深圳经济特区年谱：1978.3-2010.3（上、下）/陶一桃主编
出版社 | 北京：中国经济出版社
出版年 | 2010
页码 | 972
ISBN | 978-7-5017-9989-3
分类 | K296.53

书名/责任者 | 深圳经济特区年谱：1978-2018（上、下册）/陶一桃主编
出版社 | 北京：社会科学文献出版社
出版年 | 2018
页码 | 1264
ISBN | 978-7-5201-2741-7
分类 | K296.53

滕叙兖

书名/责任者 | 陈赓大将与哈军工/滕叙兖著
出版社 | 北京：当代中国出版社
出版年 | 2007
页码 | 411
ISBN | 978-7-80170-653-9
分类 | K825.2=72

书名/责任者 | 开国元勋的子女们：哈军工高干子女传记：精选本/滕叙兖著
出版社 | 广州：广东人民出版社
出版年 | 2011
页码 | 248
ISBN | 978-7-218-07029-2
分类 | K820.7

书名/责任者 | 陈赓大将与哈军工/滕叙兖著
出版社 | 北京：当代中国出版社
出版年 | 2013
页码 | 433
ISBN | 978-7-5154-0147-8
分类 | K825.2=72

书名/责任者 | 名将名师：哈军工“两老”传记/滕叙兖著
出版社 | 北京：当代中国出版社
出版年 | 2013
页码 | 501
ISBN | 978-7-5154-0282-6
分类 | K825.46=7

书名/责任者 | 不信青史尽成灰：彭德怀的铁骨与柔肠/滕叙兖著
出版社 | 北京：中国青年出版社
出版年 | 2014
页码 | 506
ISBN | 978-7-5153-2456-2
分类 | K827=73

田启波

书名/责任者｜古登斯现代社会变迁思想研究/田启波著
出版社｜北京：人民出版社
出版年｜2007
页码｜263
ISBN｜978-7-01-006361-4
分类｜K02

田新舟

书名/责任者｜深圳村落概览 . 第二辑：福田南山卷/黄玲，杨立勋，何文，田新舟卷主编；深圳市史志办公室编
出版社｜广州：华南理工大学出版社
出版年｜2020
页码｜327
ISBN｜978-7-5623-6576-1
分类｜K926.55

书名/责任者｜深圳市南山区革命老区发展史/田新舟主编
出版社｜广州：广东人民出版社
出版年｜2021
页码｜361
ISBN｜978-7-218-14841-0
分类｜K296.54

童尽一

书名/责任者｜宝安教育人/童尽一主编
出版社｜广州：新世纪出版社
出版年｜2003
页码｜250
ISBN｜7-5405-2667-X
分类｜K825.46=7

涂俏

书名/责任者｜袁庚传：改革现场 1978-1984/涂俏著
出版社｜深圳：海天出版社
出版年｜2016
页码｜24,526
ISBN｜978-7-5507-1570-7
分类｜K827=76

书名/责任者｜袁庚传奇/涂俏著
①
出版社｜深圳：深圳报业集团出版社
出版年｜2020
页码｜295
ISBN｜978-7-80709-909-3
分类｜K827=76
②
出版社｜深圳：深圳报业集团出版社
出版年｜2020
页码｜371
ISBN｜978-7-80709-931-4
分类｜K827=76

开国 / 王壁 / 王琛 / 王春永 / 王洪友 / 王继良 / 王京生 / 王立新 / 王禄贵 / 王璞 / 王若兵 / 王石 / 王穗明 / 王伟雄 /
王羲烈 / 王小明 / 王晓葵 / 王雪胜 / 王一先 / 王永苗 / 王振文 / 王忠雄 / 王樽 / 魏开扬 / 魏尚平 / 文本亨 / 乌兰察夫
/ 吴定海 / 吴和 / 吴俊忠 / 吴松营 / 吴伟胜 / 吴奕新 / 吴予敏 / 吴云东 / 吴曾德 / 汪开国 / 王璧 / 王琛 / 王春永 /
继良 / 王京生 / 王立新 / 王禄贵 / 王璞 / 王若兵 / 王石 / 王穗明 / 王伟雄 / 王熙远 / 王羲烈 / 王小明 / 王晓葵 / 王雪
先 / 王永苗 / 王振文 / 王忠雄 / 王樽 / 魏开扬 / 魏尚平 / 文本亨 / 乌兰察夫 / 吴翠明 / 吴定海 / 吴和 / 吴俊忠 / 吴松
胜 / 吴奕新 / 吴予敏 / 吴云东 / 吴曾德 / 汪开国 / 王璧 / 王琛 / 王春永 / 王洪友 / 王继良 / 王京生 / 王立新 / 王禄贵
王若兵 / 王石 / 王穗明 / 王伟雄 / 王熙远 / 王羲烈 / 王小明 / 王晓葵 / 王雪胜 / 王一先 / 王永苗 / 王振文 / 王忠雄 /
开扬 / 魏尚平 / 文本亨 / 乌兰察夫 / 吴翠明 / 吴定海 / 吴和 / 吴俊忠 / 吴松营 / 吴伟胜 / 吴奕新 / 吴予敏 / 吴云东 /
汪开国 / 王璧 / 王琛 / 王春永 / 王洪友 / 王继良 / 王京生 / 王立新 / 王禄贵 / 王璞 / 王若兵 / 王石 / 王穗明 / 王伟雄
/ 王羲烈 / 王小明 / 王晓葵 / 王雪胜 / 王一先 / 王永苗 / 王振文 / 王忠雄 / 王樽 / 魏开扬 / 魏尚平 / 文本亨 / 乌兰察
明 / 吴定海 / 吴和 / 吴俊忠 / 吴松营 / 吴伟胜 / 吴奕新 / 吴予敏 / 吴云东 / 吴曾德 / 汪开国 / 王璧 / 王琛 / 王春永 /
王继良 / 王京生 / 王立新 / 王禄贵 / 王璞 / 王若兵 / 王石 / 王穗明 / 王伟雄 / 王熙远 / 王羲烈 / 王小明 / 王晓葵 /
一先 / 王永苗 / 王振文 / 王忠雄 / 王樽 / 魏开扬 / 魏尚平 / 文本亨 / 乌兰察夫 / 吴翠明 / 吴定海 / 吴和 / 吴俊忠 /
伟胜 / 吴奕新 / 吴予敏 / 吴云东 / 吴曾德 / 汪开国 / 王璧 / 王琛 / 王春永 / 王洪友 / 王继良 / 王京生 / 王立新 / 王禄
/ 王若兵 / 王石 / 王穗明 / 王伟雄 / 王熙远 / 王羲烈 / 王小明 / 王晓葵 / 王雪胜 / 王一先 / 王永苗 / 王振文 / 王忠雄
魏开扬 / 魏尚平 / 文本亨 / 乌兰察夫 / 吴翠明 / 吴定海 / 吴和 / 吴俊忠 / 吴松营 / 吴伟胜 / 吴奕新 / 吴予敏 / 吴云东
/ 汪开国 / 王璧 / 王琛 / 王春永 / 王洪友 / 王继良 / 王京生 / 王立新 / 王禄贵 / 王璞 / 王若兵 / 王石 / 王穗明 / 王伟

W

A
B
C
D
E
F
G
H
J
K
L
M
N
O
P
Q
R
S
T
W
X
Y
Z

汪开国

书名/责任者｜大鹏所城：深港六百年/汪开国，刘中国著
①
出版社｜深圳：海天出版社
出版年｜1997
页码｜338
ISBN｜7-80615-460-4
分类｜K296.5
②
出版社｜广州：花城出版社
出版年｜2007
页码｜480
ISBN｜978-7-5360-5073-0
分类｜K296.53

书名/责任者｜龙岗风景线/汪开国诗文；王永苗摄影
出版社｜广州：花城出版社
出版年｜1998
页码｜81
ISBN｜978-7-5360-2902-6
分类｜K928.706.535

王壁

书名/责任者｜文物的辨伪与收藏/王壁著
出版社｜北京：地质出版社
出版年｜1995
页码｜162
ISBN｜7-116-01789-5
分类｜K854.2

书名/责任者｜深圳特区史/王壁，莫小培主编；深圳博物馆编
出版社｜北京：人民出版社
出版年｜1999
页码｜684
ISBN｜7-01-003089-8
分类｜K296.53

书名/责任者｜深圳文博/王壁，杨耀林主编；深圳博物馆编
出版社｜北京：人民出版社
出版年｜2001
页码｜230
ISBN｜7-01-003521-0
分类｜K296.53-53

王琛

书名/责任者｜中国传统会客文化与礼仪/王琛著
出版社｜北京：故宫出版社
出版年｜2019
页码｜140
ISBN｜978-7-5134-1117-2
分类｜K892.26

王春永

书名/责任者｜你可能不知道的日本：插图本/王春永主编；谢川予，吴治玮编著
出版社｜北京：中国发展出版社
出版年｜2008
页码｜312
ISBN｜978-7-80234-121-0
分类｜K313.09

书名/责任者｜你可能不知道的英国：插图本/王春永主编；朱锦平编著
出版社｜北京：中国发展出版社
出版年｜2008
页码｜302
ISBN｜978-7-80234-123-4
分类｜K561.09

王洪友

书名/责任者｜客家研究．第一集/张卫东，王洪友主编
出版社｜上海：同济大学出版社
出版年｜1989
页码｜329
ISBN｜7-5608-0271-0
分类｜K281.1

王继良

书名/责任者 | 深圳市大鹏区革命老区发展史/王继良主编；深圳市大鹏区革命老区发展史编委会编
出版社 | 广州：广东人民出版社
出版年 | 2020
页码 | 281
ISBN | 978-7-218-13961-6
分类 | K296.54

王京生

书名/责任者 | 深圳梦：100个深圳人的成长史/王京生主编
出版社 | 深圳：深圳报业集团出版社
出版年 | 2013
页码 | 251
ISBN | 978-7-80709-516-3
分类 | K820.865.3

书名/责任者 | 中国文化的历史流变与当今的文化选择/王京生著
出版社 | 北京：红旗出版社
出版年 | 2014
页码 | 275
ISBN | 978-7-5051-2865-1
分类 | K203

王立新（笔名：江南提学）

书名/责任者 | 藤缠树：菜市口斩杀大学士/王立新著
出版社 | 太原：山西人民出版社
出版年 | 1997
页码 | 140
ISBN | 7-203-03605-7
分类 | K249.09

书名/责任者 | 大宋真天子：一代仁君赵匡胤/江南提学著
出版社 | 北京：北京大学出版社
出版年 | 2016
页码 | 399
ISBN | 978-7-301-26602-1
分类 | K827=441

王禄贵

书名/责任者 | 葵涌掌故/王禄贵总编；深圳市大鹏新区葵涌办事处，侨港葵涌同乡会编
出版社 | 深圳：海天出版社
出版年 | 2013
页码 | 262
ISBN | 978-7-5507-0835-8
分类 | K296.55

王璞

书名/责任者 | 闽商传奇之蔡清楚/王璞，李军，任艳春编著
出版社 | 深圳：海天出版社
出版年 | 2008
页码 | 205
ISBN | 978-7-80747-255-4
分类 | K825.38=76

王若兵

书名/责任者 | 深圳市水利志/王若兵主编；《深圳市水利志》编辑室编
出版社 | 广州：广东科技出版社
出版年 | 1990
页码 | 173
ISBN | 7-5359-0628-1
分类 | K296.5

王石

书名/责任者 | 道路与梦想：我与万科20年/王石，缪川著
出版社 | 北京：中信出版社
出版年 | 2006
页码 | 309
ISBN | 7-5086-0542-X

分类｜K825.38=76

书名/责任者｜王石说：影响我人生的进与退/王石口述；时代纪录整理
出版社｜杭州：浙江大学出版社
出版年｜2012
页码｜203
ISBN｜978-7-308-10236-0
分类｜K825.38=76

书名/责任者｜王石说：我的成功是别人不再需要我/王石口述；时代纪录整理
出版社｜杭州：浙江大学出版社
出版年｜2013
页码｜222
ISBN｜978-7-308-10597-2
分类｜K825.38=76

书名/责任者｜大道当然：我与万科(2000-2013)/王石著
出版社｜北京：中信出版社
出版年｜2014
页码｜410
ISBN｜978-7-5086-4108-9
分类｜K825.38

书名/责任者｜道路与梦想：我与万科（1983-1999）/王石著
出版社｜北京：中信出版社
出版年｜2014
页码｜296
ISBN｜978-7-5086-4107-2
分类｜K825.38=76

王穗明

书名/责任者｜深圳口述史：1980-1992（上、下卷）/王穗明主编
出版社｜深圳：海天出版社
出版年｜2015
页码｜445，441
ISBN｜978-7-5507-1336-9
分类｜K296.53

王伟雄

书名/责任者｜深圳村落概览．第二辑：坪山卷/黄玲，杨立勋，王伟雄卷主编；深圳市史志办公室编
出版社｜广州：华南理工大学出版社
出版年｜2020
页码｜546
ISBN｜978-7-5623-6576-1
分类｜K926.55

王熙远

书名/责任者｜中国历代上流社会丑闻大观/王熙远著
出版社｜广州：广东人民出版社
出版年｜1995
页码｜431
ISBN｜7-218-01104-7
分类｜K209

书名/责任者｜扬美古镇与左右邕人文旅游/王熙远编著
出版社｜海口：南海出版公司
出版年｜2019
页码｜253
ISBN｜978-7-5442-9527-7
分类｜K928.967.1

书名/责任者｜石达开回师广西/王熙远著
出版社｜北京：经济日报出版社
出版年｜2021
页码｜188
ISBN｜978-7-5196-0874-3
分类｜K254.07

王羲烈

书名/责任者｜深中教育故事：凤凰树下的传奇．一/魏尚平，王羲烈编著
出版社｜上海：华东师范大学出版社
出版年｜2012
页码｜213

ISBN | 978-7-5617-9995-6
分类 | K825.46=76

王小明

书名/责任者 | 黄宾虹与笔墨问题文集：关山月美术馆首届学术论坛/王小明主编；关山月美术馆编
出版社 | 南宁：广西美术出版社
出版年 | 2008
页码 | 172
ISBN | 978-7-80674-723-0
分类 | K825.72=71

王晓葵

书名/责任者 | 民间传承论与乡土生活研究法/(日)柳田国男著；王晓葵，王京，何彬译
出版社 | 北京：学苑出版社
出版年 | 2010
页码 | 341
ISBN | 978-7-5077-3504-8
分类 | K893.13

书名/责任者 | 现代日本民俗学的理论与方法/王晓葵，何彬主编
出版社 | 北京：学宛出版社
出版年 | 2010
页码 | 434
ISBN | 978-7-5077-3646-5
分类 | K893.13-53

书名/责任者 | 民俗学与现代社会/王晓葵著
出版社 | 上海：上海文艺出版社
出版年 | 2011
页码 | 313
ISBN | 978-7-5321-4272-9
分类 | K890

王雪胜

书名/责任者 | 深圳大全/王雪胜，言飞主编；广东省地质建设工程集团公司深圳公司，广东省地质测绘深圳分院《深圳大全》编纂委员会编
出版社 | 北京：中国对外经济贸易出版社
出版年 | 1997
页码 | 534
ISBN | 7-80004-598-6
分类 | K296.53

王一宪

书名/责任者 | 岗厦村文氏的前朝后代/王一宪著
出版社 | 北京：中国言实出版社
出版年 | 2016
页码 | 208
ISBN | 978-7-5171-1990-6
分类 | K820.9

王永苗

书名/责任者 | 龙岗风景线/汪开国诗文；王永苗摄影
出版社 | 广州：花城出版社
出版年 | 1998
页码 | 81
ISBN | 978-7-5360-2902-6
分类 | K928.706.535

王振文

书名/责任者 | 福田好故事：正能量就在身边/秦锦屏，王振文，钟二毛，蔡秀文著
出版社 | 海口：南海出版公司
出版年 | 2016
页码 | 246
ISBN | 978-7-5442-8357-1
分类 | K820.865.4

王忠雄

书名/责任者｜南山历史/王志雄编著
出版社｜成都：四川辞书出版社
出版年｜1995
页码｜95
ISBN｜7-80543-504-9
分类｜K296.53

王樽

书名/责任者｜光影之城：电影中的深圳/王樽著
出版社｜深圳：深圳报业集团出版社
出版年｜2020
页码｜307
ISBN｜978-7-80709-929-1
分类｜K926.53

魏开扬

书名/责任者｜深圳城市指南/魏开扬，余希慈，王道隆编著
出版社｜深圳：海天出版社：香港文化教育出版社有限公司
出版年｜1994
页码｜118
ISBN｜7-80542-958-8
分类｜K928.965.3

魏尚平

书名/责任者｜深中教育故事：凤凰树下的传奇．一/魏尚平，王羲烈编著
出版社｜上海：华东师范大学出版社
出版年｜2012
页码｜213
ISBN｜978-7-5617-9995-6
分类｜K825.46=76

文本亨

书名/责任者｜观音洞贵州黔西旧石器时代初期文化遗址/李炎贤，文本亨著
出版社｜北京：文物出版社
出版年｜1986
页码｜181
ISBN｜11068·1392
分类｜K871.11

乌兰察夫

书名/责任者｜蒙古学十年：1980-1990/乌兰察夫，乌力吉图主编
出版社｜呼和浩特：内蒙古人民出版社
出版年｜1990
页码｜299
ISBN｜7-204-01031-0
分类｜K281.2

吴翠明

书名/责任者｜深圳民俗文化/深圳博物馆编；吴翠明主编
出版社｜北京：文物出版社
出版年｜2010
页码｜188
ISBN｜978-7-5010-2924-2
分类｜K872.653

吴定海

书名/责任者｜深圳学人访谈录．第二期/吴定海主编；夏和顺，魏沛娜采访撰稿
出版社｜北京：社会科学文献出版社
出版年｜2020
页码｜269
ISBN｜978-7-5201-6869-4
分类｜K825.4=76

吴和

书名/责任者 | 英烈无名：缅怀李子芳烈士/吴和，吴剑斌编著
出版社 | 深圳：海天出版社
出版年 | 2001
页码 | 284
ISBN | 7-80654-372-4
分类 | K827=6

书名/责任者 | 根：中华三祖暨115姓祖先的肖像、陵墓、祠庙文化/吴和，吴寅著
出版社 | 深圳：海天出版社
出版年 | 2003
页码 | 239
ISBN | 7-80654-372-4
分类 | K820.9

书名/责任者 | 根魂：吴泰伯世家与日本天皇家族之谜/吴和，吴寅著
出版社 | 深圳：海天出版社
出版年 | 2003
页码 | 261
ISBN | 7-80654-372-4
分类 | K820.9

吴俊忠

书名/责任者 | 莎士比亚传/(俄)莫洛佐夫著；许海燕，吴俊忠译
出版社 | 长沙：湖南人民出版社
出版年 | 1984
页码 | 369
统一书号 | 10109・1739
分类 | K835.615.6

书名/责任者 | 震撼世界的大师：莎士比亚传/(俄)莫洛佐夫著；许海燕，吴俊忠译
出版社 | 长沙：湖南文艺出版社
出版年 | 1992
页码 | 369
ISBN | 7-5404-0897-9
分类 | K835.615.6=332

吴松营

书名/责任者 | 开放之窗深圳/吴松营，段亚兵，马导明，肖振利编
出版社 | 北京：中国青年出版社
出版年 | 1985
页码 | 122
统一书号 | 12009.81
分类 | K928.5

书名/责任者 | 邓小平与深圳特区：来自《深圳特区报》的报道/吴松营主编
出版社 | 北京：中国青年出版社
出版年 | 1997
页码 | 147
ISBN | 7-5006-2535-9
分类 | K827.7

书名/责任者 | 报坛苍松：怀念罗妙同志/吴松营主编
出版社 | 北京：中国青年出版社
出版年 | 2000
页码 | 452
ISBN | 7-5006-3969-4
分类 | K825.42

书名/责任者 | 吴松营/慎海雄主编；吴松营，胡志民，耿伟编著
出版社 | 广州：广东人民出版社
出版年 | 2018
页码 | 378
ISBN | 978-7-218-12362-2
分类 | K825.41=76

吴伟胜

书名/责任者 | 同胜客家/黄宇慧，吴伟胜主编
出版社 | 厦门：厦门大学出版社
出版年 | 2017
页码 | 143
ISBN | 978-7-5615-6554-4
分类 | K281.1

吴奕新

书名/责任者｜中国文化与核心价值观/吴奕新著
出版社｜广州：广东人民出版社
出版年｜2018
页码｜396
ISBN｜978-7-218-12742-2
分类｜K203-49

吴予敏

书名/责任者｜无形的网络：从传播学的角度看中国的传统文化/吴予敏著
出版社｜北京：国际文化出版公司
出版年｜1988
页码｜223
ISBN｜7-80049-107-2
分类｜K203

书名/责任者｜追寻文脉追求和谐 /吴予敏，陶一桃主编
出版社｜北京：商务印书馆
出版年｜2008
页码｜416
ISBN｜978-7-100-05753-0
分类｜K203-53

书名/责任者｜先秦礼乐文化研究/吴予敏著
出版社｜北京：中国社会科学研究生院
出版年｜1988
页码｜230
ISBN｜7-5351-1990-5
分类｜K892.9

吴云东

书名/责任者｜北大人在深圳．第一辑/吴云东，刘水主编
出版社｜深圳：海天出版社
出版年｜2018
页码｜336
ISBN｜978-7-5507-2378-8
分类｜K820.7

吴曾德

书名/责任者｜汉代画像石/吴曾德著
出版社｜北京：文物出版社
出版年｜1984
页码｜182
统一书号｜11068·1226
分类｜K879.424

书名/责任者｜深圳考古发现与研究/深圳博物馆编；吴曾德主编
出版社｜北京：文物出版社
出版年｜1994
页码｜328
ISBN｜7-5010-0762-4
分类｜K872.653

书名/责任者｜广东省县域历史文化资源：深圳卷/深圳市文物管理办公室，周军，吴曾德，黄崇岳主编
出版社｜北京：文物出版社
出版年｜2009
页码｜383
ISBN｜978-7-5010-2649-4
分类｜K296.5

晋祥 / 夏萍 / 肖惠方 / 萧媚燕 / 谢湘南 / 熊君慧 / 徐明天 / 徐宇珊 / 许德龙 / 许佳兴 / 许石林 / 宣柱锡 / 夏晋祥 / 夏

方 / 萧媚燕 / 谢湘南 / 熊君慧 / 徐明天 / 徐宇珊 / 许德龙 / 许佳兴 / 许石林 / 宣柱锡 / 夏晋祥 / 夏萍 / 肖惠方 / 萧媚

南 / 熊君慧 / 徐明天 / 徐宇珊 / 许德龙 / 许佳兴 / 许石林 / 宣柱锡 / 夏晋祥 / 夏萍 / 肖惠方 / 萧媚燕 / 谢湘南 / 熊君

天 / 徐宇珊 / 许德龙 / 许佳兴 / 许石林 / 宣柱锡 / 夏晋祥 / 夏萍 / 肖惠方 / 萧媚燕 / 谢湘南 / 熊君慧 / 徐明天 / 徐宇

龙 / 许佳兴 / 许石林 / 宣柱锡 / 夏晋祥 / 夏萍 / 肖惠方 / 萧媚燕 / 谢湘南 / 熊君慧 / 徐明天 / 徐宇珊 / 许德龙 / 许佳

林 / 宣柱锡 / 夏晋祥 / 夏萍 / 肖惠方 / 萧媚燕 / 谢湘南 / 熊君慧 / 徐明天 / 徐宇珊 / 许德龙 / 许佳兴 / 许石林 / 宣柱

祥 / 夏萍 / 肖惠方 / 萧媚燕 / 谢湘南 / 熊君慧 / 徐明天 / 徐宇珊 / 许德龙 / 许佳兴 / 许石林 / 宣柱锡 / 夏晋祥 / 夏萍

/ 萧媚燕 / 谢湘南 / 熊君慧 / 徐明天 / 徐宇珊 / 许德龙 / 许佳兴 / 许石林 / 宣柱锡 / 夏晋祥 / 夏萍 / 肖惠方 / 萧媚燕

/ 熊君慧 / 徐明天 / 徐宇珊 / 许德龙 / 许佳兴 / 许石林 / 宣柱锡 / 夏晋祥 / 夏萍 / 肖惠方 / 萧媚燕 / 谢湘南 / 熊君慧

/ 徐宇珊 / 许德龙 / 许佳兴 / 许石林 / 宣柱锡 / 夏晋祥 / 夏萍 / 肖惠方 / 萧媚燕 / 谢湘南 / 熊君慧 / 徐明天 / 徐宇珊

/ 许佳兴 / 许石林 / 宣柱锡 / 夏晋祥 / 夏萍 / 肖惠方 / 萧媚燕 / 谢湘南 / 熊君慧 / 徐明天 / 徐宇珊 / 许德龙 / 许佳兴

/ 宣柱锡 / 夏晋祥 / 夏萍 / 肖惠方 / 萧媚燕 / 谢湘南 / 熊君慧 / 徐明天 / 徐宇珊 / 许德龙 / 许佳兴 / 许石林 / 宣柱锡

/ 夏萍 / 肖惠方 / 萧媚燕 / 谢湘南 / 熊君慧 / 徐明天 / 徐宇珊 / 许德龙 / 许佳兴 / 许石林 / 宣柱锡 / 夏晋祥 / 夏萍 /

萧媚燕 / 谢湘南 / 熊君慧 / 徐明天 / 徐宇珊 / 许德龙 / 许佳兴 / 许石林 / 宣柱锡 / 夏晋祥 / 夏萍 / 肖惠方 / 萧媚燕 /

熊君慧 / 徐明天 / 徐宇珊 / 许德龙 / 许佳兴 / 许石林 / 宣柱锡 / 夏晋祥 / 夏萍 / 肖惠方 / 萧媚燕 / 谢湘南 / 熊君慧 /

徐宇珊 / 许德龙 / 许佳兴 / 许石林 / 宣柱锡 / 夏晋祥 / 夏萍 / 肖惠方 / 萧媚燕 / 谢湘南 / 熊君慧 / 徐明天 / 徐宇珊 /

许佳兴 / 许石林 / 宣柱锡 / 夏晋祥 / 夏萍 / 肖惠方 / 萧媚燕 / 谢湘南 / 熊君慧 / 徐明天 / 徐宇珊 / 许德龙 / 许佳兴 /

X

A
B
C
D
E
F
G
H
J
K
L
M
N
O
P
Q
R
S
T
W
X
Y
Z

夏晋祥

书名/责任者｜他们撬动了地球/夏晋祥著
出版社｜南昌：21世纪出版社
出版年｜1996
页码｜205
ISBN｜7-5391-1001-5
分类｜K816.1

夏萍

书名/责任者｜李嘉诚传/夏萍著
出版社｜北京：作家出版社
出版年｜1993
页码｜278
ISBN｜7-5063-0714-6
分类｜K825.3

肖惠方

书名/责任者｜深圳风物志.第二辑：地名密码卷/程建编著；肖惠方绘
出版社｜深圳：海天出版社
出版年｜2020
页码｜222
ISBN｜978-7-5507-2811-0
分类｜K296.53

萧媚燕

书名/责任者｜中国汉代画像石画像砖文献目录/深圳博物馆编；萧媚燕主编
出版社｜北京：文物出版社
出版年｜1995
页码｜133
ISBN｜7-5010-0842-6
分类｜K879.421

谢湘南

书名/责任者｜深圳时间：一个深圳诗人的成长轨迹/谢湘南著
出版社｜深圳：深圳报业集团出版社
出版年｜2018
页码｜263
ISBN｜978-7-80709-860-7
分类｜K825.6=76

熊君慧

书名/责任者｜我的1980：深圳特区民间叙事/熊君慧著
出版社｜深圳：海天出版社
出版年｜2010
页码｜224
ISBN｜978-7-80747-935-2
分类｜K296.53

徐明天

书名/责任者｜铁匠精神：儒商陈万强/郑义林，徐明天著
出版社｜北京：台海出版社
出版年｜2017
页码｜211
ISBN｜978-7-5168-1527-4
分类｜K825.38

徐宇珊

书名/责任者｜知行者说：深圳公益人访谈录/徐宇珊主编
出版社｜北京：社会科学文献出版社
出版年｜2021
页码｜268
ISBN｜978-7-5201-8063-4
分类｜K828.9

许德龙

书名/责任者｜中华群星：综艺专集：上中双册/许德龙主编
出版社｜北京：中国文联出版社

出版年 | 2009
页码 | 254
ISBN | 978-7-5059-5774-8
分类 | K820.7

许佳兴

书名/责任者 | 深圳风物志 . 第二辑：村落往事卷/程建编著；许佳兴绘
出版社 | 深圳：海天出版社
出版年 | 2020
页码 | 233
ISBN | 978-7-5507-2812-7
分类 | K296.53

书名/责任者 | 深圳风物志 . 第二辑：家族记忆卷/程建编著；许佳兴绘
出版社 | 深圳：海天出版社
出版年 | 2020
页码 | 196
ISBN | 978-7-5507-2813-4
分类 | K296.53

许石林

书名/责任者 | 故乡是带刺的花/许石林著
出版社 | 深圳：海天出版社
出版年 | 2018
页码 | 228
ISBN | 978-7-5507-2192-0
分类 | K203-53

宣柱锡

书名/责任者 | 深圳概览：2003/宣柱锡主编；深圳市人民政府新闻办公室编
出版社 | 深圳：海天出版社
出版年 | 2003
页码 | 103
ISBN | 7-80654-397-X
分类 | K926.53

书名/责任者 | 深圳概览：2004/宣柱锡主编；深圳市人民政府新闻办公室编
出版社 | 深圳：海天出版社
出版年 | 2004
页码 | 104
ISBN | 7-80654-210-8
分类 | K926.53

书名/责任者 | 深圳概览：2005/宣柱锡主编；深圳市人民政府新闻办公室编
出版社 | 深圳：海天出版社
出版年 | 2005
页码 | 102
ISBN | 7-80697-577-2
分类 | K926.53

书名/责任者 | 寻访抗日大战场/陈寅主编宣柱锡主编寻访抗日大战场采访组著
出版社 | 深圳：深圳报业集团出版社
出版年 | 2017
页码 | 161
ISBN | 978-7-80709-729-7
分类 | K265.09

牛 / 言飞 / 阎焰（笔名：望野）/ 燕子 / 杨传耕 / 杨河 / 杨黎光 / 杨立勋 / 杨柳 / 杨勤良 / 杨荣昌 / 杨耀林 / 杨益群

/ 杨争光 / 姚峥华 / 叶澄海 / 叶杨 / 易小力 / 尹道振 / 游建西 / 于常印 / 余海波 / 余希慈 / 郁龙余 / 袁粮钢 / 袁毅 /

飞 / 阎焰（笔名：望野）/ 燕子 / 杨传耕 / 杨河 / 杨黎光 / 杨立勋 / 杨柳 / 杨勤良 / 杨荣昌 / 杨耀林 / 杨益群 / 杨永

光 / 姚峥华 / 叶澄海 / 叶杨 / 易小力 / 尹道振 / 游建西 / 于常印 / 余海波 / 余希慈 / 郁龙余 / 袁粮钢 / 袁毅 / 亚牛 /

焰（笔名：望野）/ 燕子 / 杨传耕 / 杨河 / 杨黎光 / 杨立勋 / 杨柳 / 杨勤良 / 杨荣昌 / 杨耀林 / 杨益群 / 杨永钢 / 杨

峥华 / 叶澄海 / 叶杨 / 易小力 / 尹道振 / 游建西 / 于常印 / 余海波 / 余希慈 / 郁龙余 / 袁粮钢 / 袁毅 / 亚牛 / 言飞 / 阎焰

野）/ 燕子 / 杨传耕 / 杨河 / 杨黎光 / 杨立勋 / 杨柳 / 杨勤良 / 杨荣昌 / 杨耀林 / 杨益群 / 杨永钢 / 杨争光 / 姚峥华

/ 叶杨 / 易小力 / 尹道振 / 游建西 / 于常印 / 余海波 / 余希慈 / 郁龙余 / 袁粮钢 / 袁毅 / 亚牛 / 言飞 / 阎焰（笔名：

燕子 / 杨传耕 / 杨河 / 杨黎光 / 杨立勋 / 杨柳 / 杨勤良 / 杨荣昌 / 杨耀林 / 杨益群 / 杨永钢 / 杨争光 / 姚峥华 / 叶澄

/ 易小力 / 尹道振 / 游建西 / 于常印 / 余海波 / 余希慈 / 郁龙余 / 袁粮钢 / 袁毅 / 亚牛 / 言飞 / 阎焰（笔名：望野）

杨传耕 / 杨河 / 杨黎光 / 杨立勋 / 杨柳 / 杨勤良 / 杨荣昌 / 杨耀林 / 杨益群 / 杨永钢 / 杨争光 / 姚峥华 / 叶澄海 / 叶

力 / 尹道振 / 游建西 / 于常印 / 余海波 / 余希慈 / 郁龙余 / 袁粮钢 / 袁毅 / 亚牛 / 言飞 / 阎焰（笔名：望野）/ 燕子

/ 杨河 / 杨黎光 / 杨立勋 / 杨柳 / 杨勤良 / 杨荣昌 / 杨耀林 / 杨益群 / 杨永钢 / 杨争光 / 姚峥华 / 叶澄海 / 叶杨 / 易

道振 / 游建西 / 于常印 / 余海波 / 余希慈 / 郁龙余 / 袁粮钢 / 袁毅 / 亚牛 / 言飞 / 阎焰（笔名：望野）/ 燕子 / 杨传

/ 杨黎光 / 杨立勋 / 杨柳 / 杨勤良 / 杨荣昌 / 杨耀林 / 杨益群 / 杨永钢 / 杨争光 / 姚峥华 / 叶澄海 / 叶杨 / 易小力 /

游建西 / 于常印 / 余海波 / 余希慈 / 郁龙余 / 袁粮钢 / 袁毅 / 亚牛 / 言飞 / 阎焰（笔名：望野）/ 燕子 / 杨传耕 / 杨河

/ 杨立勋 / 杨柳 / 杨勤良 / 杨荣昌 / 杨耀林 / 杨益群 / 杨永钢 / 杨争光 / 姚峥华 / 叶澄海 / 叶杨 / 易小力 / 尹道振 /

Y

亚牛

书名/责任者｜京哈铁路沿线名胜导游图册/草央，亚牛，于童，何峰编著
出版社｜北京：中国铁道出版社
出版年｜1997
页码｜45
ISBN｜7-113-02608-7
分类｜K992.9

书名/责任者｜深港关系四百年/苟骅，亚牛，樊卿，谢江涛主编；南方都市报编著
出版社｜深圳：海天出版社
出版年｜2007
页码｜348
ISBN｜978-7-80747-021-2
分类｜K296.5

言飞

书名/责任者｜深圳大全/王雪胜，言飞主编；广东省地质建设工程集团公司深圳公司，广东省地质测绘深圳分院《深圳大全》编纂委员会编
出版社｜北京：中国对外经济贸易出版社
出版年｜1997
页码｜534
ISBN｜7-80004-598-6
分类｜K296.53

阎焰（笔名：望野）

书名/责任者｜在线鉴定．末/望野著
出版社｜上海：上海书店出版社
出版年｜2002
页码｜129
ISBN｜7-80622-942-6
分类｜K854.2-44

书名/责任者｜在线鉴定．申/望野著
出版社｜上海：上海书店出版社
出版年｜2002
页码｜176
ISBN｜7-80622-943-4
分类｜K854.2-44

书名/责任者｜在线鉴定．午/望野著
出版社｜上海：上海书店出版社
出版年｜2002
页码｜125
ISBN｜7-80622-941-8
分类｜K854.2-44

书名/责任者｜在线鉴定．寅/望野著
出版社｜上海：上海书店出版社
出版年｜2003
页码｜100
ISBN｜7-80678-143-9
分类｜K854.2-44

书名/责任者｜在线鉴定．子/望野编著
出版社｜上海：上海书店出版社
出版年｜2003
页码｜148
ISBN｜7-80678-141-2
分类｜K854.2-44

书名/责任者｜鉴宝全6卷/望野编著
出版社｜郑州：大象出版社
出版年｜2004
页码｜6册
ISBN｜7-5347-3402-9
分类｜K87

书名/责任者｜鉴宝彩图版套装全6册/望野著
出版社｜郑州：大象出版社
出版年｜2005
页码｜6册
ISBN｜7-5347-3440-1
分类｜K870.4

书名/责任者｜红绿彩/望野著
出版社｜上海：上海书店出版社
出版年｜2003
页码｜74
ISBN｜7-80678-162-5
分类｜K876.3-64

书名/责任者 | 天边的彩虹：中国10-13世纪釉上多色彩绘陶瓷研究/望野著
出版社 | 郑州：大象出版社
出版年 | 2005
页码 | 283
ISBN | 7-5347-3639-0
分类 | K876.34

书名/责任者 | 古玩淘宝实战1001例/望野主编
出版社 | 长春：吉林出版集团有限责任公司
出版年 | 2006
页码 | 287
ISBN | 7-80720-439-7
分类 | K870.4

书名/责任者 | 千年梦华：中国古代陶瓷枕/望野编著
出版社 | 北京：文物出版社
出版年 | 2008
页码 | 91
ISBN | 978-7-5010-2392-9
分类 | K876.32

书名/责任者 | 精彩/望野编著；彧婵英文翻译
出版社 | 北京：文物出版社
出版年 | 2009
页码 | 89
ISBN | 978-7-5010-2830-6
分类 | K876.32

书名/责任者 | 千年梦华中国古代陶瓷枕第2编/望野编著
出版社 | 北京：文物出版社
出版年 | 2010
页码 | 103
ISBN | 978-7-5010-2899-3
分类 | K875.22

书名/责任者 | 大唐之美：一带一路背后的器用：/阎焰主编
出版社 | 北京：文物出版社
出版年 | 2017
页码 | 103
ISBN | 978-7-5010-5089-5
分类 | K875

书名/责任者 | 盛世·和平："一带一路"下的唐代文物/阎焰主编
出版社 | 南宁：广西美术出版社
出版年 | 2017
页码 | 111
ISBN | 978-7-5494-1819-0
分类 | K871.432

书名/责任者 | 长安春：七至九世纪的大唐器用/韩建明，阎焰，邓禾颖主编
出版社 | 杭州：浙江古籍出版社
出版年 | 2018
页码 | 153
ISBN | 978-7-5540-1220-8
分类 | K875.22

书名/责任者 | 煌煌·巨唐：七至九世纪的唐代物质与器用/叶杨，郭学雷，阎焰主编
出版社 | 北京：文物出版社
出版年 | 2019
页码 | 194
ISBN | 978-7-5010-6218-8
分类 | K875.02

书名/责任者 | 日本国朝臣备书丹褚思光撰文鸿胪寺丞李训墓志考/阎焰著
出版社 | 北京：文物出版社
出版年 | 2019
页码 | 78
ISBN | 978-7-5010-6454-0
分类 | K877.454

书名/责任者 | 洗磁录：古代陶瓷论集/阎焰著
出版社 | 北京：文物出版社
出版年 | 2022
页码 | 156
ISBN | 978-7-5010-7854-7
分类 | K876.34

燕子

书名/责任者｜苍生大医/燕子著
出版社｜深圳：海天出版社
出版年｜2005
页码｜215
ISBN｜7-80697-511-X
分类｜K826.2=76

杨传耕

书名/责任者｜百面铜镜百首诗/杨传耕著
出版社｜深圳：海天出版社
出版年｜2018
页码｜206
ISBN｜978-7-5507-2391-7
分类｜K875.24

杨河

书名/责任者｜五四运动与民族复兴：纪念五四运动 90 周年暨李大钊诞辰 120 周年理论研讨会学术论文集/杨河主编
出版社｜北京：北京大学出版社
出版年｜2010
页码｜217
ISBN｜978-7-301-16030-5
分类｜K261.107

杨黎光

书名/责任者｜中山路：追寻近代中国的现代化脚印/杨黎光著
出版社｜北京：人民文学出版社
出版年｜2009
页码｜298
ISBN｜978-7-02-007556-0
分类｜K250.7

杨立勋

书名/责任者｜全粤村情：深圳市宝安区卷/黄玲，杨立勋主编；广东省人民政府地方志办公室编
出版社｜广州：华南理工大学出版社
出版年｜2019
页码｜645
ISBN｜978-7-5623-5611-0
分类｜K926.55

书名/责任者｜嘉庆新安县志：简体字本/杨立勋主编；深圳市史志办公室整理编辑
出版社｜广州：华南理工大学出版社
出版年｜2020
页码｜363
ISBN｜978-7-5623-6479-5
分类｜K296.54

书名/责任者｜嘉庆新安县志：繁体字本（上、下）/杨立勋主编；深圳市史志办公室整理编辑
出版社｜广州：华南理工大学出版社
出版年｜2020
页码｜374
ISBN｜978-7-5623-6479-5
分类｜K296.54

书名/责任者｜深圳村落概览 . 第二辑：大鹏卷/黄玲，杨立勋，冷和明卷主编；深圳市史志办公室编
出版社｜广州：华南理工大学出版社
出版年｜2020
页码｜375
ISBN｜978-7-5623-6576-1
分类｜K926.55

书名/责任者｜深圳村落概览 . 第二辑：福田南山卷/黄玲，杨立勋，何文，田新舟卷主编；深圳市史志办公室编
出版社｜广州：华南理工大学出版社
出版年｜2020
页码｜327
ISBN｜978-7-5623-6576-1
分类｜K926.55

书名/责任者 | 深圳村落概览．第二辑：龙岗卷/黄玲，杨立勋，詹冰，黄乐平卷主编；深圳市史志办公室编
出版社 | 广州：华南理工大学出版社
出版年 | 2020
页码 | 987
ISBN | 978-7-5623-6576-1
分类 | K926.55

书名/责任者 | 深圳村落概览．第二辑：罗湖盐田卷/黄玲，杨立勋，唐汉隆，董秀卷主编；深圳市史志办公室编
出版社 | 广州：华南理工大学出版社
出版年 | 2020
页码 | 293
ISBN | 978-7-5623-6576-1
分类 | K926.55

书名/责任者 | 深圳村落概览．第二辑：坪山卷/黄玲，杨立勋，王伟雄卷主编；深圳市史志办公室编
出版社 | 广州：华南理工大学出版社
出版年 | 2020
页码 | 546
ISBN | 978-7-5623-6576-1
分类 | K926.55

书名/责任者 | 深圳村落概览．第一辑：宝安卷/黄玲，杨立勋，黄慧锋卷主编；深圳市史志办公室编
出版社 | 广州：华南理工大学出版社
出版年 | 2020
页码 | 445
ISBN | 978-7-5623-5833-6
分类 | K926.55

书名/责任者 | 深圳村落概览．第一辑：光明龙华卷/黄玲，杨立勋，周子友，黎建卷主编；深圳市史志办公室编
出版社 | 广州：华南理工大学出版社
出版年 | 2020
页码 | 624
ISBN | 978-7-5623-5833-6
分类 | K926.55

书名/责任者 | 全粤村情．深圳市福田区罗湖区南山区盐田区卷/黄玲，杨立勋卷主编
出版社 | 广州：华南理工大学出版社
出版年 | 2020
页码 | 386
ISBN | 978-7-5623-6383-5
分类 | K926.55

书名/责任者 | 深圳大事记：1978-2020/杨立勋主编；中共深圳市委党史研究室，深圳市史志办公室编
出版社 | 深圳：深圳报业集团出版社
出版年 | 2021
页码 | 734
ISBN | 978-7-80709-954-3
分类 | K296.53

书名/责任者 | 深圳市福田区革命老区发展史/杨立勋主编；深圳市福田区革命老区发展史编委会编
出版社 | 广州：广东人民出版社
出版年 | 2021
页码 | 282
ISBN | 978-7-218-14648-5
分类 | K296.54

书名/责任者 | 深圳市宝安区革命老区发展史/杨立勋主编
出版社 | 广州：广东人民出版社
出版年 | 2021
页码 | 343
ISBN | 978-7-218-14814-4
分类 | K296.54

书名/责任者 | 深圳市革命遗址通览/杨立勋主编
出版社 | 广州：广东人民出版社
出版年 | 2021
页码 | 262
ISBN | 978-7-218-15100-7
分类 | K928.726.53

书名/责任者 | 深圳通史：古代卷/杨立勋主编；深圳市人民政府地方志办公室编著
出版社 | 北京：科学出版社

出版年 | 2023
页码 | 467
ISBN | 978-7-03-076550-5
分类 | K296.53

杨柳

书名/责任者 | 深圳创业故事/杨柳执笔；深圳市科技创新委员会主编
出版社 | 深圳：海天出版社
出版年 | 2018
页码 | 191
ISBN | 978-7-5507-2456-3
分类 | K825.38=7

书名/责任者 | 深圳创业故事.2/杨柳执笔；深圳市科技创新委员会主编
出版社 | 深圳：海天出版社
出版年 | 2021
页码 | 200
ISBN | 978-7-5507-3142-4
分类 | K825.38=76

杨勤良

书名/责任者 | 罗霄山之子：记幸元林将军/杨勤良著
出版社 | 乌鲁木齐：新疆美术摄影出版社
出版年 | 2009
页码 | 340
ISBN | 978-7-80744-997-3
分类 | K825.2=74

书名/责任者 | 一代骁将曾保堂/杨勤良著
出版社 | 深圳：深圳报业集团出版社
出版年 | 2012
页码 | 345
ISBN | 978-7-80709-445-6
分类 | K825.2=74

书名/责任者 | 放羊娃的足迹：记老红军王鸿荣/杨勤良著
出版社 | 深圳：深圳报业集团出版社
出版年 | 2014
页码 | 315
ISBN | 978-7-80709-578-1
分类 | K825.2=76

书名/责任者 | 军人本色：曲国元的一生/杨勤良著
出版社 | 深圳：深圳报业集团出版社
出版年 | 2016
页码 | 323
ISBN | 978-7-80709-722-8
分类 | K825.2=76

杨荣昌

书名/责任者 | 姜女石：秦行宫遗址发掘报告（上、下）/华玉冰，杨荣昌主编
出版社 | 北京：文物出版社
出版年 | 2010
页码 | 472，266
ISBN | 978-7-5010-3047-7
分类 | K878.05

书名/责任者 | 龙岗记忆：深圳东北地区炮楼建筑调查/杨荣昌著；深圳市龙岗区编
出版社 | 北京：文物出版社
出版年 | 2011
页码 | 232
ISBN | 978-7-5010-3233-4
分类 | K928.71

杨耀林

书名/责任者 | 深圳近代简史/杨耀林编著
出版社 | 北京：文物出版社
出版年 | 1997
页码 | 232
ISBN | 7-5010-0949-X
分类 | K296.53

书名/责任者 | 深圳文博/王壁，杨耀林

主编
出版社 | 北京：人民出版社
出版年 | 2001
页码 | 230
ISBN | 7-01-003521-0
分类 | K296.53-53

书名/责任者 | 国家宝藏：中国国家博物馆典藏精品展图录/杨耀林主编
出版社 | 北京：文物出版社
出版年 | 2008
页码 | 149
ISBN | 978-7-5010-2660-9
分类 | K870.2

书名/责任者 | 晋国霸业：山西出土两周时期文物精华展图录/杨耀林，石金鸣，宋建忠主编
出版社 | 北京：文物出版社
出版年 | 2008
页码 | 117
ISBN | 978-7-5010-2636-4
分类 | K873.25

书名/责任者 | 精彩：金元红绿彩瓷器中的神祇与世相/杨耀林主编；安玲，刘文林摄影；鲁力，蔡晓明英文翻译；深圳博物馆编
出版社 | 北京：文物出版社
出版年 | 2009
页码 | 319
ISBN | 978-7-5010-2916-7
分类 | K876.32

杨益群

书名/责任者 | 桂林文史资料．第三十辑：抗战时期桂林美术运动（上、下）/杨益群编著；桂林市美术馆主编
出版社 | 桂林：漓江出版社
出版年 | 1995
页码 | 805
ISBN | 7-5407-1807-2
分类 | K296.73

书名/责任者 | 桂林文史资料．第四十一辑：湘桂大撤退（抗战时期中国文化人大流亡）/杨益群著
出版社 | 桂林：漓江出版社
出版年 | 1999
页码 | 210
ISBN | 7-5407-2543-5
分类 | K296.73

杨永钢

书名/责任者 | 留下世纪的回忆：深圳创业者记实/杨永钢，于常印主编
出版社 | 北京：中国文史出版社
出版年 | 2000
页码 | 593
ISBN | 7-5034-1103-1
分类 | K825.38=76

杨争光

书名/责任者 | 杨争光：文字岁月/杨争光著
出版社 | 深圳：深圳报业集团出版社
出版年 | 2016
页码 | 287
ISBN | 978-7-80709-753-2
分类 | K825.6=76

姚峥华

书名/责任者 | 书人·书事/姚峥华著
出版社 | 深圳：海天出版社
出版年 | 2014
页码 | 182
ISBN | 978-7-5507-0882-2
分类 | K825.4=7

叶澄海

书名/责任者 | 廖安祥研究/房学嘉，叶澄海主编

出版社｜广州：华南理工大学出版社
出版年｜2008
页码｜439
ISBN｜978-7-5623-2807-0
分类｜K281.1-53

叶杨

书名/责任者｜神秘的古蜀王国：三星堆·金沙文物珍宝/叶杨，张跃辉，王毅主编
出版社｜北京：文物出版社
出版年｜2009
页码｜219
ISBN｜978-7-5010-2757-6
分类｜K873.713

书名/责任者｜大善之美：深圳博物馆藏社会捐赠文物集萃/叶杨主编
出版社｜北京：文物出版社
出版年｜2010
页码｜199
ISBN｜978-7-5010-2978-5
分类｜K870.2

书名/责任者｜东风西渐：上海市历史博物馆藏欧洲瓷器展/深圳博物馆，上海市历史博物馆编；叶杨，张岚主编
出版社｜北京：文物出版社
出版年｜2010
页码｜143
ISBN｜978-7-5010-2944-0
分类｜K885.063.2

书名/责任者｜剑舞楚天：湖北出土楚文物展图录/深圳博物馆，湖北省博物馆编；叶杨，万全文主编
出版社｜北京：文物出版社
出版年｜2010
页码｜183
ISBN｜978-7-5010-2922-8
分类｜K871.412

书名/责任者｜三秦瑰宝：陕西出土周秦汉唐文物展/叶杨主编
出版社｜北京：文物出版社
出版年｜2010
页码｜209
ISBN｜978-7-5010-3038-5
分类｜K873.41

书名/责任者｜商代遗珍：江西新干大洋洲出土文物精品/叶杨，彭明瀚主编
出版社｜北京：文物出版社
出版年｜2010
页码｜161
ISBN｜978-7-5010-2940-2
分类｜K873.564

书名/责任者｜茶道文心：紫砂茗壶汇赏/叶杨主编
出版社｜北京：文物出版社
出版年｜2011
页码｜157
ISBN｜978-7-5010-3153-5
分类｜K876.34

书名/责任者｜法相庄严：山西博物院藏佛教造像珍品展/深圳博物馆，山西博物院编；叶杨主编
出版社｜北京：文物出版社
出版年｜2011
页码｜129
ISBN｜978-7-5010-3159-7
分类｜K879.32

书名/责任者｜契丹风韵：内蒙古辽代文物珍品展/叶杨，塔拉主编
出版社｜北京：文物出版社
出版年｜2011
页码｜167
ISBN｜978-7-5010-3165-8
分类｜K872.260.2

书名/责任者｜丝路遗韵：新疆出土文物展图录/深圳博物馆编；叶杨著
出版社｜北京：文物出版社
出版年｜2011
页码｜181
ISBN｜978-7-5010-3141-2
分类｜K873.452

书名/责任者 | 礼乐汉东：湖北随州出土周代青铜器精华/叶杨，黄建勋主编
出版社 | 北京：文物出版社
出版年 | 2012
页码 | 215
ISBN | 978-7-5010-3530-4
分类 | K876.412

书名/责任者 | 东江臻萃：深莞惠三地文物精品联展图录/叶杨，谌小灵，罗国雄主编
出版社 | 北京：文物出版社
出版年 | 2013
页码 | 177
ISBN | 978-7-5010-3734-6
分类 | K872.653.2

书名/责任者 | 静谧人生：粤港澳藏孙中山次女孙琬戴恩赛伉俪文物联展图录/叶杨主编
出版社 | 北京：文物出版社
出版年 | 2013
页码 | 210
ISBN | 978-7-5010-3820-6
分类 | K871.602

书名/责任者 | 玉石之魂：中国社会科学院考古研究所发掘出土商周玉器精品/王巍，叶杨主编
出版社 | 北京：文物出版社
出版年 | 2013
页码 | 158
ISBN | 978-7-5010-3674-5
分类 | K876.82

书名/责任者 | 宝安三十年史：1949-1979年/叶杨，莫小培主编；深圳博物馆编著
出版社 | 北京：文物出版社
出版年 | 2014
页码 | 448
ISBN | 978-7-5010-3881-7
分类 | K296.53

书名/责任者 | 贞干表微：深圳博物馆馆藏牌匾精品/叶杨主编；深圳博物馆编
出版社 | 北京：文物出版社
出版年 | 2014
页码 | 235
ISBN | 978-7-5010-3938-8
分类 | K875.42

书名/责任者 | 印度的世界：美国洛杉矶郡艺术博物馆藏印度文物精品/方勤，石金鸣，叶杨主编
出版社 | 北京：文物出版社
出版年 | 2014
页码 | 239
ISBN | 978-7-5010-3946-3
分类 | K883.51-64

书名/责任者 | 东江遗珍：深圳东莞惠州汕尾河源出土文物联展图录/叶杨，谌小灵，罗国雄主编；黄诗金，曹永富，蒋彬摄影；深圳博物馆，东莞市博物馆，惠州市博物馆编
出版社 | 北京：文物出版社
出版年 | 2015
页码 | 167
ISBN | 978-7-5010-4257-9
分类 | K873.650.2

书名/责任者 | 松石间意：巴蜀地区典藏古琴精品集/叶杨主编
出版社 | 北京：文物出版社
出版年 | 2015
页码 | 171
ISBN | 978-7-5010-3861-9
分类 | K875.54

书名/责任者 | 盛世侧影：河南博物院藏汉唐文物精品/叶杨，田凯主编
出版社 | 北京：文物出版社
出版年 | 2016
页码 | 219
ISBN | 978-7-5010-4674-4
分类 | K871.41

书名/责任者 | 千年马约里卡：意大利法恩扎国际陶瓷博物馆典藏/叶杨主编；梁薇，戴晨，赵一丹翻译
出版社 | 北京：文物出版社

出版年 | 2017
页码 | 262
ISBN | 978-7-5010-5507-4
分类 | K866.32

书名/责任者 | 周邦肇作：陕西宝鸡出土商周青铜器精华/深圳博物馆编；叶杨主编
出版社 | 北京：文物出版社
出版年 | 2018
页码 | 254
ISBN | 978-7-5010-5730-6
分类 | K876.412

书名/责任者 | 巴蜀汉风：川渝地区汉代文物精品/深圳博物馆编；叶杨主编
出版社 | 北京：文物出版社
出版年 | 2019
页码 | 181
ISBN | 978-7-5010-5678-1
分类 | K872.710.2

书名/责任者 | 煌煌·巨唐：七至九世纪的唐代物质与器用/叶杨，郭学雷，阎焰主编；深圳博物馆，深圳望野博物馆编著
出版社 | 北京：文物出版社
出版年 | 2019
页码 | 194
ISBN | 978-7-5010-6218-8
分类 | K875.02

书名/责任者 | 深圳经济特区管理线（二线）历史变迁研究/叶杨，付莹主编；深圳博物馆编著
出版社 | 深圳：海天出版社
出版年 | 2019
页码 | 183
ISBN | 978-7-5507-2417-4
分类 | K296.51

书名/责任者 | 从地中海到中国：平山郁夫丝绸之路美术馆藏文物精粹/叶杨，（日）平山美知子主编
出版社 | 北京：文物出版社
出版年 | 2020
页码 | 252
ISBN | 978-7-5010-6750-3
分类 | K86-64

书名/责任者 | 广东省民俗文化研究会会议论文集：2016-2019/肖海明，叶杨主编
出版社 | 北京：文物出版社
出版年 | 2021
页码 | 367
ISBN | 978-7-5010-6975-0
分类 | K892.465-53

易小力

书名/责任者 | 文化遗产与旅游规划/易小力著
出版社 | 北京：北京大学出版社
出版年 | 2014
页码 | 309
ISBN | 978-7-301-25026-6
分类 | K103

尹道振

书名/责任者 | 特区担当：珍藏版/尹道振主编
①
出版社 | 北京：团结出版社
出版年 | 2018
页码 | 409
ISBN | 978-7-5126-6143-1
分类 | K827=76
②
出版社 | 北京：团结出版社
出版年 | 2019
页码 | 288
ISBN | 978-7-5126-6923-9
分类 | K827=76
③
出版社 | 北京：团结出版社
出版年 | 2020
页码 | 342
ISBN | 978-7-5126-7552-0
分类 | K827=76

书名/责任者 | 宝商担当：1992-2022：深圳市宝安区建区三十周年/尹道振主编
出版社 | 北京：团结出版社
出版年 | 2023
页码 | 563
ISBN | 978-7-5126-9804-8
分类 | K825.38=76

游建西

书名/责任者 | 近代贵州苗族社会的文化变迁：1895-1945/游建西著
出版社 | 贵阳：贵州人民出版社
出版年 | 1997
页码 | 215
ISBN | 7-221-04456-2
分类 | K281.6

于常印

书名/责任者 | 留下世纪的回忆：深圳创业者记实/杨永钢主编；于常印主编
出版社 | 北京：中国文史出版社
出版年 | 2000
页码 | 593
ISBN | 7-5034-1103-1
分类 | K825.38=76

书名/责任者 | 深圳创业传奇/于常印编著
出版社 | 深圳：海天出版社
出版年 | 2008
页码 | 234
ISBN | 978-7-80747-289-6
分类 | K825.38=7

余海波

书名/责任者 | 生活在改革开放的中国深圳/余海波摄影；邵华主编
出版社 | 北京：中国摄影出版社
出版年 | 2007
页码 | 200
ISBN | 978-7-80236-173-7
分类 | K926.53-64

余希慈

书名/责任者 | 深圳城市指南/魏开扬，余希慈，道隆编著
出版社 | 深圳：海天出版社
出版年 | 1994
页码 | 118
ISBN | 7-80542-958-8
分类 | K928.965.3

郁龙余

书名/责任者 | 创意深圳，时尚之都：深圳导游词/郁龙余主编
出版社 | 北京：中国旅游出版社
出版年 | 2011
页码 | 354
ISBN | 978-7-5032-4197-0
分类 | K928.965.5

书名/责任者 | 谭云山/谭中，郁龙余主编
出版社 | 北京：中央编译出版社
出版年 | 2012
页码 | 312
ISBN | 978-7-5117-1446-6
分类 | K825.46=74

书名/责任者 | 泰戈尔落在中国的心/郁龙余，魏丽明主编
出版社 | 北京：中央编译出版社
出版年 | 2013
页码 | 454
ISBN | 978-7-5117-1811-2
分类 | K833.525.6=52

书名/责任者 | 季羡林评传/郁龙余，朱璇著
出版社 | 济南：山东教育出版社
出版年 | 2016
页码 | 689

ISBN｜978-7-5328-9485-7
分类｜K825.4=76

书名/责任者｜“一带一路”开创人类文明新纪元：兼论中国、印度的历史担当/郁龙余著
出版社｜北京：中国社会科学出版社
出版年｜2019
页码｜409
ISBN｜978-7-5203-4327-5
分类｜K203

书名/责任者｜黄道婆/郁龙余著
出版社｜北京：人民出版社
出版年｜2022
页码｜433
ISBN｜978-7-01-024863-9
分类｜K826.16

袁粮钢

书名/责任者｜股网金来：股市大亨网络精英的真实故事/袁粮钢，王明旺著
出版社｜深圳：海天出版社
出版年｜2001
页码｜239
ISBN｜7-80654-471-2
分类｜K815.3=5

袁毅

书名/责任者｜深圳华侨城/周志辉，袁毅，张昕撰文；李树会，韩朔英文；龚威健，刘伟雄，王传黎摄影；华侨城集团公司，中国旅游出版社编辑
出版社｜北京：中国旅游出版社
出版年｜2001
页码｜120
ISBN｜7-5032-1804-5
分类｜K928.965.3-64

宏兴 / 曾晶 / 曾生 / 曾祥委 / 詹冰 / 詹文河 / 张春雷 / 张帆 / 张冠生 / 张合运 / 张煌新 / 张进贤 / 张俊彪 / 张黎明 /
张万坤 / 张卫东 / 张文 / 张小也 / 张效民 / 张新平 / 张岩 / 张一兵 / 张玉阁 / 章必功 / 赵灿荣 / 赵卉洲 / 郑恺 / 郑通
通 / 周保民 / 周华 / 周军 / 周其若 / 周英雄 / 周志辉 / 周子友 / 朱赤 / 朱来常 / 朱荣基 / 朱士福 / 朱映晓 / 祝王飞 /
宏兴 / 曾晶 / 曾生 / 曾祥委 / 詹冰 / 詹文河 / 张春雷 / 张帆 / 张冠生 / 张合运 / 张煌新 / 张进贤 / 张俊彪 / 张黎明 /
张万坤 / 张卫东 / 张文 / 张小也 / 张效民 / 张新平 / 张岩 / 张一兵 / 张玉阁 / 章必功 / 赵灿荣 / 赵卉洲 / 郑恺 / 郑通
通 / 周保民 / 周华 / 周军 / 周其若 / 周英雄 / 周志辉 / 周子友 / 朱赤 / 朱来常 / 朱荣基 / 朱士福 / 朱映晓 / 祝王飞 /
宏兴 / 曾晶 / 曾生 / 曾祥委 / 詹冰 / 詹文河 / 张春雷 / 张帆 / 张冠生 / 张合运 / 张煌新 / 张进贤 / 张俊彪 / 张黎明 /
张万坤 / 张卫东 / 张文 / 张小也 / 张效民 / 张新平 / 张岩 / 张一兵 / 张玉阁 / 章必功 / 赵灿荣 / 赵卉洲 / 郑恺 / 郑通
通 / 周保民 / 周华 / 周军 / 周其若 / 周英雄 / 周志辉 / 周子友 / 朱赤 / 朱来常 / 朱荣基 / 朱士福 / 朱映晓 / 祝王飞 /
宏兴 / 曾晶 / 曾生 / 曾祥委 / 詹冰 / 詹文河 / 张春雷 / 张帆 / 张冠生 / 张合运 / 张煌新 / 张进贤 / 张俊彪 / 张黎明 /
张万坤 / 张卫东 / 张文 / 张小也 / 张效民 / 张新平 / 张岩 / 张一兵 / 张玉阁 / 章必功 / 赵灿荣 / 赵卉洲 / 郑恺 / 郑通
通 / 周保民 / 周华 / 周军 / 周其若 / 周英雄 / 周志辉 / 周子友 / 朱赤 / 朱来常 / 朱荣基 / 朱士福 / 朱映晓 / 祝王飞 /
宏兴 / 曾晶 / 曾生 / 曾祥委 / 詹冰 / 詹文河 / 张春雷 / 张帆 / 张冠生 / 张合运 / 张煌新 / 张进贤 / 张俊彪 / 张黎明 /
张万坤 / 张卫东 / 张文 / 张小也 / 张效民 / 张新平 / 张岩 / 张一兵 / 张玉阁 / 章必功 / 赵灿荣 / 赵卉洲 / 郑恺 / 郑通
通 / 周保民 / 周华 / 周军 / 周其若 / 周英雄 / 周志辉 / 周子友 / 朱赤 / 朱来常 / 朱荣基 / 朱士福 / 朱映晓 / 祝王飞 /
宏兴 / 曾晶 / 曾生 / 曾祥委 / 詹冰 / 詹文河 / 张春雷 / 张帆 / 张冠生 / 张合运 / 张煌新 / 张进贤 / 张俊彪 / 张黎明 /
张万坤 / 张卫东 / 张文 / 张小也 / 张效民 / 张新平 / 张岩 / 张一兵 / 张玉阁 / 章必功 / 赵灿荣 / 赵卉洲 / 郑恺 / 郑通

Z

曾宏兴

书名/责任者｜成功序列/曾宏兴主编
出版社｜深圳：海天出版社
出版年｜2013
页码｜333
ISBN｜978-7-5507-0702-3
分类｜K828.3=76

曾晶

书名/责任者｜进退之间：中国电视新闻从业人员心态录/朱羽君，高传智主编；曾晶，谢勤亮主笔
出版社｜北京：中国传媒大学出版社
出版年｜2005
页码｜314
ISBN｜7-81085-523-9
分类｜K825.42=76

曾生

书名/责任者｜曾生回忆录/曾生著
出版社｜北京：解放军出版社
出版年｜1992
页码｜827
ISBN｜7-5065-1813-9
分类｜K827.5

曾祥委

书名/责任者｜南雄珠玑移民的历史与文化/曾祥委，曾汉祥主编；李文约著
出版社｜广州：暨南大学出版社
出版年｜1995
页码｜229
ISBN｜7-81029-439-3
分类｜K296.54

书名/责任者｜田野视角：客家的文化与民性/曾祥委著
出版社｜哈尔滨：黑龙江人民出版社
出版年｜2005
页码｜278
ISBN｜7-207-06818-2
分类｜K281.1

詹冰

书名/责任者｜深圳村落概览．第二辑：龙岗卷/黄玲，杨立勋，詹冰，黄乐平卷主编；深圳市史志办公室编
出版社｜广州：华南理工大学出版社
出版年｜2020
页码｜987
ISBN｜978-7-5623-6576-1
分类｜K926.55

詹文河

书名/责任者｜深圳专家大辞典．Ⅰ/卓强，詹文河主编；深圳市专家工作联合会编
出版社｜深圳：海天出版社
出版年｜2005
页码｜402
ISBN｜7-80697-379-6
分类｜K826.1=76

张春雷

书名/责任者｜深圳全纪录（上、中、下卷）：6000年前－公元1983年/张春雷主编
出版社｜深圳：海天出版社
出版年｜2000
页码｜1225
ISBN｜7-80654-286-8
分类｜K296.53

书名/责任者｜深圳概览：2001/张春雷主编；深圳市政府新闻办公室编
出版社｜深圳：海天出版社
出版年｜2001
页码｜120
ISBN｜7-80654-210-8

分类 | K926.53

张帆

书名/责任者 | 面孔：平湖人的家族往事与珍存/陈建平，黎衡，张帆采编
出版社 | 北京：中国文史出版社
出版年 | 2018
页码 | 226
ISBN | 978-7-5205-0477-5
分类 | K820.9

张冠生

书名/责任者 | 书生去：杂忆费孝通/张冠生著
出版社 | 深圳：深圳报业集团出版社
出版年 | 2016
页码 | 251
ISBN | 978-7-80709-758-7
分类 | K827=76

书名/责任者 | 民盟历史文献：费孝通（上、下）/张冠生著
出版社 | 北京：群言出版社
出版年 | 2012
页码 | 614
ISBN | 7-80256-381-0
分类 | K825.4

书名/责任者 | 田野里的大师/张冠生著
出版社 | 北京：海豚出版社
出版年 | 2014
页码 | 247
ISBN | 978-7-5110-2083-3
分类 | K825.4

书名/责任者 | 为文化找出路：费孝通传/张冠生著
出版社 | 北京：中国友谊出版公司
出版年 | 2012
页码 | 221
ISBN | 978-7-5057-3025-0
分类 | K825.4

张合运

书名/责任者 | 深圳市第二批市级非物质文化遗产代表性项目名录 深圳市第一第二批市级非物质文化遗产代表性传承人名录/张合运主编；深圳市文体旅游局主编
出版社 | 北京：文物出版社
出版年 | 2014
页码 | 210
ISBN | 978-7-5010-4168-8
分类 | K296.53-62

书名/责任者 | 深圳市第三批第四批市级非物质文化遗产代表性项目名录 深圳市第三批第四批市级非物质文化遗产项目代表性传承人名录/张合运主编；深圳市文化广电旅游体育局主编
出版社 | 北京：文物出版社
出版年 | 2019
页码 | 199
ISBN | 978-7-5010-6354-3
分类 | K296.53-62

张煌新

书名/责任者 | 龙华文物志/张煌新编著；龙华街道文体中心编辑
出版社 | 北京：华夏出版社
出版年 | 2008
页码 | 98
ISBN | 978-7-5080-4158-8
分类 | K296.53

书名/责任者 | 记忆龙华/张煌新编著
出版社 | 海口：南方出版社
出版年 | 2009
页码 | 172
ISBN | 978-7-80701-068-1
分类 | K87

张进贤

书名/责任者 | 陈国史/张进贤，张继华

编著
出版社｜深圳：海天出版社
出版年｜2014
页码｜330
ISBN｜978-7-5507-1096-2
分类｜K224.04

张俊彪

书名/责任者｜董振堂/张俊彪著
出版社｜北京：中国青年出版社
出版年｜1994
页码｜150
ISBN｜7-5006-1395-4
分类｜K825.2

书名/责任者｜刘志丹/张俊彪著
出版社｜北京：中国青年出版社
出版年｜1994
页码｜150
ISBN｜7-5006-1396-2
分类｜K827.6

书名/责任者｜深圳文史．第十三辑/张俊彪主编；深圳市政协文化文史和学习委员会编
出版社｜深圳：海天出版社
出版年｜2012
页码｜370
ISBN｜978-7-5507-0533-3
分类｜K296.53

书名/责任者｜深圳文史．第十四辑：百年沧桑 深港轶事/张俊彪主编；政协深圳市委，深圳博物馆编
出版社｜深圳：海天出版社
出版年｜2014
页码｜233
ISBN｜978-7-5507-0936-2
分类｜K296.53

张黎明

书名/责任者｜她的老街：1979-1983/张黎明著
出版社｜深圳：深圳报业集团出版社
出版年｜2016
页码｜271
ISBN｜978-7-80709-767-9
分类｜K296.53

张柳珍

书名/责任者｜光明风情/张柳珍主编
出版社｜广州：岭南美术出版社
出版年｜2012
页码｜150
ISBN｜978-7-5362-4848-9
分类｜K926.53

书名/责任者｜深圳市光明新区自然村落历史人文普查/张柳珍主编
出版社｜北京：中国文史出版社
出版年｜2017
页码｜194
ISBN｜978-7-5034-8925-9
分类｜K926.55

张万坤

书名/责任者｜新加坡研究．2016卷/吕元礼，陈家喜，张万坤主编
出版社｜北京：社会科学文献出版社
出版年｜2017
页码｜327
ISBN｜978-7-5201-0027-4
分类｜K339.07

张卫东

书名/责任者｜客家研究．第一集/张卫东，王洪友主编
出版社｜上海：同济大学出版社
出版年｜1989
页码｜329
ISBN｜7-5608-0271-0
分类｜K281.1

张文

书名/责任者 | 汗洒鹏城爱满鹏城：第二届深圳市优秀外地来深建设者和外地来深建设者之家事迹汇编/张文，管林根，黄杨略主编；深圳特区报，深圳市劳动和社会保障局编
出版社 | 深圳：深圳报业集团出版社
出版年 | 2005
页码 | 295
ISBN | 7-80709-005-7
分类 | K820.865.3

张小也

书名/责任者 | 资政要鉴．第一卷：政治/赵禄祥主编；田人隆，张小也卷主编；于庆祥撰稿
出版社 | 北京：北京出版社
出版年 | 2001
页码 | 959
ISBN | 7-200-04089-4
分类 | K220.9

书名/责任者 | 人物中国．隋唐五代十国辽宋西夏金元/龚莉主编；张小也，罗丹妮编
出版社 | 北京：中国大百科全书出版社
出版年 | 2009
页码 | 205
ISBN | 978-7-5000-7906-4
分类 | K82

书名/责任者 | 皇清奏议（上、中、下）/罗振玉辑；张小也，苏亦工点校
出版社 | 南京：凤凰出版社
出版年 | 2018
页码 | 1536
ISBN | 978-7-5506-2875-5
分类 | K249.065

书名/责任者 | 中华巨匠：古代卓越科技人物/朱杰军，陈连营，赵珍，张小也编著
出版社 | 北京：中国科学技术出版社
出版年 | 2022
页码 | 245
ISBN | 978-7-5046-9681-6
分类 | K826.1=2

张效民

书名/责任者 | 艾芜评传/张效民著
出版社 | 成都：西南财经大学出版社
出版年 | 1988
页码 | 188
ISBN | 7-81017-070-8
分类 | K825.6

书名/责任者 | 艾芜传：流浪文豪之谜/张效民著
出版社 | 成都：四川民族出版社
出版年 | 1997
页码 | 340
ISBN | 7-5409-1755-5
分类 | K825.6=75

书名/责任者 | 爱我澳门/赵祝武主编；张效民编
出版社 | 成都：四川民族出版社
出版年 | 1999
页码 | 137
ISBN | 7-5409-2173-0
分类 | K926.59

书名/责任者 | 魂系白鹿原/祁念曾，张效民主编；铁凝，贾平凹著
出版社 | 成都：四川文艺出版社
出版年 | 2016
页码 | 192
ISBN | 978-7-5411-4490-5
分类 | K825.6=76

书名/责任者 | 中国历史文化散论/张效民著
出版社 | 北京：旅游教育出版社
出版年 | 2018
页码 | 228
ISBN | 978-7-5637-3699-7
分类 | K203-53

书名/责任者｜心中蓄满露水的诗人：木斧评传/张效民著
出版社｜成都：四川文艺出版社
出版年｜2020
页码｜372
ISBN｜978-7-5411-5593-2
分类｜K825.6=76

书名/责任者｜沈佺期行实考辨/张效民著
出版社｜北京：社会科学文献出版社
出版年｜2022
页码｜257
ISBN｜978-7-5228-0258-9
分类｜K825.6=424

张新平

书名/责任者｜民治村史/张新平主编；中共民治村支部，民治村民委员会编
出版社｜北京：中国档案出版社
出版年｜2004
页码｜346
ISBN｜7-80166-496-5
分类｜K296.55

张岩

书名/责任者｜传统文化与阅读推广/张岩编；王余光，霍瑞娟，李东来总主编
出版社｜北京：朝华出版社
出版年｜2022
页码｜168
ISBN｜978-7-5054-4577-2
分类｜K203

张一兵

书名/责任者｜深圳古代简史/张一兵编著
出版社｜北京：文物出版社
出版年｜1997
页码｜205
ISBN｜7-5010-0948-1
分类｜K296.53

书名/责任者｜明堂制度研究/张一兵著
出版社｜北京：中华书局
出版年｜2005
页码｜517
ISBN｜7-101-04769-6
分类｜K892.9

书名/责任者｜嘉庆新安县志校注/张一兵校注；宝安文史丛书编纂委员会编
出版社｜北京：中国大百科全书出版社
出版年｜2006
页码｜963
ISBN｜7-5000-7513-8
分类｜K296.54

书名/责任者｜康熙新安县志校注/张一兵校注；宝安文史丛书编纂委员会编
出版社｜北京：中国大百科全书出版社
出版年｜2006
页码｜574
ISBN｜7-5000-7512-X
分类｜K296.54

书名/责任者｜深圳旧志三种：天顺东莞旧志、康熙新安县志、嘉庆新安县志/张一兵校点
出版社｜深圳：海天出版社
出版年｜2006
页码｜1128
ISBN｜7-80697-763-5
分类｜K296.53

书名/责任者｜明堂制度源流考/张一兵著
出版社｜北京：人民出版社
出版年｜2007
页码｜272
ISBN｜978-7-01-006052-1
分类｜K892.9

书名/责任者｜深圳炮楼探秘/张一兵，曲文著
出版社｜深圳：深圳报业集团出版社

出版年 | 2015
页码 | 212
ISBN | 978-7-80709-686-3
分类 | K928.79

书名/责任者 | 深圳风物志.第一辑：传统建筑卷/廖虹雷主编；张一兵主编著
出版社 | 深圳：海天出版社
出版年 | 2016
页码 | 346
ISBN | 978-7-5507-1673-5
分类 | K296.53

书名/责任者 | 深圳通史.01：图文版/张一兵主编
出版社 | 深圳：海天出版社
出版年 | 2018
页码 | 201
ISBN | 978-7-5507-2289-7
分类 | K296.53

书名/责任者 | 深圳通史.02：图文版/张一兵主编
出版社 | 深圳：海天出版社
出版年 | 2018
页码 | 179
ISBN | 978-7-5507-2290-3
分类 | K296.53

书名/责任者 | 南溟海运贠危楼：大鹏所城/张一兵著
出版社 | 深圳：海天出版社
出版年 | 2020
页码 | 131
ISBN | 978-7-5507-2934-6
分类 | K928.77

张玉阁

书名/责任者 | 感动中国的深圳人：纪念改革开放30周年/张玉阁，李昌鸿，宁小军主编
出版社 | 深圳：海天出版社
出版年 | 2008
页码 | 259
ISBN | 978-7-80747-400-5
分类 | K820.865.3

书名/责任者 | 影响中国的深圳人：纪念改革开放30周年/张玉阁，李昌鸿，宁小军主编
出版社 | 深圳：海天出版社
出版年 | 2008
页码 | 246
ISBN | 978-7-80747-399-2
分类 | K820.865.3

章必功

书名/责任者 | 华夏人文概览/章必功主编
出版社 | 北京：高等教育出版社
出版年 | 2006
页码 | 462
ISBN | 978-7-04-015300-2
分类 | K203

书名/责任者 | 深圳作家访谈录/章必功，南翔；汤奇云，曹清华，黄玉蓉，李云龙采访撰稿
出版社 | 北京：中国青年出版社
出版年 | 2009
页码 | 378
ISBN | 978-7-5006-8334-6
分类 | K825.6=76

赵灿荣

书名/责任者 | 水上见炊烟：沙井基围人口述史/赵灿荣口述；唐冬眉撰写
出版社 | 广州：花城出版社
出版年 | 2013
页码 | 423
ISBN | 978-7-5360-6816-2
分类 | K296.55

赵卉洲

书名/责任者 | 中国的米兰记忆/赵卉

洲著
出版社 | 深圳：海天出版社
出版年 | 2018
页码 | 122
ISBN | 978-7-5507-1955-2
分类 | K825.72=76

郑恺

书名/责任者 | 南山风物/郑恺著
出版社 | 深圳：海天出版社
出版年 | 2015
页码 | 183
ISBN | 978-7-5507-1334-5
分类 | K926.54

郑通扬

书名/责任者 | 人文广东：在行走中品读岭南文化/郑通扬编著
出版社 | 广州：广东旅游出版社
出版年 | 2005
页码 | 321
ISBN | 7-80653-672-8
分类 | K928.965

郑映通

书名/责任者 | 爱我宝安：中学版/郑映通主编
出版社 | 北京：高等教育出版社
出版年 | 2008
页码 | 87
ISBN | 978-7-04-021311-7
分类 | K296.53

书名/责任者 | 我爱宝安：小学版/郑映通主编
出版社 | 北京：高等教育出版社
出版年 | 2008
页码 | 52
ISBN | 978-7-04-021311-7
分类 | K296.53

周保民

书名/责任者 | 南山故事/周保民著
出版社 | 深圳：海天出版社
出版年 | 2015
页码 | 244
ISBN | 978-7-5507-1279-9
分类 | K296.54

书名/责任者 | 千年古郡：南头古城/周保民著
出版社 | 深圳：海天出版社
出版年 | 2020
页码 | 152
ISBN | 978-7-5507-2823-3
分类 | K928.5

周华

书名/责任者 | 深圳市志：改革开放卷/黄玲执行总纂；黄玲，毛剑峰，周华本卷主纂；深圳市地方志编纂委员会编
出版社 | 北京：方志出版社
出版年 | 2014
页码 | 812
ISBN | 978-7-5144-1216-1
分类 | K296.53

周军

书名/责任者 | 广东省县域历史文化资源：深圳卷/深圳市文物管理办公室，周军，吴曾德，黄崇岳主编
出版社 | 北京：文物出版社
出版年 | 2009
页码 | 383
ISBN | 978-7-5010-2649-4
分类 | K296.5

周其若

书名/责任者 | 深圳十九镇简志/周其若，马志明主编；深圳市史志办公室编纂

出版社 | 深圳：海天出版社
出版年 | 1996
页码 | 235
ISBN | 7-80615-423-X
分类 | K296.53

周英雄

书名/责任者 | 宝安文献志．卷一/周英雄，黄峒胜编著
出版社 | 北京：中国文史出版社
出版年 | 2007
页码 | 362
ISBN | 7-5034-1664-7
分类 | K296.53

书名/责任者 | 宝安文献志．卷二/周英雄，麦敏华主编
出版社 | 北京：中国文史出版社
出版年 | 2008
页码 | 233
ISBN | 978-7-5034-2336-9
分类 | K296.53

书名/责任者 | 宝安历史地理文献珍录/周英雄，李英主编
出版社 | 北京：中国文史出版社
出版年 | 2016
页码 | 288
ISBN | 978-7-5034-7503-0
分类 | K296.53

周志辉

书名/责任者 | 深圳华侨城/周志辉，袁毅，张昕撰文；李树会，韩朔英文；龚威健，刘伟雄，王传黎摄影；华侨城集团公司，中国旅游出版社编辑
出版社 | 北京：中国旅游出版社
出版年 | 2001
页码 | 120
ISBN | 7-5032-1804-5
分类 | K928.965.3-64

周子友

书名/责任者 | 深圳村落概览．第一辑：光明龙华卷/黄玲，杨立勋，周子友，黎建卷主编；深圳市史志办公室编
出版社 | 广州：华南理工大学出版社
出版年 | 2020
页码 | 624
ISBN | 978-7-5623-5833-6
分类 | K926.55

朱赤

书名/责任者 | 羊台山：母亲山，英雄山：龙华历史及革命斗争纪实/朱赤著
出版社 | 广州：羊城晚报出版社
出版年 | 2016
页码 | 267
ISBN | 978-7-5543-0166-1
分类 | K296.53

朱来常

书名/责任者 | 万丰村史/朱来常主编
出版社 | 北京：当代中国出版社
出版年 | 2001
页码 | 380
ISBN | 7-80092-920-5
分类 | K296.53

书名/责任者 | 我的人生档案/朱来常著
出版社 | 深圳：海天出版社
出版年 | 2006
页码 | 316
ISBN | 7-80697-442-3
分类 | K825.42

朱荣基

书名/责任者 | 赏玉观璞/朱荣基著
出版社 | 深圳：海天出版社
出版年 | 2005
页码 | 177

ISBN | 7-80697-532-2
分类 | K876.8

书名/责任者 | 侵略炫耀与自供罪证：侵华日军的“从军记章“和”征支记币”/朱荣基编著
出版社 | 深圳：海天出版社
出版年 | 2005
页码 | 83
ISBN | 7-80697-531-4
分类 | K265.606

书名/责任者 | 赏玉观璞.二/朱荣基著
出版社 | 深圳：海天出版社
出版年 | 2007
页码 | 165
ISBN | 978-7-80697-968-6
分类 | K876.84

朱土福

书名/责任者 | Hello，南头/朱土福文；何有添绘
出版社 | 广州：广东人民出版社
出版年 | 2018
页码 | 137
ISBN | 978-7-218-12451-3
分类 | K926.55-64

朱映晓

书名/责任者 | 凌叔华传：一个中国闺秀的野心与激情/朱映晓著
出版社 | 南京：江苏文艺出版社
出版年 | 2012
页码 | 357
ISBN | 978-7-5399-4966-6
分类 | K825.6=75

祝王飞

书名/责任者 | 抗战记忆/祝王飞编著
出版社 | 北京：五洲传播出版社
出版年 | 2016
页码 | 238
ISBN | 978-7-5085-3387-2
分类 | K265.06

书名/责任者 | 一石如壇/祝王飞主编
出版社 | 深圳：海天出版社
出版年 | 2019
页码 | 205
ISBN | 978-7-5507-2848-6
分类 | K825.46=76

邹富明

书名/责任者 | 蛇口古今情/邹富明，姚平芳著
出版社 | 上海：同济大学出版社
出版年 | 1991
页码 | 167
ISBN | 7-5608-0207-9
分类 | K296.53